Taschenbücher zur Musikwissenschaft

32

Taschenbücher zur Musikwissenschaft
Herausgegeben von Richard Schaal
32

Heinrichshofen's Verlag
Wilhelmshaven

Georg Friedrich Händel

Beiträge zu seiner Biographie aus dem 18. Jahrhundert

Heinrichshofen's Verlag
Wilhelmshaven

Herausgegeben von: Walther Siegmund-Schultze
unter Mitarbeit von: Konrad Sasse

CIP-Kurztitelaufnahme der Deutschen Bibliothek

Georg Friedrich Händel: Beitr. zu seiner Biographie aus d. 18. Jh. / [hrsg. von Walther Siegmund-Schultze unter Mitarb. von Konrad Sasse]. – Wilhelmshaven : Heinrichshofen, 1979.
(Taschenbücher zur Musikwissenschaft; 32)
ISBN 3-7959-0268-1

NE: Siegmund-Schultze, Walther [Hrsg.]

Gesamtherstellung: Heinrichshofen's Druck, Wilhelmshaven
Printed in Germany
ISBN 3-7959-0268-1

Vorwort

„Kein bloßer Musicus practicus ecclesiastico-dramaticus, als Kapellmeister im hohen, und Organist im höchsten Grad, der weder Sänger noch Acteur, am wenigsten aber ein Meßkünstler gewesen, hat es jemals in der Welt, vor Händel, dahin gebracht, daß, ohne sein Zuthun, ein besondres eigenes Buch, ansehnlicher Auflage, von seinem Leben geschrieben, mit sehr lehrreicher Beurtheilung versehen, und noch dazu, durch einen eben nicht gemeinen Kunstverwandten, aus einer Sprache in die andre übersetzet worden wäre. Wettlauffende Nachfolger! lasset euch diese antreibende Sporne nicht wehe thun."

(Aus Johann Matthesons Vorrede zu seiner Übersetzung der Händel-Biographie von John Mainwaring)

Die hier vereinigten Dokumente und Schriften zu Händels Leben sind nur ein kleiner Teil dessen, was im 18. Jahrhundert zum Leben und Schaffen dieses großen Komponisten publiziert wurde. Umfangreiches Material findet sich bei Otto Erich Deutsch „Handel. A Documentary Biography"[1]; dort werden aber keine größeren biographischen Werke zitiert, sondern im wesentlichen kürzere Notizen, Auszüge, Briefe, Rezensionen abgedruckt.[2] Einige grundlegende Schriften zu Händels Leben und Schaffen sind in den letzten zwei Jahrzehnten nachgedruckt worden oder als Faksimiles erschienen, so die Biographien von Mainwaring/Mattheson und Burney/Eschenburg.[3] Den Rahmen unserer Auswahl stecken ab Matthesons Händel-Biographie vom Jahr 1740 und Herders ästhetische Würdigung vom Jahr 1802. Den Schwerpunkt bilden biographische Dokumente umfangreicheren Charakters, die ihren Ausgangspunkt haben in dem knappen Händel-Artikel in Johann Gottfried Walthers[4] „Musicalisches Lexikon oder musicalische Bibliothek" vom Jahr 1732:

Hendel (Georg Friedrich) oder Händel, ein anjetzo hochberühmter, in England sich aufhaltender Capellmeister, von Halle im Magdeburgischen gebürtig[5], und Scholar des seel. Zachau ums Jahr 1694, ist gebohren an 1685 den 23ten Februarii.[6] Von seiner Composition sind auf dem Hamburgischen Theatro folgende Opern aufgeführt worden; also: an 1704 die Almira[7]; an 1705 der Nero; an 1708 Florindo und Daphne[8]; an 1715 der Rinaldo; an 1717 die Oriana[9]; an 1718 die Agrippina; an 1721 die Zenobia[10]; an 1723 der Muzio Seevola, und Floridantes; an 1725 der Tamerlan, und Julius Caesar in Egypten; und an 1726 der Otto, König in Teutschland. s. des Hrn. Capellmeister Matthesons Musical. Patrioten, in der 23 und 24ten Betrachtung. An 1720 sind 8 Suites de Pieces pour le Clavecin, zu London in 410 oblongo von seiner Arbeit in Kupfer gestochen worden. S. Matthesonii Crit. Mus. T. I. p. 45. Ein mehrers von ihm stehet[11] in des Hrn. Matthesons Musical-Ehren-Pforte zu erwarten."

Die Meister des musikalischen Erbes leben durch ihre klingenden Werke, denen gegenüber in manchen Fällen ihr Leben im verborgenen oder unwesentlich bleibt. Nur sehr ungefähr können wir die Lebensverhältnisse von Komponisten der Antike, des Mittelalters und auch der Renaissance verfolgen. Einigermaßen deutlich werden sie uns erst seit etwa 1600, da die Komponistenpersönlichkeit, mit gewaltigen Gestalten wie Claudio Monteverdi und Heinrich Schütz an der Spitze, von der Umwelt bewundernd betrachtet, als Vorbild für Generationen wirksam wird. So gibt es von Schütz den Ansatz einer Autobiographie, dazu viele Lebenszeugnisse: Briefwechsel, Werk-Vorreden und zeitgenössische Berichte, Lobreden von Schülern. Das beginnende Zeitalter der Aufklärung verstärkte die Neigung zur Selbstbetrachtung, zur differenzierteren Einschätzung des Standes des Musiklebens, einzelner Persönlichkeiten. Immer deutlicher heben sich führende Komponisten heraus; man will Genaueres über sie wissen, je stärker die Sprache ihrer Musik die Herzen ergreift, den Verstand beschäftigt. Im allgemeinen überwiegt zunächst noch die Darstellung einzelner musikalischer Gattungen und musiktechnischer bzw. -stilistischer Neuerrungenschaften; noch Jean-Jacques Rousseau verzichtet in seinem „Dictionaire de musique" (1767) auf biographische Angaben, begnügt sich

mit Sachartikeln. Weit stärker ist die Mitteilungsfreude im englischen Aufklärungsschrifttum verbreitet, bei Addison und Steele, was bis in die Tagespresse reicht. Die erste Sammlung von Musiker-Biographien, teils autobiographisch angelegt, ist im Jahre 1740 Matthesons „Grundlage einer Ehrenpforte", die bewußt als Ergänzung zu den nur kurzen Lebensbeschreibungen in Walthers Musiklexikon gedacht[12] war. Übrigens hatte sein Freund Telemann bereits mit siebenunddreißig Jahren (1718) seine erste Autobiographie veröffentlicht, was ein beträchtliches Selbstbewußtsein dokumentiert, und elf Jahre später noch eine zweite folgen lassen.[13]
In dieser „Ehrenpforte" stehen nun auch die ersten ausführlichen Angaben über das Leben und Schaffen Georg Friedrich Händels, des stets beneideten und zugleich umworbenen Freundes von Johann Mattheson. Dieser hatte die berühmtesten Musiker der Zeit um Selbstbiographien gebeten; während eine reiche Zahl von ihnen diesem Wunsche gern gefolgt war, Telemann dafür gleich seine dritte Autobiographie beisteuerte[14] und Mattheson selbst natürlich nicht verfehlte, eine umfangreiche, mit Eigenlob nicht sparende Darstellung seines Lebensweges zu geben, hatte er mit zwei der bedeutendsten Komponisten seiner Zeit Pech: Reinhard Keiser war gerade ein Jahr vor Erscheinen der „Ehrenpforte" verstorben; also schrieb Mattheson selbst einen ehrenden (in manchem allerdings auch etwas bissigen) Artikel über ihn.[15] Händel, stets beschäftigt, aber vielleicht auch eingedenk unliebsamer Begegnungen mit dem ehemaligen Freund, hüllte sich erst in Schweigen und sagte dann, noch dazu nicht sehr konziliant, endgültig ab. So konnte diese erste Biographie des Meisters nicht allzu freundlich ausfallen; es gibt manche gehässigen Bemerkungen. Aber insgesamt war die Weltgeltung Händels schon damals so gesichert — obwohl die Zeit der großen Oratorien noch nicht begonnen hatte —, daß eine generelle Anerkennung nicht zu umgehen war; alles andere ist nur leichtes Geplänkel. Diesen offensichtlichen Widerspruch empfindet noch heute jeder Leser dieser hübschen Lebensbeschreibung, die stets in enger Verbindung mit Matthesons eigenem Lebensweg angelegt ist. Vieles Ungenaue steht schon hier; so ist — erstmalig — das Geburtsjahr (mit 1684) falsch angegeben (später sollte auch der Tag nicht stimmen), und mit der Chronologie von Hamburg bis Italien kommt Mattheson,

obwohl er gerade diese Zeit aus eigenem Miterleben genau kennen mußte, überhaupt nicht zurecht. In Walthers Lexikon stimmte das noch; Walther berief sich dort selbst auf Matthesons frühere Schriften, die noch recht zuverlässig gewesen waren. Die kurzen Notizen über Händel in Johann Christoph Dreyhaupts „Beschreibung des Saal-Creyses" (1755) bringen ebenfalls das richtige Geburtsdatum; dafür glaubt Dreyhaupt, daß Händel unmittelbar von Halle aus in Italien gewesen und von dort aus nach Hamburg gekommen sei. Die naiven Bemerkungen seien an dieser Stelle abgedruckt, da sie das Bild des hallischen Meisters in seiner Heimatstadt kurz vor seinem Tode dokumentieren.[16]

„Ein hochberühmter Musicus, und seit geraumer Zeit in Engelland sich aufhaltender Capellmeister, gebohren den 23. Februar 1685 zu Halle, allwo sein Vater Georg Händel, Fürstl. Sächs. Cammer-Diener und Leib-Chirurgus, die Mutter aber dessen zweyte Ehegattin, Dorothea, Georg Tausts, Pastoris zu Giebichenstein Tochter gewesen. Er hatte von Jugend auf große Lust zur Music, frequentierte das Gymnasium zu Halle, und war dabey ums Jahr 1694 ein Schüler des damahls berühmten Zachau, der ihn im Clavierspielen und der Composition getreulich unterwieß, so daß er es in beyden sehr hoch gebracht, und auf seiner Reise in Italien wegen seiner großen Fertigkeit und Manieren im Spielen des Claviers selbst von den Italiänern sehr bewundert, ja von einigen Abergläubigen solches geheimen Teuffelskünsten zugeschrieben worden. Er hat sich nachher zu Hamburg[17], auch an verschiedenen Höfen mit Ruhm aufgehalten, ist unverehelicht, und lebt anietzo zu London, allwo er deshalb eine starke Pension geniesset, als Director der Opera. Von seiner Composition sind auf dem Hamburgischen Theatro folgende Opern aufgeführet worden: Almira, 1704. Nero, 1705. Florindo und Daphne, 1708. Rinaldo, 1715. Oriana, 1717. Agrippina, 1718. Zenobia, 1721. Muzio Scevola, und Floridantes, 1723. Tamerlan und Julius Caesar in Egypten, 1725. Otto, König in Teutschland, 1726.[18] Er hat auch viele Suiten vor, das Clavecin, und die Fleute traversiere, samt andern Musicalien in Kupfer gestochen herausgegeben."

Eine knappe Würdigung Händels vor seinem Tode steht dann noch in der „Anleitung zur musikalischen Gelahrtheit“ von Jacob Adlung, die im Jahre 1758 erschien und hier ebenfalls eingeschaltet sei.

„Hendel oder Händel, (Georg Fr.) aus Halle im Magdeburgischen, so ietzo in sein 71stes Jahr gehet[19], soll zwar keine gewisse Bestallung oder Bedienung bey Hofe haben in London; aber doch sehr viel gewinnen durch die Opern, Concerten und außerordentliche Musicen. 1753 den 1ten Maji führte er in der Kapelle des Hospitals ein Oratorium auf, der Meßias, 2 Stunden lang. Man zahlte mehr als 800 Karossen; die Billets brachten ein 995 Guineen, die thun beynahe 9000 Fl. Er ist einer der größten Meister im Setzen und Clavier spielen. Sein Leben hat Walther, wie auch die Ehrenpforte, ob er schon es nicht selbst eingeschickt; in dieser wird von ungewis gehalten ob er Doctor sey in der Musik.[20] Die hallische Zeitung 1753 auf dem 65ten Blate, berichtete an London, daß dieser großbritannische Lully[21] nach Verlierung seines Gesichts seine Muse doch nicht lasse ungeschäftig bleiben. Es werde vielleicht das Stück, so er ietzo schmiede, seine letzte Opera seyn, welches nach seinem Tode in dem Hause der Findelkinder als sein Echo abgesungen werden soll, welchem Hause der Gewinn davon zugedacht worden.[22] Daß er ein Mitglied der Societät sey, ist in § gesagt.“[23]

Adlung äußert sich also ebenfalls sehr kurz; aber während Dreyhaupt drei Jahre vorher noch keine Ahnung zu haben scheint von der Oratorien-Produktion, wird von Adlung immerhin der „Messias“ erwähnt. Jedenfalls war das die letzte ausführlichere deutschsprachige Äußerung über Händel vor dessen Tode (1759).
All das sind nur kleine Vorspiele zu dem biographischen Werk, das bereits ein Jahr nach Händels Ableben in englischer Sprache erschien. Der Titel lautet: „Memoirs of the Life of the late George Frederic Handel“[24]; Verfasser war der damals fünfundzwanzigjährige Theologe John Mainwaring (1735—1807), der sich aber als Autor nicht zu erkennen gab. Und wieder ein Jahr danach lag bereits eine deutsche Übersetzung vor, natürlich von dem wendigen, stets nach Neuem Ausschau haltenden Mattheson (der damals gerade achtzig

Jahre alt war). Wenn wir diese erste gewichtigere Biographie in Matthesons Übersetzung bringen[25], so handelt es sich eigentlich um eine gedoppelte Lebensbeschreibung. Mattheson, von persönlichem Händel-Wissen gleichsam überfließend, wenn auch weiterhin zahlreichen Irrtümern verhaftet, wird nicht müde, aus der Funktion des Übersetzers auszubrechen und seine eigenen Bemerkungen, meist mit recht spitzer Feder, anzubringen. Man merkt ihm deutlich den Ärger an, daß er in den letzten Jahrzehnten mit Händel wohl gar nicht mehr in Berührung stand; so will er zumindest das Auftreten des jungen Genius in Hamburg und Italien mit eigenen Erlebnissen und Korrekturen bereichern, die freilich nicht immer stichhaltig sind. Was Mainwaring betrifft, so hatte schon Friedrich Chrysander in der Widmungsvorrede zum I. Band seiner großen (leider unvollständigen) Händel-Biographie eine gute Charakterisierung seiner Leistung gegeben; es heißt dort:

„Der Verfasser tat von seinem Eigenen wenig mehr hinzu als eine recht lebendige, etwas breitläufige Rede; er schrieb die über Händels Leben bekannt gewordenen Nachrichten und die Ansichten über seine Kunst so zusammen, wie sie dem England von 1760 vorstanden. Die abgerundeten, ausgebildeten, nicht selten ausgeschmückten Geschichten zeigen, wie vielfach Händels Leben schon in mündlicher Erzählung umgelaufen war. Mainwarings Schrift war durchaus kein Erzeugnis besonderer Pietät, sondern ein reines Buchhändlerunternehmen, das sich nicht einmal Händels ausschließliche Verehrer als Käufer dachte, vielmehr die große Zahl derjenigen Engländer, die sich die Erscheinung des ausländischen Tonmeisters klarzumachen wünschten. Wie merkwürdig ihnen dieser Mann vorkam, auch seinen Widersachern, können wir uns kaum noch lebendig genug vorstellen ... Wirklich ist Mainwarings Büchlein die erste Biographie irgendeines Tonkünstlers; auch in dieser Hinsicht, auch für die Würdigung der Musiker als geistig bedeutender Menschen war Händels Erscheinung entscheidend. Für eine höhere Auffassung seines Wesens ist durch Mainwaring freilich nichts getan, doch hat er in aller Unschuld manchen geistig und historisch bedeutsamen Zug bewahrt. So umstellt er den Händel von seiner Kindheit an mit einer Schar treuer Freunde, die wie gute Engel überall da sind, wo es etwas zu bewachen, zu raten, zu lenken gibt. Gute Freunde ergreifen die Partei des Sohnes gegen den alten Vater, wissen das Anerbieten des preußischen Hofes abzulehnen, raten zu einem einstweiligen Aufenthalte in Hamburg, bringen ihn nach Italien, bereden ihn zu einer Carnevaloper, laden ihn nach England ein, führen ihn nach Hannover, und so weiter durchs ganze Leben; Orte, Zeiten, Personen wechseln, aber diese treue Schutzmannschaft ergänzt sich immer wieder und läuft nach und nach aus in die Bewunderung des ganzen England, der ganzen Welt. Zu einer solchen Auffassung kam Mainwaring nicht aus eigenem Nachdenken, er gab die Erzählungen einfach in der Gestalt, in welcher sie vorlagen."[26]

Chrysander hat damit recht; wir müssen aber auch aus noch weiterer historischer Entfernung feststellen, daß diese erste Musiker-Biographie größeren Ausmaßes eine für ihre Zeit erstaunliche Leistung darstellt. Kein tieferes Charakterbild wird entworfen, jedoch werden bereits einige feine Werturteile gefällt, vor allem ist der Verfasser mit echter Liebe und Bewunderung am Werke. Diese fehlen beim Übersetzer Mattheson weitgehend; aber seine Welt- und Literaturkenntnis gestattet ihm höchst amüsante Exkurse, die nicht immer richtig, aber stets geistvoll und witzig sind. Man sieht, wieweit die Aufklärung schon innerhalb der Musikkritik, in der beginnenden Musikwissenschaft Fuß gefaßt hatte und wie die imposante Gestalt Georg Friedrich Händels eine ungeheuer anregende Kraft besaß, die bürgerliche Selbstverwirklichung auf dem Gebiete der Musik zu demonstrieren, wobei oft überspitzte Polemik eingesetzt wird. Mattheson befindet sich hier auf der vollen Höhe der englischen und französischen Aufklärung und überrundet an vielen Stellen den zwar begeisterten, aber etwas beschränkten Theologen Mainwaring.
Auf englischen Quellen fußen auch die Händel-Veröffentlichungen von Johann Adam Hiller (1728—1804), diesem geistig äußerst beweglichen Initiator des bürgerlichen Musiklebens in Deutschland. Die beiden Säulen, auf denen er es gründete, waren einerseits das Singspiel, andererseits Georg Friedrich Händel; so verschieden beides zu sein schien, beides unterstützte entscheidend seine patriotisch-aufklärerischen Bemühungen um eine kulturvolle, breite Volksschichten erfassende Musikkultur.

Was Hillers zwei Händel-Arbeiten auszeichnet, ist die gründliche und überlegte Beschäftigung mit seinen verbürgten Lebensumständen, obwohl auch bei ihm Anekdotisches eine nicht unbeträchtliche Rolle spielt. Schon sein Abriß des Händelschen Lebens in den „Wöchentlichen Nachrichten"[27], der eine (etwas gekürzte) Übersetzung aus einem englischen Artikel in „Gentleman's Magazine" vom Jahre 1760 darstellt[28], war von großer Bedeutung für die Kenntnis der Händelschen Lebensumstände in Deutschland, obwohl seit 1761 die große Übersetzungsleistung von Mattheson vorlag. Waren doch die „Wöchentlichen Nachrichten" auf Mitteilungen außergewöhnlicher Natur angelegt, wie insbesondere die ausführlichen Darlegungen über die russische Musik[29] im selben Jahr erweisen.

Aus diesem Material konnte Hiller viel für seinen Lebensabriß Händels fünfzehn Jahre später verwenden, so daß oft wörtliche Zitate vorliegen. Damals stand Hiller kurz vor Beginn seiner bedeutenden praktischen Händel-Bemühungen, die sich, durch die englische Zentenarfeier vom Jahre 1784 angeregt, vor allem in „Messias"-Aufführungen in Berlin, Leipzig und Breslau manifestieren sollten.[30] Hillers Lebensbeschreibung ist sehr sachlich und doch lebendig geschrieben, mit durchaus kritischem Blick für die Schwächen der bisherigen Biographien; er verschont dabei auch die Autorität Mattheson nicht. Nicht unwesentlich erscheint die Tatsache, daß er eine abschließende Gesamteinschätzung des Meisters versucht, die freilich nicht die Blickweite der englischen Bemerkungen von 1760 und 1784 haben konnte. Diese letzte Seite enthält in knapper Formulierung sein Händel-Bild und zeigt zumindest ein sehr intensives Interesse, das sich gelegentlich der „Messias"-Aufführungen der Jahre 1786/87 noch stärker bemerkbar machen sollte. Daß Hiller bei Händel die Melodie vermißt, ist typisch für die Zeit, die sich an der „galanten" Opernmelodik eines Hasse, am Passionsoratorium eines Graun entzückte. Als Harmoniker und als Chorkomponisten stellt er ihn über alle zeitgenössischen Komponisten. Es ist eine ähnliche Meinung, wie sie gleichzeitig Marpurg, Quantz und Scheibe äußerten[31] und wie sie auch in einem Gespräch Burneys mit Johann Adolf Hasse zum Ausdruck kommt:

„Er sprach immer respektvoll von Händel, als einem Spieler und Schreiber von Fugen sowohl als von der Genialität seiner Begleitungen und der natürlichen Einfachheit seiner Melodik, in welchen Dingen er ihn als den größten Genius bezeichnete, der jemals gelebt habe; aber er sagte auch, daß er ihn für allzu bestrebt hielt, sein Talent für kontrapunktisch arbeitende Stimmen und Themen zur Schau zu stellen, und er habe auch allzu sehr laute Musik bevorzugt. Und Faustina fügte hinzu, daß seine Kantilene oft ungehobelt gewesen sei."[32]

Eine ähnliche Meinung scheint auch Hiller (der, trotz seiner Singspieltendenzen, in vielem der Hassischen Kantilene zuneigte) gehabt zu haben; die eigentliche Bedeutung der großen Chorwerke Händels ist auch ihm nicht klargeworden, und man braucht nur die etwa zur gleichen Zeit erfolgte Stellungnahme eines anderen Händel-Initiators, nämlich des Abbé Georg Joseph Vogler, vom Jahre 1778 dagegenzuhalten, um die Unfähigkeit führender musikalischer Kräfte der Zeit festzustellen, Händel objektiv zu beurteilen. Dieser Vogler entschuldigt eine von ihm veranstaltete mißglückte Aufführung des „Messias" vom 1. November 1777 in Mannheim[33] mit folgenden Worten: „Was anders, als die unerträgliche Trokkenheit, nicht edele Simplicität[34] der Musik hat also uns in diese tödliche Apathie versenket! Wie auffallend war der Kontrast, als ein Psalm-Magnificat, das unser zweiter Kapellmeister gesetzt, und jener unvollendeten Aufführung unmittelbar nach gefolget, nicht nur uns wieder zum Leben geführet, sondern ein Wonnegefühl in uns erreget hat, das ich nicht zu schildern vermag."[35] Und ein Jahr später schreibt er nochmals: „Die Händelschen Chöre sind bei uns aufgeführt worden, es blieb aber beim ersten Teil des Oratoriums, der zweite konnte noch nicht folgen, weil diese trockene Musik kein Zuhörer aushalten will."[36] Solch einer verständnislosen Einschätzung gegenüber[37] muß Hillers Händel-Bild durchaus als fortschrittlich gelten, obwohl er ebenso wie Vogler den „Messias" zunächst in italienischer Sprache aufführen ließ. Der eigentliche Anreger und Begeisterer für Händels Werk, gerade für den „Messias", war schon damals Johann Gottfried Herder, der sich aber erst viel später zusammenfassend über Händel äußerte. Es ist übrigens kein Zufall, daß Hiller immer wieder Händels zahlenmäßig geringes kirchenmusikalisches Werk hervorhebt. Er ist es gewesen, der Händels „Messias" vom Konzertsaal in die Kirche verpflanzte, wobei er allerdings den englischen Gepflogenheiten nach Händels Tode folgte. Für die großen erstmalig bezeugten Aufführungen des „Messias" und des „Judas Maccabaeus" in Hamburg[38], Braunschweig[39] und Berlin (beidemal „Judas")[40] zu Beginn der siebziger Jahre waren weltliche Aufführungsstätten gewählt und deutsche, zum Teil noch heute gültige Übersetzungen benutzt worden.

Jedenfalls ist Hiller, nach Mattheson, der erste gewesen, der ein eigenes Händel-Bild, wenn auch wiederum innerhalb einer Sammlung, zu skizzieren wagte, und zwar auf Grund eingehender selbständiger Studien. Unmittelbar folgte, durch solche Initiative, aber wohl auch durch die Londoner Händel-Festlichkeiten (an denen er selbst teilnahm) angeregt, Johann Friedrich Reichardt mit seinem kleinen Händelbuch, das 1785 als „Georg Friedrich Händel's Jugend" in Berlin herauskam und ganz von Hiller ausgeht.

Johann Friedrich Reichardt (1752—1814) hatte schon in seiner Besprechung des „Judas Makkabäus" vom Jahre 1774[41] sein tiefes und warmes Verständnis für die progressive Rolle des Händelschen Oratoriums bewiesen. Seine 1785 erschienene Schrift „George Friederich Händel's Jugend"[42] ist wohl ein kleines Konkurrenzunternehmen zu Burneys bzw. Eschenburgs Bemühungen, denen es schon wegen der Beschränkung seiner Thematik nicht gewachsen sein kann. Zudem mußte hier eine Würdigung des Oratoriums, auf das Reichardt späterhin noch in seinem „Musikalischen Kunstmagazin"[43] begeistert hinwies, gänzlich entfallen. Ganz im Sinne seiner Zeit stellt er den jungen Händel als ein vollkommenes Genie dar, das, allen Schwierigkeiten und Verlockungen zum Trotz, seinen ihm bestimmten Weg geht. Natürlich klingt dabei, gleichsam vorausschauend, der Gedanke an die große Botschaft des Oratoriums mit; aber Reichardt, seit 1774 preußischer Kapellmeister am Hofe Friedrichs II., fühlte sich noch abhängig vom absolutistischen Hofe, was zu Anfang seiner Schrift in einigen Passagen deutlich wird. Es ist jedoch interessant zu beobachten, wie Reichardt von dem Augenblick an, da er Händel in seiner Darstellung aus dem absolutistischen Einflußbereich von Weißenfels und Berlin nach Hamburg folgt, alles klarer sieht und einschätzt.

In den Einzelheiten stützt sich Reichardt auf seinen Lehrer Johann Adam Hiller; leider übernimmt er auch dessen zahlreiche Irrtümer. Dennoch kann man Reichardts Schrift als durchaus eigenständig bezeichnen, stilistisch wie inhaltlich. Es ist die erste selbständige Schrift in deutscher Sprache über einen bedeutenden Musiker; daß sie nur dessen Jugend berücksichtigt, seine Lebensjahre in Deutschland, ist für das erwachende Nationalgefühl, für den Geist des Sturm und Drang bezeichnend genug.

In demselben Jahr erschien Charles Burneys umfangreiche Händelschrift „An Account of the Musical Performances etc." (London bzw. Dublin 1785), die Johann Joachim Eschenburg (1743—1820) ebenfalls im selben Jahre — übrigens weist Eschenburg schon auf Reichardts Schrift in seiner Vorbemerkung hin! — in Übersetzung herausbrachte, und zwar als „Nachricht von den Lebensumständen Georg Friedrich Händels". Zu dieser Arbeit war Eschenburg durchaus prädestiniert; hatte er sich doch schon seit Jahren mit musikästhetischen Fragen durch Übertragung entsprechender englischer Werke beschäftigt. Besonders hervorzuheben ist in diesem Zusammenhang seine Übersetzung des Buches „Dr. Brown's Betrachtungen über die Poesie der Musik, nach ihrem Ursprunge, ihrer Vereinigung, Gewalt, Wachsthum und Verderbnis" vom Jahre 1769 und der kleineren Schrift: „Daniel Webb's Betrachtungen über die Verwandtschaft der Poesie und Musik nebst einem Auszuge aus eben dieses Verfassers Anmerkungen über die Schönheiten der Poesie" vom Jahre 1771.[44]

Burneys Buch besteht aus zwei Teilen. Eigentlich sollte es lediglich ein Bericht über die (ein Jahr zu früh erfolgte) Hundertjahrfeier zu Ehren Händels sein; Burney setzte ein „Sketch of Life" davor, das wir verselbständigen, da der Hauptteil des Buches nicht zum Charakter unserer Sammlung paßt, obwohl gerade hier überraschend kluge und hellsichtige Bemerkungen zu Händels Stil und Charaktersprache stehen, die sich freilich mehr zufällig aus den zur Hundertjahrfeier aufgeführten Werken ergeben. Umfassendere Betrachtungen behält sich der Verfasser für den IV. Teil seiner bereits begonnenen Musikgeschichte vor. Aber schon hier zeigt sich Burneys Begabung, aus sachlicher, mit manchen Anekdoten und Episoden bereicherter Darstellung heraus das Gesamtbild einer Künstlerpersönlichkeit zu entwerfen; und so gelingt ihm auch im kurzen Schlußkapitel — „Händels musikalischer Charakter" — eine für seine Zeit erstaunlich hellsichtige Einschätzung des Händelschen Schaffens. In dieser Hinsicht brauchte sein deutscher Übersetzer, geistig Burney durchaus ebenbürtig, nichts zu ergänzen oder zu korrigieren. Insgesamt beschränkt sich Eschenburgs Arbeit auf biographische Berichtigungen, vor allem in den zahlreichen eigenen Anmerkungen. Seine Kritik an Mattheson, den er gut kannte, auch an Burney selbst und anderen Biographen ist keineswegs zurückhaltend, aber stets gut begründet. Die Gestalt Händels als des großen Heros und des fortschrittlichen Deutschen wird bei ihm im Laufe der Jahre immer deutlicher gesehen. Daß Eschenburg die Oper, die Burney im IV. Bd. seiner Musikgeschichte noch ausführlich behandelt[45] (obwohl sie schon zu seiner Zeit nur noch in Arienbündeln oder in Flötenbearbeitungen lebte), als tot bezeichnet, ist für seine Zeit durchaus verständlich. Eschenburg erkennt die Kraft und die Bedeutung des Händelschen Oratoriums an und versucht, sie in seiner deutschen Heimat zur Wirkung zu bringen. Hillers zwar fachwissenschaftlich eingehendere, aber historisch nicht allzu tief gehende Betrachtung wird überwunden. Daß Eschenburg in Einzelheiten, trotz seines philologischen Bemühens, dennoch zuweilen irrt, ist demgegenüber nicht so schwerwiegend. Man kann sagen, die exakte Händelforschung in Deutschland beginnt mit Johann Joachim Eschenburg. Vorbildlich wurden auch seine sonstigen (sich sowohl auf Händelsche Libretti wie vor allem auf Shakespeare erstreckenden) Übersetzungstaten, die denen von Christoph Daniel Ebeling (1741—1817) in Hamburg korrespondieren.[46] Dieser legte, gemeinsam mit Friedrich Gottlieb Klopstock, eine ähnliche Händel-Begeisterung und Übersetzungsinitiative an den Tag. Für letztere lag ja in Hamburg eine bedeutende Tradition vor, wenn man an Feind[47], Mattheson, Telemann denkt. Im übrigen ging von Klopstock und Ebeling die erste deutsche „Messias"-Übersetzung aus, die noch heute die Grundlage aller deutschen „Messias"-Aufführungen bildet. So wird die Beschäftigung mit Händel immer stärker philologisch bestimmt; auch die ästhetische Betrachtung seines Werkes verstärkt sich zusehends. Die vor allem in Hamburg stationierte deutsche Musikkritik und beginnende Musikwissenschaft bemüht sich in wachsendem Maße um den — wie er gesehen wurde — größten Repräsentanten der deutschen Musik.

Das nächste längere Händelzeugnis stammt von Ernst Ludwig Gerber (1746—1819), der, in Sondershausen wirkend, in sehr besonnener Weise rein lexikalisch-biographische Nachweise mit wertend-ästhetischen Bemerkungen verbindet. Die beiden Auflagen seines „Historisch-biographischen Lexikons" vom Jahre 1790 und 1812 ergänzen sich und zeigen in letzterer Hinsicht eine Weiterentwicklung. Die erste Auflage bringt eine bemerkenswert exakte Biographie (endlich auch wieder mit richtigem Geburtsjahr); freilich ist sie an manchen Stellen allzu knapp gehalten. Auch hier wird, wie in diesen Jahren üblich, der Bewunderung über die Londoner Zentenarfeier beredter Ausdruck verliehen. Eigene Stellung zum Händelschen Werk bezieht Gerber nicht, wie er es sonst bei Bach, Telemann und anderen tut; er betrachtet mehr die Ausmaße des Gesamtwerkes und hebt insbesondere seine Auswirkung in Deutschland seit Hiller hervor.

Um so mehr versucht er das zu Anfang einer späteren Auflage seines Buches mit einem Burney-Zitat wettzumachen, ohne freilich mit dieser Stelle etwas Umfassendes sagen zu können. Allzuviel kennt Gerber wohl von Händel nicht, deshalb stützt er sich so sehr auf Zitate. Immerhin ist der Ausruf Schubarts aus seiner „Vaterlandschronik" hier durchaus passend. Patriotisch klingt, unter Hinweis auf die verheerenden Folgen der Napoleonischen Kriege, dieser kurze Nachtrag aus, ganz im Sinne Händels, den Gerber hier wirklich erfaßt zu haben scheint. Bedenken wir, daß der Band kurz vor den Befreiungskriegen gedruckt wurde, da Händel mit seinen großen Oratorien schon im Mittelpunkt nationaler künstlerischer Initiative stand.

Christian Friedrich Dañiel Schubart (1739—1791), Organist, Musiklehrer, Theaterdirektor und Komponist, zehn Jahre (1777—1787) auf dem Hohenasperg eingekerkert (wo ihn der junge Schiller besuchte), wurde als Herausgeber und Schriftleiter der Zeitschrift „Deutsche Chronik", dann der genannten „Vaterlandschronik" zu einem wichtigen Repräsentanten nationaler, volkstümlich-schwärmerischer, insgesamt durchaus progressiver Geisteshaltung; in seiner Liebe zu volksliedhafter Musik („Musikalische Rhapsodien" 1786) trifft er sich mit Claudius, Voß, Nägeli und auch Reichardt.

In den von seinem Sohn aus dem Nachlaß herausgegebenen „Ideen zu einer Ästhetik der Tonkunst“, deren Entstehung um 1790 anzusetzen ist, steht ein längerer Abschnitt über Händel. Der Rebell, der Stürmer und Dränger empfindet, trotz aller sonstigen Abseitigkeit, manches Verwandte richtig und sieht vieles Wesentliche klarer als andere Zeitgenossen. So ist vor allem die Betonung des Genialischen, der Kraftnatur, der nationalen Bindung der Händelschen Tonsprache (übrigens auch im englischen Sinne) bemerkenswert. Die Beziehung zu Dryden und Pope, überhaupt zur englischen bürgerlichen Dichtung des 17. und 18. Jahrhunderts, wird richtig erkannt: das zeugt zugleich von der Shakespeare- und Milton-Begeisterung des Jahrhunderts. Besonders wertvoll und interessant sind Schubarts Sätze über die Oper, wie er sie sieht, und die Bemerkungen über den Volksliedcharakter der Händelschen Musik, die schon weit in die Romantik hineinweisen. Hier geht Schubart über die meisten seiner Zeitgenossen hinaus, wie dies auch die von Gerber zitierte Stelle beweist. Seine vielen Irrtümer im einzelnen teilt er dagegen mit ihnen.
Innerhalb der deutschen Händel-Rezeption nimmt Schubart Ende des Jahrhunderts neben Reichardt einen ehrenvollen Platz ein, insbesondere wegen seiner auf echter Sachkenntnis beruhenden Begeisterung für diese Kunst, die ihm über die Stilschranken hinweg wesensverwandt erscheint.
An dieser Stelle folgt zeitlich die William Coxe (1747—1828) zugeschriebene Anekdotensammlung vom Jahr 1799. Er gab seine Kompilation, ähnlich wie vier Jahrzehnte vorher Mainwaring, anonym heraus. Ein Meisterwerk ist es nicht geworden; es fällt im Niveau gegenüber allen anderen hier gebotenen Dokumenten ab und kann lediglich deshalb interessieren, weil man daraus ersieht, daß Händel Ende des Jahrhunderts endgültig zu einem unbestrittenen Klassiker geworden war, über den man nun beliebige Anekdoten spinnen konnte. Der Autor, zuletzt Pfarrherr in Benerton, schrieb auch Biographien über Sir Robert Walpole und über Marlborough. Seine theologische Sicht ist nicht zu verkennen; das meiste ist unkritisch von Mainwaring bzw. Burney übernommen bzw. abgeschrieben. Übrigens hat Coxe auch Anekdoten über John Christoph Smith, den Sohn von Händels Ansbacher Faktotum, herausgegeben, die auch einige Bemerkungen über Händel enthalten; doch fließen diese über von religiösen Betrachtungen.

Um so höher stehen die Bemerkungen, die wir am Schluß unserer Sammlung bringen. Sie stammen, zu Beginn des neuen Jahrhunderts geschrieben, von Johann Gottfried Herder und stehen in seiner „Adrastea" (1802), wo ein ganzes Kapitel Händel und der Kantate bzw. dem Oratorium gewidmet ist. Beachtlich ist Herders Kenntnis des Händelschen Lebens, wenn auch er manchen Irrtümern ausgeliefert ist; er stützt sich hauptsächlich auf die Bemerkungen in „Gentleman's Magazine" vom Jahre 1760. Auffallend ist der stark anglophile Zug, der ganz in der Tradition Shakespeares steht. In dieser seiner Begeisterung läßt sich Herder zu manchen Ungenauigkeiten und Übertreibungen hinreißen. Am bedeutungsvollsten ist aber zweifellos seine Einschätzung von Händels Übergang von der Oper zum Oratorium und die Darstellung von dessen Charakter — ein höchst poetisches Bild! Bemerkenswert auch die Betrachtung des Denkmals, das „glücklicherweise Shakespeare gegenüber steht"; daß Händel der englischen Tonkunst „den ihr angemessensten Schwung gegeben" habe, ist eine besonders schöne und richtige Erkenntnis.
Somit zielt Herder, wie schon früher Hiller, ganz auf das Oratorium, insbesondere auf den „Messias". Seine zum Teil recht tiefschürfenden anschließenden Ausführungen über das Wesen des Hymnus und des Oratoriums (die wir hier nicht bringen können) sind wichtige Denkmäler seiner Händel-Auffassung wie überhaupt seiner Musikästhetik.[48] Von hier wurden viele Anregungen der Romantik weitergegeben.
Wir haben in unserer Zusammenstellung lediglich die wichtigsten biographischen Dokumente berücksichtigt; weit zahlreicher sind, wie angedeutet, die ästhetisch-kritischen Bemerkungen zu Händels Musik, insbesondere zu den Oratorien „Messias", „Judas Maccabäus" und „Alexanderfest", Werken, die eine äußerst wichtige Rolle bei der Weiterentwicklung der klassischen Tonkunst spielten. Vornehmlich die Geschichte des „Messias"-Bildes ist eines der interessantesten Kapitel der Geschichte der Musikästhetik an der Wende des 18. zum 19. Jahrhundert.
Die Geschichte der Händel-Biographik des 18. Jahrhunderts war eine Geschichte mancher Irrtümer und Verzerrungen, vieler Mißverständnisse. Aber zugleich war sie, wie wir aus der Folge der hier gebotenen Dokumente sehen können (bis auf Coxe sind es sämtlich deutsche Dokumente bzw. zeitgenös-

sische deutsche Übersetzungen und Bearbeitungen), doch auch eine Geschichte des Vertrautwerdens mit einem der größten Genien des deutschen Volkes; mit dem wachsenden nationalen Bewußtwerden führte dieser Aneignungsprozeß Ende des 18. Jahrhunderts, bei Eschenburg, Schubart, Herder, zu einem erstaunlich tiefgründigen und reichen Erkennen. Das zeigte sich freilich noch deutlicher in den vielfältigen ästhetischen Händel-Urteilen eines Reichardt, eines Voß, eines Herder und mancher späterer, die wir in unserem Zusammenhange nicht abdrucken konnten; auch aufführungspraktische Bemühungen, wie sie sich in einzelnen Schriften Burneys bzw. Eschenburgs, Reichardts und Hillers widerspiegeln, kommen in unserer Auswahl nicht zur Sprache. Andererseits haben gerade die volkstümlichen biographischen Leistungen Matthesons, Hillers und Reichardts, mochten noch so viele subjektive Züge dabei hervortreten, viel zur Popularisierung der Händelschen Persönlichkeit und seiner Musik in Deutschland beigetragen, letzten Endes die bedeutende biographische Leistung Friedrich Chrysanders vorbereiten helfen. Insofern dürfte der vorliegende Band für das Händel-Bild der zweiten Hälfte des 18. Jahrhunderts repräsentativ sein.

Januar 1976 *Walther Siegmund-Schultze*

Anmerkungen

1 London 1955. Eine völlige Neubearbeitung dieses für die Händel-Philologie unentbehrlichen Werkes (in deutscher Sprache, aber die Dokumente in der jeweiligen Originalsprache bringend) ist unter der Verantwortung der Georg-Friedrich-Händel-Gesellschaft beim VEB Deutscher Verlag für Musik Leipzig in Vorbereitung.
In der Wissenschaftlichen Zeitschrift der Martin-Luther-Universität (Ges.-Sprachw. VIII, 4/5, 1959, S. 823—849) wurden von Walther Siegmund-Schultze „Dokumente deutscher Händel-Biographik des 18. Jahrhunderts" kommentiert und eingeleitet veröffentlicht; einiges davon wurde in die vorliegende Publikation übernommen.

2 Sehr ausführlich zitiert O. E. Deutsch Händels Lebensskizze von John Mainwaring; in der neuen Auflage wird das entfallen.

3 Genauere Literaturangaben folgen bei der Besprechung dieser Werke.

4 Johann Gottfried Walther (1684—1748), ein Vetter Johann Sebastian Bachs, wirkte als Stadtorganist in Weimar und war als Komponist von Orgelwerken bedeutend.

5 Seit dem Westfälischen Frieden gehörte Halle zu Kurbrandenburg bzw. zum Herzogtum Magdeburg.

6 Hier (und bei Dreyhaupt) ist Händels Geburtsdatum noch richtig angegeben; Mattheson hat in der „Grundlage einer Musicalischen Ehrenpforte" (1740) erstmalig ein falsches Jahr (1684) genannt, das jahrzehntelang tradiert wurde. (Möglicherweise wurde das Geburtsjahr Händels mit 1684 statt 1685 angegeben, weil vor der Kalenderreform in England das Jahr am 25. März begann.)

7 Die Uraufführung erfolgte erst am 8. Januar 1705.

8 Diese drei Opern sind nicht erhalten. Die ersten vier Opern Händels sind seine einzigen in deutscher Sprache geblieben. Die im folgenden genannten Opern sind italienisch textierte Seria-Opern und wurden für Hamburger und Braunschweiger Aufführungen verdeutscht.

9 Das ist die Oper „Amadigi" („Amadis") vom Jahre 1715 („Oriana" nach der zentralen Frauengestalt genannt).

10 Das ist die Oper „Radamisto" vom Jahre 1720 (Zenobia ist Radamistos Gattin).

11 Mattheson gilt schon damals als Händel-Autorität, obwohl seine Händel-Biographie erst 1740 erschien.

12 Einen Neudruck der „Ehrenpforte" gab 1910 Max Schneider heraus.

13 Vgl. Max Schneider, Denkmäler Deutscher Tonkunst, Bd. 28 (1908); in der Einleitung druckt Schneider erstmalig alle drei Autobiographien wieder ab.

14 Vgl. den faksimilierten Abdruck dieser Biographie im Händel-Jahrbuch 1971 (Leipzig 1971), S. 100—115; auf S. 91—101 steht hier auch ein Faksimile-Abdruck der Matthesonschen Händel-Biographie.

15 Abgedruckt im Händel-Jahrbuch 1974 (Leipzig 1975), S. 67 ff.

16 In Faksimile abgedruckt im Händel-Jahrbuch 1955 (Leipzig 1955), S. 29.

17 Obwohl sonst in seinen Angaben sehr zuverlässig, scheint Dreyhaupt anzunehmen, daß Händels Italien-Aufenthalt *vor* den Hamburger Jahren liegt.

18 In diesen Angaben fußt Dreyhaupt augenscheinlich auf Walthers Lexikon.

19 Es war bereits das 74. Jahr. Adlung vermeidet eine genaue Angabe des Geburtsdatums.

20 Händel soll die Oxforder Doktorwürde abgelehnt haben, als er erfuhr, diese Ehrung koste ihn hundert englische Pfund.

21 Diese Kennzeichnung ist symptomatisch für die noch immer an-

dauernde Wertschätzung Lullys, aber auch für die Berühmtheit Händels. Übrigens war auch Lully in Frankreich ein Ausländer (er kam aus Florenz).

22 Die entsprechenden englischen Zeitungsbelege fehlen; vgl. O. E. Deutsch, a. a. O., S. 740. Ist das Foundling-Anthem von 1749 gemeint, oder plante Händel wirklich noch ein neues Werk? Vielleicht ist das Ganze ein Mißverständnis.

23 Soll heißen § 2 von Adlungs Schrift, wo von der im Jahre 1734 von Lorenz Christoph Mizler in Leipzig gegründeten „Societät der musikalischen Wissenschaften“ die Rede ist. Händel wurde 1745 das erste Ehrenmitglied dieser Gesellschaft (der Bach zwei Jahre später beitrat).

24 Ein Faksimile-Druck erschien 1964 (Frits A. M. Kruf, Amsterdam).

25 Einen Neudruck der Übersetzung von Mattheson brachte Bernhard Paumgartner 1947 beim Atlantis-Verlag Zürich heraus (mit umfangreichen Anmerkungen). Ein weiterer Neudruck erschien 1949 in Wien (bei Frisch & Perneder) in einer (unkommentierten) Ausgabe von Hedwig und E. H. Müller von Asow. Einen Faksimile-Druck brachte 1976 der VEB Deutscher Verlag für Musik heraus.

26 Friedrich Chrysander, Georg Friedrich Händel, Leipzig 1856, Bd. I, S. Vf.

27 Speziell: Musikalische Nachrichten und Anmerkungen, Neunundvierzigstes, Fünfzigstes und Einundfünfzigstes Stück, Leipzig 1770, S. 379—398.

28 Dieser Artikel war seinerseits ein Auszug aus Mainwarings gerade anonym erschienener Händel-Biographie.

29 Unter dem Titel „Nachrichten von der Musik in Rußland“, a. a. O., S. 125ff. Auf S. 190f. wird sehr hübsch eine Spieluhr mit einem Händel-Kopf beschrieben, die von dem englischen Meister Winraw für Petersburg angefertigt war.

30 Vgl. dazu: Walther Siegmund-Schultze, Die ersten „Messias“-Aufführungen in Deutschland. In: Händel-Jb. 1960, S. 51—109, insbes. S. 61 ff.

31 Am interessantesten von diesen gelegentlichen Erwähnungen ist Johann Joachim Quantz' (1697—1773) Beschreibung einer „Admeto“-Aufführung vom Jahre 1727 (in Friedrich Wilhelm Marpurgs „Historisch-kritischen Beyträgen“ vom Jahre 1754 innerhalb seiner dort abgedruckten Autobiographie S. 239ff.). Quantz geht fast ausschließlich auf die sängerischen Leistungen der Cuzzoni und Faustina sowie des Senessino ein und würdigt die instrumentalen Qualitäten des Violinisten Castrucci sowie Händels „Direction“. Sonst heißt es kurz, wenn auch entschieden: „Admetos, von Händels Composition war die neueste (Oper), und hatte eine

prächtige Musik. Händels Grundstimme überwog Bononcinis Oberstimme."
An dieser Stelle sei auch auf des damaligen preußischen Kronprinzen, des nachmaligen Königs Friedrich II., Händel-Urteil hingewiesen, der am 19. Oktober 1737 an den Prinzen Wilhelm von Oranien schrieb, Händels große Tage seien vorbei, seine Inspiration sei erschöpft, sein Geschmack sei altmodisch. Als Idol der Zeit hebt er bereits seinen Leibkomponisten Karl Heinrich Graun hervor.

32 Vgl. Charles Burney, The Present State of Music in Germany etc., London 1775, Vol. I., S. 347 (hier nach der deutschen Übersetzung von Ebeling).

33 Mozart hat, wie aus seinem Brief vom 31. Oktober 1777 an den Vater hervorgeht, auch einer Probe beigewohnt, sie aber — sicherlich aus gutem Grunde — vorzeitig verlassen und auf den Besuch der Aufführung verzichtet.

34 Vogler polemisiert gegen diesen Begriff, der kurz vorher im „Hamburgischen Korrespondenten" in bezug auf Händel gebraucht worden war. Immerhin schrieb er im Jahre 1811 dann selbst: „Ihm (Händel) war das Pathos vorbehalten, und ich kenne niemanden, der ihm darin gleichgekommen wäre."

35 In den „Betrachtungen der Mannheimer Tonschule" vom Jahre 1778, zitiert nach: Max Seiffert, Die Mannheimer Messias-Aufführung 1777 (im Peters-Jb. 1916, S. 60 ff.). Der „Zweite Kapellmeister" war übrigens Vogler selbst!

36 A. a. O., S. 64.

37 Sie ist um so verwunderlicher, als gerade Händels Werke, insbesondere seine späten Oratorien und Instrumentalwerke, große Nähe zur Mannheimer Sinfonik zeigen. Daß Vogler Jahrzehnte später eine etwas andere Haltung Händel gegenüber einnahm, zeigt das Zitat unter Anmerkung 34.

38 Im Jahre 1772 unter Thomas Arne im sog. Drillhause.

39 Am 2. August 1772 im Collegium Carolinum (mit Eschenburgs Übersetzung).

40 Nach Reichardts begeistertem Bericht im „Literaturconcert der Kammermusiker E. Benda und C. L. Buchmann" Frühjahr 1774 (ebenfalls mit Eschenburgs Übersetzung).

41 Es handelt sich um den Vierten Brief der „Vertrauten Briefe eines aufmerksamen Reisenden die Musik betreffend", Frankfurt und Leipzig 1774, 1. Teil, S. 82 ff. Neuabdruck in: Festschrift zur Händel-Ehrung der Deutschen Demokratischen Republik 1959, Deutscher Verlag für Musik Leipzig, S. 109—117.

42 Ein Neudruck dieser Schrift erschien bereits im Händeljahrbuch 1959 (Leipzig 1959), S. 183—198.

43 Die beiden Bände des „Musikalischen Kunstmagazins" (1782 und 1791) gehören zu den reichsten Äußerungen der deutschen Auf-

klärung und Klassik auf dem Gebiete der Musikästhetik und musikalischen Analyse.

44 Vgl. dazu: Walther Siegmund-Schultze, „Die Musik Georg Friedrich Händels im Urteil der deutschen Klassik“ (Händel-Jb. 1958, S. 32 ff.), wo allerdings beide Schriften verwechselt wurden. Brown übt in seiner obengenannten Schrift scharfe Kritik an Händels Kompositionsweise, im Sinne der Aufklärung und doch eigentlich gegen sie (wie wir das ähnlich schon in den dreißiger Jahren bei Johann Sebastian Bach sehen, vgl. die Kritik Johann Adolf Scheibes an ihm).

45 Charles Burney, A General History of Music, Vol. IV (1789), S. 222 ff.

46 Besonders bedeutungsvoll für die fortschrittliche Musikanschauung der Zeit wurde Ebelings „Versuch einer auserlesenen Bibliothek“ (Hamburg 1770).

47 Den Vorreden zu den aus dem Italienischen übersetzten Textbüchern Händelscher Opern verdanken wir wichtige (weniger biographisch als) ästhetische Hinweise; vgl. insbesondere Barthold Feinds „Kurtzer Vor-Bericht“ zum „Rinaldo“-Textbuch vom Jahre 1715 (faksimiliert abgedruckt in der Händelfestschrift 1954, S. 56 ff.).

48 Vgl. dazu im einzelnen den bereits oben zitierten Artikel im Händel-Jb. 1958 (Leipzig 1958), S. 32—70, „Die Musik Georg Friedrich Händels im Urteil der deutschen Klassik“.

Zur Textgestaltung

Lautstand, Syntax und Grammatik der Texte wurden grundsätzlich nicht verändert, lediglich die Orthographie und Interpunktion den heute gültigen Regeln angeglichen. Die Schreibung der Personennamen wurde in der in den Originalen verwendeten Form beibehalten, im Personenregister sind diese jedoch in der heute gebräuchlichen Version verzeichnet. — Die Fußnoten der Beiträge mußten aus technischen Gründen jeweils nachgestellt werden; sie sind durch eckige Klammern [1] gekennzeichnet. Ihnen folgen die Anmerkungen des Herausgebers, die durch Hochzahlen[1] angezeigt sind. Alle Texte sind ungekürzt aufgenommen worden.

JOHANN MATTHESON

Händel

(ex liter. & familiar.)

(Aus: Grundlage einer Ehrenpforte, woran der tüchtigsten Kapellmeister, Komponisten, Musikgelehrten, Tonkünstler etc. Leben, Werke, Verdienste etc. erscheinen sollen. Zum ferneren Ausbau angegeben von Mattheson)
Hamburg 1740

Georg Friedrich Händel, aus Hall in Sachsen, wird den abgewichenen 23. Februar 1740 seinen sechsundfunfzigsten Geburtstag[1] begangen haben. Er hat die Setz- und Organistenkunst von dem berühmten Friedrich Wilhelm Zachau samt andern Wissenschaften auf dasiger hohen Schule, die lebendigen Sprachen aber, als Italiänisch, Französisch und Engländisch, auf seinen Reisen gründlich erlernet.
Anno 1703 im Sommer kam er nach Hamburg, reich an Fähigkeit und gutem Willen. Er machte fast seine erste Bekanntschaft mit mir, mittelst welcher er auf den hiesigen Orgeln und Chören, in Opern und Konzerten herum, absonderlich aber in ein gewisses Haus geführet wurde, wo alles der Musik äußerst ergeben war. Anfangs spielte er die andre Violine im Opernorchester und stellte sich, als ob er nicht auf fünfe zählen könnte, wie er denn von Natur zum dürren Scherz sehr geneigt war. [1] Als es aber einsmals am Klavierspieler fehlte, ließ er sich bereden, dessen Stelle zu vertreten, und bewies sich als ein Mann, ohne daß es jemand anders als ich vermutet hätte.
Er setzte zu der Zeit sehr lange, lange Arien und schier unendliche Kantaten, die doch nicht das rechte Geschicke oder den rechten Geschmack, obwohl eine vollkommene Harmonie hatten, wurde aber bald durch die hohe Schule der Oper ganz anders zugestutzet.
Er war stark auf der Orgel, stärker als Kuhnau[2], in Fugen und Kontrapunkten, absonderlich ex tempore, aber er wußte sehr wenig von der Melodie, ehe er in die hamburgische Opern kam. Hergegen waren alle Kuhnauischen Sätze überaus melodisch und singbar, auch die zum Spielen eingerichteten. Es wurde im vorigen Seculo fast von keinem Menschen an die Melodie gedacht, sondern alles zielte auf die bloße Harmonie.
Die meiste Zeit ging er damals bei meinem seligen Vater zu freiem Tische und eröffnete mir dafür einige besondere Kontrapunkt-Griffe. Da ich ihm hergegen im dramatischen Stil keine geringe Dienste tat und eine Hand die andre wusch.
Wir reiseten auch den 17. August desselben 1703. Jahrs zusammen nach Lübeck und machten viele Doppelfugen auf dem Wagen, da mente, non da penna.[3] Es hatte mich dahin der Geheime Rats-Präsident Magnus von Wedderkopp eingeladen, um dem vortrefflichen Organisten Dieterich Buxtehude[4] einen künftigen Nachfolger auszumachen. Da nahm ich Händel mit.

Wir bespielten daselbst fast alle Orgeln und Clavicimbel und fasseten wegen unsers Spielens einen besondern Schluß, dessen ich anderswo gedacht habe: daß nämlich er nur die Orgel und ich das Clavicimbel spielen wollte. Wir hörten anbei wohlgedachtem Künstler in seiner Marien-Kirche mit würdiger Aufmerksamkeit zu. Weil aber eine Heirats-Bedingung bei der Sache vorgeschlagen wurde, wozu keiner von uns beiden die geringste Lust bezeigte, schieden wir, nach vielen empfangenen Ehrenerweisungen und genossenen Lustbarkeiten, von dannen. Johann Christian Schieferdecker legte sich hernach näher zum Ziel, führte nach des Vaters Buxtehuden Tode die Braut heim und erhielt den schönen Dienst, welchen anitzo Johann Paul Kuntzen rühmlichst besitzet.
Anno 1704, wie ich mich in Holland befand, des Vorsatzes, nach England [2] zu gehen, erhielt ich den 21. März in Amsterdam einen solchen verbindlichen und nachdrücklichen Brief von Händel aus Hamburg, der mich vorzüglich bewog, den Rückweg wieder nach Hause zu nehmen. Besagter Brief ist den 18. März 1704 datiert und enthält unter andern diese Ausdrücke:
„Ich wünsche vielmal in Dero höchstangenehmen Conversation zu sein, welcher Verlust bald wird ersetzet werden, indem die Zeit herankömmt, da man, ohne deren Gegenwart, nichts bei den Opern wird vornehmen können. Bitte also gehorsamst, mir Dero Abreise zu notifizieren, damit ich Gelegenheit haben möge, meine Schuldigkeit durch Dero Einholung mit Mlle. Sbülens[5] zu erweisen etc. etc."
Am 5. Dezember obbesagten Jahres, da meine dritte Oper [3] „Cleopatra" aufgeführet wurde und Händel beim Clavicimbel saß, entstund ein Mißverständnis, wie solches bei jungen Leuten, die mit aller Macht und wenigem Bedacht nach Ehren streben, nichts Neues ist. Ich dirigierte als Komponist und stellte zugleich den Antonius vor, der sich, wohl eine halbe Stunde vor dem Beschluß des Schauspiels, entleibt. Nun war ich bisher gewohnt, nach dieser Aktion ins Orchester zu gehen und das übrige selbst zu akkompagnieren, welches doch unstreitig ein jeder Verfasser besser als ein andrer tun kann; es wurde mir aber dieses Mal verweigert. Darüber gerieten wir durch einige Anheizer im Ausgange aus der Oper, auf öffentlichem Markte, bei einer Menge Zuschauer in einen Zweikampf, welcher für uns beide sehr unglücklich hätte ablaufen

können, wenn es Gottes Führung nicht so gnädig gefüget, daß mir die Klinge im Stoßen auf einem breiten, metallenen Rockknopf des Gegners zersprungen wäre.[6] Es geschah also kein sonderlicher Schade, und wir wurden durch Vermittelung eines der ansehnlichsten Ratsherren in Hamburg wie auch der damaligen Opernpächter bald wieder vertragen, da ich denn desselben Tages, nämlich den 30. Dezember, die Ehre hatte, Händeln bei mir zu bewirten, wonächst wir beide auf den Abend der Probe von seiner „Almira" beiwohnten und bessere Freunde wurden als vorhin. Syrachs Worte, Kap. 22, trafen also hier ein: „Wenn du gleich ein Schwert zückest über deinen Freund, so machst du es nicht so böse (als mit schmähen). Denn ihr könnet wohl wieder Freunde werden, wenn du ihn nicht meidest und redest mit ihm." Ich erzähle diese Begebenheit nach ihren wahren Umständen deswegen, weil es noch nicht so gar lange ist, daß sie von verkehrten Leuten verkehrt hat ausgeleget werden wollen.
Händel führte darauf, Anno 1705, den 8. Jenner [4], seine besagte erste Oper „Almira" glücklich auf. Den 25. Februar folgte der „Nero". Da nahm ich mit Vergnügen Abschied vom Theatro, nachdem ich in den beiden letztgenannten schönen Opern die Hauptperson unter allgemeinem Beifall vorgestellet und dergleichen Arbeit ganzer 15 Jahr vielleicht schon ein wenig zu lange getrieben hatte, so daß es Zeit für mich war, auf etwas Festeres und Dauerhafteres bedacht zu sein, welches auch, Gott Lob, wohl vonstatten gegangen ist. Händel blieb indessen noch 4 bis 5 Jahr bei den hiesigen Opern[7] und hatte daneben viel Scholaren.
Er verfertigte 1708 sowohl den „Florindo" als die „Daphne", welche jedoch der „Almira" nicht beikommen wollten. Anno 1709 hat er nichts gemacht. Darauf ereugete sich die Gelegenheit, mit dem von Binitz eine freie Reise nach Italien anzutreten, da er denn Anno 1710 im Winter zu Venedig auf dem Schauplatze St. Gio. Crisostomo seine „Agrippine" hören ließ[8], in welcher man, als sie 8 Jahr hernach das Hamburgische Theater zierte, verschiedene den Originalien gänzlich ähnliche Nachahmungen aus „Porsenna" etc. wahrzunehmen nicht unbillig vermeinte.[9]
Die übrigen Singspiele von Händels Feder, als „Rinaldo", 1715; „Oriana", 1717; samt der eben erwähnten „Agrippine", 1718; „Zenobia", 1721; „Muzio Scevola" und „Floridantes",

1723; „Tamerlan“, „Julius Cäsar“ und „Otto“, 1725; „Richardus I.“, 1729; „Admetus“, 1730; „Cleofida“ (sonst mit dem rechten Namen „Porus“ genannt) und „Judith“, 1732; zuletzt die „Rodelinda“, 1734, sind in seiner Abwesenheit hier in Hamburg gespielt und von außen eingesandt worden. Eine solche Beschaffenheit hat es auch mit der Brockesischen Passionsmusik, die er gleichfalls in England verfertiget und in einer ungemein enggeschriebenen Partitur auf der Post hieher geschickt hat. Von diesem Oratorio wurde in einem gedruckten Vorberichte 1719 folgendes gemeldet:

„Es ist nicht zu verwundern, daß die vier großen Musici, Herr Keiser, Herr Händel, Herr Telemann und Herr Mattheson [5], als welche sich durch ihre viele und treffliche der musikalischen Welt gelieferte Meisterstücke einen ewigen Ruhm erworben, solches in die Musik zu bringen für ihr größestes Vergnügen geschätzet, in welcher Verrichtung es ihnen denn so ungemein wohlgelungen, daß auch der behutsamste Kenner einer schönen Musik gestehen muß, er wisse nicht, was hier an Anmut, Kunst und natürlicher Ausdrückung der Gemütsneigungen vergessen und wem der Rang, ohne einem gefährlichen Urteil sich zu unterwerfen, zu geben sei. Des Herrn Keisers Musik ist ehedessen schon unterschiedne Mal mit der größesten Approbation aufgeführet worden. Des Herrn Matthesons dieses Jahr zu zweien Malen gehörte Musik [6] hat den Zuhörern derselben ein unsterbliches Andenken seiner virtù überlassen. Nun aber ist man Willens, künftigen Montag (in der Stillen Woche) des Herrn Händels, und dienstags des Herrn Telemanns Musik aufzuführen etc.“[10]

Inzwischen sind die Händelschen Opern zum Teil, so wie die meisten abgefaßt, in italienischer Sprache hier aufgeführet worden, zum Teil aber durch Übersetzungen und Einflickungen der größesten Veränderung unterworfen gewesen. Das mag einen jeden Komponisten billig abschrecken, nichts von seiner Arbeit an solche Örter zu verschicken, da man nach eigenem Gutdünken verfähret und das absens carens spielet. Auch eine Lehre! In allem werden 19 oder 20 dramatische Stücke allhier in Hamburg von ihm, in London aber vielleicht noch einige andre bekannt sein, daraus die Arien dort in Kupfer gestochen und ziemlich teuer sind.

Ums Jahr 1717 war Händel in Hannover und wurde, wo mir recht, des damaligen Kron- und Kurprinzen, itzigen Königs von Englands, Kapellmeister.[11] Ich erhielt auch zu der Zeit aus gedachtem Hannover Briefe von ihm über die Zuschrift der zwoten Eröffnung meines „Orchesters", welches das „Beschützte" genannt wird und ihm, nebst andern, gewidmet war. In Ansehnung dessen sandte er mir 1719 noch umständlicher seine Gedanken darüber aus London, die bereits in der „Critica musica", pp. 210, 211 T. II ihren Raum eingenommen haben.[12] Ebendamals versprach er, mir die merkwürdigsten Vorfälle seines Lebens einzusenden, ich beklage aber sehr, daß solches noch gar nicht geschehen, sondern vielmehr auf mein abermaliges Anhalten, da ich ihm weltbekanntermaßen die „Fingersprache" dedizierte, am 5. August 1735 folgende Antwort eingelaufen ist:

«à Londres, ce 29. de Juliette, 1736

Monsieur,
Il y a quelque tems, que j'ai reçu une de vos obligeantes Lettres; mais à present je viens de recevoir votre derniere, avec votre ouvrage.
Je vous en remercie, Monsieur, & je vous asseure que j'ai toute l'estime pour votre merite: je souhaiterois seulement, que mes circonstances m'etoient plus favorables, pour vous donner des marques de mon inclination à vous servir. L'ouvrage est digne de l'attention des Connoisseurs, & quant à moi, je vous rends justice...
Au reste, pour rammasser quelque Epoche, il m'est impossible, puisqu'une continuelle application au service de cette Cour & Noblesse me detourne de toute autre affaire. Je suis avec une consideration tres parfaite etc.»

(„London, den 29. Julius 1735

Mein Herr,
Vor einiger Zeit habe ich einen von Ihren verbindlichen Briefen erhalten; aber itzo empfange ich Dero letzern, mit dem Fugenwerke selbst.
Ich danke Ihnen, mein Herr, und versichre Sie, daß ich für Dero Verdienste alle Hochachtung hege; ich wünschte nur, daß mein Zustand etwas günstiger wäre, um Ihnen zu bezeugen, wie ich in der Tat geneigt bin, Ihnen zu dienen. Dero Werk verdient die Aufmerksamkeit der Kenner, und soviel an mir ist, laß ich ihnen Recht widerfahren...

Was übrigens die Sammlung meiner Lebens-Vorfälle betrifft, so ist mir unmöglich, dieselbe zu bewerkstelligen, wegen der beständigen diesem Hofe und dem Adel zum Dienst gewidmeten Arbeit, die mich von aller andern abhält. Ich bin indessen mit sehr vollkommener Beträchtlichkeit etc.")

Seit der Zeit, und zwar den 10. November 1739, da der Hof und der hohe Adel, ja die ganze Nation, mehr auf den schädlichen Krieg als auf Schauspiele und andre Lustbarkeiten bedacht, auch daher kein Vorwand zu nehmen war, geschah eine wiederholte, so höfliche als vernünftige und mit vielen Bewegungsgründen begleitete Anregung; sie ist aber ebenso fruchtlos abgegangen als die vorigen. Man hat mir im Vertrauen melden wollen, es trachte dieser weltberühmte Mann so fleißig nach der Auflösung eines gewissen Canonis clausi, der sich anfängt: Frangit Deus omne superbum etc., daß er alles andre darüber aus den Augen setzet. Allein ich will für die Wahrheit so tanen Berichts im geringsten nicht Bürge werden.
Ich melde also nur, was mir bekannt ist, und dessen ich mich gewiß aus Briefen und Tagebüchern erinnere und mit Augen gewahr werde, worunter denn auch verschiedene „Anthems" [7][13] oder Kirchenstücke gehören, absonderlich ein sehr berühmtes Te Deum etc., so verschiedene Mal mit Ruhm in London aufgeführet; allein es ist, meines Wissens, nicht gedruckt worden. Hergegen hat er unter andern 1720 daselbst in Kupfer stechen lassen: VIII Suites de Pieces pour le Clavecin, die sehr schön und hernach fortgesetzet oder vermehret worden sind. Diese Sachen aber, samt obigen Opern-Arien, alle zu verschreiben, hat mich der hohe Preis abgehalten. Inzwischen hätte ein Mann, dem ich so viel Gütliches bei seinem ersten, ziemlich schwachen Ausfluge erwiesen, dem ich auch sogar nebst schuldigen Ehrenbezeugungen in meinen Schriften nicht nur das „Beschützte Orchester", sondern noch jüngsthin ein beträchtliches Kupferwerk öffentlich zugeeignet und ihm, nicht ohne Kosten, als einem hohen Kunst-Fürsten übergesandt habe, wenigstens wo nicht mir, doch der ihn verehrenden musikalischen Welt eine oder andre ordentliche Probe oder nur Nachricht von seinen rühmlichen Professions-Geschäften mitteilen mögen. Denn wir sind gleichwohl Mitglieder einer Oper, Spiel- und Spießgesellen, Reisegefähr-

ten und Tischgenossen gewesen, die wir freundlich waren unter uns, wir wandelten im Hause Gottes zu Haufen (in company).

Einmal ging die Rede, daß es, wegen der Italiäner Tücke und Verfolgung, sehr mit ihm auf die Neige geraten wäre. Das war kurz vor der Zeit, da er mir, obgedachtermaßen, seine ungünstigen Umstände [8] im Briefe anführte. Und man schrieb uns von glaubwürdiger Hand, daß, wenn sich der Königliche [9] Beutel selbst seiner nicht angenommen hätte, welches bei Überreichung der Partitur einer neuen Oper geschehen, es vielleicht schlecht würde ausgesehen haben. Er hat übrigens, soviel ich erfahren, außer der Unterweisung bei den Prinzessinnen keine gewisse Bestallung oder Bedienung bei Hofe, sondern führet seinen Staat, und zwar keinen geringen, von Opern, Konzerten, außerordentlichen Krönungs- und andern dergleichen Musiken.

Der König von England hält, als König, keinen ausländischen sogenannten Kapellmeister, sondern seine ganze Kirchenmusik muß mit einheimischen Leuten ordentlicherweise besetzet sein. Die Kapelle bestehet aus einem vorgesetzten Musikmeister und 23 Untergebenen, die auf Ihro Majestät Unkosten jährlich in besondre Liberey gekleidet werden. Man schrieb an die hiesige Gesandtschaft aus der Königlichen Kanzlei von Whitehall, den 29. August 1729, folgenden ganz sichern Bericht: „Es hat Sr. Maj. gefallen, dem Johann Eccles [10], Schildknappen, Meistern der Königl. Musik, und 23 andern Königlichen Musikanten jedem derselben jährlich zur Librey, solange sie in Dero Diensten verharren, darreichen zu lassen 14 engländische Ellen Kamelot zu einem langen priesterlichen Oberrock, 3 dergleichen Ellen schwarz Sammit, solchen Rock zu säumen und einzufassen, 1 Pelzfutter von Lammsfellen, 8 engländische Ellen schwarz Dammast zum Unterkleide oder Kamisol, 8 dito feine Baumseide zum Unterfutter, 3 dito Sammit zum Wammes und 3 dito Parchim zu dessen Unterfutter." Da es nun solche Beschaffenheit mit der engländischen Kapelle hat, so stehet leicht zu schließen, daß Händel gar keinen festen Teil daran habe. Ein jeder neuer König in England macht beim Antritt seiner Regierung oder nicht lange hernach eine Verordnung gleichen Inhalts, die sich auf Parlamentsakten gründet und worin, ohne dessen Einwilligung, nichts Hauptsächliches geändert werden darf. Ein solches Dekret wird von so

großer Wichtigkeit zu sein erachtet, daß alle auswärtige Gesandten der Krone Nachricht davon bekommen.
Händel tat sonst vor einigen Jahren, ich glaube 1729, wie er aus Betrieb der Welschen Mangel an Sängern litte, eine Reise nach Dresden etc., um gute Stimmen sich zu bewerben; er soll auch, wie ich vernommen, durch Hamburg gegangen sein. Heidegger, damaliger Unternehmer der Londonschen Singspiele, begab sich in eben der Absicht nach Italien, richtete aber, soviel man weiß, wenig aus. Johann Gottfried Riemschneider, unser bester Baritonist, nunmehro Kantor am Hamburgischen Dom, begab sich zwar am Ende des gedachten Jahres nach London und sang daselbst in den Opern, kam aber im August 1730 wieder hieher.
Bald hat man sagen wollen, Händel sei Licentiatius, bald er sei Doktor der Musik geworden; bald aber, er habe bei seiner Anwesenheit zu Oxford diese letztere Würde in aller Höflichkeit von sich abgelehnet usw. Allein, ohne seinen Beifall ist dieserwegen nichts Gewisses zu bestimmen. Man hat auch noch nicht vernommen, daß er verheiratet sei, es wäre sonst hohe Zeit; nur dieses ist oft in den engländischen Hofzeitungen gemeldet worden, daß ihm von einigen Privatpersonen in den Gärten zu Vauxhall eine marmorne Ehren- und Bildsäule errichtet worden, welches schon was Beträchtliches ist. Es werden in diesen Gärten, dahin jedermann gehen und sich erlustigen kann, viele Konzerte für Geld gehalten.[14]
Endlich können die nie zu hoch getriebene Lobsprüche unsers weltberühmten Händels in meinen Schriften, als z. E. in der „Kritik“, im „Musikalischen Patrioten“, im „Kern melodischer Wissenschaft“, im „Vollkommenen Kapellmeister“ usw. mittelst der Register nachgeschlagen und vielfältig angetroffen werden, so daß es nur was Überflüssiges sein würde, selbige hier zu wiederholen.

Dignum laude virum Musa vetat mori.[15]

Fußnoten der Originalausgabe

[1] Ich weiß gewiß, wenn er dieses lieset, wird er im Herzen lachen; denn äußerlich lacht er wenig. Insonderheit falls er sich des Taubenkrämers erinnert, der mit uns damals auf der Post nach Lübeck fuhr, ingleichen des Pastetenbäckers Sohns, der uns beim Spielen die Bälge in der hiesigen Marie-Magdalenen-Kirche treten mußte. Das war den 30. Juli 1703, da wir den 15. vorher zu Wasser ausgefahren gewesen. Und hundert dergleichen Vorfälle schweben mir noch in Gedanken.

[2] Der Sinn stand mir immer nach England; und siehe, ich fand es in Hamburg mit mehr Bequemlichkeit.

[3] Die erste völlige Oper, „Plejades", hatte ich schon komponiert, dirigiert und die Hauptperson darinnen agiert, wie ich kaum 17 Jahr alt war.

[4] Nicht 1704, wie irrig im „Musikalischen Patrioten" stehet, welches zu ändern bitte.

[5] Um Anstößigkeiten zu vermeiden, sind diese Namen hier in der Ordnung angeführet worden, so wie die Compositiones der Zeit nach einander gefolget. (Sind des obigen Vorredners Worte.)

[6] Ob ich gleich die letzte Komposition gemacht, so ist sie doch teils besonders, teils öffentlich, zumal 1718, vor der Händelschen öfters aufgeführet worden, da doch diese längst hie war sowohl als die Telemannische.

[7] Wenn die Deutung dieses Kunstworts im M. L. auf einen griechischen gemeinen Tanz, wobei gesungen wurde, gewogen wird, so hat solches zwar in Ansehung des Altertums seine Richtigkeit; wir müssen aber dabei erinnern, daß es heutiges Tages in den engländischen und französischen Kirchen eine ganz andre Beschaffenheit damit habe, welche auch dem Brossard nicht beigefallen, indem er zwar zweimal des Namens Antienne, nicht aber der Bedeutung sub vocibus Tuono & Responsorio gedenket; auch am letzten Orte saget, was eine Antienne redoublée oder doppeltes Anthem sei, ehe er noch gelehret, was unter dem einfachen verstanden werden müsse. Die engländischen Lexikographi legen das Wort Anthem als Ant-Hymn aus, d. i. eines Lobliedes Gegengesang oder Canticum beim Gottesdienst, it. als einen in die Musik gebrachten Vestikel vor oder nach einem Hymno. Wird nun dieser Gesang von zween gegeneinander gestellten Chören auf eine oder andre Art verrichtet, so ists ein doppeltes Anthem, une antienne redoublée, auf Italiänisch ein Responsorio, Lateinisch Responsorium. Der Franzosen Antienne wird erkläret, daß sie sei un Verset, qui de chante dans l'Office Ecclesiastique, welches ein wenig zu allgemein klinget. Inzwischen ist es gemeiniglich (nicht allemal) ein Figuralstück von wenig Worten und langer Aus-

führung, welches mit dem Choral, absonderlich aber mit den Lob- und Dankliedern abwechselt. Brossard schreibt, eine jede Antienne müsse im Hauptton schließen; das ist alles, und lange nicht genug. Inzwischen ist in den engländischen Kirchen (als in St. Paul's Cathedral) das Responsorium nicht allemal ein Anthem, sondern dieses letztere Wort hat durch den Gebrauch oder Mißbrauch fast eben die Meinung als Motette und wird daselbst durchgehends figuraliter verstanden, ob es gleich vom Choral seinen Ursprung hat. Wer wird nun hieraus heutiges Tages einen gemeinen griechischen Tanz machen können?

[8] Ich glaube, er habe gedacht, daß ich etwa ein Geschenk von ihm erwartete. Aber weit gefehlt! Man kann mich nicht dessen regalieren, als wenn man dem Publico Gefälligkeiten erweiset.

[9] S. den Vorbericht zur kleinen „Generalbaß-Schule", p. 5.

[10] In Johann Walsch' (Königl. Instrumentenmachers, Zur güldenen Harfe und Oboe, in der Cathrinenstraße, nahe dem Sommerset-Hause am Strande) Verzeichnissen von musikalischen Schriften findet sich unter andern Mr. Eccle's New Music for opening of the Theatre, ingleichen in seinen Monthly Masks for August 1706 ein seltsames Löwenlied von demselben Verfasser, welches einen Kehlsprengel von 14 Sangstufen erfordert. Zu merken ist, daß ihm amtswegen der Titel Esquire oder Schildknapp, welches mehr als einen gemeinen Edelmann bedeutet, beigelegt wird, ob er sonst gleich bürgerlichen Standes wäre. Soeben, da ich dieses schreibe, läuft Zeitung ein, daß im Dezember 1739 der berühmte Gordon, Professor der Musik im Greshamischen Collegio, gestorben und ihm, wie man vermeinet, der Doktor Barrowby jun. in solchem Amte nachfolgen werde. Um dieses Professorat wieder zu besetzen, sind seit dem 22. Januar 1740 12 Committierte von der Stadt London beschäftiget gewesen, aus 12 Kandidaten erstlich 6, aus diesen hernach 3, und aus denselben ferner 2, nämlich Mr. Gore und Mr. Broome, zu erkiesen, von welchen beiden jeder 12 Stimmen gehabt und der Ausschlag dieses Mal noch nicht erfolget, sondern bis aus den 27. ausgestellet ist. Es sind 3 Organisten mit auf der Wahl gewesen, aber weggefallen.
Den 23. Januar dieses Jahres ist auch zu Westmünster im 90. seines Alters gestorben Doktor Turner, Doktor der Musik.

Anmerkungen des Herausgebers

1 Es war der 55. Geburtstag; Mattheson hatte das unrichtige Geburtsjahr 1684 im Auge.

2 Johann Kuhnau (1660—1722), Vorgänger Johann Sebastian Bachs als Thomaskantor in Leipzig.

3 „im Geiste, nicht mit der Feder".

4 Dietrich Buxtehude (1637—1707), berühmter Marien-Organist in Lübeck, von großer Einwirkung vor allem auf Johann Sebastian Bach, der ihn ein Jahr darauf auch besuchte.

5 Mlle. Sbülens möglicherweise eine Tochter des Kaufmanns Johann Wilhelm Sbülen (gest. 1738 in Hamburg). Dieser ist erwähnt in Händels Briefen vom 30. 7./10. 8. 1731 und vom 17./28. 8. 1736. Händels Brief ist uns nur in diesem Auszug überliefert.

6 Der Rockknopf ist Matthesons Version, während bei Mainwaring von einem Notenbuch die Rede ist.

7 Mit diesen Zahlen hat Mattheson, der es an sich besser wissen mußte, hinsichtlich der Händelschen Lebensdaten viel Unheil angestiftet; Händel blieb nur noch höchstens zwei Jahre (bis Ende 1706 oder Anfang 1707) in Hamburg.

8 Händel, der schon längst in Italien war und den Hamburger Aufführungen von „Florindo" und „Daphne" nicht mehr beigewohnt hatte, führte seine Oper „Agrippina" am 26. Dezember 1709 in Venedig auf.

9 Diese Bemerkung soll darauf hinweisen, daß Händel aus Matthesons Opern musikalisches Material entlehnt habe.

10 Wie schon oben, bringt Mattheson solche Zitate vor allem deshalb, um seine allgemeine Wertschätzung, sein kompositorisches Genie hervorzuheben. Händels Komposition des Passionstextes von Barthold Heinrich Brockes war bereits 1716 (oder 1717) fertig.

11 Händel war 1710 bis 1712 offiziell Hofkapellmeister in Hannover, übte seinen dortigen Dienst aber nur kurz aus.

12 Händels Brief vom 24. Februar 1719 an Mattheson beantwortete dessen Anfrage betr. der Anwendung der Solmisation und der griechischen Modi; beides negativ. Auch lehnte er es, in höflichen Worten, ab, ihm eine Selbstbiographie zuzuschicken.

13 Wir verzichten hier auf eine Erläuterung der verschiedenen Exkurse Matthesons, der, wie stets, mit seiner Gelehrsamkeit und Besserwisserei prunken will.

14 Die in diesem Abschnitt von Mattheson geäußerten Vermutungen stimmen sämtlich.

15 Übersetzung: „Die Muse verbietet dem des Lobes Würdigen, zu sterben."

JOHN MAINWARING

Georg Friederich Händels Lebensbeschreibung

nebst einem
Verzeichnisse seiner Ausübungswerke
und
deren Beurteilung;
übersetzet,
auch mit einigen Anmerkungen,
absonderlich über den Hamburgischen Artikel,
versehen
vom
Legationsrat Mattheson

'Εγὼ δ' οἶδα μεν, ὥς ὑπερβολαὶ μεγέθους φύσει ἥκιστα καθαραί. Τὸ γὰρ ἐν παντὶ ἀκριβές, κίνδυνος σμικρότητος. Longinus

Equidem non ignoro, granditatem summam natura sua minime puram esse: nam id, quod undiquaque accuratum est, in periculum humilitatis incidit.[1]

Untwisting all the Chains that tie
The hidden Soul of Harmony.
Milton

Er kann der Harmonie verdeckte Seele finden;
Was sie gebunden hält, das muß vor ihm verschwinden.[2]

Hamburg
Auf Kosten des Übersetzers. 1761

Alle Zusätze von Mattheson sind im folgenden kursiv gesetzt.

Panegyricks are frequently ridiculous, let them be addressed where they will.

Tatler Nr. 92[3]

Hier wird keine neue Zeitung übersetzt, die sich heute lesen und morgen verwerfen läßt. Es soll ein Werk der Ewigkeit sein, so wie es denn auch beschaffen sein mag; nicht sowohl der Person als der Sache halber.
Der bekannte Hauslehrer[4] *will berühmte Leute loben. Leute hin, Leute her! War nicht Jedidja*[5] *auch einer von den berühmten Leuten? Wir preisen ihre löbliche Verrichtungen viel mehr als ihre Person. Taten müssen es sein, die Ruhm erfordern, denn von dem ersten Weltherrn an bis auf den itzigen doppelten Macedonier*[6] *ist noch kein einziges angenehmes Gesicht ohne salomonische Schönheitspflästerchen erfunden worden.*
Wer das Werk lobet, der lobet auch den Meister; ja, das Werk selbst lobet oder tadelt ihn, ohne sein Zutun. Aus ihren Früchten sollt ihr sie erkennen. Personen können sich verstellen, Werke nicht. Daher begehet derjenige eine zweifache Sünde, der einen weltkündigen, verdienstlichen Mann tadelt; weil er zugleich dessen Künste und nützlich angewandte Wissenschaften auch mittadelt. Sie sind eigentlich unzertrennlich.
Jemandes Leben zu beschreiben ist nicht genug, den Mann nur als einen Künstler vorzustellen; es muß vielmehr auch der Künstler als ein Mann betrachtet werden; denn in solcher Eigenschaft sind die rechten Werke zu finden.
Wir alle aber können und wissen doch nicht alles. Und nur musikalisch zu reden, tut es z. E. einer dem andern etwa auf dem Pedal, der andre wiederum dem ersten auf dem Flügel zuvor etc. Ein Unterschied, der teils grob, teils fein heißen mag; das erste für Kenner, das letzte für jedermann.
Ein Trupp Künstler, ja, wenns nur Truppen gäbe, ist wie ein Bund allerhand Schlüssel. Keiner von diesen ist vor andern lobenswert, als nur sofern derselbe ein beträchtliches Schloß öffnet, das etwas Schätzbares einschließet. Einer kann bei seinem Spielen auch singen, der andre tut den Mund dazu nicht auf, auch nicht einmal zum Lachen. Jener stellt bei seiner Setzkunst, bei seinem Singen, Spielen und Tanzen eine Hauptperson auf der Schaubühne vor; dieser hat bei einer Menge Partituren sich wohl gehütet, das Theater zu betreten. Es würde auch possierlich genug ausgesehen haben. Hier arbeitet einer, nebst diesen und verschiedenen andern Wissenschaf-

ten, auf erhabenere Art, auch zugleich für Könige und Fürsten; dort braucht einer seine Gaben vornehmlich zum Dienst und Wohlgefallen der Untertanen.
Hieraus erhellet, daß ein jeder nach seiner Art zwar Ruhm und Preis verdienet, aber nicht eigentlich wegen seiner Person, sondern wegen seiner Verrichtungen. Man kann zwar auch einen Menschen loben, ohne seiner Werke dabei zu gedenken. Z. E. daß er ein mächtiger Prinz und kein Tyrann, daß er schön sei, ohne sich damit zu brüsten, daß er reich und vom Geiz nichts wisse etc. Wenn wir aber eine Tugend gerades Weges rühmen, so kann es unmöglich fehlen, ihr Besitzer muß notwendig darunter begriffen sein. Wer aus der Kraft des Glaubens seines Sohnes nicht schonet, wenn einer Tausend, der andre Zehntausend schlägt, wenn Klugheit allein auch einen Bucephalus regieren kann, wenn jemand seines größesten Feindes Tod beweinet, denke ich gleich an oder auf Abraham, auf Saul, auf David, auf Alexander und auf Cäsar.
Sehen wir hiebei nun die panegyrischen Nachrichten unseres Originals an, so laufen dieselben so bunt, teils erhaben, teils erniedriget untereinander, daß man die eigentlichen Quellen, woraus dieses oder jenes geschöpfet worden, da sie weder richtig noch rein sind, unmöglich entdecken kann; es betreffe Mann oder Macht, Ziel oder Zeit. Indessen bleibt doch der Verfasser immer sehr treuherzig bei dem Lobe der Person, es koste auch deren Verteidigung, was sie wolle; und er tut am besten daran. Etwas zu viel in diesem Fall ist ihm allezeit ratsamer als zu wenig. Und wenn er gleich bisweilen eine ihm verhaßte Wahrheit zu sagen nicht umhin kann, weiß er sie doch so artig zu bemänteln, daß wir des Unanständigen kaum halb gewahr werden. Nichts fehlt hier so sehr als nur die große Kleinigkeit: Soli Deo!, von, in und auf welchem jedoch Alles entstehet, stehet und bestehet. Viele schreiben hergegen alles ihren eignen Künsten oder einer erdichteten Begeisterung und Eingebung, ja, gar einer Erleuchtung zu.
Ausdrückliche theologische Sachen ausgenommen, die ihr Oportet an der Stirn führen, sind doch die meisten Schriften heutiges Tages nach dem Muster des Buches Esther gemacht, darin viel Judenzens, Gottes Name aber gar nicht befindlich ist. Wäre solches auch gleich mit der überhandnehmenden Galanterie zu entschuldigen, so sollte man doch in Lebensbeschreibungen allemal der Sache mehr und vorzüglich ihr Recht tun als der Person. O Mensch! Was hast du, das du nicht empfangen hättest. Denn wenn einer auch aller Welt Opern, Oratorien, Serenaten etc. zum Dienste des höchsten Adels

machte, ist doch damit der Dienst des Allerhöchsten noch lange so nicht versehen, wie sichs gebühret. Was auch etwa in Kirchen und Privatkapellen oder Konzerten, bei einem feierlichen Friedensschlusse, bei einer Krönung, bei einer majestätischen Beerdigung mit geheiligten Texten vorkommt, geschiehet nur gelegentlich, und, leider!, mehrenteils in ganz andern als erbaulichen Absichten; einerseits zur Pracht, zum Staat, zu weltlichen und politischen Ehren, andrerseits aber zum handgreiflichen Gewinn und eitlen Ruhm. Ist es erlaubt, Luthern anzuführen, der wahrhaftig kein Scheinheiliger war, so bestehet seine und meine herzliche Meinung kürzlich in folgendem Wunsche: Ich wollte, sagte er, alle Künste, sonderlich die Musik, gerne sehen im Dienste deß, der sie gegeben und geschaffen hat. Da sind die triftigsten Bewegungsgründe, warum bei solchen, ja fast bei allen Vorfällen in dieser Welt vielmehr auf das Tun und dessen innerlichen Zweck, als auf den Täter gesehen werden muß.

Daß übrigens unser rednerische Fuhrmann aus London, der vielleicht von poetischer Art und zum Geschichtschreiber desto weniger aufgelegt ist, sehr oft aus der Gleise fährt, gestehet er zwar hin und wieder selber. Man würde es ihm auch zugute halten, wenn er nicht über Hals und Kopf die vorigen Spuren wieder suchte und keine solche Dinge vorbrächte, die gar nicht zur Sache gehören; wenn er nicht auf große und kleine, unter der Hand, stichelte, ja selbst öffentlich keiner Lilienkrone schonete. In biographischen, chronologischen, geographischen, genealogischen und politischen Dingen gibt es bei ihm Fehler genug; absonderlich stehen solche merkliche Übersichten im Artikel von Hamburg, daß sich ein bescheidener Dolmetscher, ohne eignen Nachteil, unmöglich entbrechen kann, etwas dagegen zu erinnern. Wenn auch andre Geschichtschreiber ihren Vortrag durch gezwungene Kürze verdunkeln, so tut es dieser durch Weitläufigkeit, hochtrabende Worte und schwülstige Redensarten, die den Leser und Übersetzer von Herzen ermüden. Alles jedoch ohne Not und ohn Erfordern, am unrechten Ort. Der sogenannte grammatische Hund schreibt uns wegen des historischen Stils ganz andre und treffliche Regeln vor, die allerdings gelten müssen und auch ohne Ansehen seiner übrigen Persönlichkeit lobenswert sind. [1]

Unsre Sorgfalt ist schon über ein halbes Jahrhundert aller andern wichtiger vermeinten Beschäftigungen ungeachtet auf die höchstbenötigte Beförderung, rechtschaffene Aufnahm und Verehrung der Tonkunst beständig und ernstlich gerichtet gewesen; das heißt auch noch immerhin unser geliebter Zweck; sonst wären wir mit gegenwärtiger Arbeit aus mehr als einer Ursache gern verschonet blieben. Es ist aber bei diesem Vorsatz bisweilen anderwärts nötig gewesen, den Stümpern scharf einzureden, damit ihre Menge nicht alles verderbe, was wenige Virtuosen noch gut machen. Man wird ihnen vielleicht bald ein paar starke Nüsse aufzubeißen, doch nur einmal für allemal recht tüchtig vorlegen; ohne ihre unwerte Namen zu nennen, damit sie sich in ihren Finsternissen nicht klug dünken lassen, noch Vorteil oder falsche Ehre darin suchen, als würden sie etwa für streitbare Helden und Mitbuhler der Federfechter gehalten. Hergegen haben wir auch dasjenige Lob, dadurch man nicht bloß der Personen Eigenschaften und besondre Verdienste, sondern hauptsächlich die Vortrefflichkeit und den Nutzen einer tugendhaften, zum löblichen Ende angewandten Sache mit geziemenden Ruhm erhebet, so wenig vergessen, daß demjenigen, der ihn in der Tat ohne Schmeichelei mit Bestand der Wahrheit zur Belohnung edler Verrichtungen ohne sich groß zu halten wirklich verdienet, derselbe Ruhm herzlich gern erteilet und nie weder versaget worden ist noch jemals versaget werden soll, kann und mag.

Ist denn etwa ein Lob, dem denket nach! Ziehet das Werk und dessen aufrichtige Absicht der Person allemal vor. Dahin zielen obige Worte des Tatlers[7]*, und das ist unsere neuscheinende, aber ziemlich alte, richtige Meinung, die wir übrigens gar nicht von denen sind, welche den Heiligen die Füße abbeißen. Vor allen aber schämet euch des unmittelbaren göttlichen Lobes nicht; erhebet es über den Eigennutz und über alle Gewinnsucht, damit euch auch in Ewigkeit Lob widerfahre, denn eure Werke folgen euch nach, der Höchste merket auf alle eure im Glauben vollbrachte Werke und siehet (wie die Schrift siebenmal sagt) keine Person an, die nur Staub, Erde und Asche ist, eben wie der Übersetzer.*

Form eines unübertriebenen Vorzugs und Wunders

Kein bloßer Musicus practicus ecclesiastico-dramaticus, als Kapellmeister im hohen und Organist im höchsten Grad, der weder Sänger noch Akteur, am wenigsten aber ein Meßkünstler gewesen, hat es jemals in der Welt vor Händel dahin gebracht, daß ohne sein Zutun ein besondres eigenes Buch ansehnlicher Auflage von seinem Leben geschrieben, mit sehr lehrreicher Beurteilung versehen und noch dazu durch einen eben nicht gemeinen Kunstverwandten aus einer Sprache in die andre übersetzet worden wäre. Wettlaufende Nachfolger! Lasset euch diese antreibende Sporne nicht wehe tun.

Lebenslauf von G. F. Händel

Georg Friedrich Händel ist am 24sten Hornung 1684[8] zu Halle, einer in Obersachsen belegenen Stadt, aus zwoter Ehe seines Vaters geboren, welcher daselbst ein wohlangesehener Wundarzt und zu der Zeit schon über 60 Jahr alt war. [2] Derselbe hatte auch eine Tochter von dieser letzten Frauen, zu welcher unser Händel allemal eine besondre Gewogenheit trug und seiner Nichte, als ihrer Tochter, die noch im Leben ist, den größesten Teil seines beträchtlichen Vermögens hinterlassen hat.[9]

Er hatte noch das siebende Jahr nicht erreichet, als er sich mit seinem Vater an den Weißenfelsischen Hof begab.[10] Das heftige Verlangen, seinen Halbbruder allda zu besuchen, der ihn an Alter viel übertraf, von der ersten Ehe und des Herzogs Kammerdiener war[11], trieb ihn dazu an. Der Vater hätte ihn lieber zu Hause gelassen und fuhr hinweg, ohne ihn mitzunehmen, weil sich seine Gegenwart dabei nicht schicken würde, da der Arzt nur in Verrichtung seines Berufs zum Fürsten gefordert worden. Der Knabe fand, daß sein Bitten und Flehen umsonst war, nahm daher seine Zuflucht zu dem einzigen ihm überbliebenen Mittel und beobachtete die Zeit, da sein Vater abfuhr, verbarg sein Vorhaben und folgte dem Wagen zu Fuße nach. Vermutlich hielten die bösen Wege oder ein andrer Zufall das Fuhrwerk etwas auf, so daß es der Sohn noch einholte, ehe es weit entfernet war. Den Vater befremdete diese Kühnheit, und er schien über solchem Eigensinn so mißvergnügt, daß er kaum wußte, was er hiebei tun sollte. Er frug also: „Wie habt Ihr Euch dieses unterfangen dürfen, nachdem es Euch so ernstlich untersaget worden?" Statt der Antwort aber erneuerte der Knabe sein dringendes Ansuchen und brauchte dazu solche bewegende Reden, daß er endlich aufgenommen und nach Hofe gebracht wurde, allwo er ein unsägliches Vergnügen spüren ließ, seinen besagten Bruder, den er noch niemals gesehen hatte, in Gesundheit anzutreffen.

Dieses war aber nicht das erste Exempel, mit welchem es dem Vater mißlungen, den Neigungen seines Sohnes gehörigen Einhalt zu tun. Es erfordert eine weitere Erklärung, ehe wir berichten können, was hernach am Weißenfelsischen Hofe vorgefallen ist.

Von Kindesbeinen an hatte dieser Händel eine solche ungemeine Lust zur Musik bezeiget, daß sein Vater, der ihn sonst zum Juristen bestimmet hatte, darüber in Unruhe geriet. Als er aber nun merkte, daß dieser Trieb sich je länger je mehr äußerte, wurden alle Mittel vorgekehret, demselben zu widerstehen. Fürs erste verbot er ihm nachdrücklichst, sich mit keinerlei Art musikalischer Instrumente abzugeben, ja, es durfte nichts dergleichen ins Haus kommen und ward ihm auch nicht einmal zugestanden, irgendwo hinzugehen, da er so was antreffen konnte. Dem ungeachtet vermehrten alle diese Fürsorge und Mühe nur des Knaben Liebe zur Tonkunst, anstatt solche zu dämpfen.

Er hatte nämlich Mittel gefunden, ein kleines Clavichordium ganz heimlich ins Haus zu bringen und unter dem Dache hinzustellen. Sobald sich nun jedermann zur Ruhe begeben, schlich er hinauf zu seinem Spielwerk; denn er hatte schon vorher, ehe es ihm verboten worden, etwas Weniges in der Musik erlernet und brachte es hernach durch seine nächtlichen Übungen zu einer Fertigkeit, die zwar damals in keine sonderliche Beobachtung kam, doch aber ein gewisser Vorbote seiner künftigen Geschicklichkeit war.

Und hier besorge ich eben nicht, meinem Leser zu mißfallen, wenn ich ihn dergleichen wunderbarer Beschaffenheit erinnere, die sich in ziemlicher Ähnlichkeit zwischen Pascals und Händels jugendlichen Jahren befindet, so wie die Schwester des erstgenannten solche an ihrem Bruder beschrieben hat. [3] Dem Triebe des einen zur Meßkunst und des andern zur Musik war nichts zu vergleichen. Als Kinder taten sie es schon den Alten zuvor, sie setzten ihren Fleiß nicht nur ohne Beistand, sondern auch mit äußerstem Widerwillen ihrer Eltern getrost fort und boten aller nur ersinnlichen Gegenwehr Trotz.

Wir haben unsern kleinen Reisemann mit seinem Vater soeben am Hofe des Herzogs von Weißenfels verlassen; daselbst war es aber nicht so leicht, ihn vom Klavier zu enthalten, als in Halle; indem der Arzt wohl was anders zu tun hatte, als daß er seinen Sohn, wie zu Hause geschehen, immer vor Augen haben sollte. Doch entdeckte er auch dort seinen guten Freunden, welchergestalt der Knabe so gar sehr auf die Tonkunst erpicht sei, daß man ihn bisher mit der größesten Sorgfalt davon abzukehren nicht vermögend gewesen. Man könne, sagte er, leicht vorhersehen, wenn seine Neigung nicht bald unterdrückt würde, daß ihm dieselbe allen Fortgang in derjenigen Wissenschaft abschneiden müßte, dazu er bestimmet sei, und daß eben dadurch der ganze Plan seiner Erziehung ins Stecken geraten werde. Jedermann gab dieses zwar zu, im Fall man notwendig auf dem Vorsatz beharrete, den Knaben zur Rechtsgelehrsamkeit anzuführen; allein viele zweifelten daran, daß es der Klugheit gemäß sei. Man führte an, wo sich die Natur so stark erklärte, da würde der Widerstand nicht nur fruchtlos, sondern mit Schaden ablaufen. Einige hielten dafür, daß die Sache allen Umständen nach schon zu weit gekommen und ihr nicht mehr zu helfen sei, man müßte ihm denn, um seinem Spielen ein Ende zu machen, die Finger gar abschneiden. Andre wandten hergegen ein, es wäre schade, wenn man ihm das geringste in den Weg legte. So lauteten die Meinungen der guten Freunde des Vaters wegen seines Sohnes. Es scheinet aber nicht, daß dieselben was Sonderliches bewirket hätten, denn ein bloßer Zufall tat viel mehr und hub ihr ganzes Gewicht und Ansehen auf einmal auf.

Es begab sich, da der kleine Händel nach geendigtem Gottesdienst sich zum Ausgange auf der Orgel hören ließ, daß der Herzog eben in der Kirche zugegen war. Die Art zu spielen erweckte seine Aufmerksamkeit dergestalt, daß er bei der Wiederkehr aus der Kapelle seinen Kammerdiener frug, wer es gewesen, der sich auf der Orgel so wohl gehalten hätte, und erhielt zur Antwort, sein Bruder habe solches getan. Hierauf ließ ihn der Herzog rufen. Er erschien. Und nachdem Ihro Durchl. sich bei ihm nach allem erkundiget, was ein Herr, der Verstand und Geschmack besitzet, natürlicherweise erfordern kann, sagten sie zum Vater, es müsse zwar ein jeder am besten wissen, wozu er seine Kinder anführen wolle, allein meines Erachtens, fuhr der Herr fort, wäre es eine Sünde wider das gemeine Beste und die Nachkommen, wenn man die Welt eines solchen anwachsenden Geistes gleich in der Jugend beraubte.

Dieser Vorstellung ungeachtet, blieb der Alte dennoch, im Artikel der Rechtsgelehrsamkeit, bei seinem gefaßten Vorurteil. Und ob er gleich überzeuget war, daß es fast notwendig sei, dem Sohne nachzugeben, auch dazu seine Schuldigkeit erforderte, dem Rat und Ansehen des Herzogs Folge zu leisten, geschah es doch nicht ohne größesten Widerwillen, daß er seinen Schluß änderte. Die Erwägungen der Güte des Fürsten, indem derselbe dem Sohn die Gnade des Aufmerkens erwiesen, und Sr. Durchl. eigne Meinung von besserer Erziehungsart hielten den guten Arzt doch noch nicht ab, dem Herzog vorzustellen, daß, obgleich die Musik eine artige Kunst und ein hübscher Zeitvertreib sei, dieselbe dennoch, wenn sie als eines Menschen Hauptwerk betrachtet würde, deswegen nur geringerer Würde wäre, weil sie bloßerdings zu nichts anders als zur Belustigung und Ergetzlichkeit diene, und was auch immer der Sohn für einen hohen Grad in solcher Kunst erlangen mögte, sei doch, nach seinen Gedanken, auch ein geringerer Grad in vielen andern Wissenschaften jenem billig vorzuziehen.

Der Herzog konnte der Meinung seines Arztes, die er so handwerksmäßig von der Musik hegte, destoweniger beipflichten, je mehr dieselbe verkleinerlich und niederträchtig ausfiel, in Erwägung, daß ein jeder vortrefflicher Mann, er sei in diesem oder jenem Stande, allemal großer Ehren wert ist. Und was den Nutzen oder Gewinn beträfe, sagte der Herzog, so würde derselbe viel leichter erhalten werden, wenn man der Natur und Vorsehung folgte, die bereits dazu die Bahn brächen, als wenn man einen zwünge, andre Wege zu erwählen, zu welchen er keine Neigung, sondern vielmehr großen Abscheu davor trüge. Endlich schloß der Prinz, daß er weit davon entfernet sei, das musikalische Studium mit Ausschließung des bürgerlichen Rechtes und der Sprachen jemand anzupreisen, im Fall es möglich sei, dieselbe miteinander glücklich zu verbinden; was er wünsche, ziele nur dahin, daß den Kindern nicht zu nahe geschähe, keine Gewalt gegen dieselben gebraucht und absonderlich gegenwärtigem Knaben die Freiheit gelassen würde, dem natürlichen Hange seines Geistes zu folgen, es treibe ihn auch derselbe zu welchem guten Zwecke er immer wolle.

Die Augen des Sohnes waren bei dieser Unterredung stets auf seinen mächtigen Fürsprecher gerichtet, und seine Ohren waren nicht weniger aufgetan und gefüllet in Erwartung des Eindrucks, welchen des Prinzen Worte im Gemüte seines

Vaters hervorbringen würden. Der Ausgang war endlich dieser, daß nicht nur die Musik geduldet, sondern auch ein Lehrer derselben gebraucht werden sollte, der bei des Knabens Zurückkunft in Halle demselben hierunter allen Beistand und gute Anweisung leistete, dazu denn auch bei der Abreise der Herzog dem Sohne die Taschen mit Gelde füllte und in aller Freundlichkeit zu ihm sagte, wenn er fleißig sein würde, sollte es an Aufmunterung nicht fehlen.

Die große Höflichkeit, so ihm in Weißenfels erwiesen worden, der glückliche Ausgang, welchen oberwähnte Unterredung gewonnen, insonderheit aber die gnädige und freigebige Beurlaubung, welche der Knabe von Sr. Durchl. erhalten, lagen ihm so oft im Sinn, daß sie seinen angebornen Eifer anreizten und den eingepflanzten natürlichen Ehrgeiz, welchen er schon so frühzeitig blicken ließ, je länger je mehr erhitzten.

Das erste demnach, das der Vater bei seiner Heimkunft vernahm, bestund darin, daß er dem Zackaw [4][12], einem Organisten an der Hällischen Domkirche, seinen Sohn übergab. Der Mann war sehr stark in seiner Kunst und besaß ebenso viel Geschicklichkeit als guten Willen, einem Untergebenen großer Hoffnung alles Recht widerfahren zu lassen. Händel stund ihm dermaßen wohl an, daß er ihm nimmer Liebes und Gutes genug erweisen zu können vermeinte. Seine Bemühung ging gleich anfangs dahin, ihm die Grundsätze der Harmonie beizubringen. Hiernächst wandte er seine Gedanken auf die Erfindungskunst, solche in bessern Stand zu setzen und seinem Untergebenen einen auserlesenen Geschmack beizubringen. Zachau besaß eine ansehnliche Sammlung italienischer und deutscher Musikalien. Er zeigte dem Händel die mannigfältige Schreib- und Setzart verschiedener Völker nebst eines jeden besondern Verfassers Vorzügen und Mängeln. Und damit er auch ebenso wohl in der Ausübung als in der Beschaulichkeit zunehmen mögte, schrieb er ihm öfters gewisse Aufgaben vor, solche auszuarbeiten, ließ ihn oft rare Sachen abschreiben, damit er ihresgleichen nicht nur spielen, sondern auch setzen lernete. Solchemnach fand unser Lehrling mehr Arbeit und größere Erfahrung, als sonst gemeiniglich ein anderer bei seiner Jugend zu haben pflegt.

Zachau wußte sich nicht wenig mit diesem Untergebenen, der schon anfing, die Aufmerksamkeit der Liebhaber um Halle herum auf sich zu ziehen, da sie mehrenteils seinentwegen

hinkamen. Der gute Organist war auch froh, einen solchen Gehülfen zu haben, dessen ungemeine Gaben ihn fähig machten, des Meisters Stelle zu vertreten, wenn derselbe etwa abwesend sein würde, denn das begab sich sehr oft, weil dieser eine gute Gesellschaft und ein volles Glas liebhatte. [5] Es klingt wohl etwas seltsam, von einem siebenjährigen Substituten zu reden, denn älter konnte er nicht sein, wo er es noch in der Tat gewesen, zur Zeit, da er seinem Lehrherrn anvertrauet worden. [6] Allein es wird noch seltsamer lauten, daß er im neunten Jahre schon angefangen, Kirchenstücke mit Stimmen und Instrumenten zu setzen und hernach wöchentlich damit 4 Jahre herdurch fortzufahren. Doch müssen wir auch nicht vergessen, daß er schon vorher zu Hause ein und anders gefaßt, ehe sein Vater sich darüber entrüstet und ihm den Gebrauch musikalischer Werkzeuge untersaget hatte; ferner, daß er sich bei gestohlnen Stunden auf dem Klavier weiter fortgeholfen, auch den kurzen Aufenthalt zu Weißenfels sehr wohl genutzet, woselbst er verschiedene Instrumente und mehr Bewunderer gefunden.
Wir haben bereits einiger Gleichförmigkeit in seinen und Pascals Umständen oder Gemütsneigungen oben erwähnet. Hier aber mögen wir noch mit Rechte hinzufügen, daß der letztgenannte schon in seinem zwölften Jahre ein Buch von den Klängen und ihrer Ausdehnung, im sechszehnten hergegen ein andres von den Kegelschnitten verfertiget habe. [7]
Aus den wenigen bisher erzählten Vorfällen ist inzwischen leicht abzunehmen, daß Händel sich, nachdem er einen Organisten zum Lehrer gehabt, nicht viel um das bürgerliche Recht bekümmert haben könne. Sein Sinn stund ihm nunmehro dermaßen nach der Musik, daß sie über alles die Oberhand behielt und dem fürstlichen Anraten pünktliche Folge leistete. Niemand bemühte sich mehr, eine Ändrung oder vermeinte Besserung darin zu treffen. Die Folge sotaner gänzlicher Freiheit ließ sich bald dadurch merken, daß der Schüler den Meister schon übertraf, wie denn dieser selbst nicht in Abrede war, daß es jener ihm völlig zuvortäte. Also war Halle nun kein Ort mehr für einen Jüngling, der sich so löblich bestrebte. Drei oder vier Jahr herdurch hatte er alles getan, was sich bei dortiger Gelegenheit tun ließ, nun aber trieb ihn die Ungeduld an, einen andern und bessern Aufenthalt zu suchen, welcher sich ihm auch endlich darbot. Nach einiger

Überlegung ward Berlin erkoren. An dem dasigen Hofe hatte er einen Freund und Verwandten, auf dessen Sorgfalt und Gewogenheit seine Eltern sich verlassen konnten. Im Jahre 1698 ging er also nach Berlin.[13] Die Opern befanden sich daselbst in einem blühenden Zustande, unter selbsteigner Aufsicht des Königs [8] von Preußen, Großvatern der itzo regierenden Majestät [9], durch dessen Aufwand an Sängern und Komponisten verschiedene treffliche Leute aus Italien und andern Ländern herbeigezogen wurden. Unter denselben waren insonderheit Buononcini und Attilio, eben diese, welche hernach in England angelangt, wie Händel auch da lebte, und den ersten für ein Haupt der wider ihn gerichteten Gegenpartei erkennen mußte. Diesen Buononcini hielt man in Berlin wegen seiner Setzkunst sehr hoch, denn sie war vermutlich die beste, welche jemals am preußischen Hofe gehöret worden, allein sein Temperament war dabei so beschaffen, daß er sich gar zu leicht durch Beifall zum Übermut verleiten, folglich durch Bewunderung und Lob einnehmen ließ. Ob nun gleich Händel für einen außerordentlichen Klavierspieler in seiner Jugend gehalten ward, sahe ihn doch Buononcini in Betracht seiner Jahre auch in der Kunst nur für ein Kind an. Weil aber dennoch andre Leute immer rühmlich von diesem Kinde redeten, fiel jenem Virtuosen ein, die Wahrheit im Grunde zu entdecken, setzte deswegen eigentlich eine Kantate im chromatischen Geschlechte, durchgehends so schwer, daß auch, seiner Meinung nach, ein großer Meister beide Hände voll zu tun haben würde, solchen Aufsatz ohne vorhergegangene Einsicht und Übung aus dem Stegereife zu akkompagnieren. Als er aber fand, daß doch eben derjenige, den er für ein bloßes Kind gehalten, diese fürchterliche Komposition nicht nur von der Faust wegspielte und als eine Kleinigkeit abfertigte, sondern auch mit einem gewissen Grade der Nettigkeit, des Nachdrucks und der Richtigkeit begleitete, die man kaum von einem sehr geübten, erfahrnen Künstler erwarten konnte, sahe er ihn in einem bessern Lichte an und redete auch von ihm aus einem ganz anderen Ton.

Attilio (Ariosti), welcher zwar als Komponist dem Buononcini nicht völlig beikam, aber doch ein besserer Klavierspieler war, wurde wegen seines angenehmen Umganges und artigen Betragens persönlich viel mehr geliebt als jener. Seine Gewogenheit gegen Händel brach bei dessen ersten Ankunft in Berlin schon aus und währte bis zur Zeit seiner Abreise. Er nahm ihn oftmals auf den Schoß und ließ sich so eine ganze Stunde was vorspielen, hörte ihn mit Wohlgefallen an, unter Bewunderung der außerordentlichen Fähigkeit eines so jungen Menschen, der damals nicht über 13 Jahr alt war [10], wie aus dem Zusammenhange der Geschichte abzunehmen.[14] Des Attilio Leutseligkeit hatte auch bei Händel ihren Nutzen, denn weil er ihm allzeit willkommen war, ließ er keine Gelegenheit vorbeistreichen, ihn zu besuchen und von ihm alles dasjenige zu erlernen, was ihm ein Mann von des Attilio Alter und Erfahrung anzeigen oder ihn lehren konnte. Wir würden jedoch dem Buononcini unrecht tun, wenn wir seiner dem Händel erwiesenen Höflichkeiten gar nicht gedächten; allein diese waren stets mit einer solchen entferneten Art und einem gewissen Rückhalt begleitet, die den Wert einer Verbindlichkeit eben dadurch verminderten, da sie denselben zu erhöhen suchten. Das geringe Alter desjenigen, den man verbinden wollte, schien ja wohl allen Argwohn eines Nebenbuhlers und Eifersüchtigen aufzuheben. Wer noch so jung ist, kann schwerlich in dergleichen Verdacht stehen; und dennoch mögten einigen Leuten solche Besorgungen nicht gar unerweislich vorkommen, in Erwägung dessen, was sich gleichwohl hernach zugetragen hat. Diejenigen, welche gern das Vorhergehende aus dem Folgenden erklären wollen, mögten hiebei sagen, daß der Feindschaftssame zwischen Buononcini und Händel in Berlin ausgestreuet worden und daß dieses Säewerk, ob es gleich nicht alsobald aufging, ehe sich das Theater verändert, nur auf Zeit und Gelegenheit gewartet habe.

Soviel ist gewiß, daß der kleine Fremdling nicht lange am Berlinischen Hofe gewesen war, ehe seine Geschicklichkeit zur Kundschaft des Königs gelangte, der ihn vielmal holen ließ und wohl beschenkte. Es verhält sich in der Tat also, daß Ihro Majestät, da sie des Jünglings Gaben einsahen und die Gelegenheit, solchen sonderbaren Geist unter Dero Schutz zu nehmen, nicht verlieren wollten, Höchstdieselbe sich entschlossen, seine fernere Erziehung auf eigne Kosten zu besorgen. Das Absehen ging dahin, ihn unverzüglich nach Italien zu senden, woselbst er sich die besten Meister zu Nutz machen und Gelegenheit finden würde, alles zu hören und zu sehen, was dorten Vortreffliches von dieser Art zu hören und zu sehen ist. Sobald solcher Anschlag seinen Freunden kundgetan wurde,

denn er war noch zu jung, sich selbst darunter zu raten, beredete man sich darüber, um eine Antwort abzufassen, wenn dergleichen Vorhaben ihnen förmlich angetragen werden sollte. Viele stunden in den Gedanken, sein Glück sei schon so gut als gemacht, und die Eltern, meinten sie, würden das königliche Anerbieten mit beiden Händen ergreifen. Andere aber, welche die Beschaffenheit und das Wesen des Berlinischen Hofes genauer einsahen, trugen darüber Bedenken und Fürsorge, denn sie wußten wohl, wenn er sich einmal zu des Königs Diensten verbunden haben würde, müßte er darin verbleiben, es möge ihm nun gefallen oder nicht. Befände er sich nun beständig in Gnaden, so würde man ihn schwerlich erlassen, erweckte er aber nur das geringste Mißfallen, so wäre sein Untergang vor der Tür. Ein solches Anerbieten, meinten sie, wenns angenommen würde, wäre schon ebenso viel, als sich förmlich verbinden; und doch halte es auch schwer, dasselbe mit guter Art auszuschlagen. Zuletzt ward beschlossen, eine Entschuldigung zu erdenken. Wie nun bald darauf des Königs Begehren dem Vater vorgetragen wurde, lief diese Antwort ein: Er müßte es zwar allemal mit der größesten Ehrerbietung erkennen, daß Ihro Majestät ein gar so gnädiges Auge auf seinen Sohn zu schlagen geruhet hätte, weil er, der Vater, aber selbst nunmehro alt geworden und die kurze Zeit über, die er noch etwa zu leben vermeinte, den Sohn gern bei sich haben mögte, so hoffe er, Ihro Majestät würden allergnädigst verzeihen, daß er diese hohe Gnade in Untertänigkeit verbäte, die ihm auf königlichen Befehl angetragen sei.
Ich bin nicht imstande, dem Leser Unterricht zu erteilen, wie diese abschlägige Antwort vom Könige aufgenommen worden, von dem wir glauben können, daß er dergleichen, absonderlich in solcher Art Sachen, zu empfangen nicht gewohnt war. Nunmehro schickte sichs gar nicht, daß Händel nach diesem Vorfall viel länger in Berlin verweilte, weil man daselbst nur seines Vaters Betragen desto genauer prüfen und untersuchen würde, je mehr sich der Sohn mit seiner Kunst hervortäte.
Er ward demnach mit vielen und großen Höflichkeiten von seinen Freunden aus Berlin entlassen. Zweimal war er nunmehro vom Hause gewesen und hatte beidemal solche Ehren- und Achtungszeichen genossen, die sehr selten, auch wohl nimmer einem Menschen seines Alters und Standes, widerfahren sein mögen. Nachdem er nun in Halle angelangt, fing

er schon an, sich selber besser als vorhin bewußt zu sein, seine eigne Vorzüglichkeiten zu erkennen, dem Triebe zur Nacheiferung und zum Ruhm Raum zu geben, der ihn nötigte, die weite Welt zu sehen und sein Heil darin zu versuchen. Die Bekanntschaft mit den berühmten Meistern in Berlin hatte ihm ganz neue Wege zu vortrefflich erhabenen Absichten und zur größern Vollkommenheit in seiner Kunst angewiesen. Nach der abschlägigen Antwort, die seine Verwandten dem Könige von Preußen gegeben hatten, konnte er sich niemals entschließen, lange zu Hause zu bleiben, weder als Lehrling, noch als ein Amtsgehülfe seines gewesenen Meisters Zachau. Er hatte die Sänger und Komponisten Italiens so hoch rühmen hören, daß ihm seine Gedanken gar sehr nach selbigem Lande stunden. Zur Ausführung aber eines solchen Vorhabens gehörte ein mehr angefüllter Beutel, als den er bisher im Vorrat hatte, daher blieb es bis auf solche Zeit ausgesetzt, da dergleichen Reise ohne Gefahr und Nachteil unternommen werden konnte. Weil nun sein Glück dennoch aus der Tonkunst notwendig erwachsen sollte, richtete er fürs erste seine Augen auf einen nicht gar so entferneten Ort, wo er sich Zeit zunutze machen und sowohl an Geschicklichkeit, als Erfahrung zunehmen mögte. Nächst den berlinischen Opern waren die hamburgischen in großem Rufe; deswegen ward beschlossen, ihn auf seine eigne Rechnung dahin zu senden, vornehmlich aber zur größern Übung. Klüglich wars gehandelt, daß ihn seine Eltern nicht so frühzeitig, in Absicht eines Dienstes oder Gewinns, zu etwas Festes verbinden wollten. Wie viele haben nicht die schönsten Eigenschaften und Gaben ihrer Kinder dadurch erstickt, daß sie ihnen diejenige Freiheit und Unabhängigkeit genommen zu der Zeit, da solche zu ihrem Vorschub sehr wesentlich war! Auf diesen Umständen baueten des Händels Freunde allzeit ihr Vornehmen, solange er noch unter ihrer Aufsicht blieb. Und es ist sehr merkwürdig, daß Händel selbst, sobald er sein eigner Herr ward, eben diese heilsame Regel beständiglich vor Augen hatte, denn in der Folge seines Lebens schlug er oft das höchste Anerbieten aus, ob es gleich von großen Standespersonen herkam, auch sogar die schätzbaresten Winke des schönen Geschlechtes mußten einzig und allein darum versäumet werden, weil er an nichts Besonders verbunden oder verhaftet sein wollte.

Nicht lange nach seiner Zurückkunft aus Berlin starb sein

Vater[15], das war ein Zufall, der die Einkünfte der Mutter ungemein verminderte. Damit nun der Sohn ihre Ausgaben nicht noch beschwerlicher machen mögte, war das erste, was er nach seiner Ankunft in Hamburg vornahm, sich einige Scholaren und eine Stelle im Orchester zu verschaffen. Es glückte ihm auch hierin so wohl, daß er der Mutter ihren ersten Wechsel freiwillig zurücksandte und demselben noch ein kleines Geschenk beifügte. Wir bemerken hier billig, daß eben dergleichen Mildigkeit sowohl in den letzten als ersten Jahren seines Lebens bei ihm stattfand und absonderlich für solche Personen, mit denen er entweder einen natürlichen oder nur zufälligen Zusammenhang hatte. Auch begab sichs, nicht lange vor seinem Tode, daß er auf erhaltene Nachricht von schlechter Versorgung der Zachauischen Witwe selbiger mehr als einmal Geld übermachte. Er würde ein Gleiches für ihren Sohn getan haben, wenn ihm nicht hinterbracht worden wäre, daß eine solche Beihülfe demselben Menschen nur mehr Gelegenheit geben mögte, in seiner üblen Aufführung fortzufahren.

Ehe wir nun in unsrer Erzählung weitergehen, wird nötig sein, von den hamburgischen Opern, ihren Sängerinnen, Sängern und Komponisten einige Nachricht mitzuteilen.

Die vornehmste Sängerin hieß Conratini und der vornehmste Sänger Mathyson. Der letzte war Sekretar bei dem Ritter Cyrill Wich, Residenten des großbritannischen Hofes, welcher Händel zum Musikmeister hatte und selber ein schönes Klavier spielte. Mathyson war kein großer Sänger und ließ sich nur gelegentlich hören; aber er war ein guter Akteur, ein guter Komponist in Handsachen und ein guter Klavierist, schrieb auch selbst und übersetzte verschiedene Bücher, deren eines, von seiner eignen Arbeit, die Setzkunst betrifft. Er hatte sich vorgenommen, Händels Leben, viele Jahre vor dessen Tode, zu beschreiben. Wäre dieser Vorsatz in die Erfüllung gegangen, so hätte er manchen Vorteil gehabt, der von uns nicht gefordert werden kann, nämlich: weitläufigere und frischere Materialien, wenigstens sofern, als sich das Händelische Leben damals erstreckte. Alles, was wir mit unsrer Beschreibung suchen, bestehet darin, daß wir eine deutliche, ungezügelte Nachricht erteilen von solchen Umständen, die wir zu entdecken fähig gewesen sind, und zwar eigentlich nur von solchen Vorfällen, die wir auch für glaubwürdig zu halten Ursache hatten.

Diese ganze Erzählung, samt allem, was von hamburgischen Opern noch folget, steckt so voller Irrtümer, daß man kaum herausfinden kann. Die Conradin (nicht Conratine) besaß eine fast vollkommene persönliche Schönheit und hatte dabei eine außerordentlich herrliche Stimme, die sich vom bloßen a in gleicher Stärke bis ins dreigestrichene d erstreckte. Das machte sie zur vornehmsten Sängerin. Mattheson (nicht Mathyson) informierte dieselbe jahraus, jahrein, d. i. er sang ihr täglich alles so lange vor, bis sie es ins Gedächtnis faßte. Niemand hieß zu derselben Zeit ein großer Sänger, der kein Kastrat war, deren wir damals noch keinen hatten. Zum Unterricht aber der Conradin würde doch wohl eben kein kleiner, viel weniger ein Verschnittener gedienet haben. Daß er nur gelegentlich gesungen haben sollte, ist lächerlich von einem zu sagen, der in 15 Jahren nicht vom Theater gekommen und fast allemal die Hauptperson vorgestellet, auch sowohl durch ein ungekünsteltes Singen, als durch seine Gebärdekunst oder Aktion, welche in allen Singspielen das Wesentliche ist, bei den Zuschauern bald Furcht und Schrecken, bald Tränen, bald Freude und Vergnügen erweckt hat. Den 9ten Jun. 1703 machte er auf einer Orgel mit Händel Bekanntschaft, als dieser 19¹/₄, jener aber 21³/₄ Jahr alt war, daß also der Unterschied nur drittehalb ausmachte.[16] *Sie reiseten miteinander nach Lübeck den 17. Aug. desselben Jahres, spielten sowohl dort, als in Hamburg, Orgeln und Klavicimbel gleichsam um die Wette, welche Händel auf jener gewann, auf diesem aber, eignem Geständnis nach, einbüßete, so daß sie Abrede nahmen, einander nie ins Gehege zu kommen. Haben es auch 5 bis 6 Jahre treulich gehalten. Den 20ten Oktob. führte Mattheson seine fünfte oder sechste Oper auf, namens „Kleopatra", zu welcher unter seiner Direktion Händel das Klavier schlug. Gleich darauf erfolgte am 7. Nov. desselbigen Jahres ein Beruf vom Herrn Johann Wich, Schildknappen und königlichen großbritannischen Abgesandten im Niedersächsischen Kreise, der den Mattheson erst zum Informator und Hofmeister seines neunjährigen Sohnes, Cyrill Wich, bald hernach aber zum wohlbestallten Sekretar, mit dreihundert Reichsthalern und zweihundert dito Nebeneinkünften per annum, annahm. Das gab scheele Augen, zumal da er dem Theater dabei gute Nacht sagte. Wo nun der Stein einmal auf diese Art gründlich festlag, da wuchs er fast sichtbarlich. Der junge Herr von Wich hatte zwar vorher ein paar sehr geringe Lektionen von Händel genommen, sie wollten aber nicht anschlagen, und man wandte sich unverzüglich zum Hofmeister, unter dessen Anführung besagter Herr mit der Zeit zu einer großen Per-*

fektion gelangte. Er sukzedierte auch seinem Vater nach dessen Absterben und erlangte 1729 die erbliche Würde eines Ritterbaronets. Mattheson verharrte immer in königlichen Diensten, war zwölf- oder dreizehnmal Chargé des Affaires, wurde zu wichtigen Verschickungen gebraucht etc., wie solches alles in der Ao. 1740. 4to gedruckten „Ehrenpforte" der Länge nach verzeichnet stehet, so daß ganzer 50 Jahre darüber zu Ende liefen und der hochverdiente Herr Baronet endlich auch, nach zurückgelegter moskowitischen Ambassade, hier in Hamburg das Zeitliche mit dem Ewigen, am 18. Aug. 1756, verwechselte. Hätte der Verfasser dieser Lebensbeschreibung die Matthesonischen Bücher und unter solchen die oberwähnte „Ehrenpforte" nebst der „Critica musica" hiebei zu Rate gezogen, da sie publici juris waren, so hätte es ihm an richtigern Materialien nicht fehlen können. In solcher guten Lage verfertigte doch der nicht große, doch vornehmst gewesene Sänger und Hauptakteur (principal Singer and Actor) bei allen Staatsgeschäften und dringenden Ausfertigungen im ganzen niedersächsischen Kreise nicht nur eine große Menge von Kirchenstücken, Oratorien, Opern nebst Klavier- und auch Instrumentalsachen, die auch in England nicht unbekannt sein können, teils als Kapellmeister des Herzogs von Holstein, teils als Canonicus & Cantor cathedralis Hamburgensis, teils als Direktor verschiedener großen Konzerte, sondern auch bisher, nicht etwa nur eines, vielmehr bei 86 Bücher, die mehrenteils auf das gründlichste von der Ton- und Singekunst handeln; vermachte darauf endlich der abgebrannten Michaeliskirche etliche vierzigtausend Mark zu einem Orgelwerk, zahlte auch solche Gelder bar vorher aus und denket noch ein mehres, per codicillum, auf verschiedene Art zu tun. Sein in Gottesfurcht geführtes Leben als Legationsrat des Großfürsten erstreckt sich nunmehro ins achtzigste Jahr, bei aller Munterkeit und nützlicher Arbeit. Der Wahrheit zu Steuer ist dieses hier eingerückt![17]

Wir fahren in der Übersetzung weiter fort, da es denn heißt:

Die Conratini war vortrefflich sowohl in der Aktion als im Singen, und Keysar (*soll Keiser bedeuten*)[18] exzellierte in der Komposition; weil er aber ein Mann war, der in Freuden lebte und viel aufgehen ließ, geriet er so tief in Schulden, daß er unsichtbar werden mußte. Zwar wurden auch seine Opern während der Abwesenheit eine Zeitlang aufgeführet, da er sich aber nicht mehr wollte finden lassen, verlangte derjenige, welcher bisher das zweite Klavier geschlagen hatte, daß man

ihm nunmehro das erste unter Händen geben sollte. Diese Anforderung verursachte einen Streit mit Händel und ist, teils wegen der Seltsamkeit, teils auch wegen der Wichtigkeit, der Erzählung wert.
Ich kann doch aber nicht begreifen, worauf Händel seine Rechte zum ersten Flügel gegründet haben sollte. Er hatte nur bisher im Orchester eine Violine gespielt, auf welcher er stark war, ob man gleichwohl wußte, daß er auf dem Klavier noch größere Stärke besaß. Inzwischen war doch der ältere Prätendent dieser Verrichtung sehr wohl gewachsen und drang auf gehörige Nachfolge. Hergegen hatte Händel nichts anders vor sich, als seine natürliche Überlegenheit, darauf er sich verließ und nicht weichen wollte. Hieraus entstunden sogar Parteilichkeiten im Opernhause. Einerseits hieß es aus anscheinender Billigkeit, es sei unrecht und unerhört, einen solchen Jungen, als Händel, seinem viel ältern Kameraden vorzuziehen, andernteils aber wandte man dagegen ein, und zwar mit nicht geringerem Beifall, daß die Oper solcher Kleinigkeiten halber nicht zurückgesetzt werden müßte, weil man leicht vorhersähe und aus Keisers Umständen abnehme, daß es bald nötig sein würde, sich nach einem neuen Komponisten umzusehen, da es denn Künste erfordere, einen bessern als Händeln anzutreffen, der Keisers Nachfolger sein könne. Kurz, es wäre, sagten sie, nun so weit gekommen, daß die Frage, wenn man sie recht betrachtete, nicht sowohl darin bestünde, wer die Opern dirigieren und den Takt im Orchester führen, als vielmehr, obs überall mit den Opern aus sein sollte.
Diese Gründe erhielten den Vorzug, und derjenige, dem die erste Stelle ordentlicherweise gebührte, mußte sichs gefallen lassen, seinem aufgeschossenen Mitwerber Platz zu machen. Wie sehr ihm aber diese Beschimpfung zu Herzen gegangen, kann man aus der Art und dem Grade seiner Ahndung ermessen, welche mehr mit der glühenden Wut eines Italieners, als mit der sanften Gelassenheit [11] eines Deutschen übereinstimmet. Weil er sich nun einmal fest vorgenommen hatte, daß Händel ihm solchen gewaltsamen Vordrang teuer genug bezahlen sollte, verbarg er seinen Verdruß so lange, bis sich eine Gelegenheit zeigte, darin er seiner Rache den Zügel völlig schießen lassen konnte. Sie hatten also beide nicht sobald das Orchester verlassen, als der Beleidigte von Leder zog und Händeln mit dem Degen auf die Brust stieß, wodurch dieser

auf ewig von dem angemaßten Amte, weil der Stoß recht auf: Herz gerichtet war, entsetzet worden wäre, wenn nicht eben eine freundliche Partitur, die Händel im Busen trug, solches verhindert hätte, durch welche auch selbst die Stärke eines Ajax hindurch zu dringen nicht vermögend gewesen sein würde.

Wäre dieser Zufall in alten Zeiten vorgegangen, würde sich kein Sterblicher haben überreden lassen, daß nicht der große Apollo zu Händels Erhaltung in der Gestalt eines Notenbuches den Stoß abgefangen hätte.

Aus den berichteten Umständen sieht die Sache einem Meuchelmorde ähnlicher als einer ungefähren Begegnung. Sähen wir sie als eine Renconter an, so mögte das Ding wohl einem solchen jungen Menschen, wie Händel war, für einen Mangel an Herzhaftigkeit oder auch für eine Unerfahrenheit, wie er sich etwa zu verteidigen hätte, ausgeleget werden; sollte aber das erste gültig sein und er hätte sich allenfalls wohl zu beschützen gewußt, so wäre er freilich überrumpelt worden, ohne daß er Zeit gehabt, sich zur Gegenwehr zu stellen.

Es stehe nun das Recht oder Unrecht auf welcher Seite es wolle.

Hier muß ich diesem Vernünftler wieder in die Rede fallen und ihm seinen Unfug zeigen, der noch größer und gröber ist als der vorige, worin schon mehr als ein Dutzend Falschheiten vorhanden waren, die hier völlig verdoppelt werden, denn es verhält sich mit diesem Zwiespalt im Grunde und in den Umständen ganz anders, wie bereits vorlängst in der „Ehrenpforte" S. 94 und 193 mit möglichster Bescheidenheit angezeiget worden, nur daß damals noch keine Ursache, wie itzt, vorhanden war, den Leser zu erinnern, daß eine truckene Ohrfeige kein Meuchelmord sei, sondern vielmehr eine notwendige Warnung, sich zur Gegenwehr anzuschicken. Das ist eins; der unrecht berichtete Verfasser bringt mehr eine Fabel als eine wahre Geschichte zu Markte. Es sind niemals, solange man denken kann, im hamburgischen Opernorchester zwei Klavicimbel zugleich geschlagen, es ist immer nur eines dagewesen, folglich hat sich auch niemand darum zanken können. Da nun dieses der Bewegungsgrund des Gefechtes sein soll, so fällt mit ihm die ganze übrige Erdichtung auf einmal übern Haufen. Das wäre als der zweete historische Schnitzer. Es geht hier weiter an ein solches Fehlen, daß man es schwerlich zählen kann. Händel hat nur anfänglich die andre oder zwote, doppeltbesetzte Violin im Orchester gespielt, und war auf solchem Instrument, wie leicht zu erachten, nicht stärker als ein Ripienist. Da haben wir die dritte Falschheit, und noch dazu eine prahlende Unwahrheit. Die Schlägerei eräugte sich den 5. Dez. 1704. Da Händel, welchen der Lebensbeschreiber mit aller Gewalt je länger, je jünger machen will, beinahe 21 Jahr alt, groß, stark, breit und kräftig vom Leib, folglich Mannes genug war, sich zu wehren und des an seiner Seite hängenden Degens eingedenk zu sein. Das ist der vierte und ein starker Artikel, den sich ein sehr feiner Reputationsschreiber vor andern merken sollte, wenn er, statt wahre Begebenheiten, lauter erhabne Lobreden vorbringt und dem Übersetzer viel unnötige Mühe macht.[19]

Es stehe nun, sagt er, das Recht oder Unrecht der Sache auf welcher Seite es wolle, so hatte sich nunmehro Händel den Titel des Vorzugs dem Ansehen nach dadurch genugsam erworben, daß er so viel Gefahr darüber ausgestanden. Was er und seine Freunde also erwarteten, das erfolgte auch bald darauf; denn da er sonst nur den Takt führen durfte, ward er nun selber gar Opernkomponist. (Vermutlich wegen erwiesener Tapferkeit, unter dem Schutze des in ein Notenbuch verwandelten Apollo, sonst könnte kein Mensch die Konsequenz begreifen.[20]) Keiser vermogte wegen seiner unglücklichen Zufälle dem Vorsteher oder Inhaber des Opernwesens mit neuen Werken seiner Feder nicht zu versorgen, daher wandte sich dieser zum Händel und übergab ihm ein Drama zum Setzen. Dasselbe nun hieß „Almeira" (verstehe Almira) und war die erste Oper seiner Komposition. Der Beifall, welchen dieselbe erhielt, ging so weit, daß sie dreißigmal ohne Unterbruch gespielet wurde. Händel war zu solcher Zeit nicht viel über vierzehn, und ehe er noch sein funfzehntes Jahr erfüllet, kam schon seine zwote Oper unter dem Namen „Florinda", und bald hernach die dritte, „Nero" genannt, glücklich zur Welt, welche mit eben dem Beifall, als die vorigen, aufgenommen ward.[21]

Jener fünfte Schnitt, daß eine und dieselbe Oper in Hamburg mit allen Segen und Gedeihen dreißigmal ohne Unterbruch gespielet worden, ist wahrlich was Rechts wert; der sechste aber kommt noch etwas feiner heraus. Wir wollen eine Zergliederung darüber anstellen. „Almira" wurde zum erstenmal Ao. 1705 den 8ten Januar aufgeführt. Nun rechnet unser Chronologe vom 24. Febr. 1684 an, da Händel geboren ward, bis hieher, nämlich bis zum 8ten Jan. 1705, etwa 14 Jahr und ein kleines Bißlein darüber, da es doch fast

21 sind. Aber es kommt ihm auf 7 Jahre eben nicht an. Das laßt mir einen schönen Rechenmeister sein. No. 7. „Nero" war nicht die dritte, wie unser Verfasser fälschlich vorgibt, No. 8, sondern die zwote Händelsche Oper und kam in eben dem 1705ten Jahre am 25. Febr. zum Vorschein. Da waren nur 48 Tage zwischen beiden, auf höchste 7 Wochen. In den 7 Wochen waren 7 Sonntage, 7 Sonnabend, 14 Posttage, Marien- und Feiertage ungerechnet, wo wollen denn die 30 Repräsentationen herkommen, die, ohne Unterbruch, von der „Almira" gemacht sein sollen? Wer von dem, was dieser Historikus allhier schreibt, die Hälfte glaubt, kommt schon merklich zu kurz. Das war No. 9. Der zehnte Zahlfehler betrifft den „Florindo" als einen Mann, nicht die „Florinda" als eine Frau. Es war auch nicht die zwote, sondern die dritte Oper von Händel, die „Florindo" hieß und wurde 1708, drei Jahre nach dem „Nero", aufgeführt, da mittlerweile nicht nur Keiser eine ganz neue „Almira", eine „Octavia", eine „Lukretia", eine „Fedeltá coronata", einen „Masagnello furioso", einen „Sueno", einen „Genio di Holsatia", ein Karneval von Venedig verfertigte, sondern auch Schieferdecker seinen „Justin", Grünwald seinen „Germanicum" und Graupner seine „Dido" hören ließen. In vorbesagtem 1708ten Jahre brachte Händel noch zu guter Letzt eine „Daphne" zuwege, welche die vierte seiner hamburgischen Opern war und von dem Lobredner, zum unersetzlichen Schaden seines Mündlings, ganz und gar ausgelassen worden, weil sie ihm unbekannt gewesen. Hat der Mann nicht glaubwürdige Nachrichten gehabt? Da ist das Dutzend voll, und wir bemerken noch zum Überschuß, daß Händel nunmehro, Ao. 1708, nicht 15, sondern vollkommen 24 Jahr alt war. Dieser error calculi kann für ein Meisterstück genug tun. Wenn wir nicht gewiß wüßten, daß Georg Friederich wirklich Ao. 1759 den 14ten April im 76ten Jahre gestorben wäre und es käme mit diesem musikalischen Achill auf seinen verirrten prosaischen Homer an, so wäre er wohl beständig auf 15 Jahre, vielleicht auch gar imberbis, bis in die Grube geblieben, und unser hamburgischer Barbier hätte in 5 à 6 Jahren sein Geld von ihm mit Sünden genommen, da er um den andern Tag seine Aufwartung machte. Wenn ein Engländer meinet, er könne uns seine Träume in einer Mixtursprache beibringen, so muß er sich auch gefallen lassen, daß wir ihm in einer Heldensprache Bescheid geben. Wir verstehen ihn wohl und habens gelernet. Verstehet er uns aber nicht, so mag ers auch noch lernen, Hiebei lassen wir es fürs erste bewenden. Wir reden, was wir wissen, und zeugen, das wir gesehen haben; fahren also mit der Übersetzung fort, wobei das Original dennoch einer großen Bürgschaft unterworfen bleibt, weil schon so viele unrichtige und verdächtige Fußstapfen vorhergegangen sind, die unsern Glauben in Ansehung der Folge nicht wenig schwächen. Nach seiner sechsjährigen Verweilung in Hamburg überlassen wir also diesen berühmten Mann den Italienern und Engländern, glauben aber nicht, daß der Mond von grünem Käse gemacht sei.

Seine Absicht war niemals gewesen, sich in Hamburg zu setzen; er gab vielmehr den Pachtern bei seiner Ankunft schon zu verstehen, daß er nur als ein Reisender dahin gekommen, um etwas zu lernen; er sei zwar nicht abgeneigt, so lange, bis Keiser, der Komponist, wiederum in Freiheit gesetzt worden, sich brauchen zu lassen, wäre aber entschlossen, sich mehr in der Welt zu versuchen, ehe er irgendwo eine Verbindlichkeit einginge, die ihn an einem oder anderm Ort lange aufhalten könnte. Der Pachter ließ dieses ihm und seinen Freunden anheimgestellt sein, aber solange er es ratsam befinden würde, sich bei den Opern gebrauchen zu lassen, verspräche er, ihm wenigstens ebenso viel zu geben, als sonst ein Komponist genossen hätte. Das war auch nicht mehr, als billig und recht, in Ansehung einer in solchen Umständen befindlichen Person; denn gute Häuser geben allemal gute Bezahlung allen denen, die teil daran nehmen, absonderlich aber einem solchen, der ihre Aufnahme durch seinen Wert, Fleiß und Wandel zu befördern vermögend ist.

Während der Zeit, da „Almira“ und „Florindo“ aufgeführet wurden, befanden sich viele Standespersonen in Hamburg, vornehmlich aber der Prinz von Toskanien, Bruder des Großherzogs von Florenz, Johann Gaston de Medicis. Dieser Prinz war ein großer Liebhaber derjenigen Kunst, welcherwegen sein Vaterland so berühmt ist. Händels Geschicklichkeit in dieser Kunst brachte ihm nicht nur einen Zutritt bei Ihro Durchl. zuwege, sondern auch eine Art der Vertraulichkeit; sie beredeten sich sehr oft miteinander, nicht nur wegen des musikalischen Zustandes überhaupt, sondern auch in Ansehung der Komponisten, der Sänger und Spieler als verdienstlicher Personen an und für sich selbst. Dabei beklagte der Prinz vielmal, daß Händel mit den italienischen Tonkünstlern nicht bekannt wäre, zeigte ihm eine weitläufige Sammlung ihrer besten Musikalien und gab ein großes Verlangen zu erkennen, ihn mit sich nach Florenz zu nehmen. Händel gestund offenherzig, daß er in den vorgezeigten Stücken nichts finden könnte, welches mit demjenigen hohen Wert übereinstimmte, den Se. Durchl. ihnen beigelegt hatten; er sähe dieselben Sachen vielmehr für so etwas Mittelmäßiges an, daß die Sänger und Sängerinnen, solche angenehm zu machen, notwendig Engel sein müßten. Der Prinz lächelte über diesen strengen Ausspruch und fügte hinzu, daß es nur eine Reise nach Italien kosten würde, um sich zu dem daselbst regierenden Stil und Geschmack zu bequemen. Er versicherte, daß kein Land in der Welt einem jungen Anfänger zur Anwendung seiner Zeit vorteilhafter sein könnte oder in welchem ein jeder Teil seine Profession mit mehrer Sorgfalt getrieben würde als eben in Welschland. Händel erwiderte, wenn dem also wäre, so müßte er sich wundern, daß ein so großes Bestreben nur solche kleine Früchte hervorbrächte; was aber Ihro Durchl. ihm zu verstehen gegeben und was er bereits vorhin von dem Ruhm der Italiener gehört hätte, würde ihn gewißlich bewegen, die angepriesene Reise zu unternehmen, sobald es ihm nur bequemlich fiele. Darauf ließ sich der Prinz heraus, falls er besagte Reise mit ihm zu tun Lust hätte, sollte es ihm an keiner Bequemlichkeit fehlen. Händel, der nicht gesinnet war, sich dieses Anerbietens zu bedienen, bedankte sich doch für die ihm erwiesene Ehre. Denn er blieb entschlossen, auf seine eigne Kosten nach Italien zu gehen, sobald er nur zu dem Ende einen Vorrat gesammlet haben würde. Dieser edle, unabhängige Geist, der ihm von Jugend auf beigewohnet hatte, verließ ihn nimmer, auch nicht in den allerunglücklichsten Zeiten seines Lebens.

Solange er sich in Hamburg aufhielt, kamen sehr viele geschriebene Sonaten von ihm zum Vorschein. Wo sie aber geblieben sind, das hat er nimmer erfahren können, indem er so unvorsichtig gewesen, sie aus Händen zu lassen.

Vier oder fünf Jahre [12] waren seit seiner Ankunft in Hamburg bis zu seiner Abreise von dannen verstrichen. Wir haben bereits angemerkt, daß er, anstatt seiner Mutter lästig zu fallen, derselben vielmehr nützlich gewesen, ehe er noch in seinem neuen Zustande befestiget war. Ob er ihr nun gleich von Zeit zu Zeit Gelder einzusenden fortfuhr, hatte er sich doch, nach Bezahlung aller Kosten, eine Börse von 200 Dukaten gesammlet. Und mit solchem Vorrat entschloß er sich zur Reise nach Italien. [13]

Die Anzahl der Schulen und Akademien, darin die Musik an verschiedenen Orten dieses Landes getrieben wird, nebst der ungemeinen Aufmunterung, die denen angedeihet, welche in solcher Kunst vortrefflich sind, haben sich längst mit dasiger angenehmen Lage und Luftgegend dahin verbunden, es zum vorzüglichsten Teil der Welt zu machen, in dem, was dessen Komponisten, Sänger und Instrumentspieler betrifft. Weil nun eine jede dieses abgesonderten Klassen einen eignen Stil und eigne Art führte, so finden sich auch sehr merkwürdige Dinge, die bei ihnen allgemein sind. Ein Fremder aber, der sich in solcher Profession hervorzutun sucht, muß dieselben Umstände mit desto größerm Fleiße bemerken, je weniger man sie verzeichnen, schriftlich verfassen, ja auch nur beschreiben kann. Sie sind deswegen schwerlich durch Regeln zu begreifen, weil sie nicht selten den Regeln selbst zuwider laufen. Ich weiß nicht, wie ich sie nennen soll, es wäre denn, daß man sagte, sie bestünden aus gewissen Schönheiten und Zärtlichkeiten in der Empfindung und im Ausdrucke der Gedanken, die sich nur durch langes Nachsinnen und aufmerksame Beflissenheit erhalten lassen. Ob sie auch gleich im ersten Anblicke fast für nichts zu achten sind, so läßt sich doch schließen, daß sie viel zu bedeuten haben, wenn wir erwägen, was die Italiener davon sagen, nämlich: „È quel tantino, chi fà tutto"; dieses geringe Ding ist es, darin alles bestehet. Die Fuge in der Ouvertüre zum „Mutius Scaevola" gibt mit ihrer allerersten Risposta hievon ein Beispiel ab. Geminiani[24], der genaueste Bemerker aller Regeln, wurde durch die gerade Übertretung derselben in besagter Fuge dermaßen gerühret, daß er bei der starken Wirkung ausrief: „Quel Semitono vale un mondo!"; dieser halbe Ton ist eine Welt wert! [14]

Der jüngere Scarlatti bedient sich oft solcher Freiheiten sehr glücklich, ob er sie gleich gar zu oft gebraucht; denn es ist an dem, daß man sie nicht ohne große Behutsamkeit und mit vielem Verstande anwenden könne. Sie würden auch nicht gelitten werden, wenn es nicht wegen der sonderbaren und rührenden Wirkung geschähe, die daraus erfolget, sobald sich ein großer Meister damit abgibt. Es wird unnötig sein, die Gleichheit dieser musikalischen Lizenz mit der poetischen und Malerfreiheit anzuführen, als zu welcher die sehr schwache Gesellschaft großer Geister allein ein ausschließendes Vorrecht zu besitzen scheinet. *(Ist das eine historische Schreibart?)*

Aus den besten Nachrichten, die wir von dem Zustande der Tonkunst in ihren verschiedenen Lagen und Absätzen erhalten können, sollte es in der Tat fast das Ansehen gewinnen, als ob kein Volk zu finden, das zu solcher Vortrefflichkeit in der Vokalmusik gelanget sei oder einen sich so weit erstreckenden Befehl über der Menschen Leidenschaften und Neigungen führte, als die Italiener. Hierin merke ich wohl, daß mir der Abt du Bos[25] gerade zuwider sein wird. Denn seine Vorurteile zum Behuf der französischen Nationalmusik sind so stark, daß er kein Bedenken trägt, den Lully allen italienischen Meistern vorzuziehen. Nachdem Vossius seine Ursachen angeführet hatte, warum er der alten Musik vor der neuen den Preise erteile, so ersuchte besagter Abt, der weder Alte noch Neue mit seinen Landsleuten vergleichen wollte, seine Leser, die Frage mit diesen Augen zu betrachten: „Qu'on se figure donc quelle comparaison Vossius auroit faite des Cantates & des Sonates des Italiens avec les Symphonies & les Recits de Lully, s'il les eut connus, lorsqu'il écrivoit le livre dont je parle." D. i.: Man stelle sich also vor, welche Vergleichung Vossius gemacht haben würde zwischen den Kantaten und Sonaten der Italiener mit den Sinfonien und Rezitativen des Lully, wenn er sie damals gekannt hätte, wie er das Buch schrieb, davon ich rede? — Könnten wir nicht auch den Abt du Bos fragen, was der erwähnte gelehrte Kritikus wohl denken mögte, wenn er so lange gelebt hätte, die überaus zierliche und vernünftige Schrift „Lettre sur la Musique françoise, par J. J. Rousseau, citoyen de Génève", zu sehen, worin fast demonstrativisch erwiesen ist, daß sowohl wegen Unbiegsamkeit der Sprache als auch wegen des verkehrten Geschmackes der Nation die Franzosen nimmermehr eine Musik haben werden, die ein unparteiischer und rechtmäßiger Kunstrichter erdulden kann. Dieses ist so wahr, daß auch das Leidliche im Lully selbst von jenen Italienern, die man so verächtlich hält, erborget und entlehnet worden. Es wird nicht vergessen werden, was Lully aus Corellis Bekanntschaft für Vorteile gezogen, noch wie er ihm dafür so gar schlecht gedanket habe, daß er eine heimliche Verbindung wider ihn errichtet und ihn aus Paris getrieben hat. Das waren keine Merkmale eines großen Gemüts, ob man ihn gleich würdig hielt, den Rang eines Staatsmannes und geheimen Rats zu bekleiden. *(Irrtum!)* Alles, was hier zu Lullys Nachteil beigebracht worden, insofern er als ein Tonmeister betrachtet wird, gehet nicht dahin, daß ich ihn von geringerm Gehalt schätzen und aller Gaben berauben sollte, ja, ebenso wenig Ursache würde man haben, dergleichen von Rameau, seinem großen Nachfolger, zu sagen. Desto mehr ist es aber zu beklagen, daß Glück und Zufall sie an solchen Ort geraten lassen, woselbst dasjenige, was ihnen die gütige Natur verliehen, auf eine verkehrte Art gedrehet worden, teils in Betracht der ungeschickten Einrichtung ihrer Sprache (die ebenso unbequem zur Musik als zur Dichtkunst ist), teils auch in Ansehung des verdorbenen Nationalgeschmacks, es entstehe nun dieser aus welchen Nebenursachen er immer wolle. Wahr ist es, der Hr. Addison hat am Ende seines letzten Blattes von Opern den Geschmack der französischen Musik nicht nur verteidiget, sondern auch angepriesen. Allein der sinnreiche Abt bemühet sich umsonst, denselben zu seinem Vorteil anzuführen. Denn obgleich jedermann mit Addison einstimmet, daß die Musik in diesem oder jenem Lande, soweit es tunlich, sich zur Aussprache und zum Akzent der Einwohner reimen soll, so folget doch daraus noch keinesweges, daß eines jeden Volkes Aussprache und Silbenlaut sich zum musikalischen Vortrage schicke, da dessen unabänderliche Grundsätze, ja sogar die Fundamente der Bau- und Malerkünste, von ihm geradesweges zu den unbeständigen, willkürlichen Entscheidungen der Gewohnheit und des Eigensinnes gerechnet werden. [15] Die vortrefflichen Gaben des Hrn. Addison als eines Mannes und Verfassers haben fast seine Fehler selber geheiliget, und der Einfluß seiner Beurteilung in dieser Sache stehet desto mehr zu befürchten, je bekannter es ist, daß er zwar einen außerordentlich feinen Geschmack an allen Künsten überhaupt, doch insbesondre eine sehr unvollkommene Kenntnis von der Musik hatte, wie solches die Poesie in seiner Opera „Rosemond“ sowohl als sein Begriff von der französischen Komposition auf das stärkste beweisen.

Die heftigen Bewunderer des Händelschen Stiles pflegen obbemerkte Abzeichen der italienischen Vortrefflichkeiten mit demjenigen weibischen oder weichlichen Geschmacke zu vermischen, der aus einem vergeblichen Beginnen entspringet, dergleichen starke Seelenempfindungen ohne Geist, ohne Kunst und ohne Verstand und Bescheidenheit rege zu machen. Sie erwägen nicht, welche Vorteile er durch die Bekanntschaft mit den italienischen Meistern erhalten hat, indem er ihren

zärtlichen und schönen Melodien in der Tat noch größere Züge des Ausdrucks hinzufüget, da er zugleich dieselben mit der vollen starken Harmonie seines Vaterlandes zu vereinigen wußte. Eine umständlichere Nachricht von dieser italienischen Musikart wird zu Anfang der Anmerkungen erfolgen, die am Ende des gegenwärtigen Lebenslaufs angeschlossen sind.
Wir haben ihn eben zu der Zeit in Hamburg verlassen, da er im Begriff stund, nach Italien abzureisen, woselbst er bald nach dem Prinzen von Toskanien anlangte. Florenz, wie natürlich zu vermuten stehet, war seine erste Bestimmung, denn wegen seiner Bekanntschaft mit diesem Herrn brauchte es keiner weitern Empfehlung am Hofe des Großherzogs[26], woselbst er zu allen Zeiten einen freien Zutritt hatte und dessen Gütigkeit er bei jeder Gelegenheit erfuhr. Das Gerücht von seiner Geschicklichkeit hatte die Neubegierde des Großherzogs und seines Hofes bereits erwecket, und man erwartete ein oder andres Werk von seiner Komposition mit großer Ungeduld. Weniger Erfahrung und weniger Jahre zur Reife seiner Urteilskraft hatten ihm bishero einen Fortgang zuwege gebracht, der den äußersten Umkreis seiner Wünsche erfüllte. Nun aber kam es mit ihm in einem fremden Lande auf die Probe an, woselbst die Setzart ebenso sehr von dem Stil seines Vaterlandes, als der Umgang, die Gewohnheit und der Gebrauch der Italiener von dem deutschen unterschieden war. Ob er nun schon merkte, daß er dabei etwas zu kurz kommen mögte, ließ doch seine Ehrbegierde nicht zu, die Probe, zu welcher man ihn einlud, auszuschlagen. Im achtzehnten Jahre seines Alters [16] machte er die Oper „Rodrigo“ und bekam nebst einem silbernen Service hundert Sequins dafür zum Geschenk. Dieses mag zum genugsamen Beweise dienen, wie wohl er empfangen worden. Vittoria, die als Aktrice und Sängerin sehr bewundert wurde, spielte die vornehmste Person in dieser Opera.[27] Das Frauenzimmer war schön und hatte eine ziemliche Zeit der besondern Gnade Sr. Großherzoglichen Durchl. genossen. Allein, die natürliche Beunruhigung gewisser Herzen machte sie in ihrer Erhebung so unempfindlich, daß sie sich entschloß, ihre Gunst auf eine andre Person zu werfen. Händels Jugend und gute Gestalt in Vereinigung mit seinem Ruhm und musikalischen Wissen hatte sich ihrem Gemüte eingedruckt. Und ob sie gleich die Kunst besaß, ihre Neigung vor der Hand zu verbergen, war es doch nicht in ihren

Kräften, wenigstens nicht in ihrem Vorsatz, dieselbe zu unterdrucken.
Die Beschaffenheit seiner Absichten, welche sich auf weitere Reisen erstreckte, erlaubten ihm keinen langen Aufenthalt an irgendeinem Orte. Er hatte fast ein Jahr in Florenz zugebracht, und sein Entschluß ging auf alle Städte und Teile Italiens, die nur einigermaßen wegen der Musik berühmt waren. Fürs erste ging es auf Venedig los. In einer Maskerade daselbst entdeckte man ihn, als er, mit der Larve vor dem Gesicht, auf einem Flügel spielte. Scarlatti[28] befand sich von ungefähr neben ihm und sagte zu den Anwesenden, es könnte dieser Spieler kein andrer sein als der berühmte Sachse oder der Teufel selbst. Da er sich nun hiedurch zu erkennen geben mußte, hielt man sehr stark bei ihm an, daß er doch eine Opera setzen mögte. Es schien aber bei solchem Unternehmen so wenig Ehre und Nutzen vermacht zu sein, daß er ungern daran wollte. Endlich willigte er doch darin und brachte in drei Wochen seine „Agrippine" zu Papier, welche 27mal herhalten mußte, ebenfalls ohne Unterbruch, wie oben von der „Almira" gesagt ist. [17] Der Schauplatz, auf welche(m) diese Oper aufgeführet wurde, hatte lange Zeit verschlossen gestanden, da indessen zwei andre Häuser zu gleicher Zeit offen waren, in deren einem Gasparini, im andern aber Lotti den Vorsitz behaupteten. Die Zuhörer bei der Händelschen Vorstellung wurden dermaßen bezaubert, daß ein Fremder aus der Art, mit welcher die Leute gerühret waren, sie alle miteinander für wahnwitzig gehalten haben würde.[29]
Sooft eine kleine Pause vorfiel, schrien die Zuschauer: „Viva il caro Sassone." — Es lebe der liebe Sachse! — nebst andern Ausdrücken ihres Beifalls, die so ausschweifend waren, daß ich ihrer nicht gedenken mag. Jedermann war durch die Größe und Hoheit seines Stils gleichsam vom Donner gerührt, denn man hatte nimmer vorher alle Kräfte der Harmonie und Melodie in ihrer Anordnung so nahe und so gewaltig miteinander verbunden gehöret. Auch scheinet es, daß die Waldhörner und andre Windinstrumente, die den Italienern weniger bekannt waren, bei dieser Gelegenheit eingeführet worden sind. Ich glaube, man habe sie dorten nimmer vorher zur Begleitung der Singstimme gehöret.
Diese Opera nun zog alle die besten Sänger und Sängerinnen von den beiden andern Schaubühnen zu sich. Unter denselben

war die vornehmste oberwähnte berühmte Vittoria, welche kurz vor Händels Abreise von Florenz nach Venedig vom Großherzogs Urlaub erhalten hatte, in einem besagter Opernhäuser mitzusingen. Die „Agrippina“ brachte ihren natürlichen Gaben einen neuen Glanz zuwege. Händel schien in ihren Augen fast so groß und majestätisch als Apollo, und es war ferne von ihrer Meinung, so grausam und eigensinnig zu sein als Daphne.[30]

Nachdem wir der wichtigsten Vorfälle zu Venedig erwähnet haben, müssen wir itzund berichten, wie er zu Rom empfangen worden. Der Ruf seiner musikalischen Vortrefflichkeit war von Florenz und Venedig lange vor seiner persönlichen Ankunft in dieser Welthauptstadt schon erschollen. Seine Gegenwart daselbst wurde augenblicklich bekannt und verursachte allerhand höfliche Nachfragen und Botschaften von Personen des ersten Ranges. Einer von seinen größesten Bewunderern war der Kardinal Ottoboni[31], ein Herr von auserlesenem Geschmack und fürstlicher Pracht. Außer einer schönen Sammlung von Gemälden und Bildsäulen besaß er auch eine weitläufige musikalische Bibliothek und hatte eine vortreffliche Bande Tonkünstler in steter Besoldung. Der berühmte Corelli war bei der ersten Violine und hatte seine Zimmer in des Kardinals Palast. Seine Eminenz war gewohnt, Opern, Oratorien und andre große Werke, die von Zeit zu Zeit angeschaffet wurden, aufführen zu lassen. Von Händel wurde hiezu ein Beitrag verlangt, und es fand sich allemal in seinen Stücken eine solche Hoheit und Überwaage, daß der besten Meister Werke dagegen nur klein aussahen und nichts zu bedeuten hatten. Es regierte auch in seiner Komposition eine ganz andre Art, die sich unterschied von der in Italien gewöhnlichen Weise so gar, daß diejenigen, welche sonst selten oder nimmer in der Ausübung andrer Musikalien zu kurz kamen, bei seiner Arbeit oft stutzeten und solche nicht recht herausbrachten. Corelli selbst beklagte sich darüber, daß er in den Händelschen Ouvertüren sehr viel Schweres antreffen müßte. In allen Zügen seiner Erfindung, absonderlich im Eintritt, war ein solcher Grad von Feuer und Kraft, der sich nimmer mit der sanften Anmut und gefälligen Zierlichkeit eines so ungleichen Geistes vereinigen konnte, den Corelli besaß. Händel hatte einmal auf verschiedene, doch fruchtlose Vorstellungen an Corelli versucht, denselben zu unterrichten, wie man seine erhabene Gedanken am besten herausbringen könne; allein da ihn die Kaltsinnigkeit und das gelinde Wesen, womit Corelli immer zu spielen fortfuhr, heftig verdroß, riß er ihm einstens die Violine aus der Hand und spielte die berührte Stellen selbst her, um zu zeigen, wie wenig jener ihrem Nachdruck ein Genügen täte. Corelli aber, als ein sehr bescheidener und sanftmütiger Mann, bedurfte keiner solchen Überzeugung, denn er gestund offenherzig, daß er keinen Verstand davon hätte, d. i., er wisse die Sachen nicht eigentlich herauszubringen und ihnen die gehörige Stärke des Ausdrucks zu geben. Wie nun Händel darüber seine Ungeduld spüren ließ, sagte Corelli: „Ma, caro Sassone, questa Musica è nel Stylo (Stile) Francese, di ch'io non m'intendo." — Aber, mein lieber Sachse, diese eure Musik ist nach dem französischen Stil eingerichtet, darauf ich mich gar nicht verstehe. — Die Ouvertüre vor der Opera „Il Trionfo del Tempo" war es, welche dem Corelli die meiste Schwierigkeit verursachte. Auf sein Verlangen machte also Händel an deren Statt eine Sinfonie, die mehr nach dem italienischen Stil schmeckte.[32]

Ein kleiner Zufall, der den Corelli betrifft, malet seine Gemütsneigung so deutlich ab, daß ich Entschuldigung hoffe, denselben zu erzählen, ob er gleich nicht zur vorhabenden Sache, nämlich nicht zum Händelschen Lebenslauf, gehöret. Man ersuchte ihn einmal, in großer ansehnlicher Gesellschaft ein schönes, neulich von ihm verfertigtes Solo zu spielen. Wie er nun eben in der Mitte desselben begriffen war, fingen einige Anwesende zur Unzeit miteinander an zu schwätzen. Alsofort legte Corelli sein Instrument freundlich nieder, und auf Befragen, ob ihm etwas fehle, gab er zur Antwort, es fehle ihm zwar nichts, allein er besorge nur, sein Spielen mögte das Gespräch unterbrechen. Die artige Eigenschaft dieser stillschweigenden Bestrafung nebst seiner sanftmütigen und leutseligen Antwort machte jedermann vergnügt, auch sogar diejenigen Personen, die Gelegenheit dazu gegeben hatten. Diese selbst baten ihn, seine Violine wiederum zur Hand zu nehmen mit der Versicherung, er mögte sich nur alle Aufmerksamkeit versprechen, die erfordert würde und die man auch schon vorhin seinen Verdiensten schuldig gewesen wäre.

Bisher ward Händel, wo nicht gänzlich, doch vornehmlich als ein Komponist angesehen worden. Nunmehro aber werden wir

ihn auch als einen Spieler und Ausrichter zu betrachten haben. Dabei denn nicht zu vergessen ist, daß, ob er gleich die Beschaffenheit und Handhabung der Geige wohl innehatte, dennoch seine vornehmste Ausübung und sein größestes Meisterstück im Orgel- und Klavierspielen bestund.
Bei seiner ersten Ankunft in Italien waren Alessandro Scarlatti, Gasparini und Lotti höchstens berühmt.[33] Mit dem erstgenannten wurde Händel bei dem Kardinal Ottoboni bekannt. Dieser Scarlatti, der ältere, war ein Verfasser der Opera „Principessa fedele", welche in ihrer Art für ein chef d'œuvre oder Meisterstück gehalten wurde. Auch werden seine verschiedenen Kantaten von den musikalischen Kunstrichtern sehr hoch geschätzet. Händel geriet auch besagten Orts in die Bekanntschaft des Dominico Scarlatti, der anitzo in Spanien und Verfasser gewisser auserkorener Handsachen ist. Weil er nun ein vortreffliches Klavier spielte, entschloß sich mehrerwähnter Kardinal, denselben und Händel zusammenzubringen und eine Probe ihrer beiderseitigen Geschicklichkeit anzustellen. Man hat sagen wollen, daß einige dem Scarlatti den Vorzug zuerkannt haben in dem, was den Flügel betrifft. Wie es aber zur Orgel kam, blieb nicht der geringste Zweifel übrig, wer den Preis davontrüge. Scarlatti selbst mußte bekennen, daß er von Händel auf der Orgel übertroffen sei, und gestund gar gern, daß er keinen Begriff von seiner Stärke gehabt, ehe er ihn darauf gehöret hätte. Scarlatti war auch von diesen Spielen dermaßen eingenommen, daß er dem Händel durch ganz Italien nachfolgte und sich nimmer glücklicher schätzte, als wenn er sich in dessen Gesellschaft befand.
Händel pflegte oft von diesem Scarlatti mit Vergnügen zu sprechen und hatte wahrlich gute Ursachen dazu, denn seiner großen Gaben zu geschweigen, war er eines angenehmen Umgangs, und sein ganzes Betragen bestund in lauter Leutseligkeit. Die beiden Hautboisten Plas, welche neulich von Madrid gekommen sind, berichten uns, daß dieser Scarlatti, sooft man daselbst sein Spielen bewunderte, nur Händel nannte, und zum Zeichen seiner Verehrung allemal ein Kreuz vor sich schlüge.
Ob nun gleich wahr ist, daß es niemals zwo Personen zu solcher Vollkommenheit auf ihren erwählten beiderseitigen einerlei Instrumenten gebracht haben können, so ist doch merkwürdig, daß ihre Art zu spielen einen gänzlichen Unterschied ver-

ursachte. Die eigentliche Vortrefflichkeit des Scarlatti schien in einer gewissen Zierlichkeit zärtlicher Ausdrücke zu bestehen. Dahingegen besaß Händel etwas Glänzendes und Funkelndes im Spielen, bei erstaunlicher Fertigkeit der Finger. Was ihn aber von allen andern, die dergleichen Gaben hatten, förmlich unterschied, war die entsetzliche Vollstimmigkeit und nachdrückliche Stärke, die er dabei bewies. Diese Anmerkung kann auch bei Betrachtung seiner Komposition ihre Gültigkeit haben mit eben dem Rechte, als in Ansehung des Spielens.

Zeit seines Aufenthalts in Rom besuchte er auch die Paläste der beiden Kardinäle Colonna und Pamphili.[34] Der letztgenannte besaß eine Fertigkeit zur Dichtkunst und verfertigte die Oper „Il Trionfo del Tempo" nebst verschiedenen andern Werken, welche Händel auf des Kardinals Begehren in die Musik brachte, einige bei Feierabend, andre aus dem Stegereife oder stehenden Fußes. [18] Unter andern war eines, das selbst Händel zu Ehren geriet, er wurde darin dem Orpheus verglichen und über alle Sterblichen erhoben. Ob Se. Eminenz diese Materie erwählet habe, unserm Händel schöne Einfälle an die Hand zu geben, oder in Absicht, zu entdecken, wie weit ein Künstler dem Anfall von Eitelkeit widerstehen könne, ist eben nicht nötig auszumachen. Doch hatte Händel eben keine solche ausschweifende Bescheidenheit an sich, die ihn hätte hindern sollen, dem Begehren seines erlauchten Freundes ein Genüge zu leisten. [19][35]

Weil er demnach mit so vielen Herren geistlichen Ordens vertraulich umging, da er doch eines Glaubens war, der in allen Stücken mit dem ihrigen stritte, kann man sich leicht natürlicherweise einbilden, daß einige derselben sich mit ihm darüber im Wortwechsel eingelassen haben müssen. Denn wie könnte man glauben, daß diese frommen Katholiken gegen ihm in Wahrheit so günstig gesinnet gewesen, ohne sich zu bestreben, ihn aus dem Wege der Verdammnis wegzuleiten? Als ihn nun einer aus den erhöheten Geistlichen über diesen Artikel zur Rede stellte, war seine Antwort, er sei weder geschickt noch geneigt zum Nachforschen oder Untersuchen in Dingen dieser Art, sondern festiglich entschlossen, als ein Glied derjenigen Gemeinde, darin er geboren und erzogen, zu leben und zu sterben, die Glaubensartikel mögten nun wahr oder falsch sein. Wie nun zu einer wirklichen und ganzen Bekehrung keine Hoffnung vorhanden war, trachtete man doch darnach, ihn

zu überreden, daß er sich nur einer äußerlichen Gleichförmigkeit bedienen mögte. Allein weder Schlußreden noch Anerbietungen hatten die geringste andre Wirkung bei ihm, als daß sie ihn nur desto mehr in den protestantischen Lehrsätzen befestigten. Inzwischen waren es doch nur sehr wenig Personen, die sich darüber mit ihm besprachen, denn man betrachtete ihn sonst durchgehends als einen Menschen, der eine redliche, obgleich irrige Meinung hegte und der sich nicht leicht gewinnen lassen würde, solche zu ändern. Zeit seiner Anwesenheit in Rom verfertigte er ein gewisses Oratorio unter dem Titel „Resurrectione" (Resurrettione)[36] nebst 150 Kantaten; Sonaten und andre Stücke ungerechnet.
Von Rom ging er auf Neapolis, woselbst, wie an den meisten andern Orten, ihm ein Palast zu Dienste stand mit freier Tafel, Kutsche und aller übrigen Bequemlichkeit. In dieser Hauptstadt brachte er „Acis und Galatea"[37] ans Licht, in italienischen Worten und in einer von der hiesigen unterschiedenen Komposition. Diese wurde auf Begehren der Donna Laura[38] verfertiget; ob sie eine portugiesische oder spanische Prinzessin gewesen, das kann ich eigentlich nicht sagen, doch das herrliche und prächtige Wesen dieser Dame gab zu verstehen, daß sie spanischer Abkunft sei, denn sie lebte, führte sich auf und hielt einen Staat, der wirklich königlich war.
Mit welcher guten Art Händel dieses Werk vollführete, das läßt sich leicht aus demjenigen abnehmen, was er nachgehends in dieser Materie und bei andern Umständen hervorgebracht hat; da die Sprache ihm nicht so günstig, nicht so sanft klingend, auch die Poesie selber ohne Kunst, ohne Verstand, Ordnung und Zusammenhang waren.
Solange er in Neapolis verharrete, ließen ihn die vornehmsten Herren, welche daherum wohneten, zu sich bitten, und glücklich war derjenige, der ihn zuerst erhielt und am längsten bewirtete. Er verließ endlich das neapolitanische Gebiet und besuchte nochmals Florenz, Rom und Venedig, hielt sich auch an einem und anderm Ort etwas auf, weil er hie und da viele Freunde vor sich fand, so daß sein ganzes Verbleiben in Italien sich auf sechs Jahre erstreckte.[39] In dieser Zwischenzeit hat er eine Menge Musikalien und fast auf allerhand Kompositionsarten zu Papier gebracht. Diese frühzeitigen Früchte seines Fleißes würden ohne Zweifel viel Seltenes aufweisen, wenn sie anitzo noch zu erhalten wären. Die Liebhaber der Kunst

würden sie schier mit eben der Ehrerbietung ansehen, welche die Gelehrten für die köstlichen Überbleibsel des Livius, des Cäsars oder des Tacitus haben. Es ist an dem, daß die wenigen unvollkommenen Stücke, die als angebrochene Proben zu unsern Händen kommen, nur bloß gedienet haben, dasjenige schmerzlich zu bereuen, was davon verlorengegangen. Und wenn wir dem Leser berichten, daß die zwo ersten Abteilungen in Händels sieben Suiten, ersten Bandes seiner Handsachen, vormals in der Ouvertüre seiner berühmten „Agrippina" gestanden sind, wird er sich weniger über die venetianischen Zuhörer und ihre außerordentliche Erstaunung verwundern als über des Komponisten großen Geist, ehe er noch gänzlich das neunzehnte [20] Jahr erreichet hatte. Aus einer solchen Kunstprobe kann ein jeder leicht von dem Werke selbst urteilen; doch wird es mit seinen jugendlichen Erfindungen schwerer halten, weil einige derselben ohne Zweifel verlorengegangen, andre aber nur bei solchen wenigen Virtuosen zu finden sind, deren schwärmerische Verehrung [21] für alles, was in dieser Art wirklich groß und vortrefflich ist, ihnen diesen Titel erworben hat, da es schwer zu sagen fällt, ob sie tätiger und unermüdeter gewesen, solche Schätze zu sammlen oder ob sie sorgfältiger und wachsamer sind, dieselben zu bewahren.

Nachdem also Händel lang genug in Italien verweilet, um dasjenige wirklich zu fassen, warum er dahin gekommen war, fing er nunmehro an, auf die Rückreise in sein Vaterland bedacht zu sein. Nicht zwar, als sollte dadurch sein Reisen ein Ende nehmen, denn seine Neubegierde war noch nicht gesättiget und so weit davon entfernet, solange noch ein musikalischer Hof zu finden war, den er nicht gesehen hatte. Hannover war also der erste Ort, da er still hielt. Steffani[40] befand sich allda und hatte solche Gnade und Aufmunterung genossen, die, wo möglich, mit seinen besondern Verdiensten übereinkamen. Diesen großen Tonmeister, dessen Eigenschaften durch einen Freund seiner Kunst und seines Andenkens auf das feinste geschildert sind, hatte Händel in Venedig, als in dessem Geburtsstadt, kennengelernt und war froh, die Bekanntschaft zu erneuern, denn Steffani war ein vortrefflicher Setzer, seine Gemütsart überaus liebenswert und sein Betragen höflich und sehr angenehm. Wer geneigt ist, einen weitern Bericht von seiner Person zu lesen, der kann sich oberwähnter Beschreibung seines Lebens bedienen, die zwar nur aus sehr wenig Blättern bestehet, aber doch genug ist, ihm alle Ehre zu erweisen. Wir werden bald Gelegenheit haben, seiner wiederum zu gedenken, wollen also nur noch dieses sagen, daß er bei weiland Ihro Majestät, wie Dieselbe noch Kurfürst von Hannover waren, als Kapellmeister stund. Das war daselbst ein Amt und ein Titel, der sehr viel galt, doch bei weitem nicht an denjenigen reichte, welchen er hernach führte.

Es befand sich auch zu Hannover ein Herr vom Obern-Adel, der unsern Händel in Italien gekannt hatte, sehr viel von ihm hielt und, wie bald erhellen wird, ihm auch hernach bei seiner zwoten Ankunft in England große Dienste leistete. Es war der Freiherr von Kielmannseck, der ihn zu Hofe brachte und Sr. Kurfürstl. Durchl. so nachdrücklich anpriese, daß Dieselbe ihm alsobald eine Besoldung von 1500 Rthlr. jährlich beilegte, als eine bewegende Ursache, am Hofe zu verharren. Ob nun gleich ein solches Anerbieten von einem solchen Fürsten nicht auszuschlagen war, so liebte doch Händel seine Freiheit gar zu sehr, daß er es eilfertig und sonder Vorbehalt hätte annehmen sollen. Er bezeigte dem Herrn Baron, daß er für seine freundliche und vielgütige Empfehlung sowohl, als für Ihro Kurfürstl. Durchl. Güte und Großmut höchst verbunden sei. Allein er besorgte, daß die ihm bestimmte Gnade nicht mit seinem Versprechen bestehen könne, welches er wirklich getan habe, den pfälzischen Hof zu besuchen, noch mit seinem Vorsatz, nach England überzugehen und London zu besehen. Allem Ansehen nach hatte ihn der Herzog von Manchester dahin nachdrücklich eingeladen. Nach dieser Einwendung erkundigte sich der Herr Baron, was der Kurfürst dazu sagen würde, und erhielt die Antwort, daß weder sein Versprechen noch Entschluß durch Annehmung der Pension Abbruch leiden sollten, weil ihm auf zwölf Monat oder länger, wenn ers verlangte, Urlaub gegeben werden sollte, zu reisen wohin er wollte. Auf diese willfährige Bedingung nahm er die Bestallung dankbarlich an.[41]

Dieser reichlichen Besoldung wurde noch bald darauf der Kapellmeisterdienst hinzugefüget, welchen Steffani freiwillig niederlegte, denn er hielt nicht dafür, daß sich dieses Amt gänzlich reimen würde mit der hohen Würde eines Bischofs und Ambassadeurs, womit er sich nunmehro vom Papste

bekleidet fand. Auch war ihm diese und eine jede Gelegenheit lieb, Händeln seine Verbindlichkeit zu erweisen. Ungeachtet aber der neuen Gnade hatte er dennoch die Erlaubnis beibehalten, sein Versprechen zu erfüllen und seine Reisen vorzunehmen. Als ein vornehmstes Stück seiner Obliegenheit wollte er vor allen Dingen seine Mutter in Halle besuchen. Ihr sehr hohes Alter und gänzliche Blindheit, die ihm zwar keine andre als traurige Unterredung zusagten, verursachten gleichwohl, daß er diese seine Schuldigkeit und Pflicht eben darum für desto notwendiger hielt. Nachdem er also bei seinen Verwandten und Freunden (unter welchen sein alter Lehrherr, Zachau, keineswegs vergessen wurde) einen Besuch abgestattet, begab er sich nach Düsseldorf. Dem Kurfürsten von der Pfalz gefiel es sehr wohl, daß Händel seinem Versprechen so pünktlich nachgekommen, befand sich aber sehr verlegen, da er vernahm, daß er schon anderwärts Dienste angenommen hatte. Beim Abschiede schenkten doch Ihro Kurfürstl. Durchl. demselben einen schönen Aufsatz von ausgearbeitetem Silber, und zwar auf eine solche verbindliche Art, die dem Wert desselben viel hinzusetzte.
Von Düsseldorf nahm er den kürzesten Weg durch Holland, allwo er sich nach Engeland einschiffte. Es war im Winter Ao. 1710 [22], wie er in London ankam, ein denkwürdiges Jahr wegen des längsten und glücklichsten Krieges, welchen England jemals mit einer fremden Macht geführet hat, wenn wir den gegenwärtigen ausnehmen. Denn in dieser Zeit kam kaum ein Paketboot aus Holland an, das nicht von neuen Victorien oder Vorteilen Nachricht brachte, die der engländische Held (Marlborough)[43] erhalten hatte über die Armee eines Monarchen, der ehemals dem ganzen Europa fürchterlich war, nun aber eines jeden holländischen Bürgermeisters Spott ist. [23] Es schien wirklich, daß der Nationalglückseligkeit nichts anders fehlte als eine solche Person, welche durch die Zauberei seiner Melodie geschickt wäre, den bösen Faktions- und Parteigeist zu zähmen, welchen uns das Unglück auf den Hals geschickt hat, gleichsam aus Mitleid gegen den ehemaligen Günstling des Glücks, den bedrängten Ludwig. Allein, so groß als auch Händel war, kunnte er doch für England das nicht tun, was David für Saul tat. Eben dieser böse Geist, der sich schon so oft bei laufendem Kriege hatte sehen lassen, behauptete auch den Vorwitz auf dem Friedenskongreß. Die Musik, welche

Händel auf die Vollziehung desselben machte, wird an einem andern Orte angeführet werden.[44] Inzwischen dürfte es nicht undienlich sein, ein paar Worte von demjenigen Zustande einzurücken, worin sich die Musik bei seiner ersten Ankunft in England befand.

Wir nehmen einige wenige Komponisten aus, die im Kirchenstil und hohen Alters wegen noch gut waren, so muß ich doch besorgen, daß wir keine Ursache hatten, uns mit demjenigen groß zu halten, was wir unser eigen nennen kunnten. Zu derselben Zeit waren Opern eine Art neuer Bekanntschaft, fingen aber an, sich bei dem hohen Adel in Gunst zu setzen, deren verschiedene dergleichen Singspiele in demjenigen Lande gehört und gesehen hatten, da sie geboren sind. Aber ihre ganze Anstalt, nämlich der Inhalt, die Poesie, Maschinen, Vorstellungen und Auszierungen waren so läppisch und abgeschmackt, daß man fast nichts Ärgeres erdenken kann. Der damalige Papst ergetzte sich dermaßen an des Herrn Addisons[45] scherzhafte Beschreibung dieser seltsamen Einrichtung, daß ihm der Bauch erschütterte, wie er die Blätter las, welche davon handelten. Es scheinet, Hr. Addison habe nicht gar zu wohl daran getan, da er diesen verdorbenen Geschmack der heranwachsenden unordentlichen Begierde zugeschrieben, die man für alles hegte, was nur italienisch hieß. Es ist gar nicht unmöglich, daß der Vorsteher des Werks solchen Geschmack hier angetroffen habe und denselben beizubehalten verbunden gewesen. Was für Komponisten es damals gegeben, davon haben wir keine Nachricht, es kommt auch nicht drauf an, daß man sich darnach erkundigte. Denn nach dem Bericht vom Anfange hiesiger Opern, wie wir solchen im 18ten Stücke des „Spectators" antreffen, liegt es zutage, daß teils bei Vermischung der Sprachen, teils durch Versetzung der Leidenschaften und Gedanken aus italienischen Gedichten der beste Komponist von dem schlechtesten nicht zu unterscheiden war. Händels Ankunft aber machte der Regierung dieser Torheit ein Ende.

Die Nachrichten von seiner ungemeinen Fähigkeit waren schon vor seiner Ankunft in England daselbst ausgebreitet, und zwar durch sehr verschiedene Wege. Einige der Unsrigen hatten ihn in Italien gesehen, andre aber in Hannover. Er wurde bald bei Hofe eingeführet und von der Königin mit Gnadenzeichen beehret. Viele vom hohen Adel bezeugten große Ungeduld, eine Oper von seiner Arbeit zu sehen. Dieser heftigen Begierde nun ein Genüge zu leisten, kam „Rinaldo" an den Tag und war, als sein erstes Werk in England, in vierzehn Tagen fertig.[46] Die Worte der Oper sind von Rossi, und die erste Stelle daraus stehet im „Spectator". Sie enthält gleichsam einen Lobspruch seiner eignen Dichtkunst, wiewohl er doch bald hernach mit aller Bescheidenheit eine Schutzrede darüber ausfertigte. Da dieselbe etwas Sonderliches hat, will ich dem Leser eine kleine Probe davon mitteilen:

„Gradisci, ti prego, discreto lettore, questa mia rapida fatica, e se non merita le tue lodi, almeno non privarla del tuo compatimento, chi dirò più tosto giustizia, per un tempo così ristretto; poiche il Signor Hendel, Orfeo del nostro secolo, nel porla in Musica, a pena mi diede tempo di scrivere; e viddí, con mio grand stupore, in due sole settimane armonizata al maggior grado di perfettione un Opera intiera.

(Vernünftiger Leser! Laß dir diese meine eilfertige Arbeit wohlgefallen, da sie dein Lob nicht verdienet, versage ihr doch dein Mitleiden nicht, ja vielmehr, daß ich recht sage, deine Gerechtigkeitsliebe, wegen der kurzen Zeit, indem der Herr Händel, der Orpheus unsrer Zeit, da er dieses Schauspiel in Noten brachte, mir kaum die Muse zum Schreiben gelassen hat, sogar, daß ich mit Erstaunen gesehen, welchergestalt in zwo Wochen eine ganze Opera im höchsten Grade der Vollkommenheit harmonisiert geworden.)"

Der Inhalt dieser Oper, wie ihn Rossi erhalten, rührt eigentlich von dem verstorbenen Hrn. Aaron Hill[47] her, der auch eine engländische Übersetzung davon herausgegeben hat. Wir ersehen aus dem Vorbericht dieser Übersetzung, daß damals der Schauplatz auf dem Heumarkte unter seiner Aufsicht gestanden. Es erhellet auch aus seiner Lebensbeschreibung, welche vor der letzten Ausgabe seiner dramatischen Werke stehet, daß er im vorigen Jahre der Schaubühne in Drury-Lane vorgestanden. Die Eigenschaften dieser Person scheinen fast ebenso sonderlich zu sein als seine Lebensvorfälle. Er war aus einem guten Geschlechte und hatte einige natürliche Gaben, hätten auch vielleicht zu derjenigen Hoheit gelangen mögen, darnach er trachtete, wenn er sich nur ein gewisses Ziel setzen wollen. Allein er war einer von den tätigen und unterfangenen Geistern, die alles angreifen und aus Mangel der Erkenntnis ihrer eignen Stärke nichts zur Vollkommenheit bringen. Er tat

große Reisen, las viel und schrieb auch viel, aber alles, wie es ausfiel, von keiner Wichtigkeit. Seine vertraute Bekanntschaft mit den trefflichsten Personen seiner an beaux esprits so fruchtbaren Zeiten reizte seine natürliche Hitze an, sich in den belles lettres hervorzutun. Der Einbildung nach war er zu einem großen Poeten bestimmet, und die starken Lobsprüche, welche ihm einer beibrachte, der es wirklich war, bestärkten ihn in seinem Irrtum. Ob dieser Umstand nicht einigen Zweifel erregen sollte an dem redlichen Betragen und ander Aufrichtigkeit, darauf sich der Herr Pope so viel zugute tat, solches überlasse denen zu beurteilen, die seine Bewegungsgründe verstehen, welche ihn trieben. Sein edler Freund [24] war beim Hrn. Hill mit Losprüchen ebenso verschwenderisch gewesen, und die Gründe des Streits, den Hr. Pope mit beiden oder vielmehr beide mit ihm hatten, waren von eben der Art. Wie dieser aber nötig befand, mit seinen Anpreisungen mäßiger zu verfahren, nannte man solche Zurückhaltung eine üble Begegnung. Zwischen Verfassern ist nichts so gemein, als diese Wirkung ausschweifender und am unrechten Orte angewandter Beistimmungen.
Von der Dichtkunst zur Tonkunst war der Übertritt natürlich und leicht. Aber von Verfertigung eines in die Musik zu bringenden theatralischen Gedichtes bis zur Ausziehung des Öls von Bucheicheln, das sahe einem solchen Schritte ähnlich, den nur Hills Geist, der sich zu allem bequemete, wagen durfte. Es ist sehr schwer, einen Zusammenhang des Orchesters und der Brennkolbe zu entdecken. [25]
Damit wir aber wieder zum „Rinaldo“ kehren, worin der berühmte Nicolini sich hören ließ, ging dessen Aufführung mit ebenso großem Glück vonstatten, als sich zu gleicher Zeit die Liebhaber der Musik sehr darüber bekümmerten, daß sich Händel am hannöverschen Hofe anheißig gemacht hatte. Denn es war noch sehr ungewiß, zu welcher Zeit oder ob er auch überall jemals wieder nach England kommen würde. Sein Klavierspiel wurde ebenso außerordentlich schön befunden als seine Setzkunst. Einer von unsern vornehmsten Meistern auf dem Flügel pflegte von ihm mit Erstaunen zu sprechen als von einer Person, die es bei weitem allen denen vortat, die ihm bekannt gewesen und darin etwas Eignes und Sonderliches vor andern besäße. Ein andrer, der sich stellte, als ob er dem Berichte von seiner Fähigkeit keinen Glauben beimäße, sagte,

aus großem Vertrauen zu sich selbst, daß wirs hörten: „Laßt ihn nur kommen! Wir wollen schon mit ihm handeln, ich bin Bürge dafür!“ Es würde keine Entschuldigung gelten, solche arme Zweideutigkeit zu erzählen, wenn nur Worte zu finden wären, die Beschaffenheit desjenigen, der sie vorbrachte, mit gleicher Kraft und Deutlichkeit vorzustellen. Wie er aber Händel auf der Orgel hörte, verschwand dieser in seinen eignen Augen so große Mann und wurde ganz zu Nicht und zu Schanden.

Nunmehro hatte er sich vollkommen 12 Monate in England aufgehalten, so daß es Zeit vor ihm war, auf seine Rückreise nach Hannover bedacht zu sein. Wie er sich von der Königin[49] beurlaubte und seine tiefe Erkenntlichkeit über die ihm erwiesene Gnade bezeigte, vermehrten Ihro Majestät dieselbe mit ansehnlichen Geschenken und wünschten ihn bald wiederzusehen. Solche Merkmale des Beifalls, abseiten einer so hohen Königin, schmeichelten ihm nicht wenig, und er versprach, sich wieder einzustellen, sobald er nur vom Kurfürsten Erlaubnis bekäme, in dessen Diensten er stünde.

Gleich nach seiner Ankunft in Hannover setzte er 12 Kammerduetten für die damalige Kurprinzessin. Die Kenner der Musik wissen wohl, was für Schönheiten in diesen Duetten enthalten sind. Die Worte dazu hatte der Abt Mauro Hortensio verfertiget, welchem es auch bei andrer Gelegenheit der Mühe wert geschienen, den Tonmeistern seine hülfliche Hand zu bieten.

Außer diesen Duetten, als einer solchen Setzart, daran die Prinzessin und der Hof ein besonderes Vergnügen fanden, brachte er noch eine Menge andrer Sachen für Stimmen und Instrumente zu Papier.

Am Ende des 1712ten Jahres gab Se. Kurfürstl. Durchl. ihm Urlaub, einen zweiten Besuch in England abzulegen, mit dem Bedinge, sich nach Verlauf einer geziemenden Zeit wieder einzustellen.

Nicht lange nach seiner Ankunft in London kam der Utrechtische Friede zustande.[50] Ein jedes Jahr dieser denkwürdigen Regierung war mit solchen heroischen Taten und großen Begebenheiten angefüllet, daß die Poeten und Maler unsrer Insel fast unter deren überhäuften Last hätten versinken mögen. Wären unsre Tonkünstler der Sache gewachsen gewesen, so würde schwerlich ein Fremder gefordert worden sein,

Triumph- und Danklieder, deren man itzo benötiget war, anzustimmen. Das hohe Haus, in dessen Schutz Händel sich begeben hatte, nahm nicht nur großen Anteil am Kriege, sondern tat sich auch in demselben sehr hervor. Die Erfahrenheit und persönliche Tapferkeit seiner Glieder trugen nicht wenig zum glücklichen Ausgange bei. Nicht nur das besagte Durchlauchtigste Haus Hannover, sondern die meisten protestantischen Fürsten desjenigen Landes, worin Händel geboren und erzogen worden, hatten das Ihrige beigetragen, die übermäßige Macht einzuschränken, welche ihrer Religion und Freiheit den Untergang dräueten. Diese Umstände machten es angelegentlich und erweckten eine besondre Art der Bestrebung bei gewissen Künstlern, daß sie ihre äußerste Kräfte daran wagten, wenn die Würde und Wichtigkeit der Sache solche erforderte. Kein Werk kann vortrefflich sein, das nicht, wie die Italiener sagen, con amore, mit Lust und Liebe, verrichtet wird. Man muß gestehen, daß alle diese Vorteile bei Händel eintrafen, und es ist nicht zu viel, sondern vielleicht zu wenig gesagt, daß sein Werk den Meister lobte. Man lasse nur das große Te Deum und das Jubilate[51] sprechen! Unser Geschäft ist nicht, einen Lobredner, sondern einen Geschichtschreiber abzugeben. [26]
Der große Name, welchen sich Händel mit seinen Opern in Italien und Deutschland erworben hatte, nebst der Erinnerung an „Rinaldo“ und dem schlechten Fortgange am Heumarkt erregten bei dem hohen Adel eine starke Begierde, von seiner theatralischen Komposition etwas Neues zu hören. Ihrem Verlangen trat die Königin mit dem Gewichte ihres hohen Ansehens gnädigst bei und setzte ihm zum Zeichen der für seine Verdienste hegenden Achtung ein Jahrgeld aus von 1000 Rthlr. Diese Erweisung königlicher Huld und Gnade schien desto merkwürdiger, je bekannter es war, daß er wirklich in fremden Diensten stund.
Von den verschiedenen Opern, die er damals machte, wird an einem andern Orte Nachricht erfolgen. Die Zeit war verstrichen, zu welcher sein erhaltener Urlaub sich mit Recht erstrecken konnte. Allein ob er sich etwan vor der Seefahrt gescheuet oder ob er eine Zuneigung zu den Tafellüsten des Landes gewonnen, war es einmal an dem, daß sein gegebenes Versprechen, nach Hannover zurückzukommen, einigermaßen in Vergessenheit gefallen.

Nach dem Tode der Königin im Jahr 1714 kamen Ihro Majestät der Thronfolger herüber, da sich denn Händel, dem sein Gewissen sagte, wie schlecht er sich um seinen gnädigsten Patron verdient gemacht habe, der itzund zum Throne dieser Königreiche durch alle Freunde unsrer glücklichen und freien Verfassung eingeladen war, durfte sich nicht unterstehen, bei Hofe zu erscheinen. Rechenschaft aber zu geben, warum er so lange ausgesetzet hatte, zu seinem Amte zu kehren, das war keine leichte Sache. Entschuldigung zu machen, daß er sein Wort nicht gehalten, das war was Unmögliches. Aus dieser schlechten Lage erlösete ihn dennoch ein besseres Glück, als er vielleicht verdiente. Es passete sich eben, daß sein vornehmer Freund, der Freiherr von Kielmannseck, hier war. Derselbe brachte es, nebst andern Standespersonen, dahin, daß ein Mittel gefunden ward, ihn bei Sr. Majestät wiederum in Gnaden zu setzen, deren gütige Natur auch bald von höhern Personen bei wichtigern Gelegenheiten empfunden ward.
Man schlug dem Könige eine Lustfahrt zu Wasser vor. Händel bekam Wind davon und wurde Rats, eine geschickte Musik zu dem Ende anzustellen. Er selbst vollzog und führte sie auf, ohne daß es der König wußte, der sich aber darüber sowohl verwunderte als ergetzte. Ihro Majestät verlangten Bericht, von wem solches herrührte und wie es zugegangen, daß diese Ergetzlichkeit ohne Dero Wissen vorgenommen worden. Der Baron brachte den Verbrecher zum Vorschein und hielt um Erlaubnis an, ihn darzustellen als einen, der seines Fehlers nur gar zu sehr überführt sei, um sich einer Entschuldigung zu bedienen, doch aber von Herzen begierig, sein Versehen durch alles menschenmögliche Bezeigen seiner Pflicht, Untertänigkeit und Dankbarkeit zu büßen, falls er nur hoffen dürfte, daß Ihro Majestät selbiges in hohen Gnaden anzunehmen geruhen mögten. Diese Fürbitte erlangte ihre Gültigkeit ohne Bedenken. Händel kam aufs neue in Gnaden, und seine Musik ward mit sonderbaren Ausdrücken königlichen Beifalls beehret.[52] Zum Zeichen dessen gefiel es dem Könige, noch einen Gehalt von 1000 Rthlr. jährlich für ihn auszusetzen, neben und über den 1000 Rthlr., welche ihm hiebevor von der Königin Anna angewiesen worden. Nach einigen Jahren, wie er die jungen Prinzessinnen unterrichtete, bekam er noch dazu ein abermaliges Jahrgeld von der verstorbenen Königin zu 1000 Rthlr.

Im Jahr 1715 machte er die Opera „Amadige", wie aus dem angeschlossenen Verzeichnisse erhellet. Ich kann nicht finden, daß er zwischen dieser Zeit und dem Jahr 1720 sich mit andern dergleichen Werken, außer dem „Teseo" und „Pastor Fido" beschäftiget habe, denn ob diese gleich kein Datum führen, daraus wir mit Gewißheit schließen können, zu welcher Zeit sie gemacht worden, so ist doch bekannt, daß sie unter die frühzeitigsten Verrichtungen dieser Art mit gehören und in einem oder andern Jahr des oberwähnten Zwischenraums entstanden sind.[53]
In den dreien ersten Jahren dieses Intervalls hielt er sich vornehmlich, wo nicht beständig, bei dem Grafen von Burlington auf. Die Vorzüge dieses Herrn als eines Gelehrten und Virtuosen sind allenthalben bekannt. Der Herr Pope, als ein vertrauter Freund des Grafen, befand sich oft mit Händel an dessen Tafel. Dieser Poet hatte einmal seinen Bekannten, den Doktor Arbuthnot[54], von dessen Wissenschaft in der Musik er viel Wesens machte, eigentlich darüber befraget, was seine ernstliche Meinung von Händels Künsten sei, da ihm denn der Doktor alsobald diese Antwort gab: „Macht euch den höchsten Begriff von seiner Geschicklichkeit, wie ihr immer könnet, so übertrifft sie doch sehr weit alles, was ihr begreifen möget." Nachdem nun Händel von seinen schönsten Stücken einige in des Herrn Pope Gegenwart hören ließ, erklärte dieser ausdrücklich, daß sie ihm nicht das geringste Vergnügen gäben, seine Ohren müßten so unartig gebildet und so wunderlich eingerichtet sein, daß er diese Musik, welche man als die beste in der Welt rühmte, mit eben der Gleichgültigkeit anhörte, als ob es ein gemeines Gassenlied wäre. Von einem solchen Mann, dessen Verstand so viele Vortrefflichkeiten hatte, können wir schwerlich eine Verstellung vermuten. Und doch ist es noch schwerer zu begreifen, wie ein Ohr, in vollkommener Aufmerksamkeit auf alle Zärtlichkeiten des Reimes und poetischen Silbenmaßes, bei dem Reiz musikalischer Klänge so ganz unempfindlich sein sollte, und zwar bei einer solchen Geflissenheit, die im Lesen ebenso merkwürig war als in der Schreibart. Vielleicht aber waren die ausschweifenden und unvernünftigen Lobsprüche der parteiischen Bewunderer Ursache, daß ein Mann, der sonst zu Satiren geneigt ist, sich stärker herausließ, als er sonst getan hätte. Es kann auch wohl sein, daß ein Kopf, der so fleißig in Ausforschung innerlicher

Eigenschaften und dabei so fähig war, dieselben abzuschildern, einen solchen Künstler als Händel für ein gutes Modell hielt, seinen Versuch damit anzustellen. Leute von den größesten Gaben verfallen auch oft in die größesten Schwachheiten. Allein, der Dichter betrog sich doch sehr darin, falls er etwa meinte, der Tonmeister würde unvermögend sein, ohne Entrüstung einen solchen Ausspruch zu ertragen, der doch keine Achtung verdiente, er mögte nun im Ernst oder nur zur Probe abgefasset sein. Händel ließ sich diese Begebenheit so wenig irren, als Pope es getan haben würde, wenn Händel auch von Popes Gedichten, die doch sonst von der ganzen Welt einmütiglich bewundert waren, ebenso entscheidend geurteilet hätte.
Die beiden übrigen Jahre brachte er in Cannons[55] zu, als an einem Ort [27], der damals in vollem Flor stund und absonderlich deswegen merkwürdig war, daß er mehr Kunst als Natur hatte und ungleich mehr kostete, als die Kunst selbst wert war. Von den Musikalien, die er für die dasige Kapelle verfertigte, wird im Anhange gehandelt werden. Ob Händel nur bloß zum Werkzeuge und zur Vergrößerung der Pracht dahin berufen oder aus Bewegungsgründen einer höhern Art erwählet worden, mag dahingestellet sein. Soviel läßt sich sagen, daß es ein Merkmal wirklicher Hoheit war, dergleichen Komponisten in Diensten zu haben, dessen keine Privatperson, kein Untertan, ja kein Prinz oder Potentat auf Erden zu der Zeit mächtig werden kunnte.
Im letzten Jahre seines Aufenthalts zu Cannons machte der hohe Adel einen Anschlag auf die Errichtung einer musikalischen Akademie am Heumarkte. Die Absicht dieser Sozietät ging dahin, daß man sich einer beständigen Versorgung mit Opern von Händels Komposition unter seiner Anführung versichern mögte. Zu dem Ende bediente man sich des Mittels einer Unterschreibung; und weil es dem Könige gefiel, seinen Namen obenan zu setzen, bekam die Unternehmung den Titel der Königlichen Akademie. Der König zeichnete 5000 Reichsthaler ein, der Adel aber zweimal hunderttausend, und es ward beschlossen, daß es 14 Jahre währen sollte. Bishero aber blieb die Sache noch bei dem bloßen Entwurf und kam erst ein paar Jahr hernach völlig zustande.
Nachdem nun Händel seinen Verrichtungen zu Cannons entsaget hatte, trug man ihm auf, nach Dresden zu gehen und

Sänger oder Sängerinnen von dannen zu holen. Er nahm daselbst den Senesino und die Duristanti an, brachte sie auch mit sich nach England herüber.
Um diese Zeit komponierten Buononcini und Attilio[56] unsre Opern und hatten großen Anhang, fanden auch hohe Ursache, auf Händel als ihren Nebenbuhler eifersüchtig zu sein, und wandten alle Kräfte an, sein Machwerk in Verachtung zu bringen, vornehmlich aber zu verhindern, daß er auf dem Heumarkt die Hände nicht ins Spiel bekäme. Allein dieses ihr Unterfangen ward zunichte durch oberwähntes Verbündnis, kraft wessen er die soeben besagten Personen von Dresden hergeführet hatte.
Im Jahr 1720 erhielt er Vergünstigung, seine Opera „Radamisto" aufzuführen. Dafern denjenigen Leuten, die noch am Leben und bei der Vorstellung zugegen gewesen sind, Glauben beizumessen ist, geschahe dasselbe fast mit ebensolchem übermäßigen Beifall, als die „Agrippine" gefunden hatte; kaum war das Gedränge und der Tumult im Schauplatze zu Venedig mit dem zu London in Vergleich zu stellen. Bei solcher vornehmen und modernen Versammlung der Damen, deren auserlesenem Geschmack wir solche zuschreiben müssen, fand sich nicht der geringste Schatten einer Formalität, eines Wortgepränges, kein Schein der Ordnung, der Regelmäßigkeit, der Höflichkeit oder Wohlanständigkeit. Viele, die ihren Eintritt mit Ungestüm, ihrem Range und Geschlecht unanständigerweise, behauptet hatten, fielen wegen großer Hitze und Ermangelung der Luft wirklich in Ohnmacht. Verschiedene Edelleute und Herren, die zehn Reichsthaler für eine Stelle auf der Galerie geboten hatten, nachdem sie keine weder im Parterre noch in den Logen erhalten konnten, wurden schlechterdings abgewiesen.
Es mag zwar das Ansehen gewinnen, als ob der in der Aktion sowohl als in dem Gesange vortreffliche Senesino sein wichtiges Anteil an diesen wunderbaren Eindrücken der Zuhörer gehabt habe. Denn durch nachdrückliche Gebärden in der Vorstellung haben viele Ausführungen, die sonst wenig oder nichts bedeuten, sich nicht nur leidlich gemacht, sondern sind auch sehr wohl aufgenommen worden. — Insonderheit möchten dem Frauenzimmer die Verdienste des Senesino mehr in die Augen fallen als des Händels seine. — Vielleicht möchten sie! Daß auch alles vom Komponisten abhängig sein sollte, bin ich

zu bejahen ebenso weit entfernet, als daß ein andrer Tonmeister einen Sänger dieser Art mit gleichem Vorteil hätte aufstellen können. Mein unparteiischer und wohlbefugter Richter mag erwägen, ob die ganze musikalische Welt imstande gewesen, dem Senesino eine solche Arie in den Mund zu legen, als „Ombra cara“ in der Opera, von welcher hier die Rede ist.

Durch diesen beglückten Fortgang kam das verabgeredete Vorhaben zur Reife und die Akademie zustande. Denn auf einmal ließ die Sache sich nicht heben, sintemal eine beträchtliche Anzahl großer Leute sich bemühet hatten, Buononcini und Attilio ins Land zu bringen; sie wollten also die Fremdlinge nicht im Stiche lassen, weil sie in ihrer Profession auch wirkliche Geschicklichkeit besaßen. Vielleicht lief der Streit von beiden Seiten zu solcher Höhe, als ob der Gegenstand etwas viel Wichtigeres beträfe, wiewohl ich auch mit denen nicht eines Sinnes bin, die ihn gar für unwichtig halten und als lächerlich ansehen. Diejenigen, welche die Aufrechterhaltung der alten Komponisten [28] als eine Ehrensache betrachteten und selbige wirklich dem Händel vorzogen oder die es einem Mangel der Menschenliebe zuschrieben und zum Unrecht zählten, solche Leute abzuschaffen, nicht, weil sie zum Dienst etwa ungeschickt waren, sondern weil ein Fremder angekommen, den man für geschickter hielt — hatten gewißlich ein Recht, sich ihrer Verteidigung mit Ernst anzunehmen, zu einer Zeit, da es ihnen so sehr am Beistande fehlte.

Die andern aber mögten sich gegenseitig ebenso wohl zum Widerstande vereinigen, weil sie der großen Überwichtigkeit des Händels festiglich versichert waren und es der Nation zur Ehre deutete, die berühmtesten Künstler zu ihren Diensten anzuwerben. Die Alten, sagten sie, wären nicht berechtiget, sich über dergleichen Vorzüge zu beschweren, solange sie während der Zeit ihrer Dienste richtig bezahlet würden. Wenn die Streitigkeiten mit Hitze und Gewalt fortgeführet werden, nimmt man es gemeiniglich für was Ausgemachtes an, daß beide Teile unrecht haben. Dennoch sind solche Eigenschaften, die ihrer Wirkung nach erstlich so unangenehm fallen, oftmals am Ende desto heilsamer. So schlecht als auch die Sachen in solchem Fall anzusehen sind, könnten sie doch wohl ohne Streitigkeit noch schlechter werden. Denn dieses heftige Nachforschen und hitziges Widersprechen, um das Beste

vorzüglich zu erwählen, bringt uns auf die Spuren, in allen Dingen das Vollkommenste auszulesen. Wenn wir die Flamme der Nacheiferung in den Gemütern der Künstler anfachen, so trägt sie zum Anwachs der Kunst ein Großes bei. Benehmt ihnen diese Triebe der Leidenschaft, so hat es mit Patrioten, mit Poeten und Virtuosen ein Ende.
Es mögte also der Nutz des Zankens alles daher entstehendes Ungemach vielleicht vergüten. Wo aber nicht, so ist die Haderkunst, ohne Entrüstung, besorglich viel zu schwer, daß sie auch die größesten Höfe lehren und ausüben könnten. Aber ich fahre aus der Gleise.
So sahen demnach die Sachen aus im Jahr 1720, zu der Zeit, da „Radamisto" aufgeführet ward. Der folgende Winter brachte diese musikalische Unordnung ins Feine. Damit nun aller Zwiespalt aufgehoben würde, beschloß man, es darauf ankommen zu lassen, daß sich die verschiedenen Parteien zu einer neuen Opera bequemten, darin ein jeder der Kompetenden eine Handlung verfertigen sollte. Wer nun durch allgemeinen Beifall die besten Proben seiner Geschicklichkeit darlegen würde, sollte in Besitz des Hauses gesetzet werden. Der Vortrag ward genehm gehalten, ob aus Willkür oder aus Not, das kann ich nicht sagen. Der Ausgang erfüllte das Erwarten Händels und seiner Freunde. Seine Handlung war die letzte, und ihr Vorzug so offenbar, daß nicht der geringste Vorwand zu fernerm Zweifel oder irgendeiniger Widerrede übrigblieb. Ich hätte erwähnen sollen, daß, da ein jeder seiner Handlung eine eigne Ouvertüre vorsetzte, sich die Sache schon bloß durch Händels seine selbst entscheiden ließ. Die Opera aber hieß „Muzio Scaevola".[57] Wir haben oben ihrer bereits gedacht.
Da nunmehro die Akademie festgestellet und Händel zum Komponisten erkoren war, gingen die Sachen neun bis zehn Jahr glücklich vonstatten. Und dieser Zeitlauf kann mit Recht den Namen musikalischer Herrlichkeit führen; wir mögen die Werke oder die Werkmeister betrachten, welche ganz gewiß zu keiner Zeit, auch in keinem Lande, verbessert oder übertroffen werden kunnten. Die Namen und Jahre der in dieser merkwürdigen Zeit aufgeführten Opern sind im angefügten Verzeichnisse nachzuschlagen, wobei auch am Ende eine kurze und allgemeine Nachricht von ihrer Beschaffenheit zu finden ist.

Das gültige Ansehen, welches Händel bei den Sängern und der ganzen Bande zu behaupten wußte oder vielmehr die Unterwürfigkeit, worin er sie hielt, hatte mehr zu bedeuten, als man sich einbildet. Es waren die vornehmsten Mittel, Ordnung und Wohlstand zu beobachten, Einigkeit und Ruhe zu verschaffen, die selten in solchen Gesellschaften lange zu dauren pflegen. Wahr ist es, daß alle Sozietäten, wie der natürliche Leib, in ihrer eignen Bildung und Einrichtung bereits den Samen ihrer Auflösung hegen. Diese erfolget entweder früher oder später, nachdem solcher Same durch verschiedene Ursachen befördert oder zurückgehalten wird.
Senesino, der seit seiner ersten Ankunft tiefe Wurzeln geschlagen hatte und in der Gunst derjenigen, die bei allen gesitteten Völkern das Recht der Herrschaft besitzen, sehr gewachsen war, fing nun an, seine Stärke und Wichtigkeit zu fühlen, so gar, daß ihm alles, was bisher für ein rechtmäßiges Regiment gegolten, anitzo in einem Lichte offenbarer Tyrannei vorkam. Sobald Händel merkte, daß dieser weniger Gefälligkeit und Gehorsam bezeigte, nahm er sich vor, solche italienische Feuchtigkeit nicht durch gelinde, sondern durch beißende Mittel auszuführen. Säuberlich zu verfahren schien verächtlich, und mit Trotz suchte er es vergeblich. Auf die eine Art vermehrte sich die Widerspenstigkeit beim Senesin, und auf die andre Art lief es bei Händel auf Schmähen hinaus. Kurz, die Sachen waren so weit gekommen, daß keine Hoffnung zum Vergleich mehr da war. Wer hierin recht oder unrecht hatte, davon ist mir nichts bekannt. Wie es auch darum sein mögte, wollte doch der hohe Adel dem Händel darin nicht beistimmen, daß er den Senesin abschaffen sollte, und Händel blieb hergegen fest entschlossen, fernerhin mit ihm nichts zu tun zu haben. Faustina und Cuzzoni[58], als vom Übel der Uneinigkeit angesteckt, wollten auch jede für sich regieren und brachten ihre Anforderungen mit Heftigkeit und Schärfe an, wodurch eine gänzliche Zerrüttung unter ihnen entstund.
Also war es mit der Akademie auf einmal aus, nachdem dieselbe in einem blühenden Zustande über neun Jahre verharret hatte.[59]
Der ehemalige gekrönte Hofpoet[60], welcher bisweilen auf possierliche Einfälle geriet (denn es hat auch die Dummheit ihre Wechseltage), machte sich über dieses so zu nennende musikalische Handgemenge sehr lustig. Die unglücklichen

Wirkungen desselben bei der Vermählung des verstorbenen Herzogs von Parma beschreibt er mit demjenigen spitzfindigen Scherz und der angebornen Possenreißerei, die ihm zeitlebens beiwohnten. Er hält es für was Abgeschmacktes, den Narren an italienischen Sängern zu fressen, und die von ihnen verursachte Kosten und Mühe nennet er ausschweifend und lächerlich. Den Titel von teuren Kanarienvögeln legt er ihnen bei, und über ihr oberwähntes Betragen bei der parmesanischen Vermählung führet er folgende Klage: „Schade ist es, daß diese hartnäckige Musikjungfern und Gesellen sich nicht gebrauchen ließen, einem marokkanischen Hofe aufzuwarten, wo man keine gute Oper von einer schlechten unterscheiden kann, ein solcher afrikanischer Direktor würde sie gar leicht in bessere Ordnung gebracht haben." Hätte unser Dichter aber Händels hohen Geist eingesehen, er würde diesen Leuten keinen schärfern Befehlshaber anpreisen als ihn. Wahr ist es, sie empörten sich und rebellierten endlich gar. Aber die Sklaven der asiatischen und amerikanischen Monarchen haben es oft ebenso schlimm gemacht. Händel geriet eines Tages mit der Cuzzoni in Wortstreit, weil sie die Arie „Falsa imagine" in der Oper „Ottone" nicht singen wollte. „Oh! Madame", sagte er, „je sçais bien que vous êtes une véritable Diablesse, mais je vous ferai sçavoir, moi, que je suis Beelzebub, le Chef des Diables." — Ich weiß wohl daß Ihr eine leibhaftige Teufelin seid, aber ich will Euch weisen, daß ich Beelzebub, der Teufel Obrister, bin. — Darauf fassete er sie mitten um den Leib und schwur, er wollte sie aus dem Fenster werfen, wenn sie weitere Worte machen würde. Man bemerke, daß dieses Fensterwerfen ehmals zur Bestrafung oder Hinrichtung (executing) der Missetäter an einigen Orten Deutschlands im Gebrauch gewesen als ein Prozeß, der mit dem tarpejanischen Felsensturz in etwas übereinkam und vermutlich daher seinen Ursprung genommen hat. [29] Er blieb indessen unbeweglich bei seinem Entschluß, den Senesino deswegen zu strafen, daß er ihm den Respekt versagte, welchen er zu empfangen gewohnt war und wozu er groß Recht zu haben vermeinte; wäre er aber ein wenig geschmeidiger hiebei gewesen, würde ihn solches sehr viele Ungelegenheiten ersparet haben. Die durch Abschaffung eines solchen Sängers leer gewordene Stelle war nicht leicht zu erfüllen. Das Mißtrauen, welches er durch seine unversöhnliche Empfindsamkeit bei vielen des hohen Adels

erwecket hatte, wegen einer Person, deren Gaben so sehr bewundert waren, schien ihm einen gefährlichen Widerstand zu erregen. Denn ob er gleich auf dem Heumarkt zu spielen fortfuhr, verursachten doch diese hitzigen Entrüstungen, daß sich ein großer Teil der Zuschauer verlor. Neue Sänger mußten gesucht werden und waren nicht näher als in Italien anzutreffen. Solche auszusuchen und anzunehmen, das kunnte durch keinen Abgeordneten verrichtet werden. Und indessen würden sich die Beleidigte der Gelegenheit, Zeit seiner Abwesenheit, zu ihrem Vorteil und seinem Schaden bedienen.
Trotz aller dieser Widerwärtigkeiten ging er doch geradesweges nach Italien, sobald er sich mit dem Unternehmer, Heidecker[61], verglichen hatte, daß die Opern unter ihrer beiderseitigen Namen in Kompagnie fortgesetzet werden sollten. Dieser Vergleich wurde nur auf 3 Jahre geschlossen und so eingerichtet, daß er jährlich aufgehoben werden konnte.
Bei seiner Ankunft in Rom empfing er von dem Kardinal Colonna einen freundlichen und verbindlichen Brief, dadurch er ihn zu sich einlud mit dem Versprechen, ihm das sehr schöne Portrait Sr. Eminenz zu schenken. Wie er aber vernahm, daß der Prätendent damals beim Kardinal zugegen war, verbat er klüglich die Einladung und das Bildnis.
Nach einem kurzen Aufenthalt in Italien kam er zurück und brachte Strada, Bernachi, Fabri, Bertoldi[62] und andre mit sich. Als nun solchergestalt die Sache auf einen neuen Fuß gesetzet worden, fuhr er mit Heidecker zwar in vereinigten Kräften fort, aber nicht mit solchem gleichen und gewünschten Winde, der ihm die neun vorigen Jahre hindurch so sanft und angenehm in die Segel geblasen hatte; denn seit der Trennung auf dem Heumarkt, welche durch die Uneinigkeit mit den Sängern entstanden, hatte der hohe Adel eine neue Unterschreibung, zu einer andern Opera in Lincolns-Inn-Fields, zuwege gebracht, darin sich die Sänger und Komponisten nach eignem Gefallen zu wählen berechtiget waren. In dieser Absicht ließen sie Porpora[63], Farinelli[64] und andre berufen. Der erste hatte verschiedene Kantaten verfertiget, die sehr bewundert wurden und allen denen, die sich seiner bedienten, groß Vergnügen gaben. Der letzte aber nahm die Herzen aller Zuhörer mit seiner vortrefflichen Stimme ein, welche er mit großer Geschicklichkeit und zu seinem Vorteil zu führen wußte. Ob nun gleich Händel diese Widersetzung mit ge-

duldigem Geiste und gesetztem Gemüte zu ertragen schien, fühlte er doch bald ihre Wirkung und wagte es allein, seine Opern auf dem Heumarkte noch ein Jahr lang auf eigne Kosten fortzusetzen, nachdem die drei Kompagniejahren mit Heidecker zu Ende gegangen waren. Da er aber befand, daß ihm dieser Versuch gar nicht geraten wollte, verließ er den Heumarkt; und da seine Gegner von demselben alsobald Besitz nahmen, bezog er ohne Verzug das erledigte Theater zu Lincolns-Inn-Fields. Es währte aber nur eine kurze Zeit, denn er sahe wohl, daß die Flut der Widerwärtigkeiten nunmehro aufs höchste gestiegen und seine Stärke, so überwiegend sie auch sein mögte, sich derselben entgegenzusetzen nicht hinreichte. Der Vorschmack, welchen er bereits von diesen Unfällen und Drangsalen empfand, verminderte merklich das Vertrauen in sich selbst, so sein bisheriges Glück unterstützt hatte. Er betrachtete, daß es nicht allemal notwendig auf große Geschicklichkeit ankomme und daß auch die größesten Verdienste, wenn sie nicht von der Klugheit begleitet werden, in den menschlichen Gemütern und Meinungen fast nichts bedeuten. [30] Es ist ein vornehmes Stück der Klugheit, wenn wir unsre Neigung bei irgendeiner vorfallenden Prüfung bezwingen können; nämlich ein solches Stück, welches, die Wahrheit zu sagen, Händel nimmer ausübte, noch Werks davon machte. Durch solche Unterlassung nun ward er in unglückliche Zufälle verwickelt, die ihn zwar noch ein andres Stück der Klugheit lehrten, dafern es so genannt werden mag, welches er jedoch nimmer hätte in Übung bringen noch Werks davon machen sollen, nämlich, daß er auf Kosten seiner Kunst die Gewinnsucht zu Rate zog.

Er begab sich also mit seinen Sachen nach Coventgarten und trat in die Gesellschaft mit Rich, dem dasigen Hausherrn. Inzwischen waren Hasse und Porpora die Komponisten auf dem Heumarkt. Wie Hasse[65] her verschrieben ward, lautete seine erste merkwürdige Frage so: „Ist Händel tot?" Als man ihm nun mit Nein antwortete, wollte er gar nicht kommen, sondern hielt dafür, wo sein Landsmann sei, denn sie waren beide Sachsen von Geburt [31], da könne so leicht niemand von einerlei und derselben Profession in Aufnehmen geraten. Er könnte nicht glauben, daß in einem Lande, dessen Einwohner allemal wegen ihres ausnehmenden Verstandes berühmt gewesen, eines solchen Künstlers, als Händels, Kredit und

Ansehen jemals geschwächt werden würde. Man benahm ihm aber diese Beisorge auf eine solche Art und fügte der Auslegung solche gewisse gute Bedingungen bei, die ihm endlich kein ferners Bedenken überließen, die Bedienung anzunehmen. Seine Sätze sind, wegen ihrer erhabenen Sangweisen, merkwürdig, zu deren Unterstützung er kaum den Schein der Vollstimmigkeit gebrauchte. Dieses kann nicht nur von Hasse insbesondre als ein Abzeichen genommen werden, sondern mag auch von den Italienern unsrer Zeit also verstanden werden. Weil sie nun solchergestalt wider Händel zu Felde lagen, sahe dieser das singbare Wesen in seinen Gegnern mit sehr gleichgültigen Augen an und hielt es nicht für einen Mangel, wenns gleich daran fehlte. Er trieb es mit der Verachtung gar so weit, daß er sich bemühete, ihnen so ungleich zu werden, als nur immer möglich sei. Er hätte ja seine Gegner mit ihren eignen Waffen überwinden können, allein er entdeckte, daß der beleidigte und in Vorurteilen steckende Teil seinen Sieg nimmer gestanden haben würde, wenn er auch noch so entscheidend gewesen wäre, und daß seine neuen Freunde, weil sie die Eigenschaft und den Gebrauch solcher Waffen nicht innehätten, die Victorie keinesweges gemerkt haben würden, wenn sie gleich zutage läge. In diesen Gedanken verfiel er nach und nach auf die eingeschränkte und seltsame Liebe der eigentlichen Harmonie, die ihn oft so weit brachte, daß er der Melodie schier ganz vergaß, selbst in solchen Dingen, da sie am meisten gelten sollte, nämlich in der Singekunst. Eine weitere Nachricht von den Ursachen und Folgen dieser Nachlässigkeit wird sich in den beigeschlossenen Anmerkungen über seine Werke finden lassen.

Im Sommer des 1733sten Jahrs tat er eine Reise nach Oxford, weil auf dasiger Universität eine öffentliche Promotion angesetzt war[66], bei welcher Gelegenheit er sein Oratorio „Athalia" aufführte, so eigentlich zu dieser feierlichen Begehung bestimmet worden. Durch solches Mittel wurde der Verlust, welchen er an seiner Kasse erlitten hatte, in etwas ersetzet und sein guter Namen desto mehr befestiget. Im folgenden Winter erschien seine „Ariana" in Coventgarten, da indessen auf dem Heumarkte auch eine von Porpora komponierte Opera gleiches Namens gespielet ward. Eben desselben „Polyphemo" und der „Artaxerxes" von Hasse fanden bald darauf großen Beifall am letztgenannten Ort. Ob nun gleich Händel einige gute Sänger hatte, war doch keiner von ihnen mit Farinelli zu vergleichen, der alle Welt zu sich nach dem Heumarkte hinzog, und es ließ sich bald spüren, daß der Engländer Neigung zur Musik nicht stark genug war, zwo Opern auf einmal zu unterhalten. Von andern Klassen, außer dem hohen Adel, fanden sich wenige, die so viel vom Italienischen verstunden oder von ihrer Kompositionsart, daß sie selbige etwa mit sonderbarem Vergnügen hätten anhören mögen. Die vom Mittelstande und niedrigern Orden, welche Nachäffung und Neugier anfänglich nach Coventgarten hingezogen hatte, wie sich erst die Gesellschaft mit Rich allda hervortat, fielen nach und nach ab. Seine Unkosten zur Anschaffung der Sänger und andrer Bereitschaft erstreckten sich sehr weit, der Gewinn aber ließ sich mit ihnen gar nicht vergleichen. Anstatt daß er also nach verflossenen drei oder vier Jahren sein Vermögen so vermehret haben sollte, wie man es von seiner Sorgfalt, von seinem Fleiße und von seiner Geschicklichkeit mit Recht erwartete, befand er sich vielmehr genötiget, fast alle seine Kapitalien aufzukündigen und einzuziehen, um seine Schulden abzutragen. Dieser schlechte Ausgang hub anitzo alle musikalische Ergetzlichkeiten in Coventgarten auf und spielte fast auch mit dem Urheber selbst das Garaus. Die Heftigkeit seiner hierüber bezeigten Entrüstung machten die Wirkung des Unfalls desto schrecklicher.

Daß selten ein Unglück allein kommt, ward bei Händel als ein bewährter Spruch befunden. Sein Verlust erstreckte sich nicht nur über sein Geld und Gut, sondern auch über seinen Verstand und über seine Gesundheit. Sein rechter Arm war vom Schlage unbrauchbar worden, und wie sehr ihm zu gewissen Stunden auf lange Zeit die Sinne verrückt gewesen, davon sind hundert Beispiele vorhanden, die sich besser zum Verschweigen als zum Berichten schicken. Die gewaltigsten Abweichungen der Vernunft lassen sich am gewöhnlichsten spüren, wenn die stärksten Geistesgaben selbst aus ihren Schranken getrieben werden.

Während dieses melancholischen Zustandes war es ihm platterdings unmöglich, auf neue Wege zur Verbesserung seines Glückes bedacht zu sein. Seine vornehmste Sorge ging also auf die Schwachheit des Leibes. Ob ihm nun gleich die besten Ratgeber nicht ermangelten und ihm die Notwendigkeit, ihnen zu folgen, auf die freundlichste Art beigebracht wurde, kostete es doch viele Mühe, ihn dahin zu bringen, daß er tat, was heilsam schien, sobald nur die geringste Unannehmlichkeit dabei vermacht war. Man fand es demnach fürs Beste, daß er seine Zuflucht zu Schwitzbädern in Aix la Chapelle nehmen sollte, in welchen er dreimal solange saß, als sonst gebräuchlich ist.[67] Wem die Eigenschaften solcher Bäder bekannt sind, der wird sich in diesem Fall einen Begriff von Händels wunderseltsamen Leibesbeschaffenheit machen können. Sein Schweiß war übermäßiger, als sichs jemand einbilden kann. Die Kur, in Erwägung sowohl der Art als Geschwindigkeit, mit welcher sie geschah, wurde von dasigen Nonnen für ein Wunderwerk gehalten. Wie sie ihn, nach Verlassung des Bades, nicht nur in der Haupt-, sondern auch in der Klosterkirche die Orgel spielen hörten, künstlicher, als sie es jemals gewohnt waren, schien ein solcher Wunderschluß bei solchen Leuten natürlich genug zu folgen. Ob nun gleich alles verrichtet und seine Gesundheit durchaus als wiederhergestellt beurteilt ward, fand er es doch ratsam, noch etwa sechs Wochen zu Aix zu verharren, welches gemeiniglich die kürzeste Zeit ist, die man zur Heilung verzweifelter Krankheiten auszusetzen pflegte.

Bald nach seiner Wiederkunft in London Ao. 1736 wurde sein „Alexanders Fest“ in Coventgarten aufgeführet und wohl aufgenommen.[68]

Nach langer üblen Haushaltung und verschiedenem Mißverständnisse auf dem Heumarkte schien es um das Ansehen des dasigen Schauplatzes ganz und gar getan zu sein. Lord Midlesex aber, dem sehr darnach verlangte, die Opern wiederum in ihrem vorigen Glanze zu sehen, übernahm die Aufsicht derselben und wandte sich an Händel als der geschicktesten Person, solche mit Kompositionen zu versehen. Er machte auch zwo Opern für besagten Lord, „Faramondo“ und „Alessandro Severo“. Die letzte war ein Pasticcio [32] und ist sowohl als die erste im Jahr 1737 aufgeführet.[69] Seine Belohnung dafür bestund in fünftausend Thalern. Wäre er nur geneigt gewesen, im geringsten etwas nachzugeben, so würden seine Freunde leicht ein Mittel zur Versöhnung zwischen ihm und seinen Widersachern gefunden haben. Ein jeder wäre froh gewesen, ihn wieder auf dem Heumarkte zu sehen, denn es schien zu dieser Zeit, als ob alle Quellen der Opernmusik auf die Neige geraten und vertrocknet wären. Seine bekannte Geschicklichkeit, der gegenwärtige Zustand, da man derselben notwendig bedurfte, die Erinnerung seines Verlustes und Verdrusses, die Länge der Zeit selbst, welche viele wichtige Dinge, folglich auch persönliche Empfindlichkeiten verzehret — kurz, alles schien dahin zusammenzulaufen und nichts zu fehlen, seine künftige Glückseligkeit zu versichern, ausgenommen ein solches Gemüt, das bei vorfallender guter Gelegenheit einigermaßen zu weichen geneigt wäre. Man kann aus einem einzigen Beispiel, da für ihn auf dem Heumarkt im Jahr 1738 eine Opernsammlung geschah, aus welcher er, wie man sagte, 7500 Rthlr. zog, leicht abnehmen, wie weit er es in Verbesserung seines Zustandes hätte bringen können. Allein alle Verbindlichkeiten durch Unterschreibungen waren ihm dermaßen zuwider, daß er schlüssig ward, seine Sachen künftighin auf einen ganz andern Fuß zu setzen. Der sichtbarste Vorteil vermochte ihn nicht dahin zu bringen, daß er denen ein gutes Wort hätte geben sollen, von welchen er beleidiget und unterdrückt zu sein glaubte. Mit diesen stolzen Gedanken angefüllet, begab er sich wieder nach Coventgarten, wo er noch etliche Opern machte, deren Namen und Zeit im Verzeichnisse zu finden sind. Weil er aber merkte, daß der Geschmack seiner Zuhörer von Natur diese Kompositionsart nicht mehr vertragen kunnte, führte er eine andre ein, die sich besser zu der angeborenen Ernsthaftig- und Gründlichkeit der Engländer schickte, unangesehen dieselbe aus dem Concert spirituel (geistlichem Konzert) unsrer flüchtigen Nachbarn auf dem festen Lande entlehnet war. [33] „Esther" war ursprünglich für den Herzog von Chandois gemacht, etwa ein Jahr nach „Acis und Galatea".[71] Nachdem diese Serenata zu Cannons aufgeführet worden, ließ man sie auch in dem Hause „Zur Krone und zum Anker" [34] hören, und hieraus sind zuerst, wie man sagt, die Moden entstanden, Oratorien aufs Theater zu bringen. Weil demnach die allermerkwürdigsten Personen, Vorfälle und Begebenheiten, deren die Heilige Schrift gedenket, in besagten feierlichen Gedichten vorgestellet werden sollen, wäre es freilich ihren Eigenschaften gemäß, daß sie sowohl agieret als gesungen und gespielet würden. Allein das heilige Gepränge in den Sachen, wovon sie handeln, wollen einige in ihrer Meinung bestärken, daß es schier auch sogar sie in die Musik zu bringen einer Entheiligung nahekomme. Was nun diesen Gedanken einen Zuschub gab, war vermutlich die Erwägung, daß die meisten Vorträge, welche zu den Opern dienen, aus weltlichen und fabelhaften Nachrichten geflossen sind. Und ob gleich der Musik vergönnet sei, ihren Beistand auch denjenigen Örtern zu leihen, wo Gottes Ehre wohnet (in places of Worship), wäre es doch, meinten sie, eine gefährliche Neuerung, wenn man ihr das Vorrecht zustehen wollte, daß sie auch förmliche Glaubensartikel in Gast- und Wirtshäusern (in places of Entertainment) bearbeiten mögten. Es käme ebenso heraus, als ob man einen Bund machen wollte zwischen zweien Dingen, die nach gewöhnlicher Betrachtung einander natürlicherweise zuwider wären, nämlich Kirche und Schaubühne. Zu den Zeiten, da eingeschränkte Begriffe gebräuchlicher waren als itzo und da auch so gar kluge Leute sich mehr vom äußerlichen Schein als von Gründlichkeiten regieren ließen, würde man durchaus keine Oratorien geduldet haben. In erwähnten glücklichern Zeiten war der Einfluß solcher Vorurteile doch in der Tat noch nicht stark genug, uns von besagten schönen und edlen Vorstellungen auszuschließen, anitzo aber hat derselbe mehr Kräfte bekommen, dieselben wohl gar zu verderben. Denn, sind nicht eben die Gründe, wodurch die Oratorien zugelassen werden, auch mächtig genug, ihre wirkliche Aktion oder persönliche Vorstellung zu rechtfertigen? Würden nicht die Bewegungen und Gebärden, wenn sie mit der Sache und den Worten übereinkämen, auch in solchen Kleidungen, die sich zum Stande einer jeden Person schickten, der ganzen Vorstellung mehr Nachdruck und Vollkommenheit geben, folglich die Ergetzlichkeit viel vernünftiger und erbaulicher machen? „Esther“ und „Athaliah“ von Racine, welche von Lully in die Musik gebracht und auf Befehl der Maintenon im Kloster zu St. Cyr aufgeführet worden sind, hatten alle Erfordernisse und Vorteile einer theatralischen Nachahmung. Es ist wirklich an dem, daß die besten Werke, insofern sie eigentlich dramatisch sind, ohne Beihülfe einer gemäßen Aktion und geschickten Kleidung notwendig einen solchen beträchtlichen Teil ihrer Stärke, Lebhaftigkeit, Deutlichkeit und ihres Geistes verlieren müssen, die uns nur eine völlige und mit allen gehörigen Umständen versehene Vorstellung vor Augen legen kann. Solange nun keine ungereimte Charakters dabei eingeführet werden, welches leicht zu vermeiden ist, kann man sich schwerlich einbilden, was denn doch für andre Ungelegenheit aus der fernern Vergünstigung, für welche hier gestritten wird, entstehen könne. Doch sei dies alles mit gänzlicher Unterwerfung den gehörigen Richtern zur Entscheidung anheimgestellet.

Im Jahr 1729 oder 1730 waren „Esther" und „Debora"[72] auf dem Heumarkt mit gutem Beifall aufgeführet worden, ja, mit besserm Fortgange als in Coventgarten, wie er es daselbst, einige wenige Jahre hernach, mit ihnen versuchte. Es scheint, Händel habe nicht genugsam bei sich überlegt, was er für Gefahr bei diesem neuen Unterfangen laufen mögte. Die Entlegenheit des besagten Coventgartens von jenen Teilen der Stadt, wo sich der hohe Adel vornehmlich aufhält, die Überbleibsel der noch nicht gedämpften, obgleich etwas geschwächten Gegner, die Schreib- und Singart der Oratorien, die jedermann noch nicht recht zu fassen vermogte — diese und vermutlich einige andre Ursachen mögen wohl anfänglich seine Anschläge rückgängig gemacht haben. Weil er aber schon zu sehr gewohnt war, Widerwärtigkeiten zu ertragen, ließ er sich nicht abschrecken, sondern fuhr mit diesen Konzerten, welche sich vortrefflich zu den Jahrszeiten schickten, darin sie gehalten wurden, getrost fort, bis zum Anfange des 1741sten Jahres. Allein, da gewannen seine Sachen abermals ein so schlechtes Ansehen, daß er nötig befand, eine neue Wanderschaft zu versuchen. Er hoffte, diejenige Begünstigung und Aufmunterung in einer entlegenen Hauptstadt anzutreffen, welche London ihm zu versagen schien, als woselbst auch sogar sein „Messias", ein sogenanntes Oratorio, sehr kaltsinnig aufgenommen worden.[73] Entweder war die Empfindung musikalischer Vortrefflichkeit so geschwächet oder die Macht der Vorurteile so angewachsen, daß alles Bestreben seines unvergleichlichen Geistes und Fleißes nicht anschlagen wollte.

Dublin ist allemal berühmt gewesen wegen seines ergetzlichen und prächtigen Hofes, wegen des Reichtums und Verstandes seiner vornehmsten Einwohner sowohl, als wegen der Tapferkeit seiner Kriegsbedienten, und absonderlich wegen seiner sinnreichen Gelehrten. Von einem Orte, wo solche Dinge schätzbar waren, machte er sich die Rechnung, daß er sich den Weg zum Vorteil nicht besser bahnen könnte, als wenn er zum Anfange ein rührendes Beispiel gemeinnütziger Handlung von Großmut und Wohltätigkeit gäbe. [35] Den ersten Schritt tat er also in Dublin damit, daß er den „Messias" zum Nutzen der Gefangenen in den Stadtkerkern aufführte.[74] Ein solches zog nicht allein die Liebhaber der Musik, sondern auch alle Freunde der Menschlichkeit herbei. Im Oratorio selbst lag schon ein gewisser Antrieb verborgen, und Händels Zustand gab diesem einen gütigen Zusatz. Durch seine Reise nach Dublin, woselbst er zwischen 8 und 9 Monate zubrachte, wurden seine Sachen auf bessern Fuß gesetzet. Er war so willkommen, daß nicht nur daraus erhellet, was die Irländer von seinen außerordentlichen Verdiensten hielten, sondern auch, daß andre diesseits der See, die sich wider ihn hatten anwerben lassen, deswegen einen heimlichen / Verweis bekamen. Herr Pope hat im vierten Buche seiner „Dunciade" etwas hievon angeführet. Er stellet ein elendes Gespenst, in Gestalt itziger italienischer Opern, vor, welches große Furcht zu erkennen gibt und der Dummheit, die schon ihrer eigenen Sicherheit halber genugsam bekümmert war, dabei aufträgt, dem Übel vorzukommen. Die poetischen Zeilen sind zwar wohl bekannt, verdienen aber doch wegen ihrer besondern Malerei allhier ein Plätzgen. So lauten sie:

But soon, ah soon, rebellion will commence,
If Music meanly borrows aid from Sense:
Strong in new Arms, lo! giant Handel stands,
Like bold Briarius with his hundres hands;
To stir, so rouse, so shake the soul he comes,
And Jove's own thunders follow Mars's drums.
Arrest him, empress, or you sleep no more —
She heard — and drove him to the hibernian shore.

Bald aber, ja, sehr bald wird Meuterei entspringen,
Wenn Tonkunst die Vernunft zu Hülfe rufen muß:
Dem Riesen, Händeln, wirds im neuen Helm gelingen,
Mit hundert Händen, seht, da steht Briarius;
Er kommt, er weckt, er rührt, und will die Seel erschüttern,
Der Donnerkeil muß selbst vor Martis Trumml zittern.
Halte ihn, o Kaiserin, sonst liegst du schlaflos da —
Sie hörts — und treibet ihn bis in Hibernia. [36][75]

Bei seiner Zurückkunft nach London, 1741/42, waren die meisten Gemüter schon geneigter für ihn, daher hub er gleich mit seinen Oratorien wieder von neuem in Coventgarten an. Das erste Stück hieß „Sampson“ (Simson). Und zu der Zeit, um mich der nachdrücklichen Worte des Tacitus zu bedienen, hatte man Ursache zu sagen: Blandiebatur coeptis fortuna. Das Glück schien ihn vielmehr zu schmeicheln und zu liebkosen, als aufzuhelfen und zu unterstützen. Diese Wiederkunft war seine güldne Zeit. Zwar bekam er im Jahr 1743 noch einen gichtbrüchigen Anfall und geriet auch, des Jahres darauf, in die schwere Ungnade einer gewissen alamodischen Dame, die alle ihre Kräfte anspannete, ihm neue Feinde zu erwecken. Allein, die Welt konnte nicht lange in dem Glauben verharren, daß ihre Kartengesellschaften zur Fastenzeit sich so wohl schickten als seine Oratorien. Es ist unnötig, sich bei besondern Umständen aufzuhalten, deren sich ein jeder noch leicht erinnert *(Rätsel)*, oder solche Dinge haarklein zu erzählen, die durchgehends bekannt sind. Genug, wenn man nur der merkwürdigsten Sachen erwähnet; z. E. seines „Messias“, der vormals mit solcher Gleichgültigkeit aufgenommen worden und nunmehro ein von allen Zuhörern beliebtes Favoritstück war. Wie es im Jahr 1741[76] zur Erleichterung der auf lebenslang Gefangenen angewandt worden, so wurde es hernach dem Dienste der unschuldigsten, hülflosesten und elendesten Menschenkinder geweihet. Das Waisenhaus oder Fündlingsspital bestund schlechterdings auf einer gar mittelmäßigen Stiftung besondrer Privatwohltäter. Zu der Zeit, als diese Einrichtung noch gleichsam ihr kindliches Alter erst erreicht hatte und jedermann von dessen Nutzen überzeuget schien, auch sonst kein Zweifel mehr übrig war als die Frage, wie es möglich wäre, sotane Stiftung fernerhin zu unterhalten — faßte Händel den edelmütigen Schluß, der Sache zu Hülfe zu kommen und seinen „Messias“ jährlich einmal zum Besten des Hospitals aufzuführen. Die Summen, welche jedesmal herauskamen, waren sehr beträchtlich und gewißlich von großer Folge bei so bewandten Sachen. Was aber noch viel größer war, bestund in seinem berühmten Namen [37] und in der gemeinnützigen Eigenschaft, die sein Drama an sich hatte. Hiedurch ward eine unsägliche Menge hohen und niedrigen Adels angetrieben, sich nach dem Hospital zu begeben, und viele, die sich vorhin lediglich mit dem Beifall solcher Anstalten vergnügt hatten, bestrebten sich hernach mit Ernst und Eifer, dieselben zu befördern und zu verbessern. Durch solche

Springfeder wurde die Nation auch nachdrücklicher zu demjenigen angetrieben, was und worin der eigentliche Zweck der Stiftung war und bestund. Daher kann man in Wahrheit behaupten, daß eines der edelmütigsten und weitreichenden Liebeswerke, die jemals durch Weisheit gezeuget oder durch menschliche Frömmigkeit entworfen worden, nicht nur seinen Fortgang, sondern auch sein Wohlergehen einigermaßen dem Händelschen Schutze schuldig sei. [38]

Die beglückte Anwendung dieser Erfindung seines Geistes zu solchem wohltätigen Ende brachte sowohl dem Künstler als der Kunst selber keine geringe, sondern gleiche Ehre.

Er setzte seine Oratorien mit ununterbrochenem Beifall und mit einem Ruhme, der keinen Mitbuhler zuließ, bis acht Tage vor seinem Tode immer fort. Das letzte Konzert dieser Art wurde den 6. April gehalten, und er starb am Sonnabend, den 14ten besagten Monats im Jahr 1759. Den 20ten darauf begrub ihn Doktor Pearse, Bischof von Rochester, in der Abtei zu Westmünster, woselbst seinem Andenken auf seinen eignen Befehl und auf seine eigne Kosten ein Grabmal errichtet werden soll.

Im Jahr 1751 beraubte ihn schon die gutta serena (der schwarze Star, wobei das Auge frisch und gesund zu sein scheinet) seines Gesichtes. Dieses Unglück schlug ihn eine Zeitlang gänzlich danieder. Er ruhete nicht, bis er einige Operationes, die ebenso fruchtlos als schmerzhaft waren, ausgestanden hatte. Weil er aber fand, daß es ihm fernerhin unmöglich fallen würde, den Oratorien allein vorzustehen, ließ er den Hrn. Smith[77] bitten, seine Stelle mit Spielen und Aufführen zu vertreten. [39]

Seine Verstandskräfte blieben völlig unvermindert, fast bis zur Stunde seines Abschieds, wie solches aus den Arien, Chören und andern Kompositionen erhellet, welche in Ansehung ihres Dati gleichsam als seine letzten Worte und Aussprüche angesehen werden können. Dieses schien um so mehr zu bewundern, wenn man sich erinnerte, zu welchem hohen Grade bisweilen seine Sinne gegen das Ende seines Lebens verrückt waren.

Seine Gesundheit geriet einige Monate vor seinem Absterben nachgerade in Abnehmen. Er merkte gar wohl, daß sich die letzten Tage herannaheten, und wollte sich mit der Hoffnung einiger Besserung gar nicht schmeicheln lassen. Ein gewisser Umstand deutete sonderlich nichts Gutes an, nämlich der gänzliche Verlust seines Appetits, der ihn auf einmal überfiel und desto verderblichere Wirkung hatte bei einem Menschen, der so wie er gewohnt war, eine ungemeine Portion an Speisen und Nahrungssäften zu nehmen. Diejenigen, welche ihn deswegen getadelt haben, daß er diesen niedrigen Trieben so übermäßig nachgehänget, hätten billig erwägen sollen, daß die Seltsamkeiten seiner Leibesnotdurft ebenso groß waren als die Gaben seines Geistes. Schwelgerei und Üppigkeit sind Begriffe, die sich auf etwas anders beziehen, nämlich relativisch auf andre Umstände, außer der bloßen Quantität und Qualität. Es würde ebenso unbillig sein, Händeln auf gemeiner Leute Essen und Trinken einzuschränken, als einem Kaufmann in London anzumuten, daß er seine Tafel wie ein Schweizer Handwerksmann besetzen sollte. Ich will ihn gar nicht von allen Vorwürfen dieser Art lossprechen, denn soviel ist gewiß, er wandte mehr Sorge darauf, als sonsten jemand anstehet, er sei auch wer er wolle; es dienet aber zu seiner Entschuldigung, daß er von Natur mit einer solchen weitlichen Leibesbeschaffenheit versehen, mit einem solchen auserlesenen Geschmack und mit einem solchen begierigen Hunger begnadet, daß auch sein Vermögen hinreichend war, solchen Heischungen zu gehorchen und der Natur ein Genüge zu leisten. So befand sichs in der Tat. Denn außer den bisher angeführten Umständen ist noch ein andrer zu seinem Behuf vorhanden zu wissen, sein unaufhörlicher und stetiger Fleiß in den Werken der Tonkunst. Diese Arbeit erforderte beständige und reichliche Versorgung mit Lebensmitteln, um die erschöpften Geister nach Notdurft zu ersetzen. Hätte er durch Übermaße von dieser Art seiner Gesundheit oder seinen Gütern etwas abgebrochen, so wäre es ein Laster gewesen, weil sichs aber anders verhielt, war es höchstens nur für unanständig zu halten. [40] Es würde einer Affektation ähnlich gewesen sein, wenn man alles dieses mit Stillschweigen hätte übergehen wollen, weil so viel davon in Gesprächen und Scherzreden vorgefallen ist. Es wäre aber auch eine Thorheit, sich über diesen Teil seines Lebenslaufes insbesondre weiter einzulassen, sintemal solches der in vorigen Blättern enthaltenen Absicht zuwider sein würde, als welche einzig dahin gehet, „dem Leser solche Zeichen seines Charakters als Mann zu geben, die gewissermaßen seinen Charakter als Künstler entdecken und erläutern können". Wir haben es für besser angesehen, dem Leser zu überlassen, daß er lieber aus der Lebensbeschreibung selbst seinen Charakter abnehme [41], als daß ihm derselbe hier förmlich vorgeleget werde, welches ein Gebrauch ist, der an dem Orte, wo er am meisten notwendig scheinet, nämlich in Historien, noch keinen sonderlich großen Nutzen gemacht hat. Die Wahrheit ist in dergleichen studierten Vorstellungen der Charaktere gar selten zu Rate gezogen, und der beständige, einförmige Widerspruch verschiedener Eigenschaften, welche mit großem Zwang und Druck dahin gebracht werden, daß eine die andre aufhebt, macht aus den meisten eingebildeten Charakteren nichts anders als nur weiter ausgedehnte Gegensätze, und man wird sie kaum jemals in irgendeiner einzigen Person solchergestalt antreffen. Dennoch aber wird diese unechte Brut der Affektation und des Witzes aller Welt aufgedrungen, als käme ihr Ursprung aus der Erziehung und Natur her. Oberwähnter Vergleich des Mannes mit dem Künstler läßt uns demnach richtig schließen, daß die Verbindung der Nachrichten von seinem Leben mit folgenden Anmerkungen über dessen Kunstwerke näher zusammenhangen, als man sich anfänglich wohl kaum eingebildet hat. Wieweit nun jene Materialien einer ordentlichen Abfassung wert gewesen sein mögen, das läßt sich alsdann erst am besten bestimmen, wenn sie in dieser Absicht untersucht werden. Wie weit sie aber wirklich schon wohl eingeordnet worden sind, das ist gar eine andre Frage, die ein jeder für sich selbst schon auflösen wird, nur mit Ausnahme dessen, der sich zu diesem Versuche hat gebrauchen lassen. Hätte er sie aber nicht mit vielem Fleiße gesammlet, so wie sie denn nun auch sind, würden solche Materialien ohne Zweifel innerhalb weniger Jahren Frist ganz verlorengegangen sein. Weiter hätte er nichts beizufügen als nur sein wohlgemeintes Wünschen, daß ein jeder Künstler, der in seiner Profession Verdienste besitzet, auch eine Person antreffen möge, die ein gleichmäßiges Verlangen hege, seinem Andenken *(ohne andre zu beschimpfen, quae addo)* Gerechtigkeit widerfahren zu lassen!

Dieser Wunsch ist so gütig als vernünftig. Er beweiset den Glauben des Verfassers, daß auch noch Leute hinter seinen Bergen wohnen müssen, die ihrer Künste halber ebenso wohl Ehre verdienen als Händel. Ach, wie sauer hat sichs (der „Ehrenpforte" zu schweigen) die große „Generalbaß-Schule"[78] *dieserwegen werden lassen, auf deren Verfassers Bildnis unter andern folgende übertriebene, noch ungedruckte Verse gar nicht seinent-, sondern der Poeten halber, denen alles erlaubt ist, vom Untergange errettet zu werden, verdienen, ob sie gleich schon 35 Jahr alt sind:*[79]

Hunc stupe, divino qui dulcia nectora cantu
Fundit, & ingenius salibus te vellicat, auris.

Effigiei apponendum.
L. F. Hudemannus, J.V.D.

Sic caelata, vigil, pulcra conamina, pulcra
Ora Matthesonii, Daedalus arte refert;
Pulcrior ast, pulcrum, pulcerrima FACTA per orbem
Praedicat Amphion, Suada Themisque viri.

Posui L. *meritoque* Greber.

Hamburgi, di 22 Julii 1726. [42]

Was soll man sagen, Bach, Fux, Graun, Graupner, Grünewald, Heinichen, Keiser etc. sind darüber weggestorben, vielleicht gehts mit Hasse und vielen andern ebenso. Sie sollten doch wissen, daß Plerique suam ipsi vitam narrare fiduciam potius morum, quam arrogantiam arbitrati sunt. Tacit. in vita Agricolae, cap. I.[80] *Doch wenn man ihnen vom Tacitus was sagt, so antworten sie auch aus dem Tacito, doch nicht aus eben dem Cornelio. M.*

Verzeichnis der von Georg Friedrich Händel verfertigten Werke

Meines Bedünkens können diese Werke, die alle miteinander zur musikalischen Ausübung gehören, am bequemsten in drei Ordnungen gefasset und gestellet werden, nämlich in Kirchenmusik, in theatralischer und in Kammermusik, welche sich hiernächst in zehn Unter- oder Nebenklassen teilen, als:
1) Anthems [43] und Te Deum, 2) Oratorien, 3) Opern, 4) Konzerte für Instrumente, 5) Sonaten mit zwo Violinen und dem Baß, 6) Handsachen oder Suiten fürs Klavier, 7) Kammerduette, 8) Terzetten, 9) Kantaten und Pastorale, 10) Gelegentliche oder festliche Stücke.
Im folgenden Verzeichnisse befinden sich verschiedene

Kompositionen, z. E. „Allegro ed il Penseroso“, „Triumph der Zeit und Wahrheit“ etc., welche unter die Oratorien gezählet worden, weil sie nach ihrer Art aufgeführet sind, ob sie gleich eigentlich nicht zu solcher Gattung gehören. Zwar kann man auch nicht sagen, daß ihnen eine oder andre obige Klasse einzuräumen sei, es stehet vielmehr fest, daß sie nicht wichtig genug sind, eine besondere Abteilung in den niedrigen Fächern zu verdienen, ebenso wenig, als die „Wassermusik“ eine Stelle in den höhern haben kann.
Was den „Triumph der Zeit und Wahrheit“ betrifft, besteht derselbe meistenteils aus eben denselben Sätzen, als „Il Trionfo del Tempo“, so viele Jahre vorher schon in Rom gemacht, hernach Ao. 1757 wiederum erweckt und nur einmal auf dem Heumarkt, italienisch, vorgestellet worden ist, zu der Zeit, da die Oratorien erst ihren Anfang nahmen.
Eine große Menge solcher Sachen, die in Italien und Deutschland schriftlich ans Licht getreten, ist in gegenwärtigem Verzeichnis nicht berühret und unbekannt, wieviel davon annoch hin und wieder vorhanden sein mögen. Zwo Kisten voll sind in Hamburg [44] geblieben, ohne was in Hannover und auch in Halle befindlich ist.

Theatralische Musik
Opern

Almira, gemacht und aufgeführt in Hamburg		1704
Nero, gemacht und aufgeführt in Hamburg		1705
Florindo		1708 [45]
Daphne		1708 [45]
Rodrigo	Florenz	
Agrippina	Venedig	
Il Trionfo del Tempo	Rom	
Acige e Galatea	Neapolis (sind 2 Serenaten)	
Rinaldo	London	1710[82]
Teseo	London	
Amadige	London 1715	
Pastor Fido	1715	

[83] (vacuum)	
Radamisto	1720
Muzio Scevola	23. März 1721
Ottone	10. August 1722
Floridante	1723
Flavio	7. Mai 1723
Gulio Cesare[84]	1723
Tamerlane	23. Juli 1724
Rodelinda	20. Januar 1725
Scipione	2. März 1726
Alessandro	11. April 1726
Ricardo	16. Mai 1727
Ameto	26. Mai 1727
Siroe	5. Februar 1728 [46]
Ptolomeo	19. April 1728
Lotario	16. November 1729
Partenope	12. Februar 1730
Poro	26. Januar 1731
Sosarme	4. Februar 1732
Orlando	20. November 1732
Ezio	1733
Ariana	5. Oktober 1733
Ariodante	24. Oktober 1734
Alcina	8. April 1735 [47]
Atlanta	20. April 1736
Giustino	7. September 1736
Arminio	30. Oktober 1736
Berenice	18. Januar 1737
Faramondo	24. Dezember 1737[85]
Alessandro Severo	
Pasticcio	
Serse	6. Februar 1738[86]
Immeneo	10. Oktober 1740[87]
Deidamia	20. Oktober 1740[88]

Oratorien

Debora	21. Februar 1733
Esther	
Athalia	7. Juni 1733

Alexanders Fest	17. Januar 1736
Israel in Ägypten	11. Oktober 1738[89]
Allegro ed il Penseroso	1739[90]
Saul	1740[91]
Messias	12. April 1741[92]
Sampson	12. Oktober 1742[93]
Semele [48]	4. Juli 1743
Susanna	9. August 1743[94]
Belsazar	
Hercules	17. August 1744
Gelegentliches Oratorio [49]	1745
Judas Macchabäus	11. August 1746
Joseph	1746[95]
Alexander Balus	30. Juni 1747[96]
Josua	18. August 1747
Salomon	13. Juni 1748
Theodora	18. Juli 1749[97]
Jephta	20. August 1751[98]

Triumph der Zeit und Wahrheit

Serenaten

Il Trionfo del Tempo, Rom
Acige e Galatea, Neapolis
(sind beide schon in Opern vorgewesen)
Acis und Galatea, für den Herzog von Chandois, 1721 [50][99]
Parnasso in Festa, ein italienisches Stück am Heumarkt
Choice of Hercules, Herkules Wahl

Kirchenmusik

Ein großes Te Deum und Jubilate auf den Ütrechter Frieden, 1713
Vier Krönungsstücke, 1727
Verschiedene Motetten, 1717[100]
Verschiedene Motetten, 1720, für den Herzog von Chandois[101]
Mehr dergleichen zum Begräbnis der Königin Caroline etc., etwa 23 Stücke[102]

Drei andre Te Deum, eines wegen des Sieges bei Dettingen
Kantaten, etwa 200, in Hannover etc. gemacht[103]
Kammerduetten, 12 in Hannover, 2 in Engeland
Serenaten, die meisten außerhalb England, eine für die Königin Anna[104]

Instrumentalsachen

Wassermusik
Konzerte
Sonaten für 2 Violinen und Baß
Klaviersuiten
Zwölf große Konzerte
Zwölf dito für die Orgel[105]

Anmerkungen über Georg Friedrich Händels Werke

Ehe wir zur Untersuchung der Händelischen Werke schreiten, wird nötig sein, die Bedeutung einiger Wörter anzuzeigen, welche bei andern Gelegenheiten ohne sonderliche Obacht, aber vielleicht nimmer mit weniger Vorsicht gebraucht worden sind, als wenn es musikalische Dinge betroffen hat. Es wird erfordert, solche wohl zu verstehen, wir mögen nun die Gründe harmonischer Vortrefflichkeiten erklären, oder ihre Gattung unterscheiden, oder deren Grade schätzen wollen, so müssen wir unsre Zuflucht zu diesen Ausdrücken nehmen. Eine deutliche Erkenntnis des Unterwurfs, dazu sie angewandt werden, wird uns zu ihrem wahren Verstande anführen.
Die Tonkunst beruhet auf wohlgefaßten Regeln und Gründen. Es gibt gewisse Verhältnisse und Vergleichungen zwischen Klängen und ihren Wirkungen, welche stets und ordentlich durch verschiedene Vereinigung, Stellung und Verbindung hervorgebracht werden. Es ist fast überflüssig, Ausnahmen zu machen in Ansehung derer, die keine Musik lieben oder nimmer auf ihre Wirkung achthaben. Der Abt du Bos sagt: „Il est des hommes tellement insensibles à la Musique, & dont l'oreille (pour me servir de cette expression) est tellement eloignée

du coeur, que les chants les plus naturels ne les touchent pas." D.i. Man findet die Leute, die bei der Musik so unempfindlich, deren Ohren (so zu reden) so weit vom Herzen entfernet sind, daß sie auch von dem allernatürlichsten Gesange keineswegs gerühret werden. — Die Regeln der Tonkunst entspringen aus der Erfahrung und Beobachtung, welche uns lehren, was für ein Kunstgebäude oder welche Einrichtung der Klänge dem Gehör am gefälligsten sind. Ein deutlicher Begriff dieser Regeln und die Geschicklichkeit, solche klüglich anzuwenden, führen den Namen der Erkenntnis oder Wissenschaft, und diese allein, ohne große Erfindung und Geschmack, kann schon einen leidlichen Setzer machen, aber wenn (beide hinzukommen, oder auch nur) eine von ihnen beitritt, wird ein Meister daraus.

Diese Meister mögen nun in zween Haufen eingeteilet werden, nachdem ihr vornehmstes Verdienst entweder in der Erfindung oder im Geschmack bestehet. Die ersten scheinen eine lebhafte und geschwinde Ausspürungskunst reiner und bisher nicht wahrgenommener Verhältnisse zu besitzen, indem sie dieselben nach einer ungewöhnlichen Art oder in verschiedener Ordnung miteinander verbinden und dadurch eine glückliche Anwendung auf besondere Unterwürfe treffen, vornehmlich auf solche, die von wichtiger oder angelegentlicher Eigenschaft sind.

Welche nun einen erfinderischen Geist haben, die werden von den gemeinen Regeln abgehen, um uns durch Nebenwege desto mehr zu gefallen. Dergleichen Abweichungen muß man als kühne Streiche betrachten oder als vermessene Sprünge der Phantasie. Auf Regeln sind sie nicht gegründet, sie geben aber selbst Gründe der Regeln ab.

Andrerseits werden diejenigen, welche einen guten Geschmack besitzen oder eine genaue Einsicht in die kleinesten Umstände des Wohlgefallens haben, die vorigen Erfindungen schmücken, zieren und ausbessern, auch dabei den Regeln genau anhangen und sie sogar noch bündiger machen. *(Bei uns scheinet der Geschmack sich weiter zu erstrecken.)*

Hieraus mögen wir die Ursache entdecken, warum große Erfindung und ein vollkommener Geschmack sich selten oder wohl auch nimmer beieinander antreffen lassen, ob gleich der eine oder die andre mit der Erkenntnis oder Wissenschaft in gutem Vernehmen stehen.

Wir mögen auch daher abnehmen, daß die Gaben der Händelschen Musik am meisten von den Liebhabern der Zierlichkeit, Schönheit oder Richtigkeit bemerket oder geschätzet werden, ein jeder Mangel dieser Art ist ihnen anstößig, indem ihr eigner Charakter sie hindert, jene Vortrefflichkeiten, die von höherer Würde sind, einzusehen, womit Händel alle andre Tonkünstler übertrifft, Vortrefflichkeiten, die sich schwerlich zu der stetigen Beobachtung solcher genauen Umstände schicken, von welchen eigentlich die Schönheit des Gesanges abhängt. Weil also der Geschmack eine natürliche Empfindung und eine gewohnte Aufmerksamkeit über erwähnte Umstände in sich begreift, so fällt alles, was dieselben vernachlässiget, unter seine Gerichtbarkeit. Da nun diese genaue Eigenschaft einer zarten und furchtsamen Natur ist, befindet sich dieselbe desto geneigter, jene kühnen Streiche und strengen Züge, woran das Genie sein Vergnügen findet, entweder für was Grobes oder für eine Ausschweifung zu halten. Wenn sie aber einen Versuch wagen will, solche Sätze zu züchtigen oder zu korrigieren, so tritt sie aus ihrem Element. Kunst ist hier nicht nur unbrauchbar, sondern auch gefährlich. Das ursprüngliche Wesen wird gar leicht dadurch vernichtet, und es kann doch nichts Artiges herauskommen, wenns auch geschehen könnte, wäre es doch auf Kosten der Erfindung zu teuer erkauft, denn durchgehends hat niemand so viele Niedlichkeit an sich, daß er von jedem kleinen Merkmale der Schönheit stark gerühret werde, sondern die Menschen sind vielmehr überhaupt so geartet, daß sie nur von dem geringsten Zeichen dessen, was groß und hoch ist, entzückt werden. *(Das ist wahr.)* Was mich desto völliger überredet, der Wahrheit dieser Gründe versichert zu sein, besteht darin, daß sie mit den folgenden Anmerkungen übereinstimmen, die ein gewisser Freund, der die Sache vollkommen verstehet, mir mitzuteilen die Güte gehabt hat.[106] Hier sind sie:
„Weil die Parteilichkeit und Vorurteile ziemlich hoch gestiegen sind, einesteils zu Händels Behuf, andernteils aber die Italiener zu begünstigen, werde ich mich bemühen, die Sache mit geziemender Gemütsbilligkeit zu betrachten und die beiderseitigen Verdienste nach der besten Beurteilung auf einen festen Fuß zu setzen.
Der Geschmack in der Tonkunst sowohl bei Deutschen als Italienern richtet sich nach den verschiedenen Eigenschaften

der Nationen. Die ersten sind von Natur streng und kriegerisch [51] gesinnet, ihre Musik tut starke Wirkung ohne große Zierlichkeit unter dem stetigen Gerassel vieler und mancherlei Instrumente. Die Italiener hergegen mittelst ihrer ungemeinen Empfindung und des lebhaften Gefühls haben sich beflissen, in ihrer Musik alle Bewegung der Seele auszudrucken von den allerzärtlichsten Liebestrieben an bis zu den allerheftigsten Ausbrüchen des Hasses und der Verzweiflung, und zwar am meisten durch die Modulierung einer einzigen Stimme.
Händel bildete seinen Geschmack nach Art seiner Landsleute, allein die Größe und Hoheit seines Geistes trieb denselben noch dermaßen empor, daß man darüber erstaunen muß. Einige der besten italienischen Meister sind durch die Niedlichkeit ihres Gesanges so tief in die verschiedenen Leidenschaften des menschlichen Herzens hineingedrungen, daß man fast sagen kann, sie haben sie alle in ihrer Macht, wenigstens bei denen, deren lebhafte Empfindung mit den ihrigen zu einerlei Höhe gestiegen sind.
Wenn wir nun diese beiden Arten der Tonkunst in solcher sehr verschiedenen Lage ansehen, als solche von Händel und den besten Italienern ausgeübet und zu gleich großer Vollkommenheit gebracht sind, so dürfen wir uns gar nicht verwundern, daß eine jede derselben ihre hitzigen Verfechter gefunden hat. Von Händels Musik muß man zugeben, daß sie, ohne die wesentlichen Verdienste zu rechnen, vor der italienischen den Vorzug gehabt habe. Die Vollstimmigkeit, Stärke und Mutigkeit derselben schicket sich wunderwürdig wohl zu den gemeinen Eindrückungen und Vernehmungen des menschlichen Geschlechts überhaupt, die mit einer kleinen Härtigkeit erweckt werden müssen und nicht leicht durch Verzärtelung in Gang zu bringen sind. Es wird hier nur die allgemeine Beschaffenheit des Händelschen Geistes dem italienischen entgegengesetzt, denn ob sich gleich seine Setzart mehr als irgendeine andre zum großen und erhabnen Ausdruck schwunge, so übertraf er doch auch bisweilen die Italiener selbst in Gemütsbewegung und pathetischen Dingen. Es erhellet solches aus verschiedenen sonderlichen Beispielen, die wir alsobald anzuführen Gelegenheit haben, und von andern, die noch beigebracht werden könnten. Daß diese Exempel aus der Acht gelassen worden, daran sind die häufigeren Muster schuld, die in seinen Oratorien und anderwärts das Gegenteil beweisen.

Auf diese Art nimmt er alle unparteiische Gemüter ein. Denn durch seine erhabne Züge, deren er viel hat, wirket er mit eben der Stärke sowohl auf die Klügsten als auf die Unwissenden. Noch ein andrer Vorteil, den er über die Italiener besitzet, rühret von ihnen selber her. Die große Menge schlechter Musikalien, die wir aus Italien gehabt haben, erreget bei vielen ein Vorurteil wider die guten. Und hier dürfte es nicht ungereimet sein, etwas von dem itzigen Zustande der italienischen Tonkunst zu erwähnen.

Die alte Musik, wie sie daselbst zu Palestrins Zeiten beschaffen war und von tüchtigen Komponisten im Kirchenstil herrührte, erforderte eine Menge Singstimmen zu ihrer Aufführung; die Harmonien waren vollständig und variiert, der Vortrag aber geschah mittelst lauter Fugen und Nachahmung in allen Teilen. Hiezu gehörte sowohl eine große musikalische Wissenschaft als auch ein eignes Genie, maßen sich damals niemand für einen Komponisten ausgeben durfte, der nicht mit einer tiefen Gelehrsamkeit in den Regeln der Setzkunst versehen war. Es fügte sich, wie natürlicherweise geschehen muß, wenn Männer von großer Fähigkeit an Geist und Wissenschaft sich auf die Tonkunst legen, daß beständiglich von einem oder andern Orte Verbesserungen zu größeren Vollkommenheiten einliefen, und hiedurch erhielt diejenige Kunst, welche auf die Modulation einer einzigen Singstimme gewandt wird, von Tag zu Tag weitere Grenzen zur Erregung verschiedener Leidenschaften und Gemütsbewegungen, bis endlich Vinci und Pergolesi es damit zu derjenigen höchsten Stufe brachten, davon wir bisher einigen Begriff haben können. Nebst diesem auserlesenen Verfahren mit der menschlichen Stimme erwiesen sie auch gleichmäßige Kunststücke mit den Instrumenten, die zur Begleitung dienten, denn die Führung derselben war so klüglich eingerichtet, daß sie den Sängern immer neue Schönheiten gaben, ohne dieselben zu unterdrucken.

Ich kann nicht umhin zu bedauren, daß seit dieser Zeit die Sangweisen der Italiener je länger je mehr in Verfall geraten sind. Und in Ansehung der gegenwärtigen Beschaffenheit ist wohl wenig Ursache zu hoffen, daß sie sich wieder in Aufnehmen bringen sollten. Den italienischen Komponisten stehen insonderheit zwei Dinge stark im Wege, woraus meines Begriffs alle ihre läppische und schaumichte Sachen entspringen, die wir anitzo haben. Eines derselben ist die wenige und kurze

Zeit, welche sie zu deren Verfertigung nehmen. Denn es hat nicht so bald ein anwachsender Geist die Merkmale seiner Geschicklichkeit spüren lassen, so sind die Eigner oder Inhaber der meisten italienischen Opernhäuser hinter ihm her und treiben ihn an, daß er für sie etwas setze. Der junge Mensch denkt, sein gutes Gerücht gehe schon über alle Welt, und bestrebt sich daher, das Eisen zu schmieden, weil es noch warm ist, übernimmt demnach so viel Arbeit, als nur möglich in vorwesender Zeit auszurichten stehet. Dieses verbindet ihn, alles und jedes hinzuschreiben, was ihm nur einfällt, und auf solche Art wird seine Oper hauptsächlich aus alten verlegenen Stellen in Eil zusammengefügt, ohne neuen Schwung, weder im Ausdruck noch in der Harmonie. Fast ein jeder sinnreicher Setzer in Italien gibt hievon ein Exempel ab. Dasjenige aber, was mir soeben am hellesten in die Augen fällt, ist der gute Jommelli, der sich in einigen Sachen so erwiesen hat, daß man ihn mit einem jeden seiner Vorgänger in der Komposition gar wohl vergleichen kann, da er in vielen andern Stücken aber auch nicht einmal über den gemeinen Haufen hervorraget. Die andre Schwierigkeit, mit welcher die italienischen Opernkomponisten zu ringen haben, bestehet in dem unrechtmäßigen Einfluß, welchen die Sängerinnen und Sänger in ihre Arbeit behaupten wollen. Ein guter Sänger oder eine gute Sängerin ermangelt selten, sich zu ihrem Behuf einen solchen Anhang zu machen, dem kein kluger Komponist zu mißfallen trachten wird. Dieser Umstand bringet ihn einigermaßen dahin, daß er sich dem Sänger wegen der ihm bestimmten Arien unterwerfen muß, welches in der Tat ebenso viel ist, als ob dem Komponisten eine in der Musik schier unerfahrne Person etwas vorschreiben und sich nur auf der Bühne brüsten zu können allerhand Tücke und listige Ränke spielen wollte, die nur zu erfinden oder zu erlernen sind.

Da es also mit den italienischen Komponisten anitzo diese Beschaffenheit hat, ist es kein Wunder, daß ihr Machwerk so dünn und locker ausfällt, denn wie kann man vermuten, daß ein Setzer sich alle mögliche Mühe geben sollte, da ihm der geringe Gehalt, den er für seine Opern hat, kaum das Brot verschafft, dafern er viele Zeit daran wendet, und daß er endlich auch Brot und Ehre dabei in Gefahr setzt, wenn er einem begünstigten Sänger nicht allemal zu Gefallen lebt?

Aus dem allen, was gesagt ist, wollte ich schließen, daß sowohl diese, welche ohne Unterschied Händels Werke verachten, als jene, welche gleichergestalt die italienische Setzkunst verwerfen, beiderseits als in Vorurteilen steckende oder unwissende Richter zu tadeln sind. Ich wollte es demnach allen rechtschaffenen Liebhabern der Musik anraten, daß sie in Aufrichtigkeit, ja auch sozusagen mit einiger Ehrerbietigkeit die Arbeiten solcher Männer untersuchen, deren große Gaben in ihrem Beruf der menschlichen Natur Ehre erweisen. Ich halte es für höchstwahrscheinlich, daß alles, was etwa in Händels Sachen Zärtliches anzutreffen ist, durch seine Reise nach Italien erhalten worden sei, und daß gleichfalls die Italiener ihm die Einrichtung derjenigen Instrumentalsätze schuldig sind, welche die Singstimmen begleiten, als worin es einigen wenigen unter ihnen vortrefflich wohl vonstatten gegangen. Man mag auch zum Beweise des Einflusses, welchen seine Setzart in Italien gehabt, als eine ungezweifelte Wahrheit dahin ziehen, daß die Waldhörner daselbst niemals vorher zur Begleitung der Singstimmen gebraucht worden, ehe sie Händel solchergestalt eingeführet hat.

Es mögen aber nun die Italiener ihre Rechnung bei Einrichtung der Instrumentalsätze zu den Singstimmen noch so wohl gefunden oder gemacht haben, ist doch gleichwohl ein Ding übrig, darin Händel allein Meister geblieben ist und worin es ihm schwerlich jemals ein andrer gleichtun wird; ich meine in den Instrumentalsätzen seiner Chöre und vollstimmigen Kirchenmusik. [52] Hierin hat er unzählige Proben seines ungebundenen Geistes dargeleget. Kurz, es regiert in denjenigen Werken, die er durch Verbindung der Instrumente mit den Singstimmen vollendet hat, ein solch erhabnes Wesen, daß vielmehr eine unmittelbare Eingebung als eine bloße musikalische Wissenschaft daraus erhellet.

Damit wir gleichwohl ein gesundes Urteil über seine Tonkunst fällen, müssen wir unser Augenmerk beständig auf derselben zwo verschiedene Gattungen richten, nämlich auf das Instrumental- und Vokalwesen.[107]

Die Vortrefflichkeit des ersten beruhet auf der Stärke und Völligkeit in der Harmonie, des andern auf der Lieblichkeit und dem eigentlichen Nachdruck der Melodie. Das erste muß mit einer gewissen Einschränkung verstanden werden, denn unsre Meinung ist nicht, daß die Vortrefflichkeit der Instrumentalmusik überhaupt in einer starken harmonischen

Völligkeit bestehe, sondern nur, daß sie durch diese Vollstimmigkeit als in einem Gegensatz von der Vokalmusik unterschieden werde. Tartini seine Konzerte und andrer Komponisten ihre Instrumentalsachen vom ersten Range sind starke Proben, daß es dabei mit der Harmonie allein nicht ausgerichtet sei, alldieweil die Schönheit derselben allezeit mehr in der höhern und ungemeinern Anmut der Melodie als in der Vollstimmigkeit an ihr selbst gefunden wird, ob diese gleich nach ihrer Art vortrefflich und unvergleichlich wohlbeschaffen sein kann, die Ausdrückung der vornehmsten Partei zu zieren, zu erhöhen und zu stärken.
Es mag aber besagte harmonische Fülle, welche in der Instrumentalmusik wesentlich ist, in einigen Fällen der Vokalmusik leicht zu nahe treten, wo nicht gar ihre Vollkommenheit vernichten. Rousseau hat diese Materie in seinem Briefe von der französischen Musik wunderwürdigst entwickelt. Und eben in diesem Stücke ist, meines Bedünkens, Händel bisweilen auf dem unrechten, die besten italienischen Komponisten aber sind auf dem rechten Wege, ob ich gleich meine Begriffe von ihrer Vollkommenheit eben nicht so weit treibe, als Rousseau tut.
Weil nun Opern und Oratorien allerdings zu der Vokalklasse gehören, müssen auch ja die Arien und Rezitative als vornehmste Teile derselben dahin gezogen werden. Dennoch haben einige Sinfonien und Begleitungen, anstatt diese Teile in ein rechtes Licht zu setzen, dieselben durch ihren angenommenen, eignen und größern Glanz nicht nur verdunkelt, sondern auch wohl gar verschlungen. Seine ungemeine Stärke in Instrumentalsätzen, die er natürlicherweise gern an Mann bringen wollte, mag wohl eine von denen Ursachen sein, aus welchen er die Fehler begangen hat. Eine andre war vielleicht die Untüchtigkeit etlicher Sänger, denn es war niemals eine Oper, darin sich lauter gute befanden. Ein vernünftiger Komponist wird allemal Sorge tragen, daß die schlechtesten Stimmen am wenigsten zu tun finden, wenn aber die Instrumente durch ihre herrschende Harmonie den leeren Raum nicht ausfüllen, welchen die Abwesenheit oder Schwäche der Sänger verursacht, so müssen notwendig die Zuhörer dabei verschmachten, welches allerdings viel beschwerlicher fällt, als wenn man die Regeln der Eigenschaft übertritt und die Instrumente mehr arbeiten läßt, als es sonst der Vortrag erfordert.

Wir können auch hinzufügen, daß in so weitläufigen Ausführungen, als Opern, ohne Zweifel verschiedene Arien in mancherlei Stil und von mancherlei Inhalt sein müssen. Die feinsten und schönsten Sangweisen, wenn sie zu lange fortgesetzt oder zu oft wiederholet werden, ermüden das Gehör. Hier muß man wiederum seine Zuflucht zu den Instrumenten nehmen, welche, wenn sie ein wenig mehr arbeiten, als sie sollten, denjenigen Arien einige Aufmerksamkeit zuwege bringen, die sonst von schlechterm Gehalt sind und nur dazu dienen, daß sie andre ergeben und anpreisen. Derowegen dürfen wir uns nicht wundern, wenn wir in Händels alten Opern einige Arien antreffen, die wegen der völligen Beschaffenheit ihrer vielen Teile und Mittelstimmen fast wie Konzerte aussehen. Wiewohl in vielen andern diese Begleitungen gleichwohl so nett abgefasset und so wohl angebracht sind, daß die verschiedenen Instrumente des Orchesters den verschiedenen Personen in einem schönen historischen Gemälde ähnlich scheinen, welche doch alle einerlei Verbindung mit und Anteil an der Hauptfigur haben, auch in ihrer unterschiedenen Lage alle zusammen dahin zielen, daß die Beförderung und Ausrichtung der vornehmsten Absicht wohl vonstatten gehen möge.
Aber was sollen wir für Entschuldigungen finden wegen der groben und unangenehmen Exempel, die so häufig in seinen Oratorien aufstoßen? Denn, weil die Melodie gleichwohl ein gründliches und wesentliches Stück der Vokalmusik ist, läßt sichs ansehen, daß keine Ausrede wider die Hintansetzung derselben gelten könne. Der beste Maler würde getadelt werden, wenn er die Aufmerksamkeit der Anschauer zu viel von dem vornehmsten Stücke seines Gemäldes, es sei auch so schön es wolle, dadurch abkehret, daß er etwa ein oder andres Nebenbild mit dem größesten Fleiße ausarbeite; noch mehr aber würde man ihm verdenken, wenn er diejenige Figur, welche seine höchste Kunst erforderte, am unvollkommensten stehen ließe. Und ob auch gleich in der Tonkunst, wie wir gesehen haben, bisweilen Gelegenheiten aufstoßen, die da erheischen, daß man den Instrumenten etwas mehr zu tun gebe als den Singstimmen, so muß dennoch der eigentliche Gesang an seiner Melodie keinen solchen Abbruch leiden, daß sich dessen Verstand und Ausdruck darunter verliere, viel weniger, daß er grob und unangenehm oder schlecht gerate. *(Güldene Worte!)* [53]

Die reine Wahrheit zu sagen, so war doch Händel nicht so gut aufgelegt zu solchen Arien, deren Worte eben kein starkes Abzeichen bemerkten oder keine nachdrückliche Leidenschaft enthielten. Er besaß diejenige Kunst nicht, in welcher die Italiener von jeher sich so sonderbar hervorgetan haben, nämlich mit guter Art und Anmut zu tändeln. Seine Gedanken waren auf größere Dinge gerichtet, in deren Betrachtung es schwer zu sagen fällt, ob die Melodie oder Harmonie mehr bei ihnen hervorragte. Dieses kann sogar aus seinen Oratorien erwiesen werden, worin er am meisten und öftersten gefehlet hat. Zwar muß man die Beschaffenheit der Zuhörer, der Sänger und der Sprache hiebei erwägen, die ihm bisweilen sehr nachteilig fielen, auch alle miteinander je länger je schlechter wurden. Ein gewisser Freund, den Händel gebeten hatte, seinen Judas Macchabäus zu untersuchen, gab ihm darüber eine ganz günstige Meinung zu verstehen, worauf jener antwortete: „Ich bin versichert, Sie haben nur die besten Stücke ausgesucht, aber diejenigen aus der Acht gelassen, die mir alles Geld einbringen." Er meinte die schlechtesten Arien im ganzen Oratorio. Hergegen sind in seinen alten Opern unzählige Proben seiner Geschicklichkeit zur Vokalmusik vorhanden, und zwar solche, die schwerlich besser aus den Werken derjenigen größesten Meister erwiesen werden können, welche sich sonderlich in melodiösen Sätzen hervorgetan haben. Ich will dem Leser nur einige wenige Arien in verschiedener Schreibart anzeigen. Z.E.:

Un disprezzato affetto	
und	in „Ottone"
Affanni del pensier	
Ombra cara	in „Radamisto"
Men fedele	
und	in „Allessandro"
Il mio cor	

Ein gewisser großer Tonkünstler, der sich mit Händel nicht gar zu wohl stund, pflag oftmals in sehr starken Worten seine Gedanken über dessen Geschicklichkeit zu eröffnen. Einstes sagte derselbe von obiger Arie „Affanni del pensier" folgendes: „Der große Bär ist gewiß begeistert gewesen, wie er dieses Lied gesetzt hat." Er hätte völlig ebenso viel von dem andern

sprechen können, das hier mit jenem zusammen verknüpfet ist. [54]
Der Leser wird hiebei gleichfalls bemerken, daß obzwar in zwo der obigen Arien sehr viel für die Instrumente zu tun und auch in allen ihren Teilen die ganze Ausführung sehr schön angeordnet ist, dennoch nichts darin zu finden sei, dadurch der Gesang oder die eigentliche singende Melodie eine Verdunkelung leide. [55] Zu gleicher Zeit, da die begleitenden Instrumente dem Gehör mit ihren Veränderungen ein Vergnügen geben, leisten sie auch der Singstimme ihren Beistand in Ausdrückung der besonders Handlung, Leidenschaft und Empfindung, die da vorgestellet wird. [56]
Wenn alles erwogen werden soll, bleibt doch die Vokalmusik der Instrumentalmusik nicht mehr (nicht so viel) schuldig als diese jener. Eine Menge Beispiele aus den Werken berühmter Meister könnte dieses bekräftigen. Aber Tartini mag fast zu einem stets währenden Muster dienen. Alle seine Instrumentalmelodien sind in ihrem Charakter und Stil so gänzlich vokal, daß man diejenigen Gänge, welche den Bezirk oder die Grenzen und Kräfte der menschlichen Stimme überschreiten, fast alle ansehen mag, als ob sie zum Singen erfunden wären. Seine allerschwersten Sätze weisen eben dergleichen Abzeichen auf, welches insonderheit erhellete, wenn er sie selbst spielte, und alle Italiener waren hievon dermaßen überzeuget, daß sie bei Erwähnung seiner Art zu spielen oftmals sagten: „Non suona, canta su'l Violino", er spielte nicht, sondern sänge auf der Violin. [57] Die Ursache aber, warum die Komposition dieses großen Meisters (Tartini) von sehr wenig Leuten in England bewundert wird, ist, daß die Vollzieher derselben ihre rechte Eigenschaft nicht kennen, sie auch folglich nicht so herausbringen, wie es der Verfasser gern hätte. Je delikater und nachdrücklicher eine Musik ist, je abgeschmackter und unangenehmer muß sie fallen, wenn sie gröblich und ohne Empfindung behandelt wird. Ebenso wie die feinesten Scherzreden eines Lustspiels und die rührendeste Züge der Leidenschaft im Trauerspiel ungleich mehr an ihrer Würde verlieren, wenn sie so unartig hergelesen werden als eine gemeine Anzeige im Zeitungsblatt.
Und an diesem Orte mag man wohl bemerken, daß die bequemsten Stellen zu musikalischen Nachahmungen sich in den Sinfonien und Begleitungen finden lassen. Es gibt zwar einige

wenige Sprachklänge, die von der Natur selbst zur Ausdrückung gewisser Gemütsbewegungen gebraucht werden und von der Singstimme auch nachgeahmet werden können, allein es ist etwas Gewöhnliches bei den Meistern, die Eigenschaft und den Inbegriff dieses nachahmenden Vermögens in der Tonkunst nicht nur aus den Augen zu setzen, sondern auch in dem Unterwurf zu irren, in welchen es sich schicket. [58] Eine gar zu genaue Beobachtung etlicher besondern Wörter im Text hat die Komponisten oft von der eigentlichen vornehmsten Meinung derselben ganz abgeführet. Händel selbst, weil er mit der engeländischen Sprache nicht vollkommen bekannt war, ist bisweilen in dergleichen Irrtümer verfallen. Ein Komponist muß aber niemals seine Absicht auf einzelne Wörter richten, es sei denn, daß sie von besonderm Nachdruck sind und entweder eine Gemütsbewegung enthalten oder auf wichtige Gedanken zielen. Um Händeln Gerechtigkeit widerfahren zu lassen, muß man gestehen, daß er durchgehends groß und meisterlich handelt, wo die Sprache und Dichterei sich zu seinem Vorsatz schicken. Die engländische Sprache hat einen Überfluß an einsilbigen Wörtern und Mitlautern. Ob nun zwar dieselben nicht allemal vermieden werden können, sollten doch die Verfasser musikalischer Gedichte solche Ausdrücke wählen, die den Ohren am wenigsten rauh und unangenehm fallen. Mit den poetischen Gedanken muß es ebenso gehalten werden als mit der Sprache. Je ungekünstelter und natürlicher sie beide sind, desto leichter können sie durch die Tonkunst ausgedruckt werden. Wir haben, sagt Addison, eine Zeit erlebet, da nichts bequemer in die Musik zu bringen war, als was Abgeschmacktes. Allein, obgleich der Verstand in solchen Dingen bisweilen zu grob verfährt, mag dennoch die Poeterei dabei auch gar wohl zu fein ausfallen. Sind z. E. edle Vorbilder oder Gleichnisse und hoch erhabne Beschreibungen darin, wenig aber von Gemütsneigungen, artigen Gedanken oder Leidenschaften, so wird auch der beste Komponist keine Gelegenheit finden, sein Pfund wohl anzuwenden. Wenn im Text nichts aufstößt, das eines nachdenklichen Ausdrucks fähig ist, so kann er weiter nichts tun, als seine Zuhörer mit bloßen Zieraten eigner Erfindung zu unterhalten. Aber auch der Schmuck und die Anmut müssen selbst aus dem Inhalt der Sache entspringen, zu welcher sie gebraucht werden, ebenso wohl als das Blumen-

und Laubwerk von der Beschaffenheit des Gebäudes, darin sie stehen sollen. Die geringern Teile bekommen ihre Verhältnisse von dem Großen und Ganzen.
Damit wir aber mit unsrer Untersuchung wiederum zu Händels Werken kehren, ist es einmal was Ausgemachtes, daß er in seinen Chören ohne Nebenbuhler bleibt. Die leichte, natürlich fließende Melodie, welche sich in denselben durch und durch hervortut, ist schier ein eben solches seltenes Wunder als die große Fülle und mannigfältige Abwechselung, unter und in welchen sich doch kein einziges Teilgen befindet, das nicht figuriert, ja, keine einzige überflüssige oder müßige Note.
Seine Kirchenstücke sind durchgehends lauter Chöre und so vortrefflich in ihrer Art, daß es schwerfallen wird, sich einen Begriff menschlichen Bestrebens zu machen, der darüber gehe. Die Anthems, welche er für den Herzog von Chandois setzte, um in dessen Kapelle gesungen zu werden, sind am wenigsten bekannt, aber weit davon entfernet, daß sie die wenigsten Schönheiten besitzen sollten. Wahr ist es, daß in der an Lord Burlington gerichteten bewundernswürdigen Epistel sich ein paar Zeilen [59] befinden, die darauf zielen, den falschen Geschmack einer solchen Musik bloßzustellen, welche sich weder zu dem Vorhaben noch zu der Gelegenheit des Ortes schickt, und daß es scheinet, als wären dieselben Zeilen auf Händel gemünzet gewesen, wie er beschäftiget war, besagte Kapelle zu bedienen, deren Besitzer an mehr als einem Orte in den vorhergehenden Stellen des Gedichts wegen seines irrigen Begriffs von Pracht und Herrlichkeit deutlich genug bestichelt wird und wohl getroffen ist. Allein, es sind verschiedene Ursachen vorhanden, die es ganz unerweislich machen, daß eben Händels Musik durch dieselben Verse mitgenommen oder angetastet worden sein sollte. Denn ob gleich Pope selbst von dergleichen Dingen nicht urteilen konnte, hatte er doch viele Freunde, die sich sehr wohl darauf verstunden, ja in der Tat niemand besser, als eben gedachter Lord Burlington, an den die Epistel gerichtet ist. Es mögen auch übrigens seine Gedanken von Händels Fähigkeiten aus jenen Versen abgenommen werden, die oben schon in der Lebensbeschreibung selbst aus dem vierten Buche der „Dunciade“ beigebracht worden sind. [60] Dennoch ist es nicht unerweislich, daß oberwähnte Kapelle nicht etwa auch Exempel her-

gegeben habe von solcher lächerlich gemachten Unanständigkeit, und zwar nach der Zeit, da Händel nichts mehr mit ihr zu tun hatte. Dem sei nun wie ihm wolle [61][108], so lag es doch dem Poeten ob, die verschiedenen Arten eines verderbten Geschmacks durchzuziehen, worin es seine erwählte Cannonsbühne allen andern zuvortat.

Der Leser wird diese Einschaltung desto eher entschuldigen, je notwendiger sie scheinet, allen Mißverstand zu heben, der sowohl einesteils dem Pope als anderteils dem Händel schimpflich fallen mögte, ob hätte dieser keine Ehre davon, jener aber übel geurteilet.

Weil seine Oratorien alle oder mehrenteils auf biblische Stellen gerichtet sind, so führen die Chöre derselben auch gänzlich den Kirchenstil; und man kann gar wohl ohne Übermaße sagen, daß die erhabnen Züge, die darin herrschen, mehr einer Erleuchtung als bloßen natürlichen Gaben ähnlich sehen. Aus einer Menge Exempel, die angeführet werden könnten, will ich nur den Leser an die wenige folgende im Oratorio „Messias" erinnern:

> Denn uns ist ein Kind geboren, etc.
> Macht die Tore weit etc.
> Halleluja, denn der allmächtige Gott hat das Reich eingenommen etc.

Nach diesen starken Bestrebungen des Geistes treffen wir ihn noch höher an in den 3 Schlußchören [62], deren jeder den vorigen übertrifft, bis im Aufwickeln des Amens [63] das Ohr dermaßen mit einer harmonischen Glut erfüllet wird, daß die Seele dadurch in eine Art himmlischer Entzückung gerät.

Es waren zwar wenige Personen, die genugsamen Verstand von der Musik hatten und sowohl die besondern Eigenschaften als auch die allgemeine Vereinigung und Beistimmung der mannigfältigsten Teile in diesen zusammenschlagenden Sätzen zu bemerken sattsam Fähigkeit besaßen, dennoch ist es merkwürdig, daß einige von den Zuhörern, auf welche sonst die schönsten Modulierungen wenig oder nichts ausrichten, durch Händels Chöre höchstens gerühret wurden. Das entstund vermutlich aus den erhabenen Begriffen, die darin überhandnahmen, welche, da sie bloß von der Natur gefühlt oder empfunden werden, viel stärker wirken, als das Bewußtsein der Kunst selber tun kann.

Freilich ist es an dem, daß in obgedachten erstaunlichen Vorträgen so wie in den meisten Händelschen Sachen sich auch große Ungleichheiten antreffen lassen; wer sie aber durch und durch untersucht, muß den Verfasser kurzum für ein Wunder erkennen. Ich bediene mich dieses Ausdrucks, weil sonst keine Worte fähig sind, seinen Charakter anzuzeigen, man müßte denn wiederholen, was Longinus gesagt hat, da er den Demosthenes beschrieb; ein Ausspruch, welcher sich so füglich auf Händeln anwenden läßt, daß man fast glauben sollte, er wäre für ihn gemacht. [64]
Seine Wissenschaft in einem andern Stücke der Vokalmusik, nämlich im Rezitativ, könnte leicht aus seinen alten Opern oder auch aus erwähntem Oratorio selbst dargetan werden, zur Probe aber mag folgendes hinreichen: „Tröstet, tröstet mein Volk, spricht euer Gott" etc. und „Alma del gran Pompeo", aus dem „Julio Caesare", welchen Exempeln noch die große Szene aus dem „Tamerlan" beigefüget werden kann, die Bajazets Tot enthält.
Ohne mich zu unterstehen, die Ursachen zu erklären, aus welchen die gewaltigen Ausdrucke und das bezwingende Pathos in diesen und vielen andern Stellen seiner Rezitative entsprungen sind, will ich nur die Wirkungen dieses Stils insoweit berühren, daß dessen rechter Gebrauch und größeste Würde in der Erhebung des natürlichen Eindrucks der Religion und Menschenliebe bestehe.
Die Duetten und Terzetten sind zu verschiedenen Zeiten hervorgetreten. Diejenigen, welche er außerhalb Englands gemacht hat, sind nimmer gedruckt worden, in sehr wenigen Händen und fast unbekannt. Weil sie aber auf eine von seinen letzten Werken dieses Stils etwas verschiedene Art abgefaßt sind und gewissermaßen vorzuziehen sind, verdienen sie eine besondre Anmerkung. Sie wurden von ihm in der besten Blüte seiner Jahre, nicht für die Schaubühne, sondern für die Kammer verfertiget. Es durfte den unwissenden und unerfahrnen Ohren gemeiner Zuhörer nichts darin nachgegeben werden, Erfindung und Harmonie richteten sich nicht nach dem armseligen Beifall eines encore! Der Verfasser hatte nur den Vorsatz, sich selber und denjenigen zu gefallen, die er unterrichtete; daraus mag ein jeder leicht urteilen, ob die Komposition solcher Umstände halber nicht ungleich besser geraten sei als andre. Wir finden wirklich, wie zu vermuten stehet, daß

sotane treffliche Ausarbeitung von solchen Eilfertig- und Nachlässigkeiten befreiet sind, die man in den langen Werken antrifft, welche er seitdem gemacht hat und auf alle Weise zu entschuldigen stehen. Wenn wir uns über dergleichen Mängel beschweren, die dem Geschmack und der Anmut zuwiderlaufen, wollten wir uns billig besinnen, wie wenig sie beide vor denjenigen Richtstuhl gehören, die ihre Verdienste entscheiden sollte *(de vulgo loquitur)*. Damit wir aber zu unsern Duetten zurückkehren, so fällt es ebenso schwer, ihre Eigenschaften auszumachen, als aller anderer Händelschen Werke. Denn ob man gleich sagen kann, daß sie die meisten Setzarten in sich begreifen, so hat doch überhaupt die männliche und stark durchdringende darin den Vorzug. Doch ist auch in einigen Stücken gewisse anmutige und liebliche Modulation anzutreffen, die derjenigen nichts nachgibt, die wir von dem beliebten Steffani aufzuweisen haben, obgleich in andern ein Geist und eine Majestät hervorragen, die dem letztgenannten unbekannt gewesen zu sein scheinen.

Es könnte nicht geleugnet werden, daß die männlichen Schwünge des Händelschen Triebes seine Feder oft zu einer solchen Melodie verleiteten, die sich zur Stimme übel schickte, daß er geneigt war, denjenigen Stil aus den Augen zu setzen, den die vorhabende Materie erforderte, und in solche Gänge auswich, die bloß allein für Instrumente gehören. Allein er wußte die Sache doch so wunderbar anzustellen und die Modulation in einigen Sätzen dieser Art, wo dergleichen Abweichungen am kenntlichsten waren, so schön einzurichten, daß der beste Kunstrichter, der es kritisch untersucht, kaum das Herz haben wird, sein Amt zu verrichten, und da die Regeln ihn antreiben, die Fehler anzuzeigen, wirds ihm fast leid sein, solche zu verbessern. Damit man aber nicht meine, daß alles dieses nur so obenhin geredet sei, wollen wir einige besondre Beispiele anführen. *(Wer kennt sie?)*

Das Duett, welches sich so anfängt: „A mirari io son contento“ leget ein schönes Muster des wahren Vokalstils dar, welches mit Steffani seinem sehr übereinkommt.

Ein anders, nämlich: „Conservate“; ist von ebenderselben feinen Art. Ein drittes: „Sono liete“ gehört auch dahin, aber das letzte Mouvement desselben ist instrumental. Hierüber haben wir gleichsam des Verfassers eignes Geständnis, denn

er hat es hernach mit einiger Veränderung in die Ouvertüre des „Judas Macchabäus" eingeführet.
Als Exempel von geistreicher und schöner Art, die dem geruhigen und sanften Steffani nicht bekannt war, will ich nur unter vielen andern diese beiden berühren: „Che vai pensando" und „Tacete". *(Wo sind sie?)*
Unter den Trio ist „Quando non hò più core" ein Modell des Instrumentalstils, und zwar in solcher Übermaße, daß es äußerst schwer herauszubringen stehet.
An einigen Stellen dieser Stücke, absonderlich in den Terzetten, sind vorzüglich diejenigen Begriffe kenntbar, die nach dem Chorstil eingerichtet und in die enge Schranke zwoer oder dreier Stimmen eingeschlossen sind, da sie sich gleichsam bestreben, denjenigen Raum zu erfüllen, der ihnen hernach eröffnet worden, um sich in das weite und fast unumschränkte Feld des Chors zu wagen. Zum Beweise, daß diese Anmerkung nicht etwa in bloßer Einbildung bestehe, darf man sich nur erinnern, daß einer von den feinsten Chören in dem „Allegro" [65] und der sehr kunstreiche, mit welchem „Alexanders Fest" sich schließet, eben aus zweien dieser Trio hergenommen sind.
Ob nun gleich die Duetten und Trio in seinen Opern und Oratorien überhaupt nicht so reines und gelehrten Wesens sind als diejenigen, davon wir soeben gesprochen haben, wird sich doch der musikalische Leser leicht einer oder andrer erinnern, die eine ausnehmende Schönheit besitzen. Von solcher Art sind die berühmten Trio in „Acis und Galatea", das Duett „O Tod, wo ist dein Stachel!" im „Messias" — „From this dread scene" in „Judas Macchabäus" — und „Io t'abbracio" in „Rodelinda".
Die einzige Serenata, die eigentlich so genannt wird und von ihm in England gemacht ist, heißet „Acis und Galatea". Diese ist die allergleichförmigste und vollkommenste von allen seinen Kompositionen, und aus ihrer Einrichtung können wir abnehmen, was die andern, welche nicht vorhanden sind, für Verdienste besitzen. Die zu Rom verfertigte Serenata „Tarquin und Lukretia"[109] und ihre Vortrefflichkeiten sind daselbst bekannter als in England.
Wir sind nun auch durch alle seine Ausfertigungen in der Vokalmusik hindurch, und aus dieser beiläufigen Untersuchung wird schon erhellet, daß an solchen Stellen, wo er im

ganzen am wenigsten vortrefflich ist, er dennoch solche wiederholte starke und besondre Proben seiner Geschicklichkeit abgeleget hat, die ihn mit den größesten Meistern auf einerlei Stufen setzen, deren völlige Stärke etwa nur auf dieser Gattung beruhet.
In seiner Instrumentalmusik finden sich eben dieselben Merkmale eines großen Genie, doch auch zugleich einige Exempel gleich großer Nachlässigkeit. Er sahe oftmals mehr auf die Wirkung des Ganzen als auf das künstliche Gewerbe der Teile, in welchen doch Geminiani mit allem Rechte bewundert wird.
In seinen Fugen und Ouvertüren ist er allerdings ein Original. Ihr Stil gehört ihm allein zu und ist keinesweges mit irgendeinem *(in Albion bekannten)* Meister vor seiner Zeit zu vergleichen. Bei Bildung derselben scheinet es, als ob Wissenschaft [66] und Erfindung miteinander um den Preis gestritten hätten.
Ob gleich niemand vor ihm jemals eine solche Anzahl Instrumente im Orchester aufgestellet hat als er, ist doch kein einziger Mitspieler müßig befunden worden oder der nichts zu bedeuten hätte. Hergegen machte ein jeder von ihnen eine solche anständige Figur, die nicht nur zur Ausführung geschickt und nützlich, sondern auch notwendig und wesentlich war. Sogar diejenigen vom untersten Range und dem wenigsten Werte (wenn man sie an sich selbst und in dem kunstmäßigen Stande nach der klugen Anordnung ihrer Einführung und Anwendung betrachtet) stiegen zu einer gewissen Würde und Vielgültigkeit auf, dazu sie sonst von Natur unfähig schienen.
Von seinen Gaben, für ein einzelnes Instrument zu setzen, brauchen wir keine bessere Beweise als seine Handsachen aufs Klavier. Die allererste Ausfertigung derselben, die auf seine eigene Veranstaltung erschien, wird jederzeit in höchsten Ehren gehalten, unangesehen der wesentlichen Verbesserung des Stils in solchen Aufgaben, deren sich seitdem einige Meister beflissen haben. Händels seine Lektiones leiden zwar einen Nachteil, der aber von ihrer Vortrefflichkeit selbst herrührt. Die erstaunliche Fülle und Beschäftigung der Mittelparteien vergrößert die Schwierigkeit, sie zu spielen, dermaßen, daß wenig Leute fähig sind, ihnen ihr Recht zu tun. Es läßt sich darin mehr Arbeit spüren, als wir irgend von einem einzelnen Instrument erwarten können.

Schließlich trifft man in diesen und andern Teilen seiner Werke eine solche Vollstimmigkeit, Stärke und Kraft an, daß Händels Harmonie sich jederzeit mit dem alten Bilde des Herkules vergleichen lassen mag, an welchem lauter Muskeln und Sehnen zu sehen sind, dahingegen auch oft seine Melodie der Venus im Hause Medici ähnlich ist, die lauter Anmut und Niedlichkeit aufweiset. *(Nullum simile currit quatour pedibus.)*[111]

Was demnach endlich von diesem unsern Versuche zu halten sein mögte, mittelst dessen wir seinem Andenken Gerechtigkeit widerfahren lassen, so ist doch viel Ursache zu glauben vorhanden, daß die Angelegenheiten der Religion und Leutseligkeit nicht so stark verwahret oder so fest versichert sind, dergleichen Zuschub zu ersparen und der Beihülfe müßigzugehen, mit welchen ihnen die schönen Künste dienen können. Sie reinigen und erheben die Begriffe unsers Vergnügens, welches im rechten Verstande und vernünftigen Gebrauch der Endzweck unsers Daseins ist. Sie vermehren und befestigen die Begriffe unsers Geschmacks, welcher, wenn er auf dauerhaften und beständigen Gründen beruhet, die Ursachen erörtert und die Wirkungen alles dessen erhöhet, was jemals herrlich oder vortrefflich in der Schöpfung oder in den Werken menschlicher Wissenschaft gefunden werden mag. Sie schmükken und verschönern das Ansehen der Natur, schärfen und verstärken die menschlichen Gaben, erwecken Höflichkeit und Geflissenheit im Umgange, kurz, sie versüßen und besänftigen die Sorgen des Lebens und machen den schwersten Kummer viel leidlicher, indem sie sich der Zahl unschuldiger Ergetzlichkeiten beigesellen. *(Alles dieses ist sehr gut gesagt.)*

Die Hoffnung, der Tonkunst einige Dienste zu erweisen und gute Anleitung zur fernern Untersuchung dieser schweren Wissenschaft [67] zu geben, haben mich bewogen, dem vorhergehenden Verzeichnisse Händelischer Werke solche Anmerkungen darüber beizufügen, die sich gleichsam in deren Fortsetzung von selbsten darboten. Denn, falls diese Anmerkungen richtig sind, werden diejenigen, welche Verstand dazu besitzen, angereizet werden, selbige zu verbessern und zu vermehren; sind sie aber irrig, so haben sie die Freiheit, solche zu widerlegen.

Es gibt wenig Leute, die Händels Werke alle miteinander durchgesehen haben und recht mit ihnen bekannt sind, nur allein diese Personen können von seiner Geschicklichkeit ein gründliches Urteil fällen. Inzwischen kann uns ein einziger Blick in ihr Verzeichnis auf die Sprünge bringen, daß wir die erstaunliche Weite seines Genies einigermaßen erraten können, denn er ist nicht nur den ganzen Umkreis dieser Kunst durchgewandert, sondern hat in allen und jeden besondern Teilen derselben unwidersprechliche Proben seiner Vortrefflichkeit abgeleget.

Allenfalls mag eine solche Vorstellung der verschiedenen und wichtigen Zunahm, welche die Tonkunst aus der unaufhörlichen Bemühung und den wundervollen Gaben eines einzigen Mannes erhalten hat, dazu dienen, daß nachdenkende Leser und Kenner ihre Aufmerksamkeit dahin richten, wieviel neue Quellen der Schönheit und Hoheit annoch in den Gegenden der Harmonie verborgen liegen. Sie könnte auch wohl dazu dienen, daß sich künftige Tonkünstler sorgfältig in seinen Kompositionen, von jeder Sorte, umsähen und dem Einreißen des verdorbenen Geschmacks zu widerstehen trachteten, welches zu jeden Zeiten der Kunst den Untergang gedräuet hat, und vielleicht zu keiner mehr als zur gegenwärtigen Zeit.

Unsre neumodische Musik enthält seit einigen Jahren kaum den Schein einer Wissenschaft oder Erfindung, ja, mit genauer Not noch einige Fußstapfen des Geschmacks oder Verstandes. Schlechte und gassenmäßige Lieder sinds, die eine dünne und schattichte Harmonie emporhebt, eine fast immer gleichförmige Leier und einerlei Sangweise, nebst unendlicher Wiederholung verlegener Gänge und abgedroschener Sprünge, die ganz verschlissen sind, das kahle, erbettelte Hülfsmittel der sogenannten Pasticci oder Pastetenflickerei, das so oft und viel herhalten muß — ein solcher Verfall der Tonkunst (derjenigen Undinge zu geschweigen, welche die Kunstrichter von selbsten entdecken können) würde doch hoffentlich für die Händelschen Werke einige Hochachtung erwecken.

Diejenige Hoffnung aber ist sehr geringe, daß jemals einer entspringe, der solchem Künstler gleichkomme, viel weniger es ihm in allen zuvortue, und der es auch durch eignen Fleiß soweit bringe; doch dennoch, da so viele Wege zur Vortrefflichkeit bishero offenstehen und so viele Stufen zur Ehre annoch unbetreten sind, sollte man vermuten, daß dieses Exempel eines berühmten Fremdlings unsern Landsleuten vielmehr zu einem Antriebe als zu einer Abschreckung dienen werde, ihren Geist und Fleiß auch sehen zu lassen.

Anzeige zur Nachricht ad pag (21)

Wer Händels Leben recht beschreiben wollte, könnte es ohne folgende Bücher, worin sehr viele Dinge, sowohl was seine Kunst als Person anlangt, auch einige Briefe von ihm vorhanden sind, schwerlich gut ausrichten. Conf. p. (21) ein Geständnis, das von niemand herrühren kann, als von Händel selbst. Z. E. in der „Critica musica", 4 to, 1722, T. I. sind folgende Stellen dazu dienlich: pag. 14, 15, 45, 71, 72, 247, 288, 326. T. II. pag. 29, 116, 210, 211 [68], *212. Im „Musikalischen Patrioten", 4 to, 1728, pag. 50, 65, 186, 187, 218. In der „Ehrenpforte", 4 to, 1740, pag.* X, *derer Vorrede,* 74, 93, 94 [69], *101, 191, 192, 206, 207, 369 des Werks.*[112]

Fußnoten der Originalausgabe

In Kursiv gesetzte Fußnoten stammen von Mattheson, alle anderen von Mainwaring

[1] Vis. Casp. Scioppii Judicum de stilo historico, praecipue quoad Taciti obscuritatem, a pag. 8, usque ad 45. Sorae 1658.

[2] *Der Verfasser nennet Halle eine Stadt in Obersachsen mit Unrecht, denn sie liegt im Herzogtum Magdeburg, welches zu Niedersachsen gehöret. Folglich ist Händel eigentlich kein Ober-, sondern vielmehr ein Niedersachse gewesen.*

[3] *Dem Tycho Brahe und dem Übersetzer dieser Geschichte ist es, einem jeden nach seiner Art, fast ebenso ergangen.*

[4] *Friedrich Wilhelm Zachau, nicht Zackaw, ein Leipziger von Geburt und trefflicher Organist in Halle, starb daselbst 1721.*

[5] *Hätte denn nicht Händels Leben gut genug beschrieben werden können, ohne diesen braven Tonkünstler Zachau 40 Jahr nach seinem Tode wegen eines Glases Weins zu beschimpfen?*

[6] *Daß sich der Verfasser dieser Geschichtserzählung nicht das geringste Gewissen gemacht habe, die handgreiflichsten Anachronismos zu begeben, um seinen Held allzeit je länger je jünger zu machen, wird aus der Folge beweislich erhellen.*

[7] Ich mögte auch wohl dabei erinnern, daß er hernach die Mathematik gar an den Nagel gehänget habe. S. Bayle.

[8] *Ao. 1698 war noch kein König in Preußen, er entstund erst Ao. 1701. Händel hat also keinen König in Berlin gesehen.*

[9] *Daß der Verfasser ein ebenso schlechter Genealogus und Politikus als Chronologus gewesen, beweiset derselbe damit, daß er den Großvater des itzigen Königes von Preußen statt Dero Vaters nimmt, und den damaligen Kurfürsten immer weiterhin zum Könige macht.*

[10] *Ao. 1684 ist er geboren. Ao. 1698 in Berlin angelangt. Wenn auch die verschiedenen Vorfälle mit Buononcini und Attilio, mit dem Könige selbst und übrigem Hofe nur für ein paar Stunden, ja für nichts gerechnet würden, so sind das doch zum wenigsten 14 Jahr. Man sollte fast denken, er wäre noch nicht viel über 7 Jahr gewesen, wie ihn Ariosti auf seinen Schoß setzte. Dieses ist freilich „aus dem Zusammenhange der Geschichte abzunehmen".*

[11] *Er nennet die Deutschen phlegmatisch und besinnet sich nicht auf eine querelle allemande.*

[12] *Soll heißen 5 oder 6.*[22]

[13] *Ao. 1709 war er noch in Hamburg, hat aber nichts gemacht.*[23] *Darauf eräugte sich die Gelegenheit, mit dem von Binitz nach Italien eine freie Reise anzutreten, da er denn Ao. 1710 im Winter zu Venedig seine „Agrippine" hören ließ. S. „Musikal. Ehrenpforte", S. 93.*

[14] *Der Verfasser spricht, Geminiani habe f sharp, d. i. fis, gemeinet. Was will das sagen? Nichts!*

[15] S. Spectator, 1. Bd., No 29, p. 121, 12 mo.

[16] *Die errores calculi häufen sich hier recht vorsätzlich, bei 8 Jahren.*

[17] *Ao. 1709, bei seiner Abreise aus Hamburg, war Händel über 25 Jahr alt, blieb ein Jahr in Florenz, ehe er nach Venedig ging; daselbst wurde Ao. 1710 seine „Agrippine" im Karneval auf dem Theatre St. Gio Crisostomo aufgeführet. Nun rechne, wer rechnen kann, und hebe an vom 24. Febr. 1684, ob das 18 Jahr, wie unser Biograph sagt, oder 26 beträgt?*

[18] Der Abt du Bos, wenn er von dem durchgehenden Triebe redet, den die Italiener, vom höchsten bis zum niedrigsten, auf eine merkwürdige Art für die Musik bezeigen, läßt sich folgendergestalt heraus: „Ils sçavent encore chanter leurs amours dans des vers qu'ils composent sur le champ & qu'ils accompagnent du son de leurs instruments. Ils les touchent, si non avec delicatesse du moins avec assez justesse; c'est ce qui s'appelle improviser." *Diese Anmerkung kommt von dem Verfasser des Lebenslaufs. Ich sehe aber nicht, wie sie sich zu der Händelschen Komposition ex tempore reimt, denn er schrieb sie doch erst auf.*

[19] Dieser Ausdruck wird denjenigen nicht zu stark scheinen, die da wissen, was für aufrichtige Hochachtung und herzliches Wohlwollen er sich von Personen des höchsten Ranges zu-

zuziehen wußte. *(Ist auch vom besagten Verfasser, nicht vom Übersetzer.)*

[20] *Da kommen wir wieder her! Der Verfasser hat gedacht: Melius peccare in tempore, quam in re; Händel war wenigstens 26 Jahr alt, wie er die „Agrippine" in Venedig aufführte.*

[21] *Enthusiastic veneration.*

[22] *In diesem Jahre führte er seine „Agrippine" in Venedig auf, und 1709 war er noch nicht aus Hamburg weg.*[42]

[23] *Was ein Franzmann hiezu sagt, stelle demselben anheim. In Händels Lebenslauf ist es bei den Haaren herbeigezogen, und dergleichen Skurrilitäten zeigen ein unedles Herz an.*

[24] *Wer dieses gewesen, das läßt sich nicht erraten. Dergleichen Rätsel sind mehr vorhanden.*

[25] *Quid hoc ad rem?*[48]

[26] *So ihr das wißt, selig seid ihr, so ihrs tut.*

[27] *Dem Herzog von Chandois vermutlich zuständig, wie der Übersetzer denkt.*

[28] *Mit diesem Namen werden Buononcini und Ariosti beleget.*

[29] *Diese heldenmütige Tat ist ohne Zweifel von hintenzu geschehen. Wer kann solchen Frauen und ihren Klauen von vornen trauen? Die Don Quixotische Erzählung und sinnreiche Anwendung auf den tarpejanischen Felsen, auf den Kriminalprozeß etc. zeugen von des Verfassers großer Belesenheit in Rechtssachen und ihren Geschichten. Wer ehrbar dabei aussehen kann, dem stehts wohl an, insonderheit einem Deutschen, der es besser weiß und phlegmatisch ist.*

[30] *Hieher gehört das britische Sprüchwort: Gebt einem Menschen Glück und werft ihn in die Themse. M.*

[31] *Das kommt mit unsrer gleich anfangs gemachten Anmerkung überein. Hasse ist in Bergedorf, einem zu Hamburg und Lübeck gemeinschaftlich gehörigen Städtlein, geboren, folglich ein Niedersachse in der besten Form, Händel aber ein Magdeburger, wie oben erinnert worden, folgelich ebenfalls ein Niedersachse, denn Halle liegt im Magdeburgischen, welches zum niedersächsischen Kreise und dem Könige von Preußen gehöret. Mit der Ursache aber, warum die beiden Sachsen einander nicht ins Gehege kommen wollten, hat es eine ganz andre Beschaffenheit, als unser Lebensbeschreiber vorgibt. M.*

[32] *Die Italiener nennen ein aus vielerlei Meistern zusammengesetztes Singspiel ein Pasticcio oder eine Pastete. M.*

[33] *Als eine nur ganz kleine Probe der Verbosität können diese zwölf Silben dienen, dazu man nur drei bedurfte: nämlich Franzosen. Perspicuitas ubi es?*[70] *M.*

[34] *Ein Gast- oder Wirtshaus.*

[35] *On a beau être généreux & liberal, quand il n'en coute que des chansons & que d'autres payent les violons, c'est en bon allemand: Mit der Wurst nach dem Schinken werfen. M.*

[36] *L. sagt, es gehöre mehr als ein bloßer Reimer zu solcher Übersetzung aus dem Stegereif. Sed ego non credulus istis. M.*

[37] *The magic of his Name, die Hexerei seines Namens. Noten waren seine Schwarzkunst. M.*

[38] *Hiebei ging nichts aus seiner Tasche, vielmehr brachte es ihm Kredit, der besser ist als Geld.*

[39] *Er blieb als 8 Jahre blind, bis an sein Ende. Von einer sogenannten Ehrensäule und von der Summe eines übermäßigen Nachlasses wird hier nichts gemeldet, obgleich viel Redens davon gewesen ist. M.*

[40] *Sir. 38,34 Phil. 3,19. M.*

[41] *Wenn dieses geschähe, würden Künste und Sitten Gegensätze genug machen.*

[42] *Ridiculous panegyricks.*

[43] S. die völlige Bedeutung dieses Worts in der „Ehrenpforte", p. 98. M.

[44] Wir Hamburger haben bisher noch nichts von diesen beiden Kisten vernommen. In Wich, seinem Spielbuche von 1704, stehen zwo Menuetten und eine halbe Arie, das ist alles. M.

[45] Von diesen vier ersten Opern stehen die unstreitigen Data im „Musikalischen Patrioten", 4to, 1728, p. 186, 187 und gehören zum hamburgischen Artikel, die vier folgenden Stücke aber zum italienischen; und weil die Data derselben fehlen, ist daher die Verwirrung der Jahre entstanden. A. 1708 und länger war Händel noch in Hamburg. Ao. 1710 aber schon in London, wie p. (60 und 67), auch hier oben, stehet, doch soll er inzwischen sechs Jahr in Italien, hernach in Hannover, in Halle, in Düsseldorf gewesen sein, wie p. (56 u. f.) gemeldet wird; wer kann das begreifen?[81] M.

[46] Auf die Vermählung der Prinzessin von Oranien.

[47] Auf die Vermählung des Prinzen von Wallis.

[48] Eine in engländischer Sprache abgefaßte Oper, die man ein Oratorio genannt hat und im Coventgarten aufgeführet ist. Die Worte sind von Congreve.

[49] Bei Gelegenheit des Sieges, welchen der Herzog von Cumberland bei Culloden erfochten hat.

[50] Poesie von Hrn. Gay.

[51] *Das ist doch wohl nicht phlegmatisch, wie p (2) stehet.*

[52] *Dieses hat seine Richtigkeit, es rührt aber alles vom Zachau und vom Orgelschlagen her.*
Deutschland ist das Vaterland aller starken Harmonie, aller Orgelkünste, Fugen und Choräle zum Gottesdienste;
Italien hat die Melodie zur Tochter mit Sängerinnen, Sängern und sehr feinen Sologeigern zur Gemütsbewegung;
Frankreich bringt seine prächtigen Chöre, Instrumental- und Tanzmusik zur Ergetzlichkeit hervor;

und den Engländern überlassen wir billig die Bewunderung und Belohnung dieser Seltenheiten, p. t. zum Ruhme. M.

[53] *Das rühret alles daher, weil Händel kein Sänger, kein Akteur war. In 5 bis 6 Jahren, da wir täglich miteinander umgegangen sind, habe ich keinen einzigen singenden Klang aus seinem Munde vernommen. Wie der Graf Granville, damals Lord Carteret, hier war und mich singen und zugleich spielen hörte, sagte derselbe: „Händel spielte auch so, aber er singt nicht so." Meines Erachtens gehen Singen und Agieren sehr weit bei einem dramatischen Komponisten, das weiß Hasse sehr wohl, der beides, me teste, löblich getrieben hat. Keiser sang auch überaus schön, und daher haben beide in ihren Melodien ein Großes voraus.*

[54] *Wäre denn dadurch etwa der große Bär kleiner geworden? M.*

[55] *Das heißt nur: vitare culpam.*

[56] *Laudem mereri.*

[57] *Das ist der beste Geschmack, Benda hat ihn auch. M.*

[58] *S. Harris drei Traktate, worin dieser Punkte mit großer Urteilskraft und Richtigkeit abgehandelt ist. Eine Allegation, die dem Verfasser gehört.*

[59] Diese sind:
Light quirks of Music, broken and uneven.
Make the soul dance upon a jig to heaven (Pope).
Was gilts?
Wo viel unebene, gebrochne Schnörkel klingen,
Da wird ein Giguentanz die Seel in Himmel bringen. M.

[60] p. (67).

[61] *Longin würde so nicht reden.*

[62] *Die mit den Worten anheben: Das Lamm, das erwürget ist, ist würdig zu nehmen etc.*

[63] *Ach, liebes Amen, dir sei Amen gesagt, 124mal. M.*

[64] *S. den Beschluß des 33sten Abschnitts beim Longin; sein Nachahmer verleugnet sich nicht, wie er beginnt, so schließt er auch. Ob Costar aber recht hat, wenn er spricht: Longin est un chicaneur & un faux subtil, kann ich nicht wissen. Apol. 88, 89. Hier wird der griechische Spruch gemeinet, der auf dem Titelblatt stehet. Wer sollte ihn aber hier suchen, und zwar ohne Verdolmetschung, weder an einem noch am andern Orte?*

[65] *Allegro ed il Penseroso, der Name von einem Oratorio. S. p. (112).*

[66] *Es hat sich neulich ein ungenannter Weltweiser hervorgetan, der auf Schweizerisch-deutsch die schönen Künste nicht für Wissenschaften erkennen will, weil ihre Systeme nur sinnlich sind. Der alte Satz aber stehet dennoch immer fest: Nihil esse in intellectu, quod non prius fuerit in sensu.*[110] *Vielleicht ist unser Lebensbeschreiber von jener Sekte, denn er braucht das Wort science kaum einmal, wenn er, wie hier, von der Tonwissenschaft redet, hergegen allemal nur knowledge or skill. Vielleicht hat er auch kein Arges daraus. Soviel ist wohl gewiß, es fehlt den Musikern an der Literatur, und wer nichts als Noten zu schreiben weiß,*

dessen Ruhm und Gerücht ist nur vox, praeteraque nihil! Den zweiten März dieses Jahrs ist hier in Hamburg eine erstaunliche Menge Bücher verkauft, Raritäten über Raritäten in allen Wissenschaften, nur von der Tonkunst findet sich kein Wort, da doch der Katalogus fast anderthalb klein gedruckten Alphabets austrägt. Das heißt eine Wissenschaft hintansetzen. Wer mir das Gegenteil zeigt, wird mich eines angenehmen Irrtums überführen.

[67] *Hier stehet science.*

[68] Extr. d'une Lettre de Handel Agé 36, Londr. 24 Fev. 1719. „Desque je serai un peu debarasse, je repasserai les époques principales que j'ai eues dans le cours de ma profession, pour vous fair voir l'estimee & la consideration particulière, avec la quelle j'ai l'honneur d'être etc."[113] Zusagen und Halten sind zweierlei.

[69] Hamb. den 18. März 1704 Aetat. 21 „Ich wünsche vielmal in Dero höchstangenehmer Konversation zu sein, welcher Verlust bald wird ersetzet werden, indem die Zeit herankömmt, da man, ohne Deren Gegenwart (ich war in Holland) nichts bei den Opern wird vornehmen können. Bitte also gehorsamst, mir Dero Abreise zu notifizieren, damit ich Gelegenheit haben möge, meine Schuldigkeit durch Deroselbst Einholung mit Mademoiselle Sbülens zu erweisen etc." Auch die geringsten Briefe malen schon einigermaßen ihre Schreiber ab, nach Zeit und Ort. Horaz sagt gar recht:
Coelum non animum mutant,
qui trans mare currunt.[114]

Anmerkungen des Herausgebers

1 Die Übersetzung des griechischen Longinos-Zitats (Mattheson hat bereits eine lateinische Übersetzung beigegeben) lautet: „Ich wenigstens weiß bestimmt, daß die höchste Größe von Natur nicht rein ist; denn das, was in jeder Beziehung in Ordnung ist, erliegt der Gefahr der Bedeutungslosigkeit." Longinos war ein griechischer Rhetor und Philosoph aus dem 3. Jahrhundert; die „Schrift über das Erhabene", die hier zitiert wird, stammt aber nicht von ihm, sondern einem Anonymus aus dem 1. Jahrhundert.

2 Wörtlich übersetzt heißt diese Milton-Stelle: „Auflösend all die Fesseln, die binden die verborgene Seele der Harmonie."

3 „Lobreden sind häufig lächerlich, laßt sie adressiert sein an wen auch immer." „The Tatler" („Der Plauderer") war eine von Addison und Steele herausgegebene Zeitschrift der englischen Aufklärung (1709—1711).

4 Damit ist John Mainwaring (1735—1807) gemeint; er war von Beruf Theologe.

5 Der ursprüngliche Name des Königs Salomo.

6 Es ist wohl Friedrich II. von Preußen gemeint.

7 Vgl. Anmerkung 3.

8 Hier beginnt recht eigentlich die Verwirrung hinsichtlich des genauen Geburtsdatums, das Walther in seinem Lexikon von 1732 noch richtig angegeben hatte: 23. Februar 1685.

9 Georg Händel (1622—1697) heiratete am 23. April 1683 die Pfarrerstochter Dorothea Taust (1651—1730); der Ehe entsprangen — außer Georg Friedrich — zwei Töchter, Dorothea Sophia (1687—1718) und Johanna Christiana (1690—1709).

10 Nach des Herzogs August von Sachsen Tode (1680) zog der Hof nach Weißenfels, wo zu jener Zeit Herzog Johann Adolf I. residierte. Des kleinen Händel anekdotisch ausgeschmückte Reise hat vielleicht erst zwei Jahre später (1694) stattgefunden.

11 Von Händels sechs Halbgeschwistern (aus Georg Händels erster Ehe) blieben nur zwei, Dorothea Elisabeth und Karl, am Leben. Man nimmt an, daß es sich an dieser Stelle nicht um den Halbbruder Karl, sondern um Georg Händels Neffen Georg Christian handelt.

12 Friedrich Wilhelm Zachow (1663—1712, nicht 1721!) war seit 1684 Organist an der hallischen Marktkirche.

13 Wenn überhaupt, muß die Reise 1696/97 stattgefunden haben; denn sie soll, wie weiter unten gesagt wird, vor Georg Händels Tod (1697) erfolgt sein. Möglich wäre auch eine Datierung auf die Jahre 1702/03, also vor der Abreise nach Hamburg. Im übrigen kam Giovanni Battista Bononcini (1670—1747) erst 1702 nach Berlin; sein Vorgänger Ariosti (1666—1740) (hier mit seinem Vornamen Attilio genannt) wirkte von 1697 bis 1702 daselbst. Der Hinweis auf den König spräche für das Datum 1702/03; aber die ganze Geschichte könnte auch rein anekdotisch sein.

14 Mattheson hat recht, daß die Geschichte altersmäßig immer fragwürdiger wird. Für den Engländer Mainwaring war die Berlin-Episode vor allem wegen der beiden späteren Londoner Rivalen Händels, Ariosti und Bononcini, von Interesse.

15 Georg Händel starb am 11. Februar 1697.

16 Das stimmt nicht, weil Händel erst im Jahre 1685 geboren ist, nicht, wie Mattheson (und Mainwaring) annahmen, schon 1684. Die von Mattheson hier genannten Hamburger Daten dürften dagegen stimmen.

17 Diese „Ehrenrettung" Matthesons durch ihn selbst ist nicht nur eine ergötzliche Lektüre, sondern eine eigene kleine Autobiographie, die auch im folgenden in seinen Zusätzen immer wieder durchklingt.

18 Reinhard Keiser (1674—1739), ein führender Komponist der Hamburger Oper, dort zeitweilig Rivale des jungen Händel (der viel von ihm gelernt hat). Mattheson schrieb über ihn eine (etwas

gehässige) Kurzbiographie in seiner „Musicalischen Ehrenpforte" (1740); vgl. den Faksimile-Abdruck im Händel-Jahrbuch 1974.

19 Man muß Mattheson zugestehen, daß er die ganze Angelegenheit besser kannte als Mainwaring, der großenteils auf Matthesons eigene Darstellung dieses Vorfalls Bezug nehmen mußte. Andererseits ist Mattheson als „Angeklagter" in diesem Fall allzusehr Partei, als daß man ihm jedes Wort glauben könnte.

20 Das ist ein subjektiv-verärgerter Zusatz Matthesons.

21 Diese arge datenmäßige Verwirrung bietet Mattheson beste Gelegenheit, mit seiner natürlicherweise genaueren Kenntnis dieser Zeit zu prunken. Trotzdem stimmt das von ihm angegebene Geburtsdatum Händels noch immer nicht, und die „sechsjährige Verweilung in Hamburg" ist unrichtig, da Händel schon seit Frühjahr 1707 in Italien war.

22 Mainwaring ist hier mehr im Recht als Mattheson, der es eigentlich hätte besser wissen müssen.

23 Diese Behauptung Matthesons ist unverständlich, da er sonst so genau über Händels Hamburger Zeit Buch geführt zu haben scheint.

24 Francesco Saverio Geminiani (1680—1762), italienischer Geiger, Komponist und Musikschriftsteller, der seit 1714 in London wirkte und dort mit Händel in Berührung gekommen sein wird. Sein angeblicher Ausruf, obwohl von Mattheson hämisch glossiert, erscheint uns, historisch gesehen, berechtigt.

25 Der Abt Jean Baptiste du Bos (1670—1742) war ein führender Ästhetiker der französischen Aufklärung; Hauptwerk „Refléxions critiques sur la poésie, la peinture et la musique" (Paris 1719). Die hier folgende Polemik ist ein Exkurs, der aus der Atmosphäre der Aufklärungsästhetik im zweiten Drittel des Jahrhunderts heraus verstanden werden muß.

26 Cosimo III.

27 Es handelt sich um die Sängerin Vittoria Tarquini; die Liebesgeschichte mit Händel ist Anekdote. Die Oper „Rodrigo" wurde 1707 oder 1708 in Florenz komponiert bzw. aufgeführt; das genauere Datum ist bisher nicht festgestellt worden.

28 Es ist hier sicherlich der jüngere Domenico Scarlatti (1685—1757) gemeint.

29 Die Premiere der „Agrippina" fand am 26. Dezember 1709 in Venedig statt; nicht nur Mainwaring, auch Mattheson ist hier wiederum nicht exakt in seiner Datierung.

30 Vgl. Anmerkung 27. Im übrigen sang die Vittoria nicht zur Premiere der „Agrippina".

31 Der Kardinal Pietro Ottoboni war Gründer des Kreises der „Arcadier", einer die Literatur und Künste fördernden Vereinigung.

32 Dennoch ist der Einfluß Arcangelo Corellis (1653—1713) auf den jungen Händel, der hier wiederum allzu heroisiert wird, recht groß gewesen.

33 Francesco Gasparini (1668—1727) und Antonio Lotti (um 1667—1740) waren bekannte venezianische Opernkomponisten; Alessandro Scarlatti (1660—1725), Vater von Domenico Scarlatti, wurde damals das Haupt der neapolitanischen Opernschule.

34 Carlo Colonna und Benedetto Panfili.

35 Gedicht und Komposition sind erhalten (vgl. O. E. Deutsch, a. a. O., S. 24f.).

36 Der exakte Titel des Werkes heißt „La Resurrezione"; es wurde im April 1708 in Rom vollendet.

37 Die Serenata „Aci, Galatea e Polifemo" beendete Händel am 16. Juni 1708 in Neapel. Sie hat kompositorisch nichts mit dem Pastoral „Acis and Galatea" vom Jahre 1718 zu tun.

38 Über diese Dame ist nur Anekdotisches bekannt.

39 Es waren nur (reichlich) drei Jahre, Frühjahr 1707 bis Frühjahr 1710.

40 Agostino Steffani (1654—1728) war ab 1688 Hofkapellmeister beim Herzog Ernst August von Hannover. Der Komponist bedeutender Opern und Kammerduette war hoher geistlicher Würdenträger und auch als Diplomat vielfältig tätig.

41 Auf diese umständliche Art und Weise wird von Mainwaring von vornherein der spätere „Vertragsbruch" entschuldigt.

42 Diese Anmerkung Matthesons bringt wieder alles durcheinander; Mainwaring hat recht.

43 Der Herzog von Marlborough (1650—1722) führte 1704 bis 1709 für England erfolgreich den Spanischen Erbfolgekrieg gegen Ludwig XIV.

44 Die Siegesmusiken schrieb Händel erst 1713 bzw. 1714 („Utrechter Tedeum" und „Geburtstagsode für die Königin Anna").

45 Joseph Addison (1672—1719) publizierte zusammen mit Robert Steele (1672—1729) die moralischen Wochenschriften „The Tatler" (1709—1711) und „The Spectator" (1711/12 und 1714).

46 Die Premiere der Oper „Rinaldo" erfolgte am 24. Februar 1711 in London.

47 Aaron Hill (1685—1749) hatte das Textbuch zum „Rinaldo" nach Tassos „Gerusalemme liberata" entworfen; das italienische Libretto schrieb Giacomo Rossi. Im folgenden ist manches nicht ohne weiteres durchsichtig, wie auch Mattheson vermerkt. Alexander Pope (1688—1744) war einer der hervorragendsten literarischen Vertreter der englischen Aufklärung, als welcher er auf verschiedene Weise mit Händel in Berührung kam.

48 „Was hat das hier zu tun?"

49 Damals war Anne aus dem Hause Stuart englische Königin; nach ihrem Tode (1714) kam die hannoversche Linie auf den Thron.

50 Der Utrechter Friede, der den Spanischen Erbfolgekrieg für England günstig beendete, wurde am 31. März 1713 abgeschlossen.

51 Händels „Utrechter Tedeum" und „Jubilate" wurden am 7. Juli 1713 in der St. Paul's Kathedrale uraufgeführt.

52 Aus diesem Anlaß soll die sog. „Wassermusik" entstanden sein. Es hat aber insgesamt drei solche königlichen Wasserfahrten gegeben: am 22. August 1715, am 17. Juli 1717 und am 26. April 1736. Zu jeder dieser Fahrten hat Händel „Wassermusiken" geschrieben, welche Tatsache sich in drei verschiedenen Suiten zu dokumentieren scheint. Bei der erstgenannten Gelegenheit müßte wahrscheinlich die vielbesprochene „Versöhnung" stattgefunden haben.

53 Die Entstehungs- und Aufführungsdaten der Opern sind folgende: „Il pastor fido" 1712, „Teseo" 1712, „Silla" 1714, „Amadigi" 1715.

54 Dr. John Arbuthnot (1667—1735), von Beruf Arzt, war einer der eifrigsten literarischen Förderer des Händelschen Werkes.

55 Händel war von 1717 bis 1719 beim Herzog von Chandos in Cannons.

56 Es handelt sich wiederum um den italienischen Komponisten Attilio Ariosti, mit dem — ebenso wie mit Bononcini — der junge Händel in Berlin in Berührung gekommen sein soll.

57 „Muzio Scevola" wurde im Jahre 1721 herausgebracht (nur die Musik des dritten Aktes stammt von Händel; die beiden anderen wurden, im Wettstreit mit ihm, von Bononcini und Filippo Mattei komponiert).

58 Neben dem Kastraten Senesino waren die Primadonnen Faustina Bordoni (die spätere Gattin von Johann Adolf Hasse) und Francesca Cuzzoni die wichtigsten Stützen der Händel-Oper der zwanziger Jahre.

59 Der Zusammenbruch der ersten Opern-Akademie erfolgte im Jahre 1728, nicht zuletzt auch durch den Erfolg der „Beggar's Opera" von Gay und Pepusch bewirkt.

60 Der Autor des Pamphlets war Colley Cibber, der es im Juli 1727 veröffentlichte.

61 John James (Johann Jakob) Heidegger (1666—1749), der „Schweizer Graf" aus Zürich, war ein Unternehmer-Genie großen Ausmaßes, der mit Händels Unternehmen über Jahrzehnte hinweg verbunden blieb.

62 Anna Strada, Antonio Bernacchi (Kastrat), Annibale Fabri (Tenor) und Francesca Bertoldi (oder Bertolli) gehörten seit 1729 zu Händels Hauptsängern.

63 Nicola Porpora (1686—1768), neapolitanischer Opernkomponist, weilte von 1733 bis 1736 in London.

64 Farinelli (eigentlich Carlo Broschi, 1705—1782), der berühmteste Kastrat seiner Zeit, wirkte von 1734 bis 1737 in London bei Händels Gegnern.

65 Johann Adolf Hasse (1699—1783) wurde 1722 Schüler Porporas und Alessandro Scarlattis in Neapel, wirkte dann vor allem in Dresden, von wo aus er mit Bach in freundschaftlicher Beziehung stand. Er heiratete 1730 die berühmte Sängerin Faustina Bordoni. 1734 führte er in London die Oper „Artaserse" auf, und zwar auf der Konkurrenzbühne zu Händel (den er stets hochschätzte).

66 Die Promotion selbst hat nie stattgefunden, angeblich, weil Händel die hohen Promotionsgebühren nicht bezahlen wollte.

67 Händels Zusammenbruch erfolgte im Herbst 1737; im September ging er nach Aachen und kehrte Ende Oktober des Jahres nach London zurück.

68 Die Premiere des „Alexanderfests" fand am 19. Februar 1736 statt, also lange vor dem Aachener Kuraufenthalt. Diese falsche Datierung haben Mainwarings Abschreiber übernommen.

69 Beide Opern wurden erst 1738 uraufgeführt.

70 „Deutlichkeit, wo bist du?" Den franzosenfreundlichen Mattheson ärgert hier wieder der gewisse englische Nationalismus Mainwarings. „Concerts spirituels" wurden die ersten öffentlichen Konzerte genannt, die seit 1725 während der kirchlichen Festtage (an denen die Theater geschlossen bleiben mußten) in Paris stattfanden.

71 Das Pastoral „Acis and Galatea" (auf das Libretto von John Gay) wurde 1719, „Haman and Mordecai" (Erstfassung von „Esther") 1720 in Cannons erstaufgeführt.

72 „Esther" kam 1732 und „Deborah" 1733 in London heraus.

73 Der „Messias" wurde erst am 23. März 1743 in London erstaufgeführt, *nach* der Dubliner Premiere.

74 Die Uraufführung des „Messias" erfolgte am 13. April 1742 in Dublin.

75 Wer mit L. gemeint ist, ist unklar. Mattheson kokettiert mit seiner Übersetzung: „Aber ich glaube solchen Worten nicht ganz."

76 Muß heißen 1742; s. Anmerkungen 73 und 74.

77 John Christopher Smith (1683—1763) und sein gleichnamiger Sohn (1712—1795). Der ältere Smith war Jahrzehnte hindurch Händels treues Faktotum.

78 „Große Generalbaß-Schule", eine Hauptschrift von Mattheson, 1731 erschienen.

79 Die wörtliche Übersetzung der beiden (hier von Mattheson ziemlich unmotiviert eingefügten) Lobgedichte auf ihn — er kommentiert sie selbst als „lächerliche Lobreden" — lautet:
„Ihn bestaune, der mit göttlichem Gesang

süßen Nektar ausgießt und dich, Ohr, mit geistreichem Witz beleidigt."
„Solch gemeißelte schöne Versuche, das edle Antlitz Matthesons, bringt der muntre Dädalus mit seiner Kunst zuwege;
schöner aber verkündet die schönsten Taten durch die schöne Welt Amphion, die Beredsamkeit und die Rechtschaffenheit des Mannes."

80 Die Übersetzung des Satzes aus der Lebensbeschreibung des Agricola von Cornelius Tacitus lautet: „Die meisten sind der Ansicht, daß über das eigene Leben zu berichten mehr Charakterfestigkeit als Arroganz bedeutet." Das Folgende ist ein Wortspiel („tacitus" heißt „still, stumm").

81 Mattheson ist selbst mitschuldig an der ganzen Verwirrung, da er nicht einsieht, daß Händel seit Frühjahr 1707 in Italien war.

82 Die Premiere war am 24. Februar 1711.

83 Dazwischen liegt nur noch „Silla" (1714); „Il pastor fido" und „Teseo" wurden im Jahre 1712 uraufgeführt.

84 Heißt natürlich „Giulio Cesare"; wir geben bei den Titeln Mainwaring/Matthesons Orthographie. Die Datierung stimmt im allgemeinen, bezieht sich aber z. T. auf die Fertigstellung, z. T. auf die Premiere des jeweiligen Werkes. Zu korrigieren: „Admeto", uraufgeführt 31. Januar 1727, „Partenope", vollendet 6. Februar, uraufgeführt 24. Februar 1730, „Poro", vollendet 16. Januar, uraufgeführt 2. Februar 1731, „Ezio" schon am 15. Januar 1732 Premiere.

85 Die Premiere fand erst am 3. Januar 1738 statt; die richtigen Vollendungs- bzw. Aufführungsdaten der vorher erwähnten Opern sind: „Giustino" (20. Oktober 1736 bzw. 16. Februar 1737), „Arminio" (14. Oktober 1736 bzw. 12. Januar 1737), „Berenice" (27. Januar 1737 bzw. 18. Mai 1737).

86 Die Premiere fand am 15. April 1738 statt; Vollendungsdatum: 14. Februar 1738.

87 Die Premiere von „Imeneo" war am 22. November 1740.

88 Premiere der „Deidamia" war am 10. Januar 1741; Vollendungsdatum: 20. November 1740.

89 „Israel in Ägypten" wurde am 4. April 1739 uraufgeführt; Vollendungsdatum war 1. Oktober 1738.

90 Die Premiere von „L'Allegro" war am 27. Februar 1740.

91 „Saul" wurde schon am 16. Januar 1739 erstmalig aufgeführt; Vollendungsdatum: 27. September 1738.

92 Es ist unverständlich, wie sich dieses Datum hier einschleichen konnte. Händel schrieb den „Messias" im Spätsommer 1741; die Premiere war am 13. April 1742 in Dublin.

93 Premiere des „Samson" war am 18. Februar 1743; vollendet war

das Werk schon am 29. Oktober 1741 (Ergänzungen im Oktober 1742).

94 Das Oratorium wurde am 24. August 1748 vollendet; Aufführungsdatum: 10. Februar 1749.

95 „Joseph und seine Brüder“ wurde schon am 2. März 1744 uraufgeführt.

96 Beendet 4. Juli 1747, Premiere 23. März 1748.

97 „Theodora“ war am 31. Juli 1749 beendet; die Uraufführung erfolgte am 16. März 1750.

98 „Jephta“ wurde, nach Unterbrechungen, am 30. August 1751 vollendet.

99 Die Premiere von „Acis und Galatea“ erfolgte spätestens 1719 in Cannons.

100 Es ist nicht ganz klar, welche Stücke hier gemeint sind; A-cappella-Motetten hat Händel wohl kaum geschrieben.

101 Hier sind sicherlich die Chandos Anthems gemeint, die seit 1717 entstanden.

102 Diese Zahl erscheint, nach unserem jetzigen Wissensstand, sehr übertrieben.

103 Die meisten dieser (reichlich einhundert, aber kaum zweihundert) Solo-Kantaten sind wahrscheinlich 1707 bis 1709 in Italien geschrieben.

104 Bekannt davon ist uns lediglich die „Ode auf den Geburtstag der Königin Anna“ vom Jahre 1714 („Friedensode“).

105 In unseren Anmerkungen haben wir nur die offensichtlichen Fehler der vorstehenden Liste korrigiert, nicht die Lücken ergänzt.

106 Diesen „Freund“ nennen weder Mainwaring noch Mattheson; es war Robert Price, Freund von John Christopher Smith dem Jüngeren; zusammen mit Benjamin Stillingfleet hat er Mainwaring manches über Händel mitgeteilt, ebenso James Harris (1709—1780), dessen Hauptwerk „Discourses on Music, Painting and Poetry“ 1744 erschienen war. Dieser hat auch den Werkkatalog beigesteuert.

107 Auch bei den folgenden Ausführungen haben sicherlich die unter Anmerkung 106 Genannten Pate gestanden.

108 Mattheson denkt an den zu Beginn der Schrift mitgeteilten Ausspruch des Longinos.

109 Hier kann wohl nur die Solo-Kantate „Lucrezia“ (für Sopran und Basso continuo) gemeint sein.

110 „Nichts kann im Verstande sein, was nicht vorher im Sinne gewesen ist.“ Streitbar kämpft hier Mattheson für die *Wissenschaft* von der Musik, die er selbst zeit seines Lebens betrieben hat.

111 Zusatz von Mattheson: „Nichts Ähnliches läuft auf vier Füßen.“

112 Mattheson vergißt am Schluß seiner Übersetzung nicht, seine zahlreichen Händel-Erwähnungen anzuzeigen.

113 Übersetzung: „Sobald ich mich aber ein wenig herausgewickelt habe, werde ich mich auf die wichtigsten Ereignisse, die ich im Laufe meiner Profession erlebt habe, wieder besinnen, um Ihnen dadurch sichtbar zu machen die Schätzung und besondere Hochachtung, mit welcher ich die Ehre habe ..." (Unterschriftsfloskel).

114 „Weder den Himmel noch den Sinn ändern diejenigen, die übers Meer fahren." Mit diesem bissigen Zitat schließt Mattheson seine Händel-Würdigung.

Nachrichten von den Lebensumständen George Friedrich Händels, Esqu.

Aus dem Gentleman's Magazine vom Jahre 1760

(In: Musikalische Nachrichten und Anmerkungen, Leipzig 1770)

George Friedrich Händel war zu Halle den 24ten Februar 1684[1] geboren. Sein Vater war daselbst ein Arzt; er war über sechzig Jahre alt, als seine zweite Frau unsern Händel zur Welt brachte, mit welcher er auch eine Tochter erzeugt hat. Aus seinem ersten Ehestande hatte er einen Sohn, der um die Zeit bei dem Herzoge zu Sachsen-Weißenfels Kammerdiener wurde und sich an diesem Hofe aufhielt.
Händel war in dem siebenten Jahre seines Alters, als sein Vater an den Hof des Herzogs reisete und ihn zurücke ließ, ungeachtet er inständigst gebeten hatte, mitgenommen zu werden, in der Absicht, seinen Bruder zu besuchen. Händel folgte bei der Abreise seines Vaters der Kutsche zu Fuße nach und brachte es endlich durch sein anhaltendes Bitten dahin, daß sein Vater ihn mit zu seinem Bruder nahm.
Es scheint, daß Händel sich nicht lange an dem herzoglichen Hofe aufgehalten habe, denn er war gerade sieben Jahre alt, als er nach Halle zurückkehrte. Es äußerte sich schon damals sein großes Talent zur Musik. Bei seinem Aufenthalte zu Weißenfels pflegte er nach geendigtem Gottesdienste auf der Orgel zu spielen. Der Herzog blieb einmal von ungefähr länger als gewöhnlich in der Kirche und hörte ihn; und da er etwas, das nicht gemein war, in seiner Art zu spielen fand, so fragte er den Kammerdiener, wer die Orgel spiele. Dieser antwortete, daß es sein Bruder sei, worauf der Herzog ihn zu sehen verlangte und zu seinem Vater sagte, daß er ein Verbrechen gegen das Publikum und die Nachwelt begehen würde, wenn er der Welt ein so außerordentliches Genie zur Musik entziehe und es zu andern Wissenschaften anhalten wollte. Der Vater gab nicht sowohl den Gründen als vielmehr dem Ansehen des Herzogs nach und versprach, seinem Sohn eine Erziehung zu geben, die seinen Fähigkeiten gemäß wäre. Der Herzog machte dem jungen Händel ein Geschenk und sagte ihm, daß es seinem Fleiße an keiner Ermunterung fehlen solle.
Händel wurde bei seiner Zurückkunft nach Halle von seinem Vater zu dem Organist Zachau getan, welcher in seiner Kunst sehr geschickt war. Man sagt, daß Händel schon damals die Stelle seines Lehrmeisters in dessen Abwesenheit vertreten habe. Er hatte von der Unterweisung desselben so großen Nutzen, daß er im neunten Jahre seines Alters anfing, Kirchenmusiken zu komponieren und mit dieser Komposition drei Jahre nacheinander fortfuhr.

Er hatte es nunmehro so weit gebracht, daß er seinen Lehrmeister beinahe übertraf. Man beschloß, ihn nicht länger zu Halle zu lassen, und er wurde im Jahre 1698[2] nach Berlin geschickt, wo er einen Anverwandten am Hofe hatte, auf dessen Sorgfalt und Freundschaft seine Eltern sich verlassen konnten.

Die Oper war damals in einem sehr blühenden Zustande. Verschiedene berühmte Personen hatten die Aufsicht darüber, unter welchen sich Buononcini und Attilio befanden; und ihr Charakter war ebenso verschieden als ihre Talente. Buononcini war eitel und stolz, und Attilio war bescheiden und aufrichtig. Der erste sah mit Verachtung auf Händeln, und der andere begegnete ihm mit Höflichkeit. Attilio hatte ihn zu Stunden auf dem Schoße, vor einem Flügel, auf welchem er ihn spielen ließ und die außerordentliche Geschicklichkeit eines so jungen Knabens bewunderte. Buononcini selbst wurde endlich gezwungen, seine vortreffliche Talente zu erkennen, und erzeigte ihm einige Höflichkeit, ob man gleich Anlaß hatte zu glauben, daß sie keine Wirkungen von Freundschaft und Wohlwollen waren.

Händel nahm bei dem Unterricht des Attilio ungemein zu, und er war nicht lange in Berlin, als er dem Könige vorgestellt wurde, welcher ihn oft beschenkte und endlich vorschlug, ihn unter seiner eignen Protektion nach Italien reisen zu lassen; allein Händels Eltern lehnten aus gewissen Ursachen dieses Anerbieten ab.

Es wäre für ihn nicht ratsam gewesen, länger in Berlin zu bleiben; er kehrte dahero noch einmal nach Halle zurück, und man erwies ihm außerordentlich viel Höflichkeiten. Da er sich Begriffe von der Vortrefflichkeit in der Musik erworben hatte, die alles das, was er in Halle fand, weit übertrafen, so war er sehr ungeneigt, sich daselbst zu verweilen, und hatte eine große Begierde, nach Italien zu gehen. Unterdessen fand er kein Mittel, den Aufwand, welchen eine Reise nach Italien erforderte, zu bestreiten. Man sendete ihn nach Hamburg. Die dasigen Opern wurden nur von denen in Berlin übertroffen. Bald nach seiner Ankunft in Hamburg starb sein Vater.[3] Händel wollte seiner Mutter nicht zur Last sein und suchte daher Stunden zu geben und eine Stelle im Orchester zu erhalten. Unterdessen schickte ihm doch seine Mutter einige Monate darnach etwas zu; allein sein Fleiß und seine Achtung gegen seine Mutter waren so groß, daß er nicht nur das Geld, so ihm seine Mutter überschickt hatte, zurücksendete, sondern auch noch ein kleines Geschenk von dem seinigen beifügen konnte.

Der erste Flügel wurde damals von Keisern[4] gespielt, einem Manne, der auch in der Komposition stark war. Aber er liebte die Verschwendung, machte Schulden, die er nicht wieder bezahlen konnte, und sahe sich daher genötiget zu flüchten. Bei Erledigung dieser Stelle wollte derjenige, welcher den andern Flügel spielte, hinaufrücken; aber Händel war ihm entgegen, welchem seine höhere Geschicklichkeiten ein Recht gaben, auf die erste Stelle Anspruch zu machen. Nach manchem Streite, an welchem alle diejenigen, die die Oper unterhielten oder dirigierten, Anteil hatten, wurde die Sache zu Händels Vorteil entschieden. Seine Anhänger führten an, daß man bloß auf den Nutzen der Oper und nicht auf den Eigennutz einer einzelnen Person zu setzen habe, die sich nicht auf vorzüglichere Fähigkeiten, sondern bloß auf ein vermeintes älteres Recht berufen könne. Diese Gründe waren unterdessen für Händels Nebenbuhler von keinem Gewichte, und er trieb seinen Groll so weit, daß er, als sie auf dem Orchester zusammenkamen, ihm mit einem Degen einen Stoß auf die Brust gab, welcher ihm gewiß das Herz durchbohrt haben würde, wenn er nicht zu gutem Glücke Musikalien im Busen gehabt hätte, die stark genug waren, daß sie auch einen zweimal stärkern Stoß würden haben aufhalten können.[5]

Bald hierauf wurde Händel auch Komponist für die Oper, ungeachtet er nur fünfzehn Jahre alt war.[6] Die erste Oper, welche er setzte, war die „Almeria", und sie erhielt so großen Beifall, daß sie dreißigmal nacheinander aufgeführet wurde. In einer Zeit von einem Jahre verfertigte er zwo andere Opern, „Florinda" und „Nero", welche mit ebenso großem Beifalle aufgenommen wurden.[7]

Er hatte sich unterdessen auf keine gewisse Zeit bei der Oper verbindlich gemacht, und er behielt sich die Freiheit vor, Hamburg verlassen zu können, wenn er es für gut befinden würde, weil er sich vorgenommen hatte, andere Länder zu sehen und sich mit den Arbeiten anderer Meister bekannt zu machen.

Unter den vielen Personen von hohem Stande, welche zu der Zeit, da die Opern „Almeria" und „Florinda" aufgeführet wurden, sich zu Hamburg aufhielten, befand sich auch der Bruder des Johann Gaston de Medicis, Großherzogs von Toskana. Da er ein großer Liebhaber der Musik war, so fand Händel durch seine ungemeinen Fähigkeiten nicht nur den Zutritt zu diesem Prinzen, sondern er wurde auch von ihm einer besondern Vertraulichkeit gewürdigt. Der Prinz beklagte oft, daß Händel mit den italiänischen Meistern nicht bekannt sei, von deren Werken er ihm eine große Sammlung zeigte. Händel, welcher dieselbe durchsah, sagte frei zu dem Prinzen, daß er nichts von dem Großen darinnen fände, welches diesen Werken beigeleget würde. Aber der Prinz versicherte ihn, daß eine Reise nach Italien ihn auf einmal mit dem Stil und dem Geschmack der italiänischen Musik aussöhnen würde und daß ein Meister in dieser Kunst in keinem andern Lande eine größere Aufmunterung finden könne. Der Prinz drang zuletzt in Händeln, daß er mit ihm nach Italien gehen möchte, und versprach ihm zugleich, daß es ihm an keiner Bequemlichkeit fehlen solle. Ungeachtet Händel fest entschlossen war, nach Italien zu gehen, sobald seine Umstände ihm den nötigen Aufwand zur Reise darbieten würden, so schlug er doch mit gebührender Erkenntlichkeit für die Gnade des Prinzen dieses Anerbieten aus, weil er seine Unabhängigkeit für keinen Vorteil in der Welt aufgeben wollte.

Er hielt sich fünf Jahre zu Hamburg auf[8], und in dieser Zeit hatte er sich außer dem zu seinen Bedürfnissen nötigen Aufwande und einigen kleinen Geschenken, die er seiner Mutter machte, eine Summe von zweihundert Dukaten gesammelt. Mit dieser Summe trat er die Reise nach Italien an und hinterließ eine ansehnliche Anzahl von Sonaten, die entweder verloren sind oder von welchen man nicht weiß, daß er der Verfasser davon ist.

Er ging zuerst nach Florenz, wo er von dem Prinzen von Toskana sehr gnädig aufgenommen wurde und freien Zutritt in dem Palast des Großherzogs erhielt. Der Prinz wünschte einige Stücke von seiner Komposition zu haben, und Händel, kaum neunzehn Jahr alt[9], war, seiner Jugend und des Unterschied zwischen der italiänischen und deutschen Musik ungeachtet, so glücklich in der Komposition einer Oper „Rodrigo", daß er ein Geschenk von hundert Zechinen und einem Silberservice erhielt.

Die vornehmste Schauspielerin und Sängerin zu Florenz war

damals Vittoria, von welcher man sagt, daß sie sehr schön gewesen sei, daß sie bei dem Herzoge in vorzüglichen Gnaden gestanden und daß sie Händeln ihre Zuneigung geschenkt habe.[10]
Nachdem er sich ein Jahr in Florenz verweilt hatte, begab er sich nach Venedig, wo er zuerst auf einer Maskerade, als er den Flügel spielte, von Scarlatti entdeckt wurde. Man sagt, daß Scarlatti [1], sobald er ihn habe spielen hören, ausgerufen habe, das könne niemand anders als der Sachse oder der Teufel sein.[11] Allein man legte diesen Einfall vielen Personen in den Mund, besonders dem Morus, als er den Erasmus sah.[12]
Von Venedig ging er nach Rom. Seine Ankunft wurde bald bekannt, und er wurde von Personen vom ersten Range gesucht, besonders vom Kardinal Ottoboni, der eine Gesellschaft vortrefflicher Tonkünstler unterhielt, unter welchen der berühmte Corelli die erste Violine spielte. Auf Verlangen des Kardinals überreichte ihm Händel ein Stück von seiner Komposition, worinnen diese Musici, welche nur an die italiänische Musik gewöhnt waren, verschiedene Schwierigkeiten fanden. Corelli selbst, dessen Bescheidenheit und Artigkeit mit seinen übrigen Eigenschaften übereinkam, beklagte sich über diese Schwierigkeiten, und Händel, welcher ihm gewiesen hatte, wie sie zu überwinden wären, nahm ihm, als er sie nicht treffen konnte, das Instrument mit großem Ungestüm aus der Hand und spielte die Stelle selbst. Corelli, welcher eine solche Überzeugung von Händels größter Geschicklichkeit nicht nötig hatte, gestand mit der größten Bescheidenheit, daß er ihn übertreffe, und da Händel fortfuhr, ungeduldig zu sein, so sagte er nur zu ihm: „Ma, caro Sassone, questa musica e nel stilo francese, di ch'io non m'intendo."[13]
Das Instrument, welches Händel mit vorzüglicher Kunst spielte, war der Flügel. Dominico Scarlatti war damals bei dem Kardinal Ottoboni[14] und wurde für den größten Meister auf diesem Instrumente in ganz Italien gehalten. Der Kardinal veranstaltete, daß beide ihre Geschicklichkeit gegeneinander versuchen mußten. Der Ausgang dieses Wettstreits wird auf verschiedene Art erzählt, indem einige Händeln, andere aber dem Scarlatti den Sieg zuschreiben. Wenn sie zur Orgel kamen, so erklärte Scarlatti selbst, daß Händel ihn weit übertreffe. Es ist eine Ehre für beide, daß sie, ungeachtet sie Nebenbuhler waren, dennoch Freunde blieben; denn Händel pflegte allemal

mit außerordentlicher Hochschätzung vom Scarlatti zu sprechen, und Scarlatti, wenn man ihn wegen seiner Geschicklichkeit bewunderte, erwähnte allemal Händeln und gab seine Achtung für ihn zu erkennen.
Obgleich Händel vornehmlich bei dem Kardinal Ottoboni war, so pflegte er sich auch oft in den Palästen der Kardinäle Colonna und Pamphili einzufinden. Pamphili, der einiges Talent zur Dichtkunst hatte, schrieb ein musikalisches Drama „Il Trionfo del tempo" und verschiedene andere Stücke, von welchen Händel einige an einem einzigen Abend und einige aus dem Stegreif komponierte. Eines von diesem war eine Lobeserhebung auf Händeln selbst, worinnen er dem Orpheus verglichen und zu einer Gottheit erhoben wurde.
Da er mit verschiedenen Prälaten der römischen Kirche bekannt war, so hatte er öftere Anfälle wegen seiner Religion auszuhalten. Aber man sah gar bald, daß man Händeln zur Änderung seiner Religion auf keine Art würde bewegen können, und er erklärte, daß er bei der Religion, in der er geboren worden, leben und sterben wolle, sie möchte die wahre oder eine falsche sein. Es gereicht ihm zur Ehre, daß man ihn niemals dahin bringen konnte, sich auch nur in äußerlichen Gebräuchen nach einer Religion zu bequemen, zu welcher er sich nicht bekannte.
Bei seinem Aufenthalte zu Rom komponierte Händel ein Oratorio „Resurrezzione" und hundertundfunfzig Kantaten, nebst vielen Sonaten und andern Sachen.
Von Rom ging er nach Neapel, wo er von den vornehmsten Personen wohl aufgenommen wurde. An diesem Orte komponierte er eine Serenade, „Acide e Galatea", auf Verlangen der Donna Laura, einer Dame von sehr hohem Stande. Nachdem er sich einige Zeit in Neapel verweilt hatte, ging er zum zweitenmal nach Florenz, Rom und Venedig und kehrte nach einem sechsjährigen Aufenthalte in Italien in sein Vaterland zurück. Unterwegs traf er in Hannover ein, wo er den berühmten Steffani fand, den er zuvor in Venedig gesehen hatte und der damals bei dem Kurfürst von Hannover, nachherigem Könige von Großbritannien, George I., Kapellmeister war. In Hannover fand er auch den Baron Kilmannseck, der ihn mit einer so großen Empfehlung an den Hof brachte, daß der Kurfürst ihm sogleich einen jährlichen Gehalt von 1500 Rthl. ausmachte, damit er in Hannover bleiben möchte. Händel,

welcher zu der Zeit angelegentliche Einladung nach England von dem Herzog von Manchester erhalten und überdies versprochen hatte, den Hof des Kurfürsten von der Pfalz zu besuchen, sagte zu dem Baron, durch welchen dieses Anerbieten geschah, daß er zwar die stärksten Regungen der Dankbarkeit gegen die Gnade des Kurfürsten empfände, allein er befürchtete, daß er das geschehene Anerbieten nicht werde annehmen können, weil dieses von seiner Seite eine Art von Verbindung sein würde, in Hannover zu bleiben, welches aber mit seinem Versprechen und mit gewissen vorherigen Entschließungen, die er nicht aufgeben könne, sich nicht würde vereinigen lassen. Der Baron hinterbrachte Händels Vorwand dem Kurfürsten, welcher befahl, ihm zu sagen, daß die Annahme des ihm angebotenen Gehalts ihn weder von seinen Versprechen noch von seinen Entschließungen abhalten solle, sondern daß man ihm die völlige Freiheit lassen würde, ein Jahr oder mehr nach seinem Gefallen abwesend zu sein oder dahin zu gehen, wohin er es für gut befinden würde. Auf diese leichten Bedingungen nahm Händel seinen Gehalt mit Dank an.[15]

Da Steffani bald nachher die Stelle des Kapellmeisters aufgab, so wurde dieselbe Händeln gegeben. Sein Privilegium, nach Gefallen abwesend zu sein, wurde dadurch nicht aufgehoben, und er reisete bald darauf nach Düsseldorf. Er besuchte auch damals seine Geburtsstadt Halle, wo er einige Zeit bei seinen Freunden und Anverwandten zubrachte, besonders bei seiner Mutter, die damals sehr alt und seit geraumer Zeit blind war; ingleichen bei seinem ehemaligen Lehrmeister Zachau. Der Kurfürst von der Pfalz nahm ihn mit besonderer Gnade auf und machte ihm bei seiner Abreise ansehnliche Geschenke.

Von Düsseldorf ging er über Holland nach England und langte im Winter des Jahres 1710 zu London an. Die Opern waren damals eine neue Art von Lustbarkeit, und die Einrichtung derselben war im höchsten Grade ungereimt und lächerlich. Man übersetzte einige italiänische Opern ins Englische und ließ die englischen Worte nach der Originalmusik singen, so daß die Worte versetzt wurden und daß zuweilen die sanfteste Melodie, welche für das Wort „Mitleiden“ bestimmt war, auf das Wort „Wut“ fiel, dahingegen die rauhen Töne, welche in dem Original der „Wut“ zugehörten, dem „Mitleiden“ zuteil wurden. Händels Ankunft machte diesen Ungereimtheiten ein

Ende; er wurde an den Hof gebracht und erhielt viele Merkmale von der Gnade der Königin. Die Standespersonen zu befriedigen, welche nach einer Oper von seiner Arbeit großes Verlangen trugen, komponierte er ein Drama, „Rinaldo", welches einen Italiäner Rossi zum Verfasser hatte. Aaron Hill, von welchem sich der Plan dazu herschrieb, übersetzte es ins Englische. In dieser Oper hatte der berühmte Sänger Nicolini eine Hauptrolle, und sie wurde mit ungemeinem Beifall aufgeführt.

Händel hatte nunmehro ein ganzes Jahr in England zugebracht, und er hielt es für nötig, nach Hannover zurückzugehen. Bei seiner Abreise erhielt er von der Königin und dem Hofe ansehnliche Geschenke, und er mußte versprechen, daß er zurückkommen wollte, wenn er die Erlaubnis von dem Prinzen erhalten würde, in dessen Diensten er stand.

Bald nach seiner Ankunft in Hannover verfertigte er für die damalige Kurprinzessin Carolina zwölf Kammerduetten, zu welchen der Abt Mauro Hortensio die Poesie gemacht hatte. Er komponierte auch noch andere Stücken sowohl zum Singen als für Instrumente.

Gegen das Ende des Jahres 1712 ging er nach England zurück. Der Utrechter Friede wurde wenige Monate nachher geschlossen, und bei dieser Gelegenheit verfertigte er ein Te Deum und Jubilate. Man ging ihn an, daß er die Direktion der Oper auf dem Haymarket wieder übernehmen sollte. Die Königin selbst wendete ihr Ansehen an, ihn dazu zu vermögen, und als ein Zeichen der Achtung gegen seine Verdienste machte sie ihm einen jährlichen Gehalt von zweihundert Pfund auf seine Lebenszeit aus. Ungeachtet Händel in Hannover sich verbindlich gemacht hatte, so hielt er sich doch bis zum Tode der Königin, welcher im Jahre 1714 erfolgte, in England auf, nachdem die Zeit, da er hatte zurückkommen sollen, vorlängst verflossen war.

Bei der Ankunft des Königs unterstand Händel sich nicht, am Hofe zu erscheinen, weil er sich seines üblen Verhaltens bewußt war. Allein sein Freund, der Baron Kilmannseck, welcher mit dem Könige nach England gekommen war, brachte viele von den vornehmsten Personen auf Händels Seite. Er veranlaßte auch den König zu einer Lustfahrt auf dem Wasser, bei welcher Gelegenheit Händel aufgegeben wurde, eine Musik aufzuführen. Er tat dieses auf eine so gute Art, daß der König davon sehr zufrieden war und fragte, wie dieses ohne sein Vorwissen hätte veranstaltet werden können. Der Baron stellte hierauf dem Könige Händeln vor als einen, der seinen Fehltritt zu sehr erkenne, als daß er Entschuldigungen dafür suchen sollte, der aber ein aufrichtiges Verlangen trage, ihn wiedergutzumachen. Händel erhielt die Gnade des Königs, und seine Wassermusik wurde mit dem größten Beifalle beehrt. Der König setzte dem jährlichen Gehalt, welchen ihm die Königin ausgemacht hatte, zweihundert Pfund auf Lebenszeit zu, und als ihm aufgetragen wurde, die jungen Prinzessinnen in der Musik zu unterrichten, wurde diese Zulage bis zu vierhundert Pfund erhöhet.[16]

Im Jahre 1715 verfertigte er die Oper „Amadige", und von dieser Zeit an bis in das Jahr 1718 war er fast beständig bei dem Grafen von Burlington. Da Pope ein sehr vertrauter Freund des Grafen war, so trug es sich oft zu, daß Händel und er zusammen bei ihm speiseten. Pope, der das feinste Gehör für die poetische Harmonie besaß, hatte keines für die Musik, und er gestand oft, daß die besten Kompositionen, die Händel spielte, ihm kein Vergnügen machten. Unterdessen hatte ihm sein Freund, Arbuthnot, mit Händels ungemeinen Verdiensten bekannt gemacht. Vom Jahre 1718 bis zum Jahre 1720 war Händel vornehmlich zu Cannons. In den letzten beiden Jahren komponierte er bloß den „Teseo" und „Pastor fido", denn Buononcini und Attilio waren Komponisten für die Oper. Um diese Zeit fiel man darauf, eine Art von Akademie auf dem Haymarket zu stiften, in der Absicht, daß daselbst Opern von Händels Komposition unter seiner Aufsicht und Anordnung aufgeführet werden sollten. Man erwählte den Weg der Subskription, durch welchen keine geringere Summe als 50000 Pfund zusammengebracht wurde. Der König selbst hatte mit unterschrieben, und die Gesellschaft wurde mit dem Titel der königlichen Akademie beehrt. Händel verließ Cannons und reisete in der Absicht, Sänger zu suchen, nach Dresden, wo er Senesino und Duristanto bewog, daß sie mit ihm nach England gingen. Buononcini und Attilio hatten noch immer viel Anhänger auf ihrer Seite, aber sie waren den Freunden Händels nicht gleich. Im Jahre 1720 erhielt er Erlaubnis, seine Oper „Radamisto" aufzuführen. Das Haus war so voll, daß viele von der außerordentlichen Hitze ohnmächtig wurden, und viele boten für einen Platz auf der Galerie vierzig

Schillinge, nachdem sie sich um einen andern Platz vergebens bemüht hatten.
Der Streit zwischen Händels und Buononcinis Partei ging immer weiter, und der Adel teilte sich in zwo Faktionen, die sich einander mit großer Heftigkeit entgegenstellten. Man wurde zuletzt dahin einig, daß die beiden Virtuosen an einer Oper gemeinschaftlich arbeiten möchten und daß jeder einen besondern Aufzug übernehmen sollte. Derjenige nun, welcher durch die Allgemeinheit der Stimmen die besten Beweise von seiner Geschicklichkeit geben würde, sollte zu dem Besitze des Hauses gelangen. Diese Oper war „Muzio Scaevola", und Händel erhielt den Vorzug. Die Akademie wurde nunmehr vollkommen eingerichtet, und Händel, der für dieselbe Komponist wurde, unterhielt sie neun Jahre lang mit ungemeinem Beifalle. Aber um diese Zeit entstand eine Mißhelligkeit zwischen ihm und Senesino; dieser beschuldigte Händel einer Tyrannei, und Händel klagte Senesino wegen Rebellion an. Der Adel gab sich alle Mühe, diese beiden wichtigen Personen wieder miteinander auszusöhnen, aber vergebens; und zuletzt entstanden wegen dieses Streites neue Mißhelligkeiten. Der Adel wollte nicht gestatten, daß Händel, um seine Rachbegierde zu befriedigen, einer Person den Abschied geben sollte, die zu ihrem Vergnügen so unentbehrlich war, und Händel wollte, um ihres Vergnügens willen, mit keiner Person, die ihn beleidigt hatte, in Verbindung bleiben. Ein ebenso heftiger Streit entstand zwischen der Faustina und Cuzzoni, und endlich wurde eine Gesellschaft, bei der der König selbst und fast der ganze Hof war und zu deren Unterhaltung man eine Summe von 50000 Pfund unterschrieben hatte, durch den Übermut derjenigen Personen zerstöret, gegen die man mit Lobeserhebungen und Geschenken verschwenderisch gewesen war.
Ob aber gleich die Akademie auseinanderging, so verließ doch Händel den Haymarket nicht; aber er sahe bald, daß er nicht allein eine Person von Wichtigkeit war. Nachdem Senesino den Abschied erhalten hatte, verloren sich die Zuhörer, und das Publikum ließ ihn empfinden, wie unrecht er hatte, daß er auf öffentliche Unkosten seinen Zorn hatte befriedigen wollen. Er schloß damals mit Heidegger einen Vertrag, daß sie gemeinschaftlich Opern aufführen wollten; und er ging nach Italien, neue Leute zu holen. Er kam mit Strada, Bernachi, Fabri,

Bartoldi und andern zurück; allein er empfand bald, was für ein Unterschied zwischen der Verbindung mit dem britischen Hofe und einer Gemeinschaft mit Heidegger war.
Der Adel, welcher sich beleidigt fand, veranstaltete eine neue Subskription, um gegen ihn in dem Schauspielhause in Lincoln's Inn Fields Opern aufzuführen. Porpora und Farinelli waren unter andern von der Gesellschaft. Porpora war der Verfertiger verschiedener Kantaten, die man sehr bewunderte, und Farinelli bezauberte alle, die ihn hörten, durch seine außerordentliche Stärke im Singen. Händel erhielt sich drei Jahre lang mit Heidegger gemeinschaftlich und ein Jahr allein wider seine Antagonisten; endlich aber mußte er unterliegen, und er sahe sich genötiget, den Haymarket seinen Nebenbuhlern zu überlassen.
Er machte nachhero einen Versuch, sich in dem Hause, welches seine Nebenbuhler in Lincoln's Inn Fields verlassen hatten, Zuhörer zu verschaffen, aber dieses Vorhaben mißlang ihm, und er verfügte sich nunmehro in Coventgarden und schloß eine Gemeinschaft mit Herrn Rich. In Coventgarden führte er im Winter 1733 seine Oper „Ariadne" auf, indessen daß eine von Porpora gesetzte Oper, die ebendiesen Namen hatte, auf dem Haymarket aufgeführt wurde. Er hatte das Mißvergnügen zu sehen, daß er, wenn er auch der Komposition des Porpora die seinige entgegensetzen durfte, dennoch der Stimme des Farinelli nichts entgegenzusetzen hatte. Dieses war für ihn desto demütigender, da er seinen ersten Beifall sich allein zugeschrieben und einen Sänger verachtet hatte, der so sehr befugt war, den Ruhm mit ihm zu teilen. Unterdessen fuhr er so lange hartnäckig fort, bis er sich genötigt sahe, fast alles, was er hatte, hinzugeben, um sich aus seinen Schulden zu reißen. Dieser unglückliche Ausgang machte einen so starken Eindruck auf ihn, daß er nicht nur eine Zeitlang seine Gesundheit, sondern auch seinen Verstand verlor. Sein rechter Arm wurde ihm durch einen Schlagfluß unbrauchbar gemacht, und er sagte und tat zuweilen solche ausschweifende Dinge, daß man an seiner Sinnlosigkeit nicht mehr zweifeln konnte.
Er wurde endlich von diesem traurigen Zustande, vornehmlich durch den Gebrauch der Bäder zu Aachen, wiederhergestellt und kehrte im Jahre 1736 nach London zurück.[17]
Kurz nach seiner Zurückkunft wurde sein „Fest des Alexan-

ders" in Coventgarden aufgeführet und wohl aufgenommen. Unter dieser Zeit war die gute Einrichtung auf dem Haymarket durch verschiedene Umstände sehr zurückgekommen. Der Lord Middlesex übernahm deswegen die Direktion und ging Händeln oft an, ihn mit Kompositionen zu versehen. Händel machte zwei Opern für den Lord, „Faramondo" und „Alessandro".[18] Beide wurden auf dem Haymarket im Jahr 1737 aufgeführet, und Händel erhielt dafür tausend Pfund.
Als seine Opern auf dem Haymarket den ehemaligen Beifall nicht mehr fanden, so führte er eine andere Art von Musik ein, die er Oratorio nannte und die er dem angebornen Ernst der Engländer für gemäßer hielt. Da der Inhalt dieser Stücke allemal aus der heiligen Geschichte genommen war, so hielten es einige für eine Entheiligung, daß sie in Musik gesetzt und öffentlich aufgeführt würden. Dieses Vorurteil war nicht allgemein genug, zu verhindern, daß sie als dramatische Dialogen abgesungen wurden; aber es verhinderte doch die ordentliche Vorstellung, und auf diese Art wurden diese Stücken weniger unterhaltend. Ungeachtet sie aber den Beifall nicht erhielten, den sie wirklich verdienten, so fuhr doch Händel damit bis zum Jahre 1741 fort, da die schlechte Beschaffenheit seiner Umstände ihn nötigte, England zu verlassen und sein Glück in Dublin zu versuchen.
Das erste, was er in Dublin tat, war, daß er seinen „Messias" aufführte, welcher in England sehr kaltsinnig aufgenommen worden war.[19] Man empfing Händeln in Irland auf eine Art, die eine große Achtung gegen seine Verdienste zu erkennen gab. Sein Aufenthalt in Irland, welcher neun Monate dauerte, brachte ihn in eine bessere Verfassung, und bei seiner Zurückkunft nach London fand er das Publikum besser gegen sich gestimmt als ehemals. Es wurde endlich wieder sein Freund, wozu die vorteilhafte Art, mit welcher ihn Pope im vierten Buche seiner „Dunciade" erwähnt, nicht wenig beitrug.
Händel fing nunmehr seine Oratorios in Coventgarden mit allgemeinem Beifalle wieder an und führte zuerste „Samson" auf. Im Jahre 1743 hatte er wieder einen paralytischen Zufall, und im Jahre 1744 zog er sich den Unwillen eines gewissen Frauenzimmers zu, die alles angewendet, ihn zu stürzen, aber vergebens. Sein „Messias", den man ehemals so kaltsinnig aufgenommen hatte, wurde nunmehro ein Lieblingsstück. Händel führte ihn jährlich zum Besten des Findlingshospitals

auf, welches damals bloß durch Beiträge von Privatpersonen unterstützt wurde.
Im Jahre 1751 wurde er blind durch eine Krankheit im Auge, die gutta serena genennet wird. Er geriet darüber eine Zeitlang in die tiefste Schwermut und konnte nicht ruhen, bis er an sich einige Operationen hatte unternehmen lassen, die so fruchtlos als schmerzhaft waren. Man wird sich wundern, daß man mit ihm in dieser Verfassung Operationen unternommen; allein man wird aufhören sich zu wundern, wenn man weiß, daß der Ritter Taylor, der so viele Wunderdinge getan hat und der sich eben damals in England befand, die Operation verrichtet hat; denn ob dieselbe gleich Händels Augen keinen Nutzen schafften, so füllte sie doch Taylors Beutel.[20]
Diese ganze Zeit über setzte er die Aufführung seiner Singstücken mit ununterbrochenem Beifalle fort; aber da er fand, daß es ihm unmöglich fiel, sie allein zu besorgen, so stand ihm auf sein Verlangen Herr Smith bei, welcher oft an seiner Statt spielte und überhaupt seine Stelle vertrat. Mit dieser Beihülfe führte er, bis acht Tage vor seinem Tode, seine Singstücken beständig auf.
Vom Oktober 1758 an nahm seine Gesundheit merklich ab, und die Lust zu essen, die sonst sehr stark bei ihm gewesen war, verließ ihn. Diesem ungeachtet behielt sein Geist auch im letzten Teile seines Lebens seine völlige Lebhaftigkeit, welches aus verschiedenen Gesängen und Chören und andern Kompositionen erhellet, die vermöge der Zeit ihrer Verfertigung als die letzten Töne seiner sterbenden Stimme angesehen werden können. Am sechsten April 1759 wurde sein letztes Oratorium aufgeführet[21], wobei er gegenwärtig war, und den vierzehnten starb er. Den zwanzigsten wurde er in der Westmünster Abtei begraben, wo er ihm, auf seine Kosten, ein Denkmal zu errichten verordnet hatte. Er hinterließ sein Vermögen, welches sehr ansehnlich war, der Tochter seiner Schwester, aber seine Musikalien vermachte er dem Herrn Smith[22], welcher nunmehro, nebst Herrn Stanley, die Aufführung der Singstücke beständig fortsetzt.[23]

Fußnote der Originalausgabe

[1] Es gibt zwo Personen von diesem Namen. Alessandro Scarlatti, der Verfasser einer Oper „Principessa fedele", die für ein Meisterstück gehalten wird, und Dominico Scarlatti, der noch jetzt in Spanien lebt. Welcher von diesen beiden Händel zu Venedig entdeckt, ist nicht bekannt. Vielleicht ist dieses ein ganz anderer Scarlatti gewesen, bei dem der Kardinal Ottoboni zu Rom Bekanntschaft gemacht hat.

Anmerkungen des Herausgebers

1 Das richtige Datum ist der 23. Februar 1685; Händels Geburtsdatum wird in jenen Jahren (bis zu Burney/Eschenburg) stets falsch angegeben, obwohl das Lexikon von Walther das richtige Datum auswies.

2 Die Reise muß spätestens 1696/97 stattgefunden haben; am 11. Februar 1697 starb Vater Händel. Im übrigen kam Ariosti erst 1697, Bononcini erst 1702 (als dessen Nachfolger) nach Berlin. Der ganze Berliner Aufenthalt ist aus diesen Gründen überhaupt sehr fraglich. Vgl. Anmerkung 13 zu Mainwaring/Mattheson.

3 Die Datierung stimmt nicht; vgl. Anmerkung 2. Hiller hat in seinen „Lebensbeschreibungen" von 1784 dies alles zum großen Teil übernommen (auch Reichardt in seiner Schrift über Händels Jugend).

4 Gemeint ist Reinhard Keiser (1674—1739), der bedeutende Hamburger Opernkomponist.

5 In dieser Beschreibung der bekannten Anekdote wird das auch bei Mainwaring/Mattheson erwähnte Notenbuch als Lebensretter Händels genannt, während bei Hiller später (1784) — weniger poetisch — Matthesons Angabe von 1740 folgend ein Rockknopf dafür verantwortlich gemacht wird, was dann Reichardt übernimmt.

6 Händel war damals neunzehn Jahre alt.

7 Von diesen Opern — es waren insgesamt drei, nämlich „Nero", „Florindo" und „Daphne" — wurden die beiden letztgenannten erst nach Händels Weggang von Hamburg dort aufgeführt.

8 Händel war von 1703 bis Ende 1706 bzw. Anfang 1707 in Hamburg, also höchstens vier Jahre.

9 Damals war Händel zweiundzwanzig Jahre alt.

10 Es handelt sich um die Sängerin Vittoria Tarquini (die Liebesgeschichte mit Händel gehört wahrscheinlich in das Reich der Legende); vgl. Anmerkung 14 zur Schrift von Reichardt.

11 Der Ausspruch kann, wenn überhaupt, nur von dem (jüngeren) Domenico Scarlatti stammen, der damals in Venedig war.

12 Die Aufführung der Oper „Agrippina" erfolgte am 26. Dezember 1709 in Venedig; die Vittoria sang dabei nicht mit.

13 Auf jeden Fall ist Corellis Einfluß auf Händel, insbesondere mit seinem Concerti grossi op. 6, groß gewesen.

14 Die Kardinäle Pietro Ottoboni, Carlo Colonna und Benedetto Panfili gehörten zum Kreis der „Arcadier", einer die Literatur und die Künste fördernden Vereinigung, die Ottoboni gegründet hatte.

15 Durch diese lange Argumentation soll Händel vom Eindruck eines Vertragsbruchs entlastet werden.

16 Die ganze Geschichte, auch bei Mainwaring/Mattheson erzählt, erhält hier einen besonders rührenden Aspekt.

17 Dies alles ereignete sich nicht im Jahre 1736, sondern erst im September/Oktober 1737. Auch bei Mainwaring/Mattheson steht das falsch.

18 Bei der letztgenannten Oper handelt es sich um das Pasticcio „Alessandro Severo", nicht um die Oper „Alessandro" vom Jahre 1726.

19 Die erste Aufführung des „Messias" fand nicht in England, sondern am 13. April 1742 in Dublin statt. Aufführungen in London erfolgten erst ab 1743.

20 Taylor operierte Händel im Jahre 1753 erfolglos; das gleiche hatte er im Jahre 1750 mit Bach getan.

21 Damit ist der „Messias" gemeint; Händels letztes Oratorium war „Jephta" (1751).

22 John Christopher Smith, Händels Faktotum, lebte von 1683 bis 1763, sein gleichnamiger Sohn, der Händel später ebenfalls unterstützte, von 1712 bis 1795.

23 Gemeint ist Charles John Stanley (1713–1786), ein blinder Organist.

JOHANN ADAM HILLER

Händel (George Friedrich)[1]

des Kurfürsten von Hannover, nachherigen Königs von England, Georg I., Kapellmeister

(Aus: Lebensbeschreibungen berühmter Musikgelehrten und Tonkünstler neuerer Zeit von Johann Adam Hiller. Leipzig, 1784)

Ward den 24. Februar 1684[2] zu Halle in Sachsen geboren, da sein Vater, der daselbst ein Wundarzt war, schon über sechzig Jahre zählte. Er war aus der zweiten Ehe und hatte nur eine leibliche Schwester, deren Tochter seine Erbin geworden ist.
So groß der Trieb zur Musik bei Händeln von Kindesbeinen an war, so groß war dagegen die Abneigung des Vaters, der ihn zu etwas anders, zum Juristen, bestimmte. Er verbot ihm nicht allein die Erlernung dieser Kunst ernstlich, sondern wollte auch kein musikalisches Instrument im Hause leiden. Diesem strengen väterlichen Verbote ward dadurch ausgewichen, daß heimlich ein kleines Clavichordium unter dem Dache versteckt stand; und da der kleine Händel doch schon etwas von den Noten wußte, so wurden die Übungen unter dem Dache zur Nachtzeit vorgenommen, wenn alles im Hause schlief.
Händel war im siebenten Jahre, als sein Vater, in Verrichtungen, an den Hof nach Weißenfels reisen mußte, wo sein Sohn erster Ehe Kammerdiener des Herzogs war. Unser Händel, der seinen Bruder noch nie gesehen hatte, bat den Vater sehr, daß er ihn mitnehmen möchte; da dieser aber dazu nicht zu bereden war, lief er dem Wagen zu Fuße nach und kam mit seinem Vater zugleich nach Weißenfels.
Bei seinem Aufenthalte allda pflegte er, nach geendigtem Gottesdienste, in der Schloßkapelle bisweilen auf der Orgel zu spielen. Der Herzog hörte ihn einmal von ohngefähr und fragte den Kammerdiener, wer auf der Orgel spielte. Da dieser nun antwortete, daß es sein Bruder sei, verlangte ihn der Herzog zu sehen und sagte sodann zu seinem Vater, daß es Versündigung gegen das gemeine Beste und die Nachwelt wäre, wenn er ein so außerordentliches Genie zur Musik unterdrücken und zu andern Dingen zwingen wollte. Der Vater gab mehr dem Ansehen als den Gründen des Herzogs nach und versprach, seinem Sohne eine desselben Fähigkeiten gemäße Erziehung zu geben.
Händel wurde nun bei seiner Zurückkunft nach Halle dem dasigen berühmten Organisten Zachau zum Unterricht übergeben. In bessere Hände hätte er nicht kommen können. Zachau suchte nicht bloß einen starken Organisten aus ihm zu machen, sondern legte es auch auf den Komponisten an, indem er ihm nicht allein die Grundsätze der Harmonie gründlich lehrte, sondern ihn auch mit der Schreibart verschiedener

Komponisten bei verschiedenen Nationen bekannt machte. Es gelang ihm so gut, daß sein Lehrling, ein Knabe von acht Jahren, die Stelle seines Lehrers als Organist schon mit Ehren vertreten konnte. Bald darauf fing er auch an, Kirchenstücke zu komponieren, welche alle in Halle aufgeführt wurden.

Er setzte diese Übungen und sein Studieren bei Zachau fort bis ins Jahr 1698[3], da es sein Vater für gut befand, ihn nach Berlin zu schicken, wo er einen Anverwandten am Hofe hatte, auf dessen Freundschaft und Sorgfalt sich die Eltern verlassen konnten und wo er Dinge zu hören bekam, die er in Halle nicht hören konnte.

Die Oper war damals in einem sehr blühenden Zustande daselbst. Buononcini und Attilio Ariosti hatten die Aufsicht darüber.[4] Der erste war ein besserer Komponist und der zweite ein besserer Spieler. Ihr Charakter war ebenso verschieden als ihr Talent. Buononcini war eitel und stolz; Attilio hingegen aufrichtig und bescheiden. Der erste sah auf Händeln mit Verachtung, und der andere begegnete ihm mit Höflichkeit. Attilio ließ ihn zu ganzen Stunden bei sich auf dem Flügel spielen und konnte die außerordentliche Geschicklichkeit eines so jungen Knabens nicht genug bewundern. Buononcini selbst wurde endlich gezwungen, sein vorzügliches Talent zu erkennen, und erzeigte ihm einige Höflichkeiten, ob man gleich Ursache hatte zu glauben, daß sie keine Wirkung von Freundschaft und Wohlwollen wären. Wie beide, nach der Zeit, in England einander wieder in den Weg kommen mußten, wird man weiter unten sehen.

Die Freundschaft des Attilio war indes für Händeln von großem Nutzen. Ein Mann, der Erfahrung und Geschmack hatte, konnte manches noch an ihm verbessern. Es währte auch nicht lange, als der König ihn zu hören verlangte, der ihn hernach so oft rufen ließ und jedesmal reichlich beschenkte. Der König wollte ihn auf seine Kosten nach Italien reisen lassen; allein Händels Eltern lehnten, aus gewissen Ursachen, dieses Anerbieten ab.

Man fand nun nicht für gut, Händeln länger in Berlin zu lassen; er kehrte daher wieder nach seiner Vaterstadt Halle zurück. Da er sich Begriffe von der Musik erworben hatte, die alles das weit übertrafen, was er in Halle fand, so war er sehr wenig geneigt, sich daselbst zu verweilen, und hatte eine große Begierde, Italien zu sehen. Da aber die Mittel fehlten, den

Aufwand einer solchen Reise zu bestreiten, ging er indes nach Hamburg. Die dasigen Opern wurden nur von denen in Berlin übertroffen. Bald nach seiner Ankunft in Hamburg starb sein Vater.[5] Händel wollte seiner Mutter nicht zur Last sein und fing an, Lektionen im Klaviere zu geben, suchte auch eine Stelle im Orchester zu bekommen, die er sogleich, anfänglich als Ripienist bei der zweiten Violine, hernach als Cembalist erhielt. Händel verdiente sich damit so viel, daß er nicht allein das Geld, was ihm einst seine Mutter schickte, zurücksandte, sondern auch noch ein kleines Geschenk von dem seinigen beifügte.

Der Flügel in den Hamburgischen Opern wurde von dem berühmten Keiser, der auch die meisten Opern [1] für das Theater schrieb, gespielt. Dieser Mann aber liebte die Verschwendung, geriet in Schulden und mußte flüchtig werden. Händel bekam hierauf seinen Platz. Mattheson war zu gleicher Zeit ein berühmter Sänger und Akteur der Hamburgischen Oper, schrieb auch selbst verschiedene Opern, in denen er nicht allein die Hauptrolle sang, sondern die er auch, wenn er vom Theater abkommen konnte, selbst am Flügel zu dirigieren pflegte. Im Jahr 1704, da seine Oper „Cleopatra" aufgeführt wurde und Mattheson-Antonius sich, eine halbe Stunde vor Endigung des Schauspiels, auf dem Theater entleibt hatte, wollte er (Risum teneatis!) hernach mit Dirigieren am Flügel im Orchester zeigen, daß es mit dieser Entleibung nur Spaß gewesen wäre. Händel, dem das Ding so ungereimt vorkam, als es in der Tat ist, wollte ihm nicht Platz machen und spielte die Oper bis zu Ende. Darüber gerieten nun beide im Herausgehen in einen Zank, der endlich so hitzig ward, daß sie auf öffentlichem Markte die Degen zogen, wobei Händel beinahe ums Leben gekommen wäre. Der Stoß des feindlichen Degens traf zum Glück auf einen breiten metallenen Rockknopf mit solcher Heftigkeit, daß die Klinge zersprang. Merkwürdig ist diese Schlägerei immer, da beide seit ihrer ersten Bekanntschaft gute Freunde gewesen waren; sie wurden auch bald wieder miteinander ausgesöhnt. Inzwischen war Händel damals nicht vierzehn Jahre, wie in ein paar in England gedruckten Lebensbeschreibungen steht, sondern zwanzig Jahre alt, wenn es anders mit dem angegebenen Jahre 1704 seine Richtigkeit hat.

Im folgenden Jahre 1705 brachte Händel die erste von ihm

selbst geschriebene Oper „Almira" in Hamburg aufs Theater, welche mit großem Beifall aufgenommen ward. Bis zum Jahr 1708 folgten dieser noch drei andere Opern: „Nero", „Florindo" und „Daphne".

Unter den vielen Standespersonen, welche zu der Zeit, da die Opern „Almira" und „Florindo" aufgeführt wurden, sich zu Hamburg aufhielten, befand sich auch der Bruder des Großherzogs von Toskana. Da dieser ein großer Liebhaber der Musik war, so fand Händel nicht nur bald den Zutritt zu diesem Prinzen, sondern wurde auch von ihm einer besondern Vertraulichkeit gewürdigt. Der Prinz beklagte oft, daß Händel mit den italiänischen Meistern so wenig bekannt wäre, und zeigte ihm von deren Werken eine große Sammlung. Händel sahe sie durch, sagte aber dem Prinzen frei heraus, daß er gar nichts Außerordentliches oder Vorzügliches darinnen fände. Der Prinz versicherte ihm dagegen, daß es nur auf eine Reise nach Italien ankäme, um sich von den Vorzügen der italiänischen Musik vollkommen zu überzeugen. Der Prinz bot ihm sogar an, daß er ihn frei mit nach Italien nehmen und es ihm daselbst an nichts fehlen lassen wollte. Ob nun gleich Händel sich diese Reise fest vorgesetzt hatte, sobald es die Umstände erlauben würden, so schlug er doch dieses Anerbieten aus, weil er seine Unabhängigkeit für keinen Vorteil in der Welt fahrenlassen wollte. Dieser edle, kühne Geist der Freiheit, der ihn von Jugend an geleitet hat, verließ ihn niemals, auch nicht in den unglücklichsten Begebenheiten seines Lebens.

Er hielt sich fünf Jahre zu Hamburg auf[6] und hatte in dieser Zeit außer dem zu seinen Bedürfnissen nötigen Aufwande und einigen kleinen Geschenken an seine Mutter sich eine Summe von zweihundert Dukaten gesammelt. Er trat damit die Reise nach Italien an und ließ in Hamburg eine ansehnliche Anzahl von Klaviersonaten zurück, die entweder verlorengegangen sind oder von denen niemand weiß, daß er der Verfasser derselben ist.[7]

Zuerst ging er nach Florenz, wo er von dem Prinzen, dem er in Hamburg bekannt geworden war, sehr gnädig aufgenommen wurde und durch ihn freien Zutritt im Palaste des Großherzogs erhielt. Dieser wünschte etwas von Händels Komposition zu hören. Händel schrieb also im Jahr 1710, da er nun sechsundzwanzig Jahre hatte, der Verschiedenheit ungeachtet, die man zwischen der italiänischen und deutschen Musik findet, die Oper „Rodrigo“[8] mit so vielem Glück, daß er ein Geschenk von hundert Zechinen nebst einem Silberservice erhielt.

Die vornehmste Sängerin und Actrice zu Florenz war damals Vittoria[9], von welcher man sagt, daß sie sehr schön gewesen sei, daß sie beim Großherzog in vorzüglichen Gnaden gestanden und daß sie Händeln, seiner Jugend und Verdienste wegen, ihre Zuneigung geschenkt habe.

Nachdem er sich ein Jahr in Florenz aufgehalten hatte, begab er sich nach Venedig, wo er zuerst auf einer Maskerade, als er den Flügel spielte, entdeckt wurde. Man sagt, Scarlatti habe ihn da gehört und ausgerufen, das könne niemand anders als der Sachse oder Teufel sein.

Da er nun dadurch genötigt war, sich zu erkennen zu geben, so ließ man ihm nicht Ruhe, bis er versprach, eine Oper zu komponieren. Er verfertigte daher, in einer Zeit von drei Wochen, die „Agrippina“, welche siebenundzwanzigmal nacheinander aufgeführt wurde. Die besten Sänger und Sängerinnen bewarben sich um die Rollen in der „Agrippina“, besonders die Vittoria, die beim Großherzog sich Urlaub ausgebeten hatte und aus persönlicher Achtung gegen Händeln sich alle Mühe gab, durch Anwendung ihrer Geschicklichkeit den Wert seiner Arbeit zu erhöhen. Gasparini und Lotti[10] stritten zu gleicher Zeit auf ein paar andern Theatern mit Händeln um den Vorzug.

Von Venedig ging er nach Rom. Der Ruf von seiner Geschicklichkeit ging immer vor ihm her, so daß er an keinem Orte lange verborgen blieb. Hier wurde er auch bald von Personen vom ersten Range gesucht, besonders von Kardinal Ottoboni, der eine Gesellschaft vortrefflicher Tonkünstler unterhielt, unter denen der berühmte Corelli die erste Violin spielte. Es wurden in dem Palaste des Kardinals Opern, Oratorien und andere große Werke von Zeit zu Zeit aufgeführt. Von Händeln ward jetzt ein ähnliches Stück gefordert; die Musici aber, die nur an ihre italiänischen Kompositionen gewohnt waren, fanden verschiedene Schwierigkeit darinne. Corelli selbst, dessen Bescheidenheit und Artigkeit mit seinen übrigen Eigenschaften übereinkam, beklagte sich darüber, und da er lange sich vergebens bemühet hatte, gewisse Stellen nach Händels Sinn und Meinung herauszubringen, riß dieser ihm mit Ungestüm die Violin aus der Hand und spielte ihm diese

Stellen vor. Der bescheidene, sanftmütige Corelli beschämte Händeln einigermaßen dadurch, daß er ihm ganz gelassen zur Antwort gab: „Ma, caro Sassone, questa musica è nel stilo francese, di ch'io non m'intendo." (Diese Musik, mein lieber Sachse, ist im französischen Geschmacke, und darauf verstehe ich mich nicht.)[11]

Das Instrument, worauf sich Händel als den größten Künstler zeigte, war die Orgel; doch hatte er auch auf dem Flügel wenige seinesgleichen. Domenico Scarlatti, der damals bei dem Kardinal Ottoboni war, wurde für den größten Meister auf diesem Instrumente in ganz Italien gehalten. Der Kardinal veranstaltete es, daß beide ihre Geschicklichkeit gegeneinander zeigen mußten. Der Ausgang dieses Wettstreits wird auf verschiedene Art erzählt, indem einige Händeln, andere aber dem Scarlatti den Sieg zueignen. Wenn sie indes gegeneinander auf der Orgel spielten, so gestand Scarlatti selbst, daß ihn Händel weit übertreffe. Es ist eine Ehre für beide, daß sie, ungeachtet sie Nebenbuhler waren, dennoch gute Freunde blieben.

Während seines Aufenthalts zu Rom besuchte er auch bisweilen die Kardinäle Colonna und Pamphili.[12] Der letztere, der einiges Talent zur Dichtkunst hatte, schrieb ein musikalisches Drama „Il trionfo del tempo" und verschiedene andere kleinere Gedichte, welche Händel meistenteils zum Feierabend und aus dem Stegreife komponierte. Eins von diesen Gedichten war auf Händeln selbst gemacht: er wurde darinne dem Orpheus verglichen und zum Gotte erhoben.[13]

Da er so mit verschiedenen Prälaten der römischen Kirche bekannt war, so fehlte es ihm nicht an Versuchungen der Religion wegen. Man sah aber gar bald, daß mit Händeln in diesem Stücke nichts anzufangen wäre. Er erklärte, daß er in der Religion, in der er geboren worden, leben und sterben wolle, sie möge wahr oder falsch sein.

Während seines Aufenthalts zu Rom hat er ein Oratorium „La Resurrezzione", auf hundertundfunfzig Kantaten, viele Sonaten nebst noch verschiedenen andern Stücken komponiert.[14]

Von Rom ging er nach Neapel, wo er von den vornehmsten Personen überall wohl aufgenommen wurde. An diesem Orte komponierte er eine Serenade „Acide e Galatea" auf Verlangen einer Dame von sehr hohem Stande, der Donna Laura.[15] Nachdem er sich einige Zeit in Neapel verweilt hatte, ging er zum zweitenmal nach Florenz, Rom und Venedig und kehrte nach einem sechsjährigen Aufenthalte in Italien wieder in sein Vaterland zurück.[16]

Unterwegs traf er in Hannover ein, wo er den berühmten Steffani fand, den er zuvor in Venedig gesehen hatte und der damals bei dem Kurfürsten von Hannover, nachherigem Könige von Großbritannien, George I., Kapellmeister war. Ebendaselbst fand er auch einen andern Bekannten aus Italien, den Baron von Kielmanseck, der ihn mit so nachdrücklicher Empfehlung an den Hof brachte, daß der Kurfürst ihm sogleich einen jährlichen Gehalt von 1500 Talern aussetzte, um ihn in Hannover festzuhalten. Händel, welcher zu der Zeit angelegentliche Einladungen nach England erhielt und überdies versprochen hatte, den Hof des Kurfürsten von der Pfalz zu besuchen, sagte dem Baron, daß er zwar die Gnade des Kurfürsten zu schätzen wisse, er trüge aber Bedenken, das Anerbieten anzunehmen, weil es ihm die Verbindlichkeit auflegte, in Hannover zu bleiben, welche mit seinem Versprechen und gewissen vorherigen Entschließungen nicht vereinigen ließe. Der Baron hinterbrachte Händels Einwendung dem Kurfürsten, welcher ihm sagen ließ, daß die Annahme des ihm angebotenen Gehalts ihn weder von seinem Versprechen noch von seinen Entschließungen abhalten solle, sondern daß man ihm völlige Freiheit ließe, ein Jahr und mehr, nach seinem Gefallen, abwesend zu sein. Auf diese Bedingung nun nahm Händel den Gehalt mit Dank an.[17]

Da Steffani bald hernach das Amt des Kapellmeisters niederlegte, so wurde dasselbe Händeln gegeben. Sein Privilegium, nach Gefallen abwesend zu sein, wurde dadurch nicht aufgehoben, und er reiste bald darauf nach Düsseldorf. Er besuchte zugleich seine Geburtsstadt Halle, wo er einige Zeit unter seinen Freunden und Verwandten zubrachte; besonders bei seiner Mutter, die damals sehr alt und seit geraumer Zeit blind war; sein ehemaliger Lehrmeister Zachau hatte ebenfalls die Freude, ihn oft bei sich zu sehen.

Von Düsseldorf ging er über Holland nach England und langte im Winter des Jahres 1710 [2][18] in London an. Die Opern waren damals eine neue Art von Lustbarkeit; aber in Ansehung der Poesie, der Maschinen und Auszierungen so abgeschmackt, daß Addison sich nicht enthalten konnte, im englischen Zuschauer sie lächerlich zu machen. Die Musik

entlehnte man meistenteils von den Italienern und war schon zufrieden, wenn nur englische Worte darunter standen, ohne darauf zu sehen, ob sie darunter paßten oder nicht. Händel gab nun diesen Dingen bald eine andere Gestalt.
Seine Verdienste waren vielen Engländern nicht unbekannt, da sie seine Arbeiten schon in Italien und Hannover gehört hatten. Er wurde bei Hofe eingeführt, und die Königin beehrte ihn mit vorzüglichen Gnadenbezeugungen. Der Adel des Hofes bezeugte groß Verlangen, eine Oper von seiner Arbeit zu sehen, und Händel schrieb in Zeit von vierzehn Tagen seine erste Oper „Rinaldo", zu welcher ein Italiener, Rossi, die Poesie gemacht hatte. Der berühmte Sänger Nicolini hatte in dieser Oper die Hauptrolle.
Händel hatte nunmehr ein ganzes Jahr in England zugebracht und hielt es für nötig, nach Hannover zurückzukehren. Bei seiner Abreise erhielt er von der Königin und dem hohen Adel ansehnliche Geschenke und mußte versprechen, daß er bald wieder nach England kommen wollte.
In Hannover verfertigte er für die damalige Kurprinzessin Carolina zwölf Kammerduette, zu welchen der Abt Mauro Hortensio die Poesie gemacht hatte. Er komponierte auch noch andere Stücke, sowohl zum Singen als für Instrumente.
Gegen das Ende des Jahres 1712 ging er nach England zurück. Der Utrechter Friede wurde wenige Monate nachher geschlossen, und bei dieser Gelegenheit verfertigte Händel auf Befehl der Königin ein Te Deum [3] und Jubilate, beides über englische Texte. Man ging ihn auch an, daß er die Direktion der Oper auf dem Haymarket wieder übernehmen sollte. Die Königin selbst wendete ihr Ansehen an, ihn dazu zu vermögen; und als ein Zeichen der Achtung gegen seine Verdienste setzte sie ihm einen Gehalt von zweihundert Pfund auf Lebenszeit aus. Ungeachtet Händel in Hannover sich verbindlich gemacht hatte, bald wieder zurückzukommen, hielt er sich doch bis zum Tode der Königin, welcher im Jahr 1714 erfolgte, in England auf, und der Kurfürst von Hannover, als Thronfolger, kam nun selbst nach England.
Händel, dem sein Gewissen schlug, unterstand sich nicht, am Hofe zu erscheinen. Sein Freund, der Baron Kielmanseck, nahm sich indes seiner Sache an und veranstaltete für den König eine Lustfahrt auf dem Wasser, wozu Händel eine eigene Musik verfertigen mußte. Dem Könige gefiel diese

Überraschung ebenso sehr als die Musik selbst, und da er nach dem Verfasser derselben fragte, stellte ihm der Baron Händeln vor, als einen, der seinen Fehltritt zu sehr erkenne, als daß er Entschuldigungen dafür suchen sollte, der aber ein aufrichtiges Verlangen trage, ihn wiedergutzumachen. Händel erhielt dadurch die Gnade des Königs wieder. Sein Gehalt wurde mit zweihundert Pfund auf lebenslang vermehrt, und als er die jungen Prinzessinnen in der Musik zu unterrichten bekam, wurden noch zweihundert Pfund hinzugetan, daß also Händel jetzt sechshundert Pfund jährlich hatte.
Im Jahre 1715[19] verfertigte er die Oper „Amadige", und von dieser Zeit an bis ins Jahr 1718 war er fast beständig bei dem Grafen von Burlington. Da Pope ein sehr vertrauter Freund des Grafen war, trug es sich oft zu, daß Händel und er zusammen bei ihm speisten. Pope, der das feinste Gehör für die Harmonie des Verses hatte, besaß keins für die Musik; und er gestand oft, daß die besten Kompositionen von Händeln ihm nicht mehr Vergnügen machten als das gemeinste Gassenlied. Unterdessen hatte ihn sein Freund Arbuthnot mit Händels hervorragenden Verdiensten bekannt gemacht, daß er ihn also als einen großen Mann in seinem Fache doch hochschätzte.
Vom Jahr 1718 bis 1720 hielt sich Händel die meiste Zeit zu Cannons, bei dem Herzoge von Chandois, auf; er hat auch in diesen beiden Jahren von Opern nichts weiter komponiert als den „Teseo" und „Pastor fido", weil Buononcini und Attilio, die Händel schon von Berlin aus kannte[20], die eigentlichen Komponisten für die Oper waren.
Um diese Zeit fiel man darauf, eine Art von Akademie auf dem Haymarket zu stiften, in der Absicht, daß daselbst Opern von Händels Komposition unter seiner Direktion aufgeführt werden sollten. Man erwählte den Weg der Subskription, durch welchen keine geringere Summe als 50 000 Pfund zusammengebracht wurde. Der König selbst hatte unterschrieben, und die Gesellschaft bekam den Titel einer königlichen Akademie. Händel reiste in der Absicht, Sänger zu suchen, nach Dresden, allwo sich damals, des kurprinzlichen Beilagers wegen, verschiedene berühmte italienische Sänger befanden. Er beredete den Senesino und die Duristanti, mit ihm nach England zu gehen. Händel hatte bei dieser neuen Unternehmung die Partei des Buononcini und Attilio gegen sich; sie konnten es aber doch

nicht hindern, daß nicht im Jahr 1720 Händel mit seiner Oper „Radamisto" auftrat. Das Haus war bei der ersten Vorstellung dieser Oper so voll, daß viele von der außerordentlichen Hitze ohnmächtig wurden; und viele boten für einen Platz auf der Galerie vierzig Schillinge, nachdem sie sich um ein anderes Unterkommen vergebens bemühet hatten.

Der Streit zwischen Händels und Buononcinis Partei ging immer weiter, und der Adel teilte sich in zwo Fraktionen, die sich einander mit großer Heftigkeit entgegenstellten. Man verglich sich zuletzt dahin, daß die beiden italienischen Komponisten und Händel an einer Oper gemeinschaftlich arbeiten und jeder einen Aufzug derselben schreiben sollte. Derjenige nun, der durch die Allgemeinheit der Stimmen die besten Beweise von seiner Geschicklichkeit geben würde, sollte zu dem Besitze des Hauses gelangen. Diese Oper war „Muzio Scevola", und Händel komponierte den letzten Aufzug. Die Stimmen waren bei der Aufführung gar nicht mehr geteilt, und Händel erhielt den Vorzug. Die Akademie wurde nunmehr völlig eingerichtet, und Händel, der Komponist für dieselbe ward, unterhielt sie neun Jahre lang mit außerordentlichem Beifalle.

Dies ist unstreitig die glänzendste und glücklichste Periode in dem Leben Händels. Es gehörte auch kein geringeres Ansehen als das seinige dazu, eine Gesellschaft, bei welcher Ordnung und Ruhe selten lange dauern, eine solche Reihe von Jahren hindurch aufrechtzuerhalten. Endlich aber brach doch Zwist und Uneinigkeit unter derselben aus und machte der Sache bald ein Ende. Die nachteiligste Mißhelligkeit war die zwischen Händeln und Senesino. Ersterer konnte leicht durch die Umstände etwas trotzig und herrschsüchtig, der andere aber, der sich durch seine gute Gestalt, durch seinen vortrefflichen Gesang und gute Aktion durchgängig sehr empfohlen hatte, etwas stolz und unbiegsam geworden sein. Kurz, Händel und Senesino zerfielen so miteinander, daß alle Mühe, die sich der Adel gab, zwo so unentbehrliche Personen wieder miteinander zu versöhnen, vergebens war. Ein ebenso heftiger Streit entstand zwischen den beiden Sängerinnen, der Cuzzoni [4] und der Faustina, so daß endlich eine Gesellschaft, bei der der König selbst und fast der ganze Hof interessiert war und zu deren Unterhaltung man eine Summe von 50000 Pfund unterschrieben hatte, durch den Übermut derjenigen Personen zer-

rissen wurde, gegen die man mit Lobeserhebungen und Geschenken verschwenderisch gewesen war.
Ob nun gleich die Akademie auseinanderging, so verließ doch Händel den Haymarket nicht; er sahe aber bald, daß er nicht allein eine Person von Wichtigkeit wäre. Nachdem Senesino den Abschied erhalten hatte, verloren sich die Zuhörer, und das Publikum ließ ihn empfinden, wie unrecht er hatte, daß er auf öffentliche Unkosten seinen Zorn hatte befriedigen wollen. Er schloß damals mit Heidegger einen Vertrag, daß sie beide in Compagnie die Opern fortsetzen wollten. Händel reiste nun nach Italien, um Sänger zu holen, brachte auch die Strada, den Bernachi, Fabri, Bartoldi nebst andern[21] nach England; aber er empfand den Unterschied bald, der zwischen einer Verbindung mit dem britischen Hofe und einer Gemeinschaft mit Heidegger war.
Der Adel, der sich beleidigt fand, veranstaltete eine neue Subskription, um gegen ihn im Schauspielhause in Lincoln's Inn Fields Opern aufzuführen. Porpora und Farinelli waren bei dieser Gesellschaft, der erste als Komponist, der andere als Sänger. Händel erhielt sich drei Jahre lang mit Heidegger gemeinschaftlich und ein Jahr allein, gegen seinen Widersacher, endlich aber mußte er unterliegen und sahe sich genötigt, den Haymarket seinen Nebenbuhlern zu überlassen.
Er machte nachher einen Versuch, sich in dem Hause, das seine Gegner in Lincoln's Inn Fields verlassen hatten, Zuhörer zu verschaffen; aber dies Vorhaben mißlang ihm, und er verfügte sich nunmehr in Covent Garden und schloß eine Gemeinschaft mit dem Besitzer des Hauses, dem Herrn Rich. In Covent Garden führte er im Winter 1733 die Oper „Ariadne" auf, indes daß eine von Porpora gesetzte Oper, die ebendiesen Namen hatte, auf dem Haymarket aufgeführt wurde. Er hatte das Mißvergnügen zu sehen, daß er, wenn er auch der Komposition des Porpora die seinige entgegensetzen durfte, dennoch der Stimme des Farinelli nichts entgegenzusetzen hatte.
Dieses war für ihn desto demütigender, da er seinen ehemaligen Beifall sich immer allein zugeschrieben und einen Sänger verachtet hatte, der so sehr befugt war, den Ruhm mit ihm zu teilen. Unterdessen fuhr er so lange hartnäckig fort, bis er sich genötigt sah, fast alles, was er hatte, hinzugeben, um sich aus seinen Schulden zu reißen. Dieser unglückliche

Ausgang machte einen so starken Eindruck auf ihn, daß er nicht nur seine Gesundheit, sondern auch seinen Verstand auf eine Zeitlang verlor. Sein rechter Arm wurde ihm durch einen Schlagfluß unbrauchbar gemacht; und er sagte und tat zuweilen Dinge, daß man an seiner Sinnlosigkeit nicht mehr zweifeln konnte.

Er wurde endlich von diesem traurigen Zustande, vornehmlich durch den Gebrauch der Bäder zu Aachen, wieder befreiet und kehrte im Jahr 1736 nach London zurück. Kurz nach seiner Zurückkunft wurde sein „Alexanders-Fest" in Covent Garden aufgeführt und wohl aufgenommen. Unter dieser Zeit war die Oper auf dem Haymarket durch verschiedene Umstände auch sehr zurückgekommen. Der Lord Middlesex übernahm sie endlich und wandte sich an Händeln, daß er ihn mit Kompositionen versehen möchte. Händel schrieb für den Lord also die beiden Opern „Faramondo" und „Alessandro" und erhielt dafür tausend Pfund. Beide wurden im Jahr 1737 auf dem Haymarket aufgeführt.[22]

Da Händel mit seinen Opern den ehemaligen Beifall nicht mehr fand, so führte er eine andere Gattung von Drama ein, die er Oratorien nannte und die er dem ernsthaften Charakter der Engländer für gemäßer hielt. Da der Inhalt dieser Stücke aus der biblischen Geschichte genommen war, so hielten es einige für Entheiligung, daß sie in Musik gesetzt würden und öffentlich aufgeführt werden sollten. Dies Vorurteil war nicht allgemein genug, um zu verhindern, daß sie nicht als dramatische Dialoge abgesungen wurden; aber es verhinderte doch die ordentliche theatralische Vorstellung, und dadurch wurden diese Stücke weniger unterhaltend. Ungeachtet sie nun den Beifall nicht erhielten, den sie verdienten, so fuhr doch Händel damit bis zum Jahre 1741 fort, da die schlechte Beschaffenheit seiner Umstände ihn nötigte, England zu verlassen und in Dublin sein Glück zu versuchen.

Das erste, was er in Dublin tat, war, daß er seinen „Messias" zum Besten der Gefangenen in den Stadtgefängnissen aufführte. Er glaubte, sich durch nichts besser als durch eine solche wohltätige Handlung empfehlen zu können; vielleicht hoffte er auch, seinem „Messias", welcher zuerst in London sehr kaltsinnig war aufgenommen worden[23], dadurch einiges Gewicht zu geben. Man empfing Händel in Irland auf eine Art, welche eine große Achtung seiner Verdienste zu erkennen gab. Sein Aufenthalt daselbst, welcher neun Monate dauerte, brachte ihn in eine bessere Verfassung; und bei seiner Zurückkunft nach London fand er das Publikum besser gegen sich gesinnt als bei seiner Abreise.

Händel fing nunmehr seine Oratorios in Covent Garden mit allgemeinem Beifalle wieder an und führte den „Samson" auf. Im Jahre 1743 hatte er wieder einen paralytischen Zufall, und im folgenden Jahre zog er sich den Unwillen einer Dame zu, die alles anwandte, ihn zu stürzen; aber vergebens. Sein „Messias", den man ehemals so kaltsinnig aufgenommen hatte, ward nun ein Lieblingsstück. Händel führte ihn alle Jahre einmal zum Besten des Findlingshospitals auf und ward dadurch einer der wohltätigsten Stützen dieses höchst nützlichen Instituts.

Im Jahre 1751 beraubte ihm eine Augenkrankheit, der schwarze Star, des Gesichts. Er geriet darüber eine Zeitlang in die tiefste Schwermut und konnte nicht ruhen, bis er einige Operationen mit sich hatte vornehmen lassen, die ebenso fruchtlos als schmerzhaft waren. Der Ritter Taylor, der sich eben damals in England befand und überall Wunder getan haben wollte, verrichtete diese Operationen[24], die wenigstens seinem Beutel zuträglich waren, wenn sie auch Händels Augen nichts halfen.

Händel blieb bis an sein Ende, acht Jahre lang, blind. Die Aufführung seiner Singstücken wurde indes ununterbrochen fortgesetzt. Da es aber nicht möglich war, daß er bei seiner Blindheit die Aufführung allein hätte sollen besorgen können, so stand ihm Herr Smith bei und spielte für ihn.

Vom Oktober im Jahr 1758 an nahm seine Gesundheit merklich ab, und die Lust zu essen, die sonst sehr stark bei ihm gewesen war, verließ ihn gänzlich. Demungeachtet behielt sein Geist, auch in den letzten Tagen seines Lebens, seine völlige Lebhaftigkeit, welches aus verschiedenen Gesängen und Chören, auch andern Kompositionen erhellet, die, der Zeit der Entstehung nach, als die letzten Töne seiner sterbenden Stimme angesehen werden können. Am 6. April 1759 wurde sein letztes Oratorium[25] noch in seiner Gegenwart aufgeführet, und den 14. starb er; vier Monate früher als Graun[26]; daß also das Jahr 1759 der Musik zween große Männer geraubt hat, die beide Deutsche waren.

Er wurde in der Westmünster Abtei begraben, wo man seiner Verordnung gemäß ihm ein Denkmal auf seine Kosten errichtet hat. Da er nicht verheiratet gewesen war und keine Kinder hinterließ, so vermachte er sein hinterlassenes Vermögen seiner Schwester Tochter; seine Musikalien aber dem Herrn Smith, der ihm in den letzten Jahren so treulich beigestanden hatte und nachher, nebst dem Herrn Stanley[27], die Aufführung seiner Oratorien fortgesetzt hat.

Das ausführliche Verzeichnis der Händelischen Kompositionen hier einzurücken, wie es der englische Verfasser der von Mattheson übersetzten Lebensbeschreibung geliefert hat, halte ich für überflüssig. Sie bestehen aus Opern, Oratorien, Serenaden, Kirchenmusiken, Kammermusiken und Instrumentalsachen. Der Opern sind vierundvierzig; davon viere in Hamburg, viere in Italien[28] und sechsunddreißig in London verfertigt sind. Der Oratorien sind zweiundzwanzig, von denen „Alexanders Fest", „Sampson", „Judas Maccabäus" und der „Messias" auch durch untergelegte deutsche Worte bekannt sind.[29] Von Serenaden werden fünf angegeben, wovon aber zwei unter den in Italien verfertigten Opern mit begriffen sind.[30] Unter den Kirchenmusiken steht das oben angeführte Te Deum und Jubilate obenan; außer drei andern Te Deum besteht das übrige aus Krönungsstücken, Motetten und Begräbnisstücken. Zur Kammermusik gehören ohngefähr zweihundert in Hannover verfertigte Kantaten[31], ein Dutzend Duetten und einige Serenaden. Die Instrumentalsachen bestehen aus der oben berührten Wassermusik, aus Konzerten, Violintrios, Klaviersuiten, zwölf Concerti grossi und zwölf Orgelkonzerten. Diese Sachen, wenigstens die in England komponierten, sind fast alle in Kupfer gestochen.

Kein Komponist ist der einmal angenommenen Manier so treu geblieben und hat seinen Ton so wenig geändert als Händel. Er legte den Grund in der Musik in der Schule eines Mannes, der ein großer Harmoniegelehrter, ein starker Orgel- und Fugenspieler war; zu einer Zeit, wo aus der Harmonie so viel Wesens gemacht wurde, daß die Komponisten der Melodie fast gänzlich darüber vergaßen. Es ist daher nicht zu verwundern, wenn man in Händels Werken mehr Reichtum der Harmonie als Melodie, mehr kunstmäßige Bearbeitung als leichtfließenden Gesang antrifft. Außerdem finden sich Umstände in seinem Leben, aus denen sich vermuten läßt, daß er mit

Vorsatz den Eindruck mit der Harmonie zu machen suchte, den andere mit ihrer Melodie machten. Das war besonders der Fall, da er in London zuerst den Buononcini und Attilio, hernach den Porpora und Hasse zu Gegnern hatte. Indes erhielten dadurch alle seine Kompositionen eine gewisse Würde und Erhabenheit, die ihnen mehrenteils das Übergewicht über die mehr melodischen Produkte jener Männer verschaffte. Er übertreffe nun oder werde übertroffen, so ist es doch gewiß, daß er in seinen Chören nicht so leicht zu erreichen ist.
Als Orgelspieler war er zu allen Zeiten und an allen Orten so berühmt, daß, als Mattheson einst zu Halberstadt auf der Schloßorgel spielte, der Organist, der ihn nicht kannte, voll Verwunderung ausrief: „Mein Herr, Sie sind entweder ein Schwarzkünstler oder Händel, denn von dem hat man mir gesagt, daß er lauter Hexerei auf den Orgeln treibt."

Fußnoten der Originalausgabe

[1] In den beiden Jahren 1709 und 1710 hat er acht Opern nacheinander geschrieben. S. Matthesons „Ehrenpforte", S. 128.

[2] Es ist nicht leicht, die Chronologie in Händels Leben in Ordnung zu bringen. Mattheson hätte es am besten gekonnt, und gleichwohl scheint er an Verwirrung am meisten schuld zu sein. Die beiden englischen Lebensbeschreiber haben die Data augenscheinlich aus Matthesons „Ehrenpforte" genommen und nicht darauf geachtet, daß nach denselben Händel immer fünf bis sechs Jahre älter ist, als sie ihn angeben. Mattheson, der in der im Jahr 1761 zu Hamburg gedruckten, aus dem Englischen übersetzten Lebensbeschreibung die Anachronismen des Originals fleißig bemerkt, hebt doch am Ende den Widerspruch, der sich darinnen findet, daß Händel im Jahr 1710 nach London gekommen und in eben dem Jahre die „Agrippine" in Venedig aufgeführt habe, nicht anders, als daß er S. 113 in einer Anmerkung sagt: „Ao. 1708 und länger war Händel noch in Hamburg; Ao. 1710 aber schon in London; doch soll er inzwischen sechs Jahre in Italien, hernach in Hannover, in Halle, in Düsseldorf gewesen sein; wer kann das begreifen?" Das einzige Mittel, sich herauszufinden, ist, daß man seinen Aufenthalt in Berlin abkürzt, ihn um ein paar Jahre früher nach Hamburg, um fünf Jahre früher nach Italien reisen und etwan im Jahr 1705 die erste Oper in Venedig aufführen läßt. Denn die Data seiner Arbeiten in London sind wohl die unstreitigsten und ist daraus auf seine Ankunft daselbst mit ziemlicher Sicherheit zu schließen.

[3] Ist eben das Te Deum, das der Herausgeber dieser Lebens-

beschreibung im Jahr 1779 mit dem untergelegten lateinischen Texte in Partitur hat drucken lassen.

[4] Auch Händel geriet eines Tages mit der Cuzzoni in Streit, weil sie eine gewisse Arie in der Oper „Ottone“ nicht singen wollte. „Oh, Madame“, sagte er, „je sais bien, que vous êtes une véritable Diablesse; mais je vous serai savoir moi, que je suis Beelzebub, le chef des Diables.“ (Ich weiß wohl, Madame, daß Sie eine leibhaftige Teufelin sind; aber ich will Ihnen zeigen, daß ich Beelzebub, der Oberste der Teufel, bin.) Hiermit faßte er sie um den Leib und schwur, sie zum Fenster hinauszuwerfen, wenn sie noch ein Wort sagte.

Anmerkungen des Herausgebers

1 Die englisch-französische Namensfassung „George“ findet sich auch bei Händels eigenhändiger Matrikel-Eintragung an der hallischen Universität vom Jahre 1702.

2 Das Datum ist falsch von Mattheson und anderen übernommen.

3 Wahrscheinlich schon 1696 (Händels Vater starb 1697), falls die Berliner Reise überhaupt stattgefunden hat.

4 Attilio Ariosti und Giovanni Bononcini befanden sich beide im Jahre 1696 noch nicht in Berlin; ersterer kam 1697, letzterer (als dessen Nachfolger) 1702 dorthin. Schon deshalb ist diese Reise sehr zweifelhaft.

5 Hiller schwimmt hier in der Datierung vollkommen: Händel ging im Jahre 1703 nach Hamburg, während sein Vater schon am 11. Februar 1697 gestorben war.

6 Es waren höchstens $3^1/_2$ Jahre (Mitte 1703 bis Ende 1706). Auf jeden Fall war Händel im Frühjahr 1707 in Italien.

7 Davon ist nichts Weiteres bekannt.

8 Händel schrieb diese Oper schon im Jahre 1707.

9 Was Hiller über diese Dame schreibt, ist reine Legende, die seit Mainwaring weitergetragen wurde.

10 Francesco Gasparini (1668—1727) und Antonio Lotti (um 1667—1740) waren bekannte venezianische Opernkomponisten.

11 Das ist alles Mainwaring/Mattheson nacherzählt und nicht sonst beglaubigt.

12 Carlo Colonna und Benedetto Panfili.

13 Das Gedicht ist abgedruckt bei O. E. Deutsch, a. a. O., S. 24f.; auch Händels Komposition ist erhalten.

14 Die Zahl der Kantaten kann ungefähr stimmen; auf jeden Fall waren es mehr als hundert. Unter „Sonaten“ sind wohl Solosonaten für Violine, Flöte bzw. Oboe und Basso continuo gemeint, von denen etliche verlorengegangen sein mögen. Die Veröffentlichung erfolgte erst in London.

15 Von einer Donna Laura hört man nur Anekdotisches.

16 Händel war vom Frühjahr 1707 (spätestens) bis Frühjahr 1710 in Italien. Das vollkommene Durcheinander in der Datierung der frühen Händelschen Lebens- und Schaffensjahre ist wesentlich durch Mainwaring und Mattheson verursacht worden. Wie Händel sechs Jahre in Italien gewesen sein soll, wenn er (nach Hiller) frühestens 1708 dorthin gekommen war und sich bereits 1710 in England befand, ist nicht recht ersichtlich.

17 Auf diese Weise wird Händels angeblicher Vertragsbruch mit Hannover (1712) von vornherein zu entschuldigen gesucht. Inwieweit Hillers (bzw. Mainwarings) Argumentation stimmt, läßt sich nicht mehr exakt feststellen.

18 Hiller empfindet selbst das Mißliche der Datierung, die vor allem Mattheson sehr durcheinandergebracht hat. Der angebliche Berliner Aufenthalt bereitet am meisten Schwierigkeiten. Unter den „beiden englischen Lebensbeschreibungen" sind die Biographien in „Gentleman's Magazine" und von John Mainwaring (beide 1760) gemeint.

19 Von hier ab werden Hillers Daten (wie auch sonst die Daten der damaligen Händel-Biographik) zuverlässiger.

20 Vgl. oben Anmerkung 3 usw.

21 Gemeint sind der Soprankastrat Antonio Bernacchi, der Tenor Annibale Fabri und die Signora Bartoldi (oder Bertolli), neben der Anna Strada Hauptsänger der zweiten Opernakademie.

22 Es handelte sich nicht um die Oper „Alessandro" vom Jahre 1726, sondern um das Pasticcio „Alessandro Severo". Die Aufführungen dieser beiden Opern erfolgten im Januar/Februar 1738.

23 Die erste Londoner Aufführung des „Messias" fand erst am 23. März 1743, also fast ein Jahr nach der Dubliner Uraufführung (13. April 1742), statt.

24 Das geschah im Jahre 1753; derselbe Taylor hatte im Jahre 1750 an Bachs Augen erfolglos herumoperiert.

25 Gemeint ist der „Messias".

26 Karl Heinrich Graun (1704—1759), ein typischer Komponist der „Empfindsamkeit", wurde vom preußischen König Friedrich II. am höchsten geschätzt.

27 Charles John Stanley (1713—1786), ein blinder, in London wirkender Organist.

28 Es waren höchstens drei: „Rodrigo", „Agrippina" und „Aci, Galatea e Polifemo" (diese eher eine „Serenata").

29 Damals lagen von diesen Werken in Hamburg, Braunschweig und Weimar Übersetzungen vor.

30 Die Zählung ist hier nicht durchsichtig (vgl. Anmerkung 28).

31 Diese dürften fast alle schon in Italien entstanden sein; vgl. Anmerkung 14.

JOHANN FRIEDRICH REICHARDT

George Friederich Händels Jugend

Dargestellt von Johann Friedrich Reichardt,
Königl. Preuß. Kapellmeister
Berlin, 1785

George Friederich Händel wurde den 24. Februar 1684[1] zu Halle im Magdeburgischen geboren. Sein Vater, ein Wundarzt, erzeugte ihn mit seinem zweiten Weibe im sechzigsten Jahre seines Alters.
Im fünften Jahre schon zeigte das Kind große Lust zur Tonkunst und bei dem ersten zufälligen Unterricht außerordentliche Fähigkeit dazu. Der Vater bestimmte ihn aber schon als Kind zur Rechtsgelehrsamkeit, betrübte sich über seine vorzügliche Liebe zur Tonkunst, verbrannte, gegen alles Zureden der Freunde und Verwandten, alle musikalischen Instrumente in seinem Hause und ließ ihn nie an irgendeinen Ort gehen, wo er solche finden konnte.[2]
Das waren nun natürlich Hindernisse, die einem wahren Genie oft zuträglicher sind als die glücklichen Veranlassungen. Das Kind wußte sich heimlich ein elendes Klavier zu verschaffen, verbarg es auf dem Boden und übte sich die Nächte durch, wann alles im Hause schlief. Wie wohl muß das dem lieben Kinde getan haben, sich damals schon sein Glück selbst zu schaffen; und wie mußte ihm von dem Augenblick an dieses Glück über alles gelten!
Der Vater hatte einen ältern Sohn am Hofe des Herzogs von Weißenfels und reiste einst dahin. Der liebe Kleine, damals sieben Jahre alt, bittet vergeblich, ihn mitzunehmen, daß er seinen ältern Bruder kennenlerne. Der Vater fährt allein ab. Kaum ist er fort, so faßt der kleine Mann den Entschluß, zu Fuße nachzulaufen, tut's, holt den Wagen bald ein und bewegt den Vater, ihn mitzunehmen.
Da fand er nun eine neue Welt, fand viel Gelegenheit und Freiheit, das Klavier zu spielen, und hatte gar große Freude daran. Am Sonntage wird ihm erlaubt, in der Kirche zum Ausgange die Orgel zu spielen. Der Herzog hört ihn, fragt nach ihm, erfährt, wer er sei, und läßt ihn samt dem Vater zu sich kommen. Dieser verhehlt sein Mißfallen an des Kindes Musikliebe nicht, will zwar wohl eingestehen, die Musik sei ein ganz artiger Zeitvertreib, indes sei der mittelmäßigste Rechtsgelehrte doch ein ganz anderer und nützlicherer Mann als der größte Tonkünstler.
Der Herzog, der die Tonkunst sehr liebte — auch wohl seine Rechtsgelehrten kennen mochte —, sprach ihr sehr das Wort, sprach auch von unbilligem Zwang der Kinder gegen ihre Neigung und ermahnte den Vater gar ernstlich, des Kindes

Liebe und Genie zu einer so schönen Kunst nicht zu kränken, ihn übrigens daneben alles lernen zu lassen, was zu seiner Aufklärung und Bildung dienlich wäre.
Der liebe Junge hängt bei der holden Rede mit großen Augen fest an seinem Fürsprecher und Wohltäter, wird dann mit Liebkosungen und Geschenken überhäuft und kehrt mit dem Vater nach Halle zurück.
Holde edle Fürstenworte vermögen viel über die meisten Menschen.[3] So blieb dann auch des Herzogs brave Rede nicht fruchtlos. Gleich nach der Rückkunft wurde der damalige sehr geschickte Organist und Komponist Zachau[4] zum Lehrer des Kleinen angenommen. Dieser liebte ihn und lehrte ihn mit großer Treue die Orgel und die Theorie der Musik, machte ihn auch bald mit seiner Sammlung der besten Werke italiänischer und deutscher Meister bekannt, ließ ihn die vortrefflichsten zu näherer Bekanntschaft selbst abschreiben und bald auch eigene Aufsätze machen.
Kaum neun Jahre alt, fing er an, für die Kirche zu komponieren, vertrat auf der Orgel oft seines Lehrers Stelle und trieb das so mit dem besten Erfolg bis in sein vierzehntes Jahr.
Der Lehrer hatte schon oft gesagt: der Schüler geht über seinen Meister; und in dem Knaben wuchs mit jedem Tage der Trieb, vorwärtszueilen, auch wohl die in Weißenfels angezündete Ehrbegierde, die durch öftere Besuche von Fremden, so nach Halle kamen, das Wunderkind zu hören, nicht wenig angefacht wurde. Man sann deshalb auf Mittel, ihn auf größere Bahn zu bringen.
Friedrich I., König von Preußen (damals noch als Friedrich III. Kurfürst von Brandenburg), dessen Pracht- und Kunstliebe Berlin noch jetzt seine schönsten, edelsten Gebäude, Statuen und Kunstsammlungen verdankt, hatte auch zu der Zeit in Berlin eine ansehnliche Kapelle und italiänische Oper, denen der berühmte Buononcini und Ariosto vorstanden. Deshalb beschloß man, den jungen Händel zu einem Verwandten nach Berlin zu schicken. Es geschah im Jahr 1698, einige sagen 1696.[5]
Zu jener Zeit, da die Tonkunst und echte große Tonkünstler in Italien eine Würde hatten und überall eine Verehrung fanden, die bei dem gegenwärtigen kleinlichen Zustande der Tonkunst selbst von den jetzigen berühmten Tonkünstlern kaum begriffen wird, zu jener Zeit war Buononcini[6] einer der

ersten und verehrtesten Italiäner und besaß all den ungemessenen Künstlerstolz und grenzenlosen Hochmut, mit welchem Pugnani[7], fast der einzige, der noch in Italien in solcher Lage lebt, unsre Künstler und selbst unsre Höfe bei seiner neuerlichen Reise durch Deutschland in Erstaunen setzte und betäubte. Buononcini sah in unserem kleinen Wundermann nur den Knaben und achtete ihn kaum des Bemerkens wert.
Ariosto[8], dessen Klavierspielen mehr galt als seine Kompositionen, war ein gutmütiger, bescheidener Mann, liebte unsern Kleinen und bewunderte sein Talent. Er ließ ihn öfter stundenlang spielen und soll ihm manche gute praktische Lehre gegeben haben.
Auch hier wurde er dem Kurfürsten vorgestellt, spielte öfterer vor ihm und erhielt Geschenke.
Friedrich I. ließ eine Menge junger Künstler jeder Art mit großen Kosten nach Italien reisen und dort nach ihrem Triebe studieren; er bot dieses auch unserm Händel an.[9] Der Vater fürchtete aber, es möchte daraus ewige Verbindlichkeit entstehen, entschuldigte sich und nahm den Knaben wieder zu sich nach Halle.
Da ward ihm nun alles zu enge. Nach Italien stand sein Sinn. Was hatten ihm die Italiäner nicht alles von Italien gesagt, wenn er in Berlin schon so manches Neue anstaunte. Zu einer solchen Reise fehlten aber die Mittel, und in Halle selbst die Veranlassung, solche zu verdienen; auch war da keine Gelegenheit, in der Kunst fortzurücken oder auch nur sein Talent ganz anzuwenden.
Hamburg hatte damals eine große Oper, die in Deutschland nur von der Berlinischen übertroffen wurde. Keiser, ein Mann von dem schönsten Kunsttalent, komponierte für sie und dirigierte sie. Dahin wurde unser Händel bald geschickt. Kaum war er da, so starb sein Vater.[10] Er hatte nun weniger Unterstützung von Hause zu erwarten und fing an, Unterricht im Klavier zu geben, suchte auch eine Stelle im Orchester der Oper und erhielt anfänglich eine bei der zweiten Violine. Den Flügel spielte jederzeit der Komponist der Oper selbst, und in der Violine war Händel nur ein guter Ripienist.
Bald darauf schickte ihm die Mutter etwas Geld; er war aber schon imstande, es ihr zurückzuschicken und auch ein kleines Geschenk von verdientem Gelde beizulegen. Ein Zug, der sein

fühlendes Herz bestätigt, das er schon früh in herzlicher Liebe für seine Stiefschwester zeigte; ein Zug, der auch beweist, daß unserm jungen echten Künstler prahlerischer Aufwand nicht für ein notwendiges Künstlerattribut galt. Sein Zweck, Geld zu einer Reise nach Italien zu verdienen, war ihm stets gegenwärtig und hielt ihn von Verschwendung, nicht aber von dankbarer Wohltätigkeit ab.

Mit Keiser stand es ganz anders. Der sahe sich durch Ausschweifung und Verschwendung bald gezwungen, vor seinen Gläubigern zu flüchten. Dadurch wurde die Stelle am Flügel frei, und Händel erhielt sie.

Man führte noch eine Zeitlang Keisers Opern auf und hoffte, er würde zurückkehren. Mitunter wurden auch Opern von Mattheson aufgeführt, der erster Sänger bei der Oper war. Im Jahr 1704 ward so dessen „Cleopatra“ vorgestellt, und Händel dirigierte sie am Flügel. Mattheson spielte den Antonius, und als sich dieser Mattheson-Antonius auf dem Theater erstochen hatte, wollte er das Publikum gerne davon benachrichtigen, daß es nur Spaß gewesen, lief ins Orchester und wollte die letzten Szenen der Oper am Flügel dirigieren. Händel fühlte das Lächerliche dieser Idee und hieß ihn fortgehen, räumte ihm auch den Flügel nicht. Das brachte den armen Mattheson-Antonius dergestalt auf, daß er Händeln nach der Oper auf dem Markte angriff. Sie zogen gegeneinander, und Mattheson stieß so ernstlich zu, daß die Klinge auf einem metallenen Rockknopf vor Händels Brust zerbrach. Sie waren vorher Freunde gewesen, hatten auch — wie Mattheson wenigstens erzählt, der sich aber überall viel zuviel selbst lobt, als daß mir etwas für ihn zu sagen übrigbliebe —, sie hatten auch schon in Hamburg und Lübeck miteinander auf Orgel und Klavier Wette gespielt, und Händel soll an Mattheson den Vorzug im Klavier eingeräumt haben; auch wurden sie nach angetaner Sache bald wieder Freunde.

Keiser kam indes so bald nicht wieder. Die Vorsteher der Oper, die Händels Genie und Einsicht kannten, wählten ihn, trotz aller Prätensionen der ältern sich wichtiger dünkenden im Orchester, zum Komponisten der Oper.

Es war den 8. Januar 1705, da Händel seine erste Oper „Almira“ aufführte. Sie fand außerordentlichen Beifall und wurde dreißigmal vorgestellt. Den 15. Februar desselben Jahres gab er mit gleichem Beifall seine zweite Oper.[11]

Unter den vielen Fremden, die diese Opern in Hamburg hörten, war auch der Bruder des Johann Gaston de Medici, Großherzogs von Toskana. Der schöne Geist und feine Kunstsinn, der die Medici verewigt hat, ruhte auch auf diesem; er liebte die Tonkunst höchlich und ward bald Freund und Verehrer unsers Händels.
Der schönsinnige Italiäner fand es indes sehr zu bedauern, daß Händel die Werke der damaligen italiänischen Komponisten so wenig zu kennen schien, und hatte nichts Dringenderes, als ihn mit einer ansehnlichen Sammlung italiänischer Werke bekannt zu machen. Händel, dessen Geist schon nach der Höhe blickte, die er einst ersteigen sollte, und dessen Genie schon zu sehr seinen eignen Gang genommen, um durch fremde Weise befriedigt zu werden, dessen Studium auch wohl bisher mehr auf Korrektheit als auf Wirkung zielte, der fand nicht das Außerordentliche in den italiänischen Werken. Der Prinz ahndete den Grund und versicherte, eine Reise nach Italien werde ihm gewiß Sinn für diese Werke geben.
Damals mochte man dieses auch wohl dem größten Genie und gründlichsten Tonkünstler Deutschlands sagen. Die Tonkunst hatte in Italien einen hohen Grad der Vollkommenheit erreicht, und wenn man auch in Deutschland die Harmonie ebenso gründlich studieren konnte, darin auch ebenso große Muster vor Augen hatte, so fehlte es hier doch beim Künstler und Volk an dem feinen Sinn fürs Schöne, an der Menge von Tonkünstlern aller Art und an der großen Mannigfaltigkeit von Kirchenmusiken, Theatern jeder Art, Akademien, Schulen u. dergl. mehr, in denen man wieder die größte Mannigfaltigkeit in Schreibart und Ausübung fand. So konnte man nur in Italien an unzähligen Werken im schönsten Genuß lernen, was in der Tonkunst große, erhabene schöne und überall abgezweckte Wirkung tat. Und dieses mit einem schönsinnigen, kunstliebenden Volk zu genießen und an ihm zu beobachten, ist eine Wollust, die dem Künstler eine so glückliche Stimmung gibt, die ihn immer und überall das sein läßt, was er sonst nur in den schönsten Augenblicken seiner glücklichen Einsamkeit ist. Dieses wußte und fühlte der Prinz und sprach ihm daher sehr viel von der großen unbeschreiblichen Aufmunterung, die ein junger genievoller Tonkünstler in Italien fände. Er bat ihn endlich, in seiner Gesellschaft dahin

zu reisen und für die Kosten der Reise und des Aufenthalts in Italien ihm der Sorge zu überlassen.
Händel, voll der heißesten Begierde, nach Italien zu reisen, selbst voll Liebe für den edlen Prinzen, voll Ehrbegierde, sich emporzuarbeiten, hörte dennoch die Stimme der Freiheit durch all dies hindurch ertönen, dankte dem Prinzen, blieb in Hamburg und arbeitete fort, sein Reisegeld zu verdienen.
O daß ich malen könnte wie Angelica Kaufmann, wie Cipriani und Bartolozzi, um hier den Kampf des liebenden sehnsuchtsvollen, ehrbegierigen, stolzen Herzens und den Sieg der Freiheit zu malen, daß jeder Künstler, jeder Leser diesen edlen Zug in seiner ganzen Schönheit fühlte! Dann würde er auch mit mir die großen Künstlerzüge in den unsterblichen Werken unsers Händels ganz fühlen.
Keiser kehrte endlich zurück nach Hamburg und komponierte wieder für die große Oper. Demohngeachtet blieb Händel in Hamburg und gab 1708 noch zwei Opern von seiner Arbeit: „Florindo" und „Daphne", mit großem Beifall.[12]
Er hatte sich nun in dem fünfjährigen Aufenthalt in Hamburg zweihundert Dukaten erspart und glaubte dieses zu einer Reise nach Italien hinlänglich.
Man wird sich vielleicht wundern, daß er mit all seinem Fleiß nicht mehr erübriget. Indes, außer daß ein edelgesinnter Mensch nicht geizen kann, so fest auch sein Vorsatz zu sparen immer sein mag, hatte sein dankbares Herz manche liebe Sohnespflicht zu erfüllen.
Er trat nun seine Reise nach Italien an und ließ in Hamburg außer jenen vier Opern eine große Anzahl Klaviersonaten und Kantaten zurück, die zum Teil sehr rar geworden, zum Teil ohne seinen Namen von Musikkennern sehr geschätzt werden, zum Teil auch ganz verlorengegangen sind oder sich nur noch sehr unvollständig hie und da auf öffentlichen Versteigerungen finden.[13]
Florenz war die erste italiänische Stadt, in der sich Händel aufhielt. Er fand in dem Bruder des Großherzogs seinen Freund wieder und wurde durch ihn bald dem Großherzoge bekannt. Dieser empfing ihn ebenso schmeichelhaft und wünschte gleich, daß er dort eine Oper komponieren möchte. Die große Verschiedenheit des italiänischen Stils und Geschmacks schreckte ihn nicht zurück, die Oper „Rodrigo" zu

schreiben. Sie fand großen Beifall, und Händel erhielt dafür hundert Dukaten und ein Silberservice.
Vittoria, eine Sängerin von großer Geschicklichkeit und noch größerer Schönheit, war die erste Sängerin am Hofe und hatte die ganze Gunst des Großherzogs. Sie fühlte aber stärker für Händel, verhehlte es ihm nicht und fand sein Herz gefühlvoll und erwidernd, wie sie es wünschte und erwartete; und der Großherzog — Italiäner und Großherzog! — ertrug es und behielt Händeln lieb.[14]
Von Florenz ging Händel nach Venedig. Da verriet ihn gleich seine Kunst. Er sahe auf einer Maskerade einen Flügel stehen und fantasierte darauf für sich. Scarlatti[15] hörte es und rief aus: „Quello è il Sassone overo il diavolo!“ (Das ist der Sachse oder der Teufel!) Man verlangte bald eine Oper von ihm, und er komponierte die „Agrippina“, die im Karneval 1710 auf dem Theater St. Giovanni Chrisostomo aufgeführt wurde. Die Vittoria war Händeln nach Venedig gefolgt und sang die erste Rolle in dieser Oper mit vieler Liebe und außerordentlichem Eifer.[16] Die Oper machte gewaltigen Eindruck; vorzüglich wirkten die Blasinstrumente, die damals in Italien bei Singestücken sehr wenig angewandt wurden und die Händel auf eine sehr neue wirkende Weise angebracht hatte. Siebenundzwanzigmal ward die Oper aufgeführt, und des Zurufens: „Viva il caro Sassone! Ah che viva!“ war kein Ende. Das hieß gewiß viel, da in demselben Karneval die großen Komponisten Lotti und Gasparini[17] auf andern venetianischen Theatern ihre Opern aufführten.
Wir haben kaum eine Vorstellung von dem Eindruck, den Musik auf ein italiänisches Publikum macht. Es geht kein bedeutender Ton verloren. Der kleinste wohlangebrachte oder unerwartete Vorschlag, ein fremdes Intervall erregt ein allgemeines Seufzen und Stöhnen oder Jauchzen, und der Ton ihres Ausrufs ist immer so ganz bestimmt leidenschaftlich, drückt immer so ganz den Eindruck aus, daß der Tonkünstler, der Sinn dafür hat, nie einen Augenblick ungewiß sein kann, ob und welchen Eindruck sein Werk gemacht hat. Bei einem klagenden mit Ausdruck vorgetragenen Adagio sieht man das ganze Publikum leiden, man sieht Hunderten zugleich den Atem fehlen, man hört ein allgemeines zurückhaltendes Stöhnen und Seufzen und das „ah brava, bellissima“; verhaucht wie Seufzer eines Sterbenden auf allen Lippen; das

kleinste Geräusch kann die Zuhörer mit starr auf den Sänger gehefteten Augen flehentlich rufen machen: „Zito zito per carità!“ (Still, um Gottes Willen, still!) Ein süßes, schmeichelndes Rondo kann ein ganzes Publikum in die höchste Wollust versetzen; ein brillantes, mit Bravour vorgetragenes Allegro kann es außer sich bringen und laut jauchzen und jubeln machen. Und da äußert dann jeder den Beifall nach seiner Art mit seinen eigenen Worten und Tönen, und das letzte allgemeine Klatschen und Toben im Theater gereicht oft nur zur Befriedigung und Erholung der Zuhörer.
Man kann sich leicht denken, wie solcher Beifall auf unsern jungen feurigen sich fühlenden Künstler wirkte; auch überwog dieser Eindruck wirklich den, den italiänische Musik auf ihn machte, wie sein künftiges Mannesleben zeigt.
Nach geendigten Karneval ging Händel nach Rom; sein Ruf ging vor ihm her. Seine erste wichtige Bekanntschaft in Rom war der Kardinal Ottoboni[18], der eine auserlesene Kapelle hatte, die der berühmte Violonist Corelli[19] führte. Es wurden in seinem Hause oft große Singestücke aller Art aufgeführt. Das erste, was Händel da komponierte, war eine Ouvertüre, in welcher die italiänischen Violinisten große Schwierigkeiten fanden.
Die Deutschen haben gleich den Franzosen jederzeit die Instrumentalmusik als eine besondere Kunst weit mehr geübt wie die Italiäner, die sie meistens nur als eine Dienerin oder Nachahmerin des Gesanges betrieben. Daher dann auch an Mannigfaltigkeit und Schwierigkeit die italiänischen Instrumentalisten den Deutschen und Franzosen jederzeit ebenso nachstanden wie diese ihnen im Gesang und Ausdruck!
Selbst Corelli befriedigte Händeln nicht, und nachdem dieser ihn bei einer schweren Stelle einige Male getadelt, überwältigte ihn sein Feuer dermaßen, daß er dem Corelli die Violine mit Ungestüm aus der Hand riß und ihm die Stelle vorspielte. Corelli, ein sanfter guter Mann, sagte zu Händeln ganz freundlich: „Ma caro Sassone, questa musica è nel Stilo francese di ch'io non m'intendo.“ (Ja, mein lieber Sachse, das ist französische Musik, und auf die versteh' ich mich nicht.)
Man kann aus der großen Verschiedenheit des Betragens dieser beiden Künstler leicht abnehmen, wie verschieden Corellis Ausführung von Händels Idee gewesen sein mag, und so seine heftige Aufwallung leicht begreifen und entschuldigen. Es

schmerzt gar gewaltig, sein in Leben und Geist dargestelltes Werk so buchstabieren zu hören.
Händel war damals schon selbst unter den Deutschen einer der gewaltigsten Orgel- und Flügelspieler. In Italien hatte Domenico Scarlatti den meisten Ruf, und der befand sich eben bei dem Kardinal Ottoboni. Dieser hatte nun nichts Angelegentlicheres, als unter den beiden Künstlern einen musikalischen Wettkampf zu veranstalten. Beide gingen es mit dem besten Herzen ein, wie es wahre Meister nur vermögen, die sich beide fühlen und beide eigenes Verdienst genug haben, um von aller Ahndung eines erlogenen und erschlichenen Beifalls weit entfernt zu sein. Sie kämpften nach bestem Vermögen miteinander. In Ansehung des Flügels blieb das Urteil geteilt; auf der Orgel erklärte Scarlatti aber Händeln so ganz unbedingt und laut für seinen Meister, daß da kein Zweifel übrigblieb. Scarlatti gestand selbst, er habe von solchem Orgelspielen gar keine Vorstellung gehabt, und pflegte von Stund an, sooft er für sein Orgelspielen gelobt wurde, ein Kreuz vor der Brust zu schlagen und gebückt Händels Namen zu nennen.
Diese edlen Streiter waren vor dem Streite Freunde und Verehrer ihrer Talente und blieben es; sie bekräftigten die schöne Wahrheit, daß wahrhaft große Männer jeder Art füreinander die wärmsten Bewunderer sind. Es ist auch so natürlich! Niemand fühlt und erkennt große Verdienste besser als der große Mann, niemand beobachtet und genießt wie er so jeden großen und feinen Zug, deren der wahre genievolle Künstler unzählige hinwirft und, ohne mit Fingern darauf zu zeigen, wirken läßt, was sie wirken können und mögen.
Händel lebte auch viel mit den Kardinälen Colonna und Pamphilii.[20] Dieser letzte war ein Dichter und machte verschiedene musikalische Dramen und Kantaten, die Händel teils aus dem Stegreife, teils in frohen Abendstunden komponierte. Am bekanntesten davon wurde das Drama „Il Trionfo del Tempo".
Der Kardinal machte auch ein Lobgedicht auf Händeln, worinnen dieser mit Orpheus verglichen und fast vergöttert wurde. Dieses Gedicht soll Händel selbst komponiert haben. Das werden nun die meisten Menschen grenzenlose Eigenliebe und Unbescheidenheit nennen. Ich weiß nicht! Wahre Bescheidenheit ist doch wohl nichts anders als allen seinen Nebenmännern wie sich selbst Gerechtigkeit widerfahren

zu lassen, den, der wirklich über mich erhaben ist, ebenso aufrichtig und ganz über mich erhaben zu glauben und zu bekennen, als ich mich über den, der unter mir ist, erhaben fühle. Auch wird der wahrhaft Bescheidene gewiß die gewöhnliche elende Verkleinerung seiner selbst verabscheuen, mit der die hochmütigsten, eitelsten Menschen so gerne mehr Lob der Schwachen und Kurzsichtigen erschleichen, als ihnen zukömmt, und mit wahrem Gefühl seiner selbst — vielleicht auch mit gerechtem Gefühl der Unwürdigkeit aller wie seiner — für sich ebenso gerecht den ihm zukommenden Teil nehmen, als er jedem andern den seinigen mit herzlicher Bereitwilligkeit zugesteht und mit Freudigkeit gibt und gönnt.

Ist es nun noch dazu ein junger Mann, der in schönem, reinem, unschuldigem Sinn oder im Besitz einer freien edlen Seele alle die kleinen elenden Behelfe, mit denen die Menschen der großen Welt sich und anderen Verdienste und Achtung anlügen, nicht kennet oder verachtet, nun, so ist mir sein eigner Lobgesang ein sicherer Beweis seiner reinen oder starken Seele, und ich bin gewiß, er besingt mich ebenso warm und schön, sobald ich's verdiene.

In meiner Seele drängen sich jetzt die schönsten bisherigen Lebensszenen unsers Händels hervor: sein eignes mutvolles Treiben als Kind und Knabe, sein früher Plan und Festhalten daran, seine fortdauernde Freundschaft für Mattheson, der ihn aus Übereilung so ungerecht beleidigte, seine behauptete Unabhängigkeit gegen alle Versuche des edlen Prinzen von Florenz, sein Zurücktreten für den rückkehrenden Keiser und Ausharren in Hamburg, seine wohltätige Freigebigkeit mit mühsam erworbenen, zu einem erwünschten Zweck bestimmten Gelde, sein edler Kampf mit Scarlatti und seine dauernde Freundschaft für ihn. Von der andern Seite fühl' ich's ihm ganz nach, wie er, der lehrbegierig nach Italien eilt, in all den dort lebenden großen Tonkünstlern, gerade für den Teil der Kunst, den er selbst noch am meisten ausgebildet hat, am wenigsten ganze Befriedigung findet; er findet weder den ganzen ungeheuern gotischen Fleiß und die haarfeine Korrektheit in der harmonischen Behandlung, in der er selbst von deutschen Meistern so häufig übertroffen wurde, noch die ungeheure Fertigkeit und harmonisch volle und reiche Spielart; weniger noch findet er sein erhabenes Ideal, das ihm gewiß damals schon in himmlischen Chören dunkel vor der Seele schwebte und das zu erreichen er sich im Innersten der Seele fähig fühlte — und mag wer da will und kann den schwachen, eitlen Menschen in diesem Lobgesang hören — es war und blieb auch wohl nur ein unaufgeschriebenes Impromptu! — ich genieße im Geiste den Anblick einer reinen freien Seele, die im schönsten Gefühl ihrer selbst glücklich ist und dessen kein Hehl hat.

Er komponierte in Rom auch das Oratorium „La Resurrezione“ und eine sehr große Anzahl Kantaten und Klavierstücke.

Von Rom ging er nach Neapel, wo er fürstlich aufgenommen wurde. Für eine hochansehnliche Dame, Donna Laura genannt, komponierte er in Neapel die Serenade „Acide e Galatea“, worauf er über Rom, Florenz und Venedig nach Deutschland zurückkehrte.

Man wird seit Händels Ankunft in Italien die genaue Bestimmung seines Aufenthalts an jedem Orte vermissen. Seine Geschichtsschreiber sind hierinnen so voller Widersprüche[21], daß ich meinen Lesern nur mutmaßliche Zahlen angeben könnte, und damit würde ihnen dann doch wenig gedient sein. Mir scheint es indes im ganzen sehr wahrscheinlich, daß er nicht lange in Italien blieb. Mattheson, der mit ihm lebte, versichert, er sei im Anfange des Jahrs 1709 noch in Hamburg gewesen; und der englische Lebensbeschreiber sagt, er sei im Winter 1710 in London angekommen, nachdem er sich sechs Jahre in Italien aufgehalten. Mir scheint dieser letzte Umstand nur falsch, beides übrige wahr zu sein. Er ging Anfang des Jahres 1709 von Hamburg gerades Weges nach Florenz, blieb da bis zum Karneval von Venedig, ging nach geendigtem Karneval 1710 nach Rom, war da die wichtige Fastenzeit über, weshalb er auch nicht aufgefordert werden konnte, dort eine Oper zu komponieren, sondern nur ein Oratorium und Kammersachen machte; ging dann im Sommer nach Neapel, wo er der Jahreszeit wegen auch keine Oper fand, und kehrte gegen den Herbst nach Deutschland zurück, von wo er bald nach England ging.

Sonderbar ist es, daß in Italien und Deutschland so wenig von diesen seinen frühsten Werken zu finden ist. Gewiß sind sie aber in Händels großen Musikaliensammlung, die die Kunstliebe und Großmut des jetzigen Königs von England, Georg III., der Universität zu Oxford schenkte.[22] Die sei also erst untersucht; und so hebe das Leben Händels, des Mannes mit dem süßen Genuß der reifen Früchte des Jünglings, an.

Anmerkungen des Herausgebers

1 Das richtige Datum ist der 23. Februar 1685. In Händels frühe Lebensdaten haben insbesondere englische Autoren, aber auch Mattheson schlimme Verwirrung getragen.

2 Reichardt spitzt die Sachlage sehr zu; wahrscheinlich ist Vater Händel gar nicht so amusisch gewesen, wie er von den Händel-Biographen (seit John Mainwaring) dargestellt wird.

3 Dies alles hat Reichardt, nicht zuletzt auf Grund seiner damaligen höfischen Bindung, ziemlich frei ausgesponnen. Authentisches wissen wir über den Weißenfelser und auch über den Berliner Aufenthalt fast nichts.

4 Friedrich Wilhelm Zachow (1663—1712).

5 Letzteres Datum stimmt.

6 Giovanni Battista Buononcini (oder Bononcini) (1670—1747) wirkte erst in den Jahren 1702/03 als Hofkomponist der Königin Sophie Charlotte in Charlottenburg; der junge Händel kann ihn also 1696 nicht in Berlin getroffen haben. Später war er Händels Nebenbuhler als Londoner Opernkomponist.

7 Gaëtano Pugnani (1731—1798), Violinvirtuose, Opern- und vor allem gediegener Instrumentalkomponist.

8 Attilio Ariosti (1666 bis etwa 1740) war seit 1697 Vorgänger von Bononcini in Charlottenburg, späterhin ebenfalls Händels Konkurrent in London. Was Reichardt hier, in Nachfolge Hillers, über Ariostis Berliner Beziehungen zum jungen Händel sagt, ist Legende; beide haben sich dort wahrscheinlich gar nicht getroffen.

9 Das ist wahrscheinlich freie Erfindung von Reichardt, wie er überhaupt hier und anderswo anekdotisch ausschmückt.

10 Händels Vater war bereits 1697 gestorben; über die Chronologie macht sich Reichardt hier keine Gedanken. Im übrigen beschreibt er auch den Hamburger Aufenthalt ziemlich frei und phantasievoll.

11 Das war „Nero“, dessen Partitur, ebenso wie die zwei weiterer Hamburger Opern, verlorengegangen ist.

12 In Wirklichkeit war Händel schon im Frühjahr 1707 in Italien; die beiden genannten Opern wurden nach seinem Weggang in Hamburg aufgeführt.

13 Über Händels Hamburger Kompositionen wissen wir, abgesehen von den Opern, fast nichts. Das meiste scheint verlorengegangen zu sein.

14 Die auch sonst auftauchende Liebesangelegenheit mit der Vittoria — es handelt sich um Vittoria Tarquini, die im „Rodrigo“ die Partie der Primadonna gesungen haben soll, und nicht, wie fälschlich angenommen wurde, um die Altistin Vittoria Tesi, die zu dieser Zeit erst sieben Jahre alt war — ist recht unwahrscheinlich; die neuere Händel-Biographik betrachtet sie als rein anekdotisch.

15 Händel kam in Italien sowohl mit dem großen neapolitanischen Opern- und Oratorienkomponisten Alessandro Scarlatti (1660—1725) als auch mit dessen Sohn Domenico Scarlatti (1685—1757), dem hervorragenden Cembalospieler und -komponisten, in nähere Berührung. Hier handelt es sich wohl um den jüngeren Scarlatti. Die Beschreibung folgt Mainwaring/Mattheson.

16 Die Premiere der „Agrippina“ war am 28. Dezember 1709; nicht die Vittoria, sondern Margherita Durastanti sang die Hauptpartie.

17 Antonio Lotti (1667—1740) und Francesco Gasparini (1668—1727) gehörten zu den berühmtesten venezianischen Opern- und Kirchenmusikkomponisten.

18 Kardinal Pietro Ottoboni (1668—1740) hatte Künstler und Kunstfreunde zur geselligen Pflege der Künste im Kreis der „Arcadier“ um sich geschart.

19 Arcangelo Corelli (1653—1713) hat trotz der von Reichardt sehr nett beschriebenen Meinungs- und Stilverschiedenheiten gegenüber Händel auf diesen mit seinen Concerti grossi großen Einfluß ausgeübt.

20 Carlo Colonna und Benedetto Panfili gehörten ebenfalls zum Kreis der „Arcadier“. Reichardt folgt hier in Tatsachen und Anekdoten wieder Mainwaring/Mattheson.

21 Reichardt hat recht; schon Hiller hat das stark empfunden. Händel kam im Frühjahr 1707 nach Florenz und blieb bis zum Frühjahr 1710 in Italien, also volle drei Jahre.

22 Das ist ein Irrtum. Um 1774 gingen Händels Manuskripte in den Besitz des Königs Georg III. über; sie befinden sich jetzt als ein Teil der „King's Library“ im Britischen Museum London.

CHARLES BURNEY

Dr. Karl Burney's Nachricht von Georg Friedrich Händel's Lebensumständen

und der ihm zu London im Mai und Juni 1784 angestellten Gedächtnisfeier

Aus dem Englischen übersetzt von Johann Joachim Eschenburg, Professor in Braunschweig.
Berlin und Stettin 1785

Abriß von Händels Leben

Die allmählichen Fortschritte, wodurch man einen Gipfel der Größe erreicht, welcher das Publikum interessiert und allgemeine Neugierde rege macht, sind mehrenteils so geringe, daß der erste Anfang menschlicher Größe so lange unbemerkt bleibt, bis man ihn vor dem Schimmer des höchsten mittägigen Glanzes nicht mehr deutlich entdecken kann. Die frühern Lebensumstände eines großen und berühmten Mannes sind daher gemeiniglich ebenso dunkel und fabelhaft als die ersten Jahre eines alten und mächtigen Reichs. Denn Lebensbeschreiber pflegen, dieser ihrer Benennung ungeachtet, selten nach dem Leben zu zeichnen, und nicht eher, als bis ein berühmter Mann schon eine Zeitlang verstorben ist, fangen Nachforschungen und Vermutungen an, sich mit Aufspüren der Vorfälle, mit Beschreibung der Situationen, mit Schilderung der Charaktere zu beschäftigen. Und so wird, durch diesen Aufschub, das Ganze nicht viel mehr als ein bloßes Phantasiegemälde.

Wäre es indes möglich, mit aller Umständlichkeit die jugendlichen Taten eines Alexander oder Cäsar, die ersten poetischen Ergießungen eines Homer oder Virgil, die erste Dämmerung der Vernunft in einem Newton oder Locke oder die ursprünglichen ersten Gärungen und Ausbrüche des Genies in einem Händel anzugeben, so würde dadurch die menschliche Wißbegierde ungemein befriedigt werden, die es so gerne bemerkt, durch welche kleine Stufengänge oder Riesenschritte Männer von außerordentlichen Talenten ihren Weg zum Tempel des Ruhms beginnen.

Die Nachrichten von Händels Leben, die 1760, ein Jahr nach seinem Tode, herauskamen [1][1], sind zwar mit Wärme und Unparteilichkeit geschrieben, aber doch weder ausführlich noch genau genug, um daraus die Örter seines Aufenthalts, die Zeitpunkte seiner Werke und die Begebenheiten seiner Jugendjahre, vor seiner ersten Ankunft in England im Jahr 1710, da er sechsundzwanzig Jahr alt war, mit Gewißheit zu bestimmen. [2][2]

Darüber ist man indes einig, daß der große Tonkünstler, Georg Friedrich Händel, zu Halle im Magdeburgischen, den 24sten Februar 1685 [3][3] geboren wurde; daß sein Vater ein geschickter Wundarzt in dieser Stadt und ungefähr sechzig Jahr

alt war, als dieser sein Sohn zweiter Ehe geboren wurde, und daß er in seiner frühen Kindheit einen starken Hang zur Musik hatte, den das Verbot seines Vaters, der ihn zur Rechtsgelehrsamkeit bestimmte, nicht zu unterdrücken vermochte.
Verstohlnerweise hatte er es in dieser Kunst ziemlich weit gebracht, ehe man ihm einen Lehrmeister erlaubte. Als er aber sieben Jahr alt war und sein Vater es unmöglich fand, seine Aufmerksamkeit auf irgend etwas anders als auf Musik zu richten, für welche er von der Natur mit ausnehmender Neigung und Fähigkeit begabt zu sein schien [4], übergab er ihn dem damaligen Organisten an der Lieben Frauenkirche zu Halle, Zachau [5][4], zur Unterweisung, einem in seiner Kunst sehr geschickten Mann, der auf seinen Schüler stolz war. In einem Alter von neun Jahren war unser junger Tonkünstler nicht nur schon imstande, die Orgel für seinen Lehrmeister zu versehen, sondern fing auch schon an, die Komposition zu studieren; und in dieser frühen Periode seines Lebens soll er wöchentlich eine Kirchenmusik oder geistliche Kantate, drei Jahre nacheinander, verfertigt haben. Der verstorbene Herr Weidemann besaß eine Folge dreistimmiger Sonaten, die Händel verfertigte, als er zehn Jahr alt war. [6][5]
Unter diesem seinem ersten Lehrer scheint er an seinem Geburtsorte bis ins Jahr 1698 studiert zu haben. Itzt kam er, in seinem funfzehnten Jahre, nach Berlin, wo damals die Opern am Hofe des Kurfürsten von Brandenburg, nachherigen Königs von Preußen, sehr in Aufnahme waren. Der Kurfürst hatte nicht nur viele treffliche Sänger aus Italien, sondern auch die berühmten Tonsetzer Buononcini und Ottilio[6] in seinen Diensten. Händel soll sich zu Berlin als ein für sein Alter bewundernswürdiger Klavierspieler ausgezeichnet und von seiner künftigen Größe solche Erwartungen erregt haben, daß ihm der Kurfürst den Antrag tat, ihn in seine Dienste zu nehmen und nach Italien zu schicken, um sich in seinen musikalischen Studien desto vollkommner zu machen. Sein Vater aber lehnte diese Ehre aus Liebe zur Unabhängigkeit ab, und Händel ging wieder nach Halle zurück, wo er sich noch ziemlich lange muß aufgehalten haben, obgleich sein Vater bald nach seiner Rückkehr von Berlin gestorben sein soll. Sosehr auch Händel die Reise nach Italien zu tun wünschte, so fehlte es ihm doch an dem dazu nötigen Gelde; und er ging ging nun nach Hamburg, um sich durch seine musikalischen

Talente Unterhalt zu verschaffen, weil diese Stadt, nächst Berlin, ihrer Opern wegen damals am berühmtesten war. Wir verlieren indes in allen bisherigen Lebensbeschreibungen sowohl unsern jungen Tonkünstler selbst als seine weitern Fortschritte in der Kunst von seiner Abreise aus Berlin an bis zu seiner Ankunft in Hamburg, einem Zeitpunkt von ganzen fünf Jahren, aus den Augen; denn nach Matthesons Zeugnisse kam er nicht eher als im Jahre 1703 nach Hamburg, da er schon neunzehn Jahr alt war.

Der berühmte Telemann, einer der größten deutschen Musiker seiner Zeit, erwähnt jedoch in einer von ihm selbst auf Matthesons Ersuchen im Jahr 1740 abgefaßten Nachricht von seinem Leben ein paar Umstände Händeln betreffend, die zwischen der Zeit seiner Abreise von Berlin und seiner Ankunft in Hamburg vorfielen und die wenigstens einige Aufklärung über diesen dunklen Teil seiner Geschichte verbreiten werden.

Telemann, der im Jahr 1681 zu Magdeburg geboren war, äußerte ebenso wie Händel eine sehr frühe Neigung zur Musik und hatte gleich ihm schon in seinen Schuljahren große Fortschritte in der Kunst gemacht, sosehr auch seine Freunde ihm davon abrieten. Ob er gleich fast alle Instrumente spielte und schon in einem Alter von zwölf Jahren eine Oper zu setzen versucht hatte, so folgte er doch dem ausdrücklichen Geheiß seiner Mutter, von der er nach seines Vaters Tode einzig und allein abhing, entsagte der Musik in seinem zwanzigsten Jahre völlig, obgleich sehr wider seinen Willen, und ging nach Leipzig, um daselbst die Rechte zu studieren. Unterwegs aber hielt er sich zu Halle auf, „wo ich", sagt er, „durch die Bekanntschaft mit dem damals schon wichtigen Herrn G. F. Händel beinahe wieder Notengift eingesogen hätte".

Händel war damals ungefähr sechzehn Jahr alt, und da Telemann in seiner Nachricht von sich selbst und seinem Studieren unsern jungen Tonkünstler bald wieder erwähnt, so will ich noch einiges daraus hersetzen:

„Allein ich hielt fest", fährt er fort, „und nahm meine vorigen Gedanken wieder mit auf den Weg. Ich langte an und kam am schwarzen Brete mit einem ansehnlichen Studioso überein, dessen Stubenbursche zu werden. Mein Reisegeräte ward geholt, aber wie klopfte mir das Herz, als ich Wände und Winkel der Stube mit musikalischen Instrumenten versehen fand! Mir wurde alle Abende etwas vormusiziert, welches ich bewunderte, ob ich es gleich selbst weit besser konnte." — — — „Mein Stubenbursch kam einst über meinen Koffer und fand den von mir komponierten 6. Psalm, der, ich weiß nicht wie, unter mein Leinenzeug geraten war. Ich verständigte ihn meines Vorhabens, welches er billigte, er bat sich aber den Psalm aus, um ihn am nächsten Sonntage in der Thomaskirche musizieren zu lassen. Der damalige Burgermeister und geheime Rat, Herr Dr. Romanus, findet Geschmack daran und beredet mich, alle vierzehn Tage ein Stück für besagte Kirche zu setzen, wogegen ich mit einem erklecklichen Legat versehen wurde ohne die Hoffnung, so man mir zu größern Vorteilen machte, doch ging dessen fernerer Rat dahin, daß ich die andern Studien nicht niederlegen sollte." [7] — — — „Bald darauf gewann ich die Direktion über die Opern." — — — „Die Feder des vortrefflichen Herrn Kuhnau diente mir zur Nachfolge in Fugen und Kontrapunkten; in melodischen Sätzen aber und deren Untersuchung hatten Händel und ich bei öftern Besuchen auf beiden Seiten wie auch schriftlich eine stete Beschäftigung." [8]

Den Angaben Telemanns nach muß dies alles zwischen dem Jahr 1701 und 1703 geschehen sein, in welchem Händel Halle verließ und nach Hamburg ging, welches von Leipzig zu weit entlegen ist, als daß diese jungen Tonkünstler einander öftere Besuche hätten machen können.

Es ist sehr schwer, von den Lebensumständen einzelner Personen in entfernten Weltgegenden zuverlässige Nachrichten zu erhalten; und wenn ich bedenke, wie selten Ausländer von dem, was in England vorfällt, richtig und bestimmt reden, so muß ich fürchten, daß ich und andre leicht ebenso unwissend und irrig sein können, wenn wir von ausländischen Dingen schreiben.[7]

In denen Nachrichten, welche Riccoboni von unsern Schaubühnen, Quadrio von unsern Dichtern, Mattheson und andre von unsrer Musik geben, ist alles so dürftig und unrichtig, daß nichts verächtlicher sein kann als der Gesichtspunkt, in welchen man uns in diesen Beschreibungen unsern Nachbarn darstellt; wenn anders nicht die Verfasser selbst in den Augen derer dadurch verächtlich werden, die zur Entdeckung ihrer Irrtümer imstande sind.

Auch weiß man, daß es äußerst schwerhält, einen Irrtum

auszurotten, wenn er einmal erst in Büchern Wurzel gefaßt hat, weil es weit leichter ist, Dinge für ausgemacht anzunehmen und sie schlechthin abzuschreiben, als sie zu prüfen und zu widerlegen.
Da Händel seine Jugend fast ganz in Deutschland zugebracht hat, so müssen die Vorfälle dieser seiner Lebenszeit seinen gleichzeitigen Landsleuten besser bekannt gewesen sein, als sie es einem Engländer sein konnten, der, funfzig Jahr nach der Ankunft dieses großen Tonkünstlers unter uns, mündliche Sage für Tatsachen nehmen mußte. [9]
Johann Mattheson, ein geschickter Musiker und bänderreicher Schriftsteller, der die ganze Zeit über in Hamburg lebte, als sich Händel daselbst aufhielt, hat in seine Schriften manche ihn betreffende Umstände mit eingestreut, die Aufmerksamkeit verdienen. Denn wenn er gleich zuweilen als ein Freund und Vertrauter Händels und als Bewunderer seines Genies und seiner Geschicklichkeit spricht und dann ein andermal den Kunstrichter spielt und über sein größeres Glück in der Kunst offenbar mißvergnügt, eifersüchtig und neidisch tut, so war doch Mattheson nicht fähig, Dinge zu erdichten oder zu verdrehen, von denen er wußte, daß sie ganz Hamburg, und Händel selbst, der noch bis fünf Jahre vor dieses Schriftstellers Tode lebte, widerlegen konnte.
Mattheson, der im Jahr 1681 zu Hamburg geboren war, genoß einer guten Erziehung und wurde eine angesehene Person dieser Stadt, wo er sich in seinen jüngern Jahren als Komponist, Opernsänger und Klavierspieler auszeichnete. In der Folge verließ er das Theater und wurde Sekretär des Englischen Residenten, Johann von Wich [10]; indes fuhr er bis an sein Ende fort, Musik zu studieren, sie auszuüben und über musikalische Gegenstände zu schreiben.
Seine Neigung für die Musik verriet sich ebenso früh wie bei Telemann oder Händel; denn schon in einem Alter von neun Jahren ließ er sich mit Singen und Orgelspielen in verschiednen hamburgischen Kirchen hören, und als er achtzehn Jahr alt war, setzte er eine Oper, „Die Plejaden", für das dortige Theater, worin er selbst die Hauptrolle sang.
Mattheson hatte wirklich in seiner Jugend mit Händeln, ehe sein Name als eines großen Tonkünstlers in andre Gegenden von Europa gedrungen war, so viel Umgang und Verkehr, daß man itzt nicht hoffen darf, bessere Nachrichten von einer so

interessanten Periode irgendwo sonst als bei ihm aufzufinden.
Mattheson war ein eitler und ruhmrediger Mann, dessen vornehmster Wunsch in allen seinen Schriften dahin ging, dem Leser schuldige Ehrerbietung gegen seine Geschicklichkeit und Vorzüge einzuflößen. [11] Er rühmte sich daher vor seinem Absterben, im Jahr 1764, da er dreiundachtzig Jahr alt war, er habe so viele Bücher über die Musik herausgegeben, als er Jahre zählte, und werde seinen Erben noch einmal so viele zum Gebrauch der Nachwelt handschriftlich hinterlassen. [12]
Im Jahr 1761 verfertigte er eine Übersetzung von Händels Leben aus dem Englischen mit Anmerkungen und Zusätzen, die weder sehr unparteiisch noch sehr rühmlich für seine Denkungsart sind. [13][8] Aber, wie konnte der Verfasser einer Schrift, worin gesagt wurde: „Mattheson war kein großer Sänger und bekam nur gelegentlich eine Rolle", eine bessere Begegnung erwarten? Um dies zu widerlegen, sagt er uns, daß er beständig, funfzehn Jahre hindurch, in den hamburgischen Opern die ersten Rollen gesungen, und das mit solchem Beifall, daß er die Leidenschaften seiner Zuhörer ganz in seiner Gewalt gehabt und sie nach Gefallen zur Freude, Betrübnis, Hoffnung und Furcht habe bewegen können. [14] Und wer wird es wagen, daran zu zweifeln, daß er dies Talent besessen habe, wenn er die Wirkung desselben eigenhändig bezeugt?
In einer seiner musikalischen Schriften, die zugleich biographisch und kritisch ist, in der „Grundlage einer Ehrenpforte", die zu Hamburg 1740 herauskam und eine dreißig Seiten lange, aufgeblasene Erzählung von ihm selbst und seinen Werken enthält [15], findet man ebenso wie in seinen Anmerkungen zu Händels Leben aus dem Englischen eine umständlichere und bessere Nachricht von des letztern jugendlichen Arbeiten und Schicksalen, als ich sonst irgendwo habe auffinden können.
Händel, sagt er, sei im Sommer 1703 zu Hamburg angekommen, reich an Fähigkeiten und gutem Willen. „Hier", fährt er fort, „machte er fast seine erste Bekanntschaft mit mir, den 9ten Jun. 1703, auf der Orgel der Marien Magdalenen-Kirche; ich führte ihn in meines Vaters Haus und erwies ihm alle nur ersinnliche Wohltat, sowohl was den Tisch und Unterhaltung als auch was die Anpreisung seiner Person betraf. Ich führte

ihn auf den hiesigen Orgeln und Chören, in Opern und Konzerten herum, absonderlich aber in ein gewisses Haus, wo alles der Musik äußerst ergeben war." [16]
„Anfangs spielte er die andre Violine im Opern-Orchester und stellte sich, als ob er nicht fünf zählen könnte, wie er denn von Natur zum dürren Scherz sehr geneigt war." [17]
„Er setzte zu der Zeit sehr lange, lange Arien und schier unendliche Kantaten, die doch nicht das rechte Geschick noch den rechten Geschmack, obwohl eine vollkommene Harmonie hatten, wurde aber bald durch die hohe Schule der Oper anders zugestutzt."[9]
Da diese jungen Tonkünstler oft und sehr vertraut miteinander umgingen, so gingen sie zum öftern einen freundschaftlichen Wettstreit zur Prüfung ihrer Fähigkeiten miteinander ein; und da sie sahen, daß jeder von ihnen seine meiste Stärke auf einem besondern Instrument hatte, Händel auf der Orgel und Mattheson auf dem Klavier, so verabredeten sie, einander nicht ins Gehege zu kommen, und hielten diese Verabredung treulich fünf bis sechs Jahre hindurch.[10]
Mattheson sagt ferner, das Hamburgische Opernhaus sei im Jahr 1704 geschlossen worden, und nun habe er Händeln zurückgelassen, sei nach Holland gereist, habe daselbst die besten Orgelwerke versucht und die künstlichsten Spieler gehört, habe zu Amsterdam Konzerte gegeben und den Antrag bekommen, zu Harlem eine Organistenstelle mit funfzehnhundert Gulden Besoldung zu erhalten. Er dachte damals, nach England zu gehen, wurde aber davon und von der Annahme der Organistenstelle in Harlem [18] durch die dringende Einladung abgehalten, die er von den Unternehmern der Oper, von seinen Verwandten und Freunden und von seinem Beichtvater erhielt, besonders aber durch einen sehr gütigen und verbindlichen Brief, den ihm Händel von Hamburg aus schrieb. Diesen Brief hat Mattheson, zum Beweise ihrer damaligen Vertraulichkeit, in seiner „Ehrenpforte" abdrucken lassen. Er ist vom 18ten März und enthielt unter andern folgende Ausdrücke:
„Ich wünsche vielmal in Dero höchstangenehmen Conversation zu sein, welcher Verlust bald wird ersetzt werden, indem die Zeit herankommt, da man ohne deren Gegenwart nichts bei den Opern wird vornehmen können. Bitte also gehorsamst, mir Dero Abreise zu notifizieren, damit ich Gelegenheit haben

möge, meine Schuldigkeit durch Deroselben Einholung mit Mlle. Sbülens zu erweisen." [19][11]
Händel muß um diese Zeit seine erste Oper gesetzt haben, worin er vermutlich die erste Mannsrolle für Mattheson geschrieben und sich dabei nach seiner Singart und dem Umfange seiner Stimme gerichtet hatte. Aber die Eitelkeit erlaubte Mattheson nicht, Händels Höflichkeit einer andern Ursache als bloßer Liebe und Gefälligkeit zuzuschreiben.
In seinen Anmerkungen zu der übersetzten Händelischen Lebensbeschreibung ist er vornehmlich über die Stelle ungehalten, worin der Zank erzählt wird, der bald nach diesem Briefe zwischen ihnen beiden vorfiel. Er wirft dem Biographen nicht nur Verstoßung wider Geographie, Zeitrechnung und Geschichte vor, sondern vorsätzliche Verfälschung der Wahrheit in der Erzählung dieser ihrer Uneinigkeit.
Mattheson, der bei aller seiner Selbstgefälligkeit und Pedanterei doch das Lob verdient, daß er in Auffindung historischer Umstände sehr sorgfältig und in ihrer Erzählung sehr genau war, sagt uns, Händel habe anfänglich nur die zweite, doppelt besetzte Violine im Orchester gespielt und sei auf diesem Instrument, wie leicht zu erachten, nicht stärker als ein Ripienist gewesen. [20] „Als es aber", sagt er, „einstmals am Klavierspieler fehlte, ließ er sich bereden, dessen Stelle zu vertreten, und bewies sich als ein Mann, ohne daß es jemand anders als ich vermutet hätte."
Nach Matthesons eignem Geständnisse erlangte er durch Händels Anweisung, der oft in seines Vaters Hause war und mit ihm spielte, eine Kenntnis in der Modulation und in Kontrapunktgriffen, die er von sonst keinem hätte erlangen können.
Bei Erledigung einer Organistenstelle zu Lübeck reisten beide dahin und machten auf dem Wagen viele Doppelfugen, da mente, sagt Mattheson, nicht da penna. Buxtehude, ein vortrefflicher Orgelspieler, war damals Organist zu Lübeck; indes setzte Händels Stärke auf der Orgel selbst diejenigen in Erstaunen, die jenen großen Meister zu hören gewohnt waren. Händel und Mattheson bewarben sich indes nicht um die erledigte Stelle, weil mit derselben eine Heiratsbedingung verbunden war, und gingen also wieder nach Hamburg.
Um diese Zeit [21] wurde eine von Mattheson gesetzte Oper, „Kleopatra", daselbst aufgeführt, in welcher Mattheson selbst

den Antonius und Händel den Flügel spielte. Jener war gewohnt, nach der Entleibung des Antonius, die noch ziemlich lange vor dem Schluß der Oper geschah, sich als Komponist an den Flügel zu setzen; Händel aber wollte seiner Eitelkeit nicht nachgeben und ihm diesen Posten nicht überlassen, und dadurch entstand unter ihnen eine so heftige Erbitterung, daß ihm Mattheson beim Herausgehen aus dem Opernhause eine Maulschelle gab. Beide zogen darauf sogleich den Degen, und es erfolgte ein Zweikampf unter ihnen auf öffentlichem Markte. Zum Glück sprang Matthesons Klinge auf einem metallnen Rockknopf seines Gegners. Dies machte dem Streit ein Ende, und sie wurden bald wieder miteinander ausgesöhnt. — Auf diese Art erzählte Mattheson selbst, lange vor Händels Tode, die Umstände dieses Zwistes, der zwischen ihnen während seines Aufenthalts zu Hamburg vorfiel.
Der englische Lebensbeschreiber wird von Mattheson sehr hart darüber angelassen, daß er sagt, „dieser Zweikampf habe einem Meuchelmord ähnlicher gesehen" als einem „Rencontre". Auch gibt er ihm Schuld, daß er Händeln beständig mit Vorsatz jünger macht, als er war, um ihn nicht nur als ein musikalisches Wunder darzustellen, sondern auch als noch viel zu jung, um Mut, Fassung und Geschicklichkeit genug besessen zu haben, sich zu verteidigen. „Hätte er sich aber auch zu verteidigen gewußt", sagt sein Lebensbeschreiber, „so hätte er doch nicht Zeit dazu gehabt." Dagegen erinnert Mattheson, „daß Händel damals beinahe einundzwanzig Jahr alt, groß, stark, breit und kräftig vom Leibe, folglich Mannes genug gewesen sei, sich zu wehren und des an seiner Seite hängenden Degens eingedenk zu sein." — — „Eine trockne Ohrfeige", sagt er, „sei kein Meuchelmord, sondern vielmehr eine notwendige Warnung, sich zur Gegenwehr anzuschicken."
Diese Schlägerei fiel den 5ten Dezember 1704 vor, und zum Beweise ihrer baldigen Aussöhnung führt Mattheson an, er habe den 30sten dieses Monats den jungen Komponisten zu der Probe seiner ersten Oper „Almira" ins Schauspielhaus begleitet und in derselben die erste Rolle gespielt, auch sein sie in der Folge noch beßre Freunde geworden als zuvor. Diese Oper wurde den 8ten Januar 1705 zuerst und mit vielem Beifall gespielt. [22]
Den 25sten Februar des nämlichen Jahrs brachte er seine zweite Oper „Nero" auf die Bühne, die gleichfalls sehr gut

aufgenommen wurde. [23] Nach der Aufführung dieser beiden Opern nahm Mattheson, der in beiden die erste Sängerrolle spielte, von der Bühne Abschied [24], weil er itzt Sekretär des englischen Gesandten in Hamburg geworden war; eine Stelle, die er bis an seinen Tod, fast sechzig Jahre lang, bekleidete. [25]

Daß Mattheson mehr Kenntnis als Geschmack besaß, davon ist schon folgender Einfall, den man mir in Hamburg erzählte, Beweises genug. Er versuchte es einmal auf Veranlassung eines Textes, worin dies Wort vorkam, einen Regenbogen dadurch auszudrücken, daß er die Noten aller Stimmen in einem Bogen allmählich auf- und absteigen ließ, und schien also zu glauben, dieser Anblick für die Augen seiner Spieler und Sänger werde auch den Ohren der Zuhörer die Vorstellung von einem Regenbogen mitteilen. [26]

Alle die Musik, die ich je von Mattheson gesehen habe, ist gedankenleer und uninteressant. Es heißt, er sei ein großer Klavierspieler gewesen, und Händel habe seine Stücke gern gespielt. Hat er je Mattheson für einen fruchtbaren Nebenbuhler gehalten, so muß bei diesem Spielen seiner Stücke sein Triumph sehr vollkommen gewesen sein, wenn er sie mit seinem eignen oder mit dem ihm beiwohnenden Talente verglich, jeden Augenblick etwas weit Besseres hervorzubringen. Ich besitze eine Folge von zwölf Matthesonischen Klaviersuiten, die zu London 1714 von Fletcher in Kupfer gestochen sind, der sie in der Vorrede als Stücke rühmt, die vor allen andern dieser Art den Vorzug verdienten und von einem der damaligen größten Komponisten in einem durchaus gefälligen und erhabenen Geschmack verfertigt wären. Sie bestehen aus Ouvertüren, Präludien, Fugen, Allemanden, Couranten, Giquen und Arien. Allein der Lobsprüche des Herausgebers ungeachtet, gleichen sie allen Klavierstücken, die ich je von denen gesehen habe, die älter sind als Händels vortreffliche Suites de Pièce, wovon die erste Sammlung 1720 erschien. Bei aller guten Harmonie machen sie auf die Seele ebenso wenig gefälligen oder leidenschaftlichen Eindruck als das Geklingel der Triangel oder die Schellen eines Lastpferdes; und durch dergleichen Sachen wird in der Tat das Instrument zum Range eines tönendes Erzes und einer klingenden Schelle herabgewürdigt.

Vom Jahre 1705 bis 1708, da Händel zwei andre Opern,

„Florindo“ und „Dafne“ [27], setzte, lieferte er nichts für die Bühne; ob er gleich viele Scholaren hatte und unzählig viele Klavierstücke, Lieder und Kantaten schrieb. [28][12]
Mattheson gesteht selbst, daß Händel während seines Aufenthalts in Hamburg seine Schreibart durch seine beständige Besuchung der Oper ungemein verbessert habe, und sagt, er sei in extemporierten Fugen und im Kontrapunkt auf der Orgel stärker gewesen als der berühmte Kuhnau in Leipzig, den man damals als ein Wunder ansah.
Nachdem er sich zu Hamburg durch seine Opern so viel Geld erworben hatte, daß er nach Italien reisen konnte [29], so unternahm er diese Reise nach dem Sitze der Musen, die jedem Manne von Genie so äußerst wünschenswürdig ist. Er blieb eine Zeitlang zu Florenz, wo er die Oper „Rodrigo“ verfertigte. Von da ging er nach Venedig, wo er im Jahr 1709 seine „Agrippina“ aufführte [30], die, wie sein Lebensbeschreiber sagt, siebenundzwanzig Abende nacheinander mit großem Beifall gespielt wurde. Hier fand er den Domenico Scarlatti, Gasparini und Lotti.
Nicht lange hernach ging er nach Rom, wo er Gelegenheit hatte, Kompositionen und Tonkünstler vom ersten Range zu hören. Hier hatten der ältere Scarlatti und Gasparini die Singemusik und Corelli die Instrumentalmusik zur großen Vollkommenheit gebracht. Bei dem Kardinal Ottoboni, bei dem Händel sich sehr in Gunst setzte, hatte er zum öftern Gelegenheit, den naturvollen, sanft fühlenden Corelli seine eignen Stücke spielen zu hören. Hier verfertigte er eine Serenate „Il Trionfo del Tempo“ [31] und ging darauf nach Neapel, wo er seinen „Acis und Galathea“ auf einen italienischen Text setzte, der ganz von dem kleinen englischen Singspiel dieses Namens von Gay verschieden war, wozu er im Jahr 1721[13] für den Herzog von Chandos die Musik verfertigte.
Als er aus Italien zu Ausgange des Jahrs 1709 oder zu Anfange des Jahrs 1710 wieder nach Deutschland kam, so war Hannover der erste Ort, wo er sich etwas länger aufhielt und wo er in dem Kurfürsten einen Gönner und Wohltäter fand, der in der Folge, nach dem Tode der Königin Anna, unter dem Namen Georgs des Ersten den englischen Thron bestieg. Dieser Fürst hatte den geschmackvollen und gelehrten Komponisten Steffani als Kapellmeister in seinen Diensten, mit dem Händel vorher schon in Venedig bekannt geworden war und

der nun, ihm zu Gefallen, seine Stelle als Kurfürstlicher Kapellmeister niederlegte. Dieser ehrwürdige Komponist war sein Muster in der Schreibart von Kammerduetten und erleichterte ihm den Zutritt zu der Gunst des Kurfürsten, der ihm ein Gehalt von 1500 Reichstalern unter der Bedingung aussetzte, daß er nach vollendeter Reise an seinen Hof zurückkehren sollte. Händel nahm diesen Antrag an und ging nun nach Düsseldorf, wo er bei dem Kurfürsten von der Pfalz eine schmeichelhafte Aufnahme fand, der ihn gleichfalls in seinen Diensten zu behalten wünschte. Allein außer der Verbindung, worein er sich schon mit dem Kurfürsten von Hannover eingelassen hatte, wünschte er auch England zu besuchen, wo die dramatische Musik schon durch verschiedne noch sehr geschmacklose Opernversuche beliebt geworden war und wohin ihn auch verschiedne adlige Personen eingeladen hatten, die er in Italien und Hannover kennenlernte.

Gegen Ende des Jahrs 1710 kam er in England an. Seine dortige Aufnahme war für ihn ebenso schmeichelhaft als rühmlich für die Nation, die damals ebenso glücklich im Kriege als in der Ausbildung der Künste des Friedens war. Witz, Poesie, Wissenschaft und Gelehrsamkeit, welche diese Periode der englischen Geschichte auszeichneten, wurden durch Händel mit allen Reizen einer ausdrucksvollen und gelehrten Musik bereichert, die von ihm zuerst in dies Land eingeführt und verpflanzt wurde und deren vollen blühenden Wachstum er noch erlebte.

Der Ruf von den ausnehmenden Talenten und Fähigkeiten, welche Händel besaß, und von dem Beifall, den er sich durch beide in Italien und Deutschland erworben hatte, war in England schon vorläufig bekannt geworden und verschaffte ihm eine leichte und günstige Aufnahme bei Hofe und in vielen von den ersten Familien. Aaron Hill, damaliger Unternehmer der Opern, machte sich den Vorteil seiner Ankunft zunutze und entwarf in der Eile den Plan eines Singespiels aus Tassos „Befreitem Jerusalem", woraus der Dichter Rossi eine Oper „Rinaldo" verfertigte. Sie wurde im März 1711 aufgeführt[14], und Händel hatte sie, wie in der Vorrede gesagt wird, in einer Zeit von vierzehn Tagen in Musik gesetzt.

Addison[15] erwähnt in dem fünften Blatte seines „Spectator" mit seiner gewöhnlichen Laune, aber auch mit seiner völligen Unempfindlichkeit gegen höhere musikalische Talente auch

dieses Umstandes unter mehrern andern geringfügigen Dingen, die er lächerlich zu machen suchte. Hätte dieser in anderm Betracht so vortreffliche Schriftsteller und Kunstrichter so viel Geschmack und Gefühl für Musik als Gelehrsamkeit und wissenschaftlichen Geschmack gehabt, so würde er eingesehen haben, daß die Gabe, eine ganze Oper in kürzerer Zeit zu verfertigen, als der Kopist zum Abschreiben derselben brauchte, und das in einer meisterhaftern und originalern Schreibart, als man je vorher in diesem und vielleicht in irgendeinem Lande gekannt hatte, kein schicklicher Gegenstand des Spottes war. Addison scheint alle Musik für einerlei zu halten, das französische Rezitativ ausgenommen, an dem er, wie es scheint, ganz vorzüglich Geschmack gefunden hatte. [32]
Die Oper „Rinaldo", in welcher sich der berühmte Nicolini und Valentini, die ersten welschen Sänger an der englischen Schaubühne, hören ließen, war viele Jahre hindurch ein Lieblingsschauspiel der Nation, denn ihre Vorstellung wurde in den Jahren 1712, 1717 und 1721 wiederholt. In dem Jahre 1718, wo, wie es scheint, keine Opern in England gespielt wurden, ging Nicolini nach Neapel, und auch da wurde Händels „Rinaldo" unter der Anführung des berühmten Leo, der damals noch ein junger Mann war, auf die Bühne gebracht.
Händel blieb itzt noch ungefähr ein Jahr in England und erwarb sich den größten Ruhm, auf die erhabensten und unstreitigsten Verdienste gegründet, die er als theoretischer und praktischer Tonkünstler hatte. Er ging darauf nach Hannover zurück und versprach seinen angesehensten Freunden in England, so bald wiederzukommen, als er dazu von seinem Kurfürsten Erlaubnis erhalten könnte. Zu Ausgange des Jahres 1712 erhielt er die Erlaubnis auf eine gewisse Zeit; und wir finden seinen „Pastor Fido" und „Theseus" in dem Verzeichnisse der italienischen Opern, die in diesem und dem folgenden Jahr auf die englische Bühne gebracht wurden, und im Jahr 1715 den „Amadis" oder „Amadis von Gallien". In allen diesen Opern waren Nicolini, Valentini, Margarita und Mistreß Anastasia Robinson die vornehmsten Sänger.
Nicht lange nach seiner Rückkehr nach London war der Utrechter Friede geschlossen, und Händeln ward vor allen andern, auch, wie es scheint, ohne Murren der einländischen Tonkünstler, der Auftrag gemacht, die Hymne des Danks und Triumphs bei dieser Gelegenheit zu verfertigen. So schmäh-

süchtig und lärmend auch die Mißgunst über den Beifall solcher Verdienste, die sich von andern auch erreichen lassen, zu sein pflegt, so wird sie doch stumm und blind bei den Vorzügen sichtbarer Überlegenheit. Das große Te Deum und Jubilate, welches Händel bei dieser Gelegenheit schrieb, hatte so viel Stärke, Regelmäßigkeit und Instrumentalwirkung, als noch kein Komponist in England gehabt hatte. Purcells Te Deum ist, was die Einrichtung und den Ausdruck der Worte betrifft, vielleicht das beste von allen; aber in Ansehung der Größe und Fülle der Begleitung muß man doch Händeln den Vorzug geben, wenn man ohne Nationalvorurteil entscheiden will. Die Königin setzte ihm ein jährliches Gehalt von zweihundert Pfund auf zeitlebens aus, und alle, die den „Rinaldo" gehört hatten, wünschten, daß er wieder für die Oper arbeiten möchte. Die Vielheit der Arbeiten und die Menge von Gönnern und Freunden, die Händel in England fand, schwächten bei ihm gewissermaßen das Andenken an seine ehemaligen Verbindungen; und er schien an nichts weniger zu denken, als nach Hannover zurückzugehen, bis nach dem Tode der Königin Anna im Jahr 1714 König Georg der Erste selbst nach England kam und ihn der Mühe, nach Deutschland zu reisen, überhob.

Händel war sich seiner versäumten Ehrerbietung und Dankbarkeit gegen einen Fürsten bewußt, der ihn mit so schmeichelhaften Zeichen des Beifalls und der Wohltätigkeit beehrt hatte, und wagte es nicht eher, bei Hofe zu erscheinen, bis er durch die kluge und freundschaftliche Vermittelung des Freiherrn von Kielmannseck auf folgende Art die Gunst des Königs wieder erhielt. Man beredete den König, nicht lange nach dem Antritt seiner Regierung, eine Wasserpartie zu machen, und gab bei dieser Gelegenheit Händeln den Rat, einige Stücke ausdrücklich dazu zu verfertigen, deren Aufführung insgeheim in einem Boote veranstaltet wurde, welches das königliche Fahrzeug begleitete. Der König wurde durch diese Stücke, die hernach unter dem Namen der „Wassermusik" so bekannt und mit Recht so berühmt geworden sind, ebenso sehr überrascht als ergötzt und fragte sehr dringend, wer ihr Verfasser sei. Der Freiherr antwortete dem König, es sei einer von seinen getreuen Untertanen, der wohl wisse, daß er die Ungnade eines so huldreichen Gönners verdient habe und sich daher nicht eher getraue, vor ihm zu erscheinen, bis

er versichert sei, daß er durch alle mögliche künftige Bezeugung seiner Dankbarkeit und Dienstergebenheit Verzeihung zu erhalten hoffen dürfe. Dieser Fürspruch wurde gnädig aufgenommen; Händel kam wieder in Gnade, und seine Kompositionen wurden mit den schmeichelhaftesten Beweisen des königlichen Beifalls beehrt. Auch gab ihm der König zur Bestätigung dieser Begnadigung noch eine Zulage von zweihundert Pfund zu dem ihm von der Königin Anna bewilligten Jahrgehalt, und einige Jahre nachher, da er den jungen Prinzessinnen Unterricht geben mußte, wurde noch ein Gehalt, gleichfalls von zweihundert Pfund, von Ihrer Majestät, der Königin Caroline, hinzugetan.
Vom Jahr 1715 bis 1720 finde ich in den Verzeichnissen der Singspiele keine von Händel neu verfertigte Oper. Die drei ersten Jahre dieser Zwischenzeit brachte er meistens bei dem Grafen von Burlington zu, der viel Geschmack und Kenntnisse in den schönen Künsten besaß und gegen ihre Verehrer sehr freigebig war. Die beiden andern Jahre hindurch scheint sich Händel zu Cannons als Kapellmeister des Herzogs von Chandos beschäftigt zu haben. Dieser Herzog, dessen Aufwand glänzend und fürstlich war, erbaute auch unter andern eine Kapelle, in welcher der Gottesdienst täglich von einem Chor von Sängern und Instrumentalisten verrichtet wurde, welche damals vielleicht zahlreicher und vortrefflicher war als die Kapelle irgendeines regierenden Fürsten. Hier schrieb Händel außer seinen Motetten den größten Teil seiner Hoboenkonzerte, Sonaten, Suiten und Orgelfugen, die alle in ihrer Art so meisterhaft feurig und trefflich sind, daß auch selbst dann, wenn er nie eine Oper, ein Oratorium, Te Deum, Duett, eine Kantate oder irgendein andres Singestück gesetzt hätte, sein Namen doch wahren Musikkennern so lange würde ehrwürdig geblieben sein, als die Notenzüge, mit welchen sie geschrieben sind, lesbar geblieben wären.
Wir kommen itzt zu dem geschäftigsten und glorreichsten Teil in Händels Leben, der itzt die Stufe des Daseins erreichte, die Dante

Il mezzo del cammin di nostra vita

nennt; wo Körper und Geisteskräfte des Menschen ihre höchste Stärke und Lebhaftigkeit erreicht haben. Er besaß große Naturgaben, durch Fleiß und Übung ungemein ausgebildet; seine Hand scheute keine Schwierigkeiten; sein Genie zur Komposition war unbegrenzt. Dabei war er einer der größten Meister einer Kunst, die den Zutritt zu den Großen sehr erleichtert und worin man bei außerordentlichen Fähigkeiten auf ihre Gunst sicher rechnen darf; äußerst beliebt bei dem Könige, dem Adel und dem Publikum einer großen und mächtigen Nation zur Zeit ihrer größten Glückseligkeit und Ruhe, da sie nicht nur alle Muße und allen Eifer besaß, die Künste des Friedens auszubilden, sondern auch Reichtum genug, um diejenigen freigebig zu belohnen, deren glücklichen Bemühungen sie über die Grenzen der Mittelmäßigkeit hinaus getrieben hatten.

Dies waren Händels Umstände und Lage, als der englische Adel einen Plan entwarf, zur Unterhaltung der italienischen Oper einen Fond auszusetzen, von der er Komponist und Anführer sein sollte. Und da des Königs Georgs des Ersten Majestät zur Ausführung dieses Plans tausend Pfund zu unterzeichnen geruhte und sein Name auf der Liste der Subskription, die sich auf funfzigtausend Pfund belief, obenan stand, so nannte man diese Gesellschaft die Königliche Akademie.

Als Händel seine Stelle zu Cannons niederlegte, erhielt er von der Akademie den Auftrag, nach Dresden zu gehen, um Sänger anzuwerben. Hier fand er Senesino, Durastanti, Berenstädt und Boschi, die er mit nach England brachte.

Die vornehmste Absicht bei Errichtung der Akademie ging zwar dahin, Händeln als Komponisten und Anführer des Orchesters anzustellen, allein das Publikum war damit noch nicht ganz einstimmig. Bononcini und Attilio waren von den vorigen Unternehmern der Oper nach England gezogen; und da sie Komponisten von anerkannten Verdiensten waren, so wollten ihre Bewunderer und Freunde nicht gern in ihre Entlassung willigen. Und itzt nahmen jene musikalischen Zwistigkeiten ihren Anfang, deren Andenken Swift durch ein Sinngedicht [33][16] verewigt hat, welches eine Kunst und Künstler verächtlich machen sollte, deren Verdienst er durchaus nicht fühlte noch verstand, ob er gleich das Lächerliche ihrer Lage völlig einsah. Allein der Satirist, der keinen Unterschied zwischen einem Dryden und Ausklingler oder zwischen einem Raphael und einem gemeinen Anstreicher findet, ist völlig so geschickt, von Poesie und Malerei zu reden, als der-

jenige von der Musik, der keinen Unterschied zwischen den Arbeiten eines Händels und eines Bononcini und den Stümpereien des erbärmlichsten Bierfiedlers sieht noch hört.
Keine Kunst, Wissenschaft, selbst keine Wahrheit der Religion oder Sittenlehre vermag den Anfällen des Spottes auszuweichen, wenn Witz und Laune wider sie kämpfen, wenngleich ihre Verwundungen zum Glück nur leicht sind und von selbst heilen. Denn weder Kunstliebhaber noch Verehrer der Religion und Tugend können durch solch einen bloßen Hieb oder witzigen Einfall lange in ihrem Eifer gestört werden. Eine große Nation, die so viele begüterte Bürger hat, braucht unschuldigen Zeitvertreib für ihre müßigen Stunden, wenn Jagd und Landlust aufhört und sie sich alle in der Hauptstadt einfinden; und in den besten und aufgeklärtesten Zeiten der Welt hat immer die Ausbildung und Beförderung der Tonkunst die Talente und die Freigebigkeit ihrer vorzüglichsten Bewohner beschäftigt.
Musikalische Schauspiele, oder Opern, die im vorigen Jahrhundert von Italien nach Frankreich und von Frankreich nach England kamen, waren hier noch nie vorher in italienischer Sprache gespielt, als unter der Regierung der Königin Anna, da die ersten Versuche von teils einheimischen, teils italienischen Schauspielern gemacht wurden, deren jeder in seiner Muttersprache sang. Das Ungereimte dieser Methode hat Addison mit vieler witziger Laune in dem achtzehnten Stück des „Spectators" lächerlich gemacht. [34] Da aber der Geschmack an Opern damals sowohl als nach der Zeit bei denen von unsern adlichen und vornehmen Mitbürgern sehr zunahm, die in ihrer Jugend Italien besucht hatten, so ist es ganz natürlich, daß sie allemal wünschen müssen, diese Vorstellungen den von ihnen dort gesehenen Originalen so nahe als möglich gebracht zu sehen. Und aus Mitgliedern dieser Art bestand vermutlich die Königliche Akademie. Ihr Vorsteher war der Herzog von Newcastle, Lord Bingley war abgeordneter Vorsteher, und die Herzoge von Portland und Queensbury, die Grafen von Burlington, Stair und Waldegrave, die Lords Chetwynd und Stanhope, James Bruce, Esqu. der Obriste Blathwaith, Thomas Coke, von Norfolk, Esqu. Conyers D'Arcy, Esqu. Brigadier-General Dormer, Bryan Fairfax, Esqu. Obrist O'Hara, George Harrison, Esqu. General Hunter, William Pulteney, Esqu. Sir John Vanbrugh, Ge-

neralmajor Wade und Franz Whitworth, Esqu., waren ihre Direktoren.
Diese großen und angesehenen Männer konnten indes nicht die ganze Direktion der Oper allein und persönlich verwalten. Gegenparteien sind in Freistaaten ebenso häufig als wild; und in dem gegenwärtigen Falle mischten sich politische Feindseligkeiten in den musikalischen Zwiespalt. Alle Freunde des Bononcini und Attilio[17] wurden vielleicht nicht ganz von der Liebe zur Musik und dem Gefühl ihrer Überlegenheit und Vorzüge geleitet; Herrschsucht und Privathaß gegen Händels Verfechter verstärkten ihren Eifer; und Händel sah sich, ehe sie nachgaben, genötigt, auf der Bühne zu erscheinen und seine Sache selbst auszufechten. Denn alles, was seine Freunde von dem Inhaber des Haymarket-Theaters erhalten konnten, als er von Dresden mit Rekruten zurückkam, war die Erlaubnis, seine Oper „Radamist" im Jahr 1720 daselbst aufführen zu dürfen. [35][18] Bei dieser Gelegenheit lassen sich die Erwartungen, welche das Publikum von Händels Talenten wegen seines großen Ruhmes und der schon von ihm gegebenen Proben hatte, aus dem großen Gedränge schließen, welches noch vor dem Opernhause war, als nicht mehr Raum genug da war, sie alle einzulassen. Und der Beifall derer, die so glücklich waren, Plätze zu bekommen, bewies ihren vollen Genuß des gehofften Vergnügens. Indes erhielt diese Oper bei allem ihrem Verdienst und Beifall nicht solch einen Sieg für Händel, der entscheidend genug gewesen wäre, den Feind zur Räumung des Feldes zu nötigen.
Es wurde hierauf, als der letzte Versuch, von den Freunden der drei verschiednen Nebenbuhler verabredet, daß jeder von ihnen einen Akt von einer und der nämlichen Oper mit einer Ouvertüre zu jedem Akt verfertigen sollte. Man wählte dazu das Schauspiel „Mucius Scävola", von welchem Bononcini den ersten, Attilio den zweiten und Händel den dritten Akt in Musik setzte; und dieser gewagte Versuch entschied den Vorrang zwischen ihm und seinen Mitwerbern. Der Akt dieser Oper, den Händel verfertigt hatte, wurde nämlich für trefflicher erklärt als die beiden übrigen; und der Arbeit des Bononcini wurde der zweite Rang zuerkannt.
Es war unserm großen Tonkünstler um so viel rühmlicher, solch einen Gegner, wie Bononcini, überwunden zu haben, weil er ein Mann von großen Talenten und in ganz Europa sehr

berühmt war. Freilich sind nur wenige imstande, da, wo der Ausschlag zweifelhaft ist, die feinern Schattierungen der Vortrefflichkeit zu unterscheiden und gehörig zu würdigen. Ein einziger Gran von Parteilichkeit oder von Vorurteil kann alsdann die Schale auf eine oder die andre Seite senken, auch in den Händen der besten Richter; aber wie darf je der Unverstand das entscheiden, was Kenntnis und Erfahrung kaum zu unterscheiden vermögen?

Soviel ist gewiß, daß Bononcinis vorzügliches Verdienst, einen italienischen Text in Musik zu setzen, über die Sphäre englischer Zuhörer hinaus war und daß nur bloß Italiener es gehörig zu schätzen vermochten, nach deren Urteil seine Kenntnis des Gesanges und ihrer Sprache so vollkommen war, daß dadurch seine cantilena oder Melodie für die Sänger natürlicher und geschmackvoller und seine Rezitative für Kenner der italienischen Sprache rührender und im Ausdruck der feinern Gefühle und Regungen vorzüglicher waren als die Melodien und die Rezitative seines Nebenbuhlers. Allein in Ansehung der Majestät, Größe, Stärke, Lebhaftigkeit und Erfindung, welche keine Lokalschönheit, sondern überall gleich auffallend und verständlich sind, war ihm Händel unendlich überlegen.

Durch diesen merkwürdigen Sieg, im Jahr 1721, scheint die Königliche Akademie auf acht oder neun Jahre unter der Direktion der angesehensten Freunde und größten Bewunderer Händels eine feste Einrichtung erhalten zu haben. Ihn bestellten sie zum ersten und vornehmsten Komponisten und erteilten ihm eine unbeschränkte Herrschaft über das Orchester. [36]

Es wurden indes von Zeit zu Zeit verschiedene Opern von Bononcini und Attilio auf der nämlichen Bühne und von ebendem Orchester aufgeführt wie die von Händel. Vielleicht geschah es zur Aussöhnung der Parteien, denn die Musikliebhaber sind zuweilen ebenso wunderlich, eigensinnig und unbillig als die Musiker selbst. Dies fiel nie mehr in die Augen als bei der heftigen Parteilichkeit des Publikums für die beiden Sängerinnen Cuzzoni und Faustina im Jahr 1727. Beide waren in ihrer Art vortrefflich; und doch war das englische Publikum so wenig geneigt, beiden gleichen Beifall zu schenken, daß allemal, wenn die Bewundrer der einen von diesen Sirenen anfingen zu klatschen, die Anhänger der andern unfehlbar zu zischen pflegten. Es scheint ebenso unmöglich zu sein, daß zwei Sängerinnen oder Sänger von gleichen Verdiensten die Bühne mit gleichem Glück betreten können, als es unmöglich ist, daß zwei Personen auf einem Pferde reiten können, ohne daß einer davon hinten sitzt.

„Wären die Operngänger der damaligen Zeit nicht Feinde ihres eignen Vergnügens gewesen, so hätten sie, da die Verdienste dieser beiden Sängerinnen von so ganz verschiedner Art waren, beiden nacheinander gleichen Beifall schenken und sich ihrer Vortrefflichkeit wechselweise freuen können."

„Es ist ein Unglück für billige und unparteiische Leute, denen Talente überall Vergnügen machen, wo sie zu finden sind, daß diese Faustrechtskämpfe alle nachherige Opernunternehmer abgeschreckt haben, jemals zwei Sänger oder Sängerinnen zu gleicher Zeit anzunehmen, deren Vorzüge noch streitig sein konnten." [37]

Dr. Arbuthnot[19] schrieb bei Gelegenheit der streitigen Rechte des Vorranges zwischen diesen beiden ersten Sängerinnen und ihren Anhängern, im Jahr 1728, ein Manifest unter dem Titel: „Der Teufel ist los zu St. James; oder vollständige und glaubwürdige Erzählung von einem gar schrecklichen und blutigen Gefechte zwischen Madame Faustina und Madame Cuzzoni. Wie auch ein hitziges Scharmützel zwischen Signor Boschi und Signor Palmerini. Ferner, wie Senesino sich verschnuppt hat, die Oper verläßt, und Psalmen in Henleys Betkapelle singt." [38]

Wenig Jahre hernach entstand ein Zwist zwischen Händel und Senesino, der die Aufhebung der Akademie veranlaßt und nicht nur dem Glücke unsers großen Komponisten nachteilig, sondern auch ein Anlaß unendlicher Unruhe und Verdrüßlichkeiten für ihn während seines ganzen übrigen Lebens wurde.

Dr. Arbuthnot, der immer Händels sehr eifriger und tätiger Freund war, trat allemal als sein Verfechter auf den Kampfplatz, sooft sich Gelegenheit fand, seine Sache zu verteidigen. Und da ihm der Spott alle Arten von Waffen in die Hand gab und die Feder sein unwiderstehlichstes Gewehr war, so nahm er auch dazu in der Streitigkeit mit Senesino seine Zuflucht, der fast alle die ersten Häuser des Adels auf seiner Seite hatte. Und in diesem zweiten Federkriege schrieb er nach vielen gegenseitigen Beschwerden über gebrochne Verträge, gekränkte Rechte und begangene Feindseligkeiten ein zweites

Manifest mit der Aufschrift: „Die Harmonie in Aufruhr; ein Schreiben an Georg Friedrich Händel, Esqu. Kapellmeister des Operntheaters auf dem Heumarkt, von Hurlothrumbo Johnson, Esqu., außerordentlichen Tonsetzer aller Schaubühnen in Großbritannien, die auf dem Heumarkt ausgenommen, worin die Rechte und Verdienste der beiden Opern gehörig erwogen werden."

In diesem Pamphlet wird über Händel förmliches Gericht gehalten und ihm befohlen, seine Hand aufzuheben und sich gegen folgende Verbrechen und Vergehungen zu verantworten, die er gegen den Verstand und Willen des englischen Volks begangen und verschuldet habe:

Erstlich wird ihm Schuld gegeben, daß er uns ganze zwanzig Jahre hindurch behext und bezaubert habe.

Zweitens, daß er sich unverschämterweise unterfangen habe, uns gute Musik und gesunde Harmonie zu geben, da wir schlechte brauchten.

Drittens, daß er sich auf eine verräterische und übermütige Art eine unbeschränkte Gewalt anmaßte, uns zu vergnügen, wir mögen wollen oder nicht, und daß er sich oft unterstehe, uns zu entzücken, wenn wir uns fest vorgenommen hatten, übler Laune zu sein.

Doktor Pushpin und Dr. Blue (Pepusch und Green) geben ihm Schuld, er habe weder zu Oxford noch zu Cambridge die höchste Würde der Musik erhalten; und der erstere, er habe den Euklides nicht gelesen noch die griechischen Tonarten studiert. Andre beschuldigen ihn, er habe Musik geschrieben, die nicht nur unsre Geistlichen verwirrt mache und jede Gemeine zur Kirche hinausjage, sondern dergleichen auch sonst noch niemand geschrieben habe. Ferner wird zum Beweise, daß er Zauberei in diesem Königreiche an Sr. Majestät getreuen Untertanen verübt und alle unsre Sinne behext habe, versichert, es sei kein Buchstabe in irgendeiner von seinen Schreibereien, der nicht zauberhaft sei, und sobald man nur irgendein Gequieke von einer seiner Geigen oder ein Gesäusel von einer seiner Pfeifen gehört, habe die ganze Stadt, holterpolter, mit Drängen und Drücken und Schieben dahergetanzt, und glücklich wären die gewesen, die zu Tode gedrängt wären.

Am Ende geschieht der richterliche Spruch: „Da eine Oper so erstaunlich viel Kosten, Aufwand, Müßiggang, Faulheit und Üppigkeit veranlasse, so könne diesen Beschwerden auf keine Weise besser abgeholfen werden, als wenn man noch eine zweite veranstalte."

Diejenigen Stellen, welche in diesem ironischen Briefe die einzigen ernsthaften zu sein scheinen, sind mit andrer Schrift gedruckt und enthalten Händels Selbstverteidigung, der auf die von seinen Gegnern ihm gemachte Beschuldigung die Antwort gibt: „er habe sich bei der ganzen Sache nichts vorzuwerfen, sondern, als Senesino erklärt habe, er wolle nicht länger in England bleiben, habe er sich durch seine Ehre verpflichtet gehalten, seinem Kontrakt gemäß zu handeln und auf andre Art für sich zu sorgen. An die Cuzzoni habe er gar nicht gedacht, er hoffe nichts von ihr und brauche sie auch nicht, weil die Strada in allem Betracht und in allen für die Bühne nötigen Vorzügen unendlich besser sei. Für die Nebenrollen habe er die besten Sänger angeschafft, die je in England gewesen, wiewohl Montagnana auf eine sehr schlechte Art davongegangen sei, nachdem er einen Kontrakt auf diese ganze Schauspielzeit unterzeichnet habe, zu dessen Haltung er ihn auch immer noch zwingen könne, wenn ihm nicht vor Westmünster-Hall mehr bange wäre als vor zehntausend Doktoren oder zehntausend Teufeln. [39] Da er noch diesen Winter hindurch Opern zu geben verpflichtet sei, so hoffe er, man werde ihm dabei die Freiheit lassen, so zu verfahren, wie es am meisten zur Befriedigung des unparteiischen Teils des Adels und seiner eignen Ehre und Vorteile gereichen würde." — In der Folge setzt er noch hinzu: „es sei ihm unmöglich, die ihm gemachten unbilligen und unartigen Vorschläge einzugehen, nach welchen er alle Kontrakte und Zusagen brechen, ja selbst sein ganzes Glück aufs Spiel setzen müßte, um wunderlichen Grillen und unverdienten Neckereien zu willfahren. — Hätte er sich verleiten lassen oder Unrecht darin gehabt, den Preis seiner Billette zu erhöhen, so sei er dafür gestraft genug, ohne daß man den Unwillen darüber so lange gegen ihn unterhalten dürfe. [40] Man möchte aber auch die Oper betrachten, in welchem Lichte man wolle, so sei sie gewiß weit eher eines so hohen Preises wert als irgendein hier jemals gegebnes Schauspiel."

In einer andern Stelle dieser Schrift redet ein Anhänger Händels, von dem Singetalent des Carestini bezaubert, den er hatte kommen lassen, um den Senesino entbehren zu können, den Hurlothrumbo mit folgenden Worten an: „Haha! Mein

Herr, wie ich höre, sind Sie ein großer Verfechter der Oper in Lincoln's Inn-Fields. – Eine schöne Garnitur von Sängern! wahrhaftig! und mit Ihren Komponisten machen Sie die ganze Welt zuschanden! – Meinen Sie nicht, sagt er, daß in seinen itzigen Jahren Senesino ein Bußlied bei einer Hausandacht, in Weibskleidern, sehr hübsch durch die Nase hervorquieken könnte? – He? – [41] Oder was meinen Sie dazu, wenn Signora Celestini dort einen Psalm im Konzert herausschnüffelt, oder Madame Bertolli, mit ihrer unbedeutenden Stimme, die so wenig Nachdruck hat, als der Blasebalg eines Schmiedes mit zwanzig Seitenlöchern? Ihr Baß [42] macht wirklich Gesumse genug, und sein Brüllen wäre nicht zu verachten, wenn er nur Arien hätte, die für ihn paßten. Und Ihre Signora Fagotto [43] könnte nur immer mitsamt ihrem Lehrmeister wieder nach Hause in die Schule geschickt werden, denn wenn sie vierzig Jahr alt ist, wird sie bei einem Freudenfeuer gute Dienste tun oder eine hübsche Duenna in einer spanischen Oper abgeben."
„Auch Ihre Komponisten haben sich wahrhaftig herrlich hervorgetan. Ihr Porpoise [44], sagt er, kann nach Herzenslust umhertollen und poltern und zu einem von ihm selbst erregten Ungewitter präludieren. Aber Sie sollten ihm doch bedeuten, daß einer schlechten Kopie allemal Geist und Leben des Originals fehlt und daß zwischen voller Harmonie und Lärmenmachen noch ein großer Unterschied ist. – Ich weiß, Sie erwarten große Dinge von dem Spiele des Königs von Arragonien [45], aber dieser Trolly-Colly-Komponist, ein einfältiger Kantaten-Flicker, muß eine höchst armselige Figur in einer Oper machen, ob er gleich vorigen Winter so ekel war, daß er Händeln nicht komponieren und den Senesino nicht singen lassen wollte. Was er für Künste gebraucht haben muß, um ihn itzt als den ersten Sänger in ganz Europa aufzustellen, kann ich nicht begreifen. Sie müssen sich aber nicht allzusehr auf seine Majestät verlassen, denn soviel ich weiß, ist er durch eine förmliche Deputation von dem Generalkongreß in Nordbritannien angenommen worden, um ihre schottischen Psalme in neue Musik zu setzen und Vorsänger der Hauptkirche in Edinburg, mit einer jährlichen Besoldung von hundert Pfund schottisch, zu werden."
Dieser vom 12ten Februar 1733 datierte Brief wurde in einem Schillings-Pamphlet abgedruckt und füllt vierundzwanzig

Seiten in dem zweiten Bande von Arbuthnots Miscellaneen. Spott und Laune darin ist zuweilen sehr bitter, und man kann daraus vieles von der damaligen musikalischen Politik kennenlernen. Man sieht aus der mitgeteilten Stelle, wer von der Partei des Adels war, als derselbe wider Händeln eine Oper in Lincoln's Inn-Fields errichtete und den Porpora und Arrigoni zum Komponisten nahm und den Senesino und die Segatti bis zur Ankunft der Cuzzoni an die Spitze der Sänger setzte. Auch sieht man hieraus, daß Montagnana, der berühmte Bassist, Celeste und Bertoldi, zwei von Händels Sängerinnen, Arrigoni, der Lautenist, und Rolli, der italienische Operndichter, der hier Rowley Powley heißt, von ihm abtrünnig geworden, und daß Dr. Pepush, Dr. Green und Holcombe, hier Dr. Honeycomb genannt, auf der Seite seiner Gegner waren, indes Carestini, Strada, die Familie Negri, Durastanti und Scolzi an der Spitze seiner Gesellschaft standen.
Es läßt sich itzt nicht mehr entscheiden, wer in diesem langen und verderblichen Kriege der angreifende Teil gewesen ist. Vielleicht bediente sich Händel seines Ansehens auf eine zu derbe Art, und Senesino war vielleicht des Zwanges zu wenig gewohnt. [46] Vielleicht trieb auch der Adel seinen Unwillen zu weit, indem er eine andre Oper zum Ruin eines Mannes von so ungemeinen Verdiensten und Talenten errichtete; und wäre Händels Gemütsart nur einigermaßen so biegsam gewesen wie seine Finger, so hätte sich vielleicht eine Aussöhnung unter nicht sehr kränkenden oder entehrenden Bedingungen bewirken lassen. Es ist in der Tat traurig, sich bei dieser Periode seines Lebens zu verweilen, die ein beständiges Gewebe von Unfällen und Verdrießlichkeiten war. Er verfertigte dreißig Opern zwischen 1721 und 1740. Indes erhielt keine davon, nach der Aufhebung der Akademie im Jahr 1729, den Beifall, den sie ihrem innern und vorzüglichen Werte nach verdient hätten, wiewohl einige von den besten erst später geschrieben wurden. Verschmähung und Anfeindung hatten sich verschworen, ihm auf einmal Gesundheit, Ruhm und Wohlstand zu rauben.
Denn es ist wirklich nicht zu leugnen, daß der Zwist mit der Akademie und die Feindschaft mit Senesino einigen Einfluß in seiner spätern dramatischen Arbeit gehabt haben. Senesino hatte eine so edle Stimme und Singmanier, war ein so trefflicher Schauspieler und beim Publikum so beliebt, daß die wirkliche Stärke seiner Stimme und der kräftige Ausdruck

seines Spiels, sooft er sang, durch den hohen Rang, den er in den Augen der Zuhörer hatte, noch mehr erhöht und verstärkt wurden. Ich habe verschiedne Meister und Männer von Einsicht und Unbefangenheit gekannt, die sich seines Spiels und der Wirkung desselben auf sie und das Publikum noch sehr wohl erinnerten und mich versicherten, daß keiner von den großen Sängern, die wir seitdem in England gehabt haben, ihnen jemals so ganz gefallen und ihnen solch ein herzinniges Vergnügen gemacht haben als Senesino, der ohne hohe Töne oder Schnelligkeit seiner Läufe, bloß durch die Majestät und Würde seiner Person, seiner Gebärden, seiner Stimme und seines Ausdrucks mehr einnahm, ob er gleich weniger überraschte, als Farinelli, Caffarelli, Conti, genannt Gizziello, Carestini oder irgendeiner von ihren unmittelbaren Nachfolgern. Unmöglich kann ein Komponist eine Arie setzen, ohne an die Talente und Fähigkeiten des Sängers zu denken, der sie singen soll, und ohne sie nach seinem besondern Kaliber zu formen.

Die Sänger, welche Händel nach der Zeit, da er mit Senesino verfallen war, annahm und brauchte, brachten eine neue Singemethode mit und besaßen eine Geläufigkeit und Geschwindigkeit der Stimme, für die er nie besonders eingenommen war. Man hat indes, wie mich dünkt, mit Unrecht behauptet, die nach jener Streitigkeit von ihm verfertigten Opern hätten so wenig Empfehlendes, daß man sie nicht leicht für Arbeiten des nämlichen Verfassers halten sollte. Läßt sich dies harte Urteil mit Geschmack, Wahrheit und Unparteilichkeit zusammenreimen, wenn von den Opern „Lothar", „Ariadne", „Alcina", „Berenice", „Ariodante", „Xerxes" und „Pharamund" die Rede ist? Die Singestimme seiner Arien richtet sich gemeiniglich nach den Fähigkeiten seiner Sänger; und man muß gestehen, daß, mit einigen wenigen Ausnahmen, die Arien in seinen letzten Opern und Oratorien keine sonderliche Vorzüge in Absicht auf Stimme, Geschmack, Ausdruck oder Vortrag hatten. [47] Aber seine musikalischen Hülfsquellen waren so ergiebig, daß er allemal Kenner der Musik durch den Reichtum und die Kunst seiner Begleitungen völlig schadlos hielt. Auch kann man vielleicht behaupten, daß er zu seinen besten Gedanken oder Melodien für die Stimme durch die Gesellschaft begeistert wurde, für die er im Jahr 1727 setzte, an deren Spitze Senesino, Boschi, die Cuzzoni und Faustina waren, die alle so mannigfaltige und so verschiedne Vorzüge besaßen, daß man dadurch auch die schlechteste Musik, die je gemacht worden, hätte heben und ihr durch solch einen Gesang Beifall verschaffen können. Es gibt Arien im „Siroe", die wirklich noch ganz andre Verdienste haben, als diejenigen sind, welche ihm alle Kenner völlig zugestehen. Denn die Arie dieser Oper „Non vi piacque, ingiusti Dei", von der Faustina, und „Deggio morir, o stelle" von Senesino gesungen, haben eine sanfte ruhige Begleitung und sind ganz in der Manier der schönsten neuen Arien geschrieben, worin man auf den Dichter und Sänger gleich achtungsvolle Rücksicht nimmt. Diese Arien wurden im Jahr 1728 um eben die Zeit gesetzt, da Vinci und Hasse angefangen hatten, die Begleitung schwächer und einfacher zu machen und die Melodie mehr zu verfeinern. In der ersten Arie ist die Singestimme sehr schön und ein Kanevas für einen großen Sänger, in der zweiten sind die Wirkungen der Modulation und der abgebrochnen melodischen Sätze wahrhaftig rührend und theatralisch. Die erste Violine füllt sehr schön die Lücken in der Hauptmelodie aus, indes die zweite Violine, die Bratsche und der Baß in der untergeordneten Begleitung wiederholter Noten, wie in neuern Arien, fortmurmeln. Man sieht aus diesen zwei Arien, daß Händel, der allemal mehr Gründlichkeit und Erfahrung besaß als seine Zeitgenossen, sehr tief in jenes Gebiet des Geschmacks und der Verfeinerung eindrang, welches seine Nachfolger erst nach langsamen Fortschritten ein halbes Jahrhundert später erreichten.

Wir verlassen itzt seine Arbeiten für die Oper und schränken unsre Erzählung auf diejenigen Vorfälle ein, welche zur Verfertigung und Aufführung seiner Oratorios Gelegenheit gaben, wozu die Worte englisch waren und die ihn auch daher bei der englischen Nation vorzüglich beliebt gemacht haben.

Geistliche dramatische Gedichte oder Oratorien sind in Italien von hohem Altertum, wenn man anders die Märchen aus den Legenden, die Mysterien und Moralitäten [48] so nennen will, worin geistliche Lieder, Psalmen, Arien und Chöre gelegentlich angebracht wurden. Das erste regelmäßige geistliche Schauspiel aber, das durchaus gesungen wurde und in welchem der Dialog in Rezitativ eingekleidet war, hieß „Anima e Corpo". Es wurde von Emilio del Cavalieri in Musik gesetzt und zu Rom im Februar 1600 zuerst aufgeführt, in eben dem Jahr, in welchem die weltlichen musikalischen Schauspiele, oder Opern, zu Florenz ihren Anfang nahmen. Die geistlichen Schauspiele, welche im vorigen Jahrhundert in den Kirchen und Klöstern Italiens aufgeführt und meistens förmlich gespielt wurden, sind unzählig, aber der Titel Oratorio wurde zuerst dieser Art von musikalischen Mysterien von Francesco Balducci ums Jahr 1645 gegeben und wurde in der Folge die gewöhnliche Benennung solcher Arbeiten. [49][20] Und man sieht aus der italienischen Dramaturgie, daß gegen das Ende des vorigen Jahrhunderts und zu Anfange des itzigen, zu Palermo und selbst zu Neapel mehr Dramme sacre oder geistliche Schauspiele aufgeführt sind als weltliche. In der Kirche zu S. Girolamo della Carità und in der Chiesa Nuova zu Rom werden immer noch Oratorien alle Sonntage von Allerheiligen an bis zum Palmsonntag und an allen Festtagen aufgeführt; und die Konservatorien zu Venedig behalten diese Schauspiele noch immer bei.

„Esther", für den Herzog von Chandos im Jahre 1720 verfertigt, war das erste Oratorium, welches Händel setzte. Und elf Jahre nach der Aufführung desselben zu Cannons bekam man eine Abschrift davon, und es wurde mit Theaterspiel von den Kapellknaben Sr. Majestät im Hause des Herrn Bernard Gates, ihres Lehrmeisters, am Freitage den 23sten Februar 1731 aufgeführt. [50] Der Chor, welcher aus Sängern aus der königlichen Kapelle und der Westmünsterabtei bestand, war nach Art der Alten zwischen der Schaubühne und dem Orchester gestellt, und die Instrumente wurden fast alle von Mitgliedern der Philharmonischen Gesellschaft gespielt. Nachher wurde es von eben den Sängern in der „Krone und dem Anker" aufgeführt; und dies soll Händeln zuerst auf die Idee geholfen haben, Oratorien auf die Bühne zu bringen. „Esther" wurde nun im Jahr 1732 zehn Abende auf dem Heumarkts-Theater gespielt. Im März 1733 wurde „Debora" zuerst gegeben, und im April wurde abermals „Esther" auf eben der Schaubühne aufgeführt. Während dieser ersten Aufführungen seiner Oratorien machte Händel zuerst dem Publikum das Vergnügen, Orgelkonzerte zu spielen, eine Musikgattung, die ganz von seiner Erfindung ist [51], worin er gemeiniglich eine extemporierte Fuge, ein chromatisches Stück oder ein Adagio anbrachte und wodurch er nicht nur die wundervolle Fruchtbarkeit und Leichtigkeit seiner Erfindung, sondern auch die

vollkommenste Genauigkeit und Nettigkeit seines Vortrages an den Tag legte. [52]
Im Sommer 1733 ging er bei Gelegenheit einer öffentlichen Feierlichkeit nach der Universität Oxford und nahm Carestini, die Strada und seine Operngesellschaft mit sich. Bei dieser Feierlichkeit wurde sein Oratorium „Athalia" auf der öffentlichen Schaubühne aufgeführt, wobei er ein Vorspiel auf der Orgel machte, welches jeden Zuhörer in Erstaunen setzte. Der verstorbne Herr Michael Christian Festing und Dr. Arne, die dabei zugegen waren, versicherten mich beide, daß weder sie selbst noch irgend sonst einer von ihren Bekannten je vorher solch ein Fantasieren oder auch selbst solch einen vorläufig studierten Vortrag auf diesem oder irgendeinem andern Instrument gehört hätten.
Während der Fasten 1734 führte er die „Esther", „Debora" und „Athalia" auf der Bühne in Covent-Garden auf, und im Jahr 1735 „Esther", „Acis und Galathee" und „Alexanders Fest" zum erstenmal, 1738 „Israel in Ägypten" und 1739 „Allegro ed il Penseroso". Diese beiden letztern Jahre hindurch war das Opernhaus verschlossen, und Händel war damals in seinen Umständen so zerrüttet, daß er beständig fürchtete, von Del Pò, dem Manne der Strada, in Verhaft gezogen zu werden. Dies bewog seine Freunde, ihm zu einem Benefiz-Konzert zu raten; er tat es und erhielt den 28sten März 1738 im Opernhause auf dem Heumarkt so viel Beweise eines allgemeinen Beifalls, daß seine Einnahme ungemein ansehnlich war. Denn außerdem, daß das Haus überall gepfropft voll war, sah man auch noch, als der Vorhang aufgezogen wurde, fünfhundert angesehene Personen auf der Bühne, die wie ein Amphitheater eingerichtet war. [53]
Im Jahr 1740 wurde das Oratorium „Saul" zum erstenmal auf dem Theater in Lincoln's Inn-Fields aufgeführt; und man kann sagen, daß Händel von dieser Zeit an seine Arbeiten bloß dem Dienste der Kirche gewidmet habe[21], da außer seinen großen Violinkonzerten und der „Feuerwerksmusik", auf den Aachner Frieden 1748, soviel ich weiß, keine andre Kompositionen als Oratorien von ihm aufgeführt oder herausgegeben sind. [54]
Während der ersten Jahre seiner Entfernung von der Opernbühne war die von der Aufführung der Oratorien gehobne Einnahme nicht hinreichend, ihn für seinen Verlust zu entschädigen; und es würde ein ewiger Vorwurf für den Ge-

schmack der Nation bleiben, daß sein „Messias", dieses so äußerst edle und erhabne Werk, bei seiner ersten Aufführung 1741[22] nicht nur wenig besucht, sondern auch gar nicht sonderlich aufgenommen wurde, wenn man diesen übeln Erfolg nicht gänzlich dem Unwillen vieler Vornehmen zuschreiben müßte, die er dadurch beleidigt hatte, daß er nicht für Senesino setzen wollte, von dem er sich selbst beleidigt glaubte, noch überhaupt für die Oper, wenn man diesen Sänger nicht abschaffte. Ein Eigensinn, den man ihm zum Übermut auslegte und der jenen mächtigen Widerstand verursachte, der ihm so nachteilig und kränkend war.
Händel war in allen seinen Versuchen, Opern auf den drei verschiedenen Schaubühnen, auf dem Heumarkt, in Lincoln's Inn-Fields und Covent-Garden aufzuführen und sich dadurch seinen ehemaligen Gönnern, den Mitgliedern der königlichen Akademie, zu widersetzen, so unglücklich gewesen, daß er sich itzt genötigt sah, zehntausend Pfund wieder aufzunehmen, die er in seinen glücklichern Tagen bei den öffentlichen Fonds belegt hatte; und doch blieben noch die Strada, Montagnana und andre in seinen letzten Opern gebrauchte Sänger unbezahlt und mußten England mit Verschreibungen statt des baren Geldes verlassen.
Händel indes, der ein sehr ehrlicher Mann und gewohnt war, seine Leute nicht nur redlich, sondern auch großmütig zu bezahlen, trug diese Schuld zu seiner größten Ehre ab, sobald er dazu imstande war.
Nach diesen wiederholten Unfällen und einer sehr schweren Krankheit, die vermutlich eine Folge seines Verdrusses, seiner Verlegenheiten und seiner Kränkungen war[23], ging er nach Irland, um zu versuchen, ob seine Oratorien hier vom Vorurteil und Haß unangefeindet bleiben würden. Pope personifizierte bei dieser Gelegenheit die italienische Oper und legte ihr folgende bekannte Verse in den Mund, womit sie die Göttin der Dummheit anredet:

Sieh! neu gerüstet steht der Riese Händel,
Dem hunderthändigen Briareus gleich.
Die Seele rührt, erweckt, erschüttert er,
Des Kriegsgotts Trommeln folgt der Donner Jupiters.
Hemm' ihn, o Göttin! liebst du deinen Schlaf;
Sie hört's und jagt ihn nach Hibernien. [55]

Gleich nach seiner Ankunft in Dublin machte er, so klug als menschenfreundlich, mit der Aufführung des „Messias" zum Besten des dortigen Gefangenhauses den Anfang.[24] Dieser großmütige und menschenfreundliche Zug fand ebenso allgemeinen Beifall als seine Musik, die, nach einigem Zeitaufwande auf die Anordnung seines Orchesters, ganz herrlich aufgeführt wurde, wobei Dubourg Anführer war und die verstorbene Mistreß Cibber die Arie sang: „Er war der Verachtetste und Unwerteste."[25] Diese Arie, vielleicht die trefflichste in englischer Sprache, ist oft von den geschicktesten Sängern gesungen worden, niemals aber wohl auf eine für einen Engländer so durchaus rührende Art als von Mrs. Cibber, für die sie ursprünglich gesetzt war und deren Stimme und Musikkenntnis an sich selbst gar nichts Außerordentliches hatte; aber durch die ihr eigne Empfindung und ein vollkommenes Gefühl der Worte durchdrang sie oft das Herz, wenn andre, mit unendlich schönerer Stimme und Geschicklichkeit, nur bloß das Ohr erreichen konnten. [56]
Händel blieb acht oder neun Monate in Irland, wo sich sein Ruhm immer mehr und mehr verbreitete und wo seine Umstände anfingen, besser zu werden. Bei seiner Rückkehr nach London zu Anfange des Jahrs 1742[26] hatte er den Vorsatz ganz aufgegeben, sich den nunmehrigen Opernunternehmern zu widersetzen; und so hörten auch die vorigen Feindseligkeiten allmählich auf. Als er daher in den nächsten Fasten seine Oratorien in Covent-Garden wieder anfing, fand er das Publikum wieder völlig bereit, ihn zu unterstützen. „Simson"[27] war das erste Oratorium, welches er in diesem Jahr aufführte und wobei nicht nur in London das Haus allemal gedrückt voll war, sondern dessen einzelne Arien sich auch bald überall verbreiteten. Auch ist dies Oratorium immer, nächst dem „Messias", das beliebteste geblieben, welches letztere diesmal zur Ehre des ganzen Publikums und zur Schande der Kabale und Gegenpartei mit allgemeiner Bewunderung und dem größten Beifall aufgenommen wurde. Und von der Zeit an bis itzt hat man dies große Werk in allen Gegenden unsers Reichs mit immer wachsender Hochachtung und Zufriedenheit gehört. Es hat die Hungrigen gespeiset, die Nackenden bekleidet, die Waisen verpflegt und eine Reihe von Unternehmern der Oratorien mehr bereichert als irgendein andres einzelnes musikalisches Produkt dieses oder irgendeines andern Landes.

Da dies heilige Oratorium [57], wie es zuerst deswegen genannt wurde, weil die Worte dazu durchaus unverändert der Heiligen Schrift entnommen sind, beim Publikum in einer so ganz vorzüglichen Achtung zu stehen schien, so faßte Händel, von der reinsten Wohltätigkeit und Menschenliebe bewegt, den rühmlichen Entschluß, es alle Jahr zum Besten des Fündlings-Hospitals aufzuführen. Und dies geschah bis an sein Ende beständig unter seiner eignen Anführung, und noch lange hernach unter Anführung der Herren Smith und Stanley. Die Einnahme von eilf solchen Aufführungen unter Händels eigner Direktion, vom Jahr 1749 bis 1759, belief sich auf 6 935 Pf. St.
von 1760 bis 1768 von acht Aufführungen unter der Direktion des Herrn Johann Christian Smith 1 332 Pf. St.
von 1769 bis 1777, neun Aufführungen unter Herrn Stanley 2 032 Pf. St.

10,299 Pf. St.

Die Orgel in der Kapelle dieses Hospitals war gleichfalls ein Geschenk von Händel, und er vermachte dieser milden Stiftung eine schöne Abschrift von der Originalpartitur des „Messias". [58]

Nach seiner Wiederkehr aus Irland traf sich's nur sehr selten, daß das Schauspielhaus wegen großer Assembleen des Adels und der Vornehmen nicht voll war, weil diese auf eine augenscheinliche und grausame Art auf feindselige Veranstaltung einiger alten Gegner von ihm gerade diese Abende dazu wählten. Er setzte indes seine Oratorien bis zur letzten Woche vor seinem Tode fort.

Wenn aber gleich das Oratorium „Der Messias" nach seiner Zurückkunft aus Irland mit jedem Jahre berühmter und das Gedränge der Zuhörer mit jedem Male größer wurde, so war das Haus dagegen bei einigen von seinen andern Oratorien so leer, daß er kaum die Kosten bestreiten konnte. Und da er immer ein sehr zahlreiches Orchester hatte und seine Leute reichlich bezahlte, so wurden seine Umstände dadurch so schlecht, daß er im Jahr 1745 nach zwei Aufführungen des „Herkules", dem 5ten und 12ten Januar, vor dem Fasten, nicht mehr zu bezahlen imstande war. Er führte indes seine Oratorien „Simson", „Saul", „Joseph", „Belsazar" und den „Messias" im März wieder auf, ich erinnere mich aber sehr

wohl, daß die Plätze bei keinem als dem „Simson“ und dem „Messias“ sonderlich besetzt waren. [59]
Der hochselige König Georg II. war während dieser Zeit Händels beständiger Gönner und war allemal bei seinen Oratorien gegenwärtig, wenn der ganze übrige Hof fehlte. [60]
In den letzten Jahren seines Lebens traf Händeln ebenso wie die großen Dichter Homer und Milton das Unglück, blind zu werden. Sosehr ihn dies aber zur andern Zeit kränken und niederschlagen mochte, so hatte es doch bei öffentlichen Gelegenheiten keinen Einfluß auf seine Nerven und Seelenkräfte. Denn immer noch bis an sein Ende spielte er Konzerte und Fantasien zwischen den Teilen seiner Oratorien mit aller der Stärke der Gedanken und des Vortrags, durch die er mit Recht so berühmt geworden war. Äußerst traurig und kläglich aber war es doch für Leute von Empfindung, wenn man diesen damals fast siebenzigjährigen Greis zur Orgel hin und hernach wieder gegen die Zuhörer hinführen sah, um ihnen seine gewöhnliche Verbeugung zu machen; und das Vergnügen, ihn spielen zu hören, wurde dadurch sehr vermindert.
Man hat mir gesagt, daß er sich die Zeit über, da die Oratorien aufgeführt wurden, fast beständig im Spielen geübt habe; und dies muß entweder der Fall oder sein Gedächtnis ganz ausnehmend stark gewesen sein. Denn als er schon blind war, spielte er verschiedne von seinen alten Orgelkonzerten, die er durch vorgängige Übung sich ins Gedächtnis muß eingeprägt haben. Zuletzt aber verließ er sich doch lieber auf seine Erfindungskraft als auf sein Erinnerungsvermögen. Denn er gab dem Orchester bloß das Skelett oder die Ritornelle jedes Satzes und spielte alle Solosätze aus dem Stegereif, indes die übrigen Instrumente ihm freie Hand ließen und das Signal eines Trillers erwarteten, um die Stücke des Tutti weiter zu spielen, die sie in den geschriebenen Stimmen vor sich hatten.
Auch fuhr er nicht nur bei seiner Blindheit immer noch fort, Konzerte zu geben, sondern auch für sich zu komponieren. Denn man hat mir versichert, daß das Duett und Chor im „Judas Makkabäus“: „Sion now her head shall raise“ von Händeln in seiner Blindheit Herrn Smith in die Feder diktiert ist.[28] Dieser Umstand, daß er noch in so hohen Jahren und unter so niederschlagenden Umständen so komponieren

konnte, bestätigt die Meinung des Dr. Johnson, „daß es Leuten von großem Verstande und erfindrischem Genie selten begegnet, die Munterkeit ihres Geistes durchs Alter zu verlieren. Nur schwachmütige und einfältige Leute, sagt er, verfallen in jene Art von Blödsinnigkeit, um derentwillen sie abgelebt heißen. Denn wenn diese sich erst im späten Alter von der Welt entfernen, von der sie gelebt und in der sie sich mit dem Verstande andrer beholfen haben, so geraten sie sogleich in Armut des Geistes." — Dryden, Newton, Dr. Johnson selbst und unser großer Händel sind die herrlichsten Beweise dieser Lehre. Händel bewies in der Tat nicht nur große Geistesfähigkeit in der Verfertigung dieses Duetts und Chors, sondern er zeigte auch, daß seine Erfindungskraft im Fantasieren acht Tage vor seinem Tode noch ebenso reich und feurig war, als sie vor vielen Jahren gewesen. Er wurde allemal durch Simsons ähnliche Umstände sehr bewegt, sooft die rührende Arie in diesem Oratorium vorkam: „Total Eclipse, no Sun, no Moon" etc. [61]

Das letzte Oratorium, wobei er selbst als Anführer zugegen war, wurde den 6ten April aufgeführt, und er starb freitags, den 13ten April 1759, und nicht sonnabends, den 14ten, wie man zuerst aus Irrtum auf sein Denkmal gesetzt und in seinem Leben erzählt hatte.[29] Ich habe unwidersprechliche Beweise des Gegenteils, da Dr. Warren, der Händels Arzt in seiner letzten Krankheit war, sich nicht nur noch erinnert, daß er den 13ten vor Mitternacht starb, sondern auch, daß er sein annäherndes Ende fühlte und daß er zufolge seiner von jeher bezeigten tiefen Ehrerbietung gegen die Lehren und Pflichten des Christentums einige Tage vor seinem Tode sehr ernstlich und sehnlich wünschte, daß er am stillen Freitag sterben möchte, in der Hoffnung, wie er sagte, „seinen Gott und Erlöser am Tage seiner Auferstehung zu sehen". Darunter verstand er den dritten Tag hernach oder den nächsten Ostersonntag.

Händels Figur war groß, und er war etwas untersetzig, stämmig und unbehülflich in seinem Anstande; sein Gesicht aber, dessen ich mich noch so lebhaft erinnere, als ob ich ihn gestern gesehen hätte, war voller Feuer und Würde und verriet Geistesgröße und Genie. Er war zufahrend, rauh und entscheidend in seinem Umgange und Betragen, aber ohne alle Bösartigkeit und Tücke. Auch war in seinen lebhaftesten

Aufwallungen des Zorns und der Ungeduld eine gewisse Laune und Spaßhaftigkeit, die vollends durch sein gebrochenes Englisch noch lächerlicher wurde. Sein natürlicher Hang zu Witz und Laune und seine glückliche Gabe, die gemeinsten Vorfälle auf eine ungewöhnliche Art zu erzählen, machte ihn fähig, Personen und Sachen in dem lächerlichsten Lichte darzustellen. Wäre er ein so großer Meister der englischen Sprache wie Swift gewesen, so würde er ebenso viele witzige Einfälle, und ziemlich von eben dem Schlage, gehabt haben.
Bei vielen Tugenden, die er besaß; war Händel keinem der Gesellschaft nachteiligen Laster ergeben. Freilich verlangte die Natur einen großen Nahrungsvorrat zum Unterhalt einer so ungeheuren Masse, und er war in dessen Auswahl ein ziemlicher Epikuräer; dies scheint aber auch der einzige Trieb gewesen zu sein, dessen völlige Befriedigung er sich erlaubte. [62]
Als Pope sah, daß seine Freunde, Lord Burlington und Dr. Arbuthnot, eine so große Meinung von Händel hatten, spottete er nicht nur seiner Feinde in der „Dunciade", sondern wünschte auch, daß er seine „Eurydice" in Musik setzen möchte. Herr Belchier, beider Freund, übernahm es, diese Sache zu betreiben. Händel aber hörte, daß Pope seine Ode dadurch lyrischer und musikalischer gemacht habe, daß er sie für Dr. Green, der sie schon gesetzt hatte, in Arien und Rezitative verteilte. Und da Dr. Green, als Anhänger des Bononcini und Parteigänger seiner Feinde ihm lange schon unleidlich war, so sagte er: „Das ist ja eben das Ding, daß mein Bälgentreter schon für ein Doktorpatent in Cambridge gesetzt hat!" [63]
Als Gluck zuerst im Jahr 1745 nach England kam, war er weder ein so großer Komponist noch so berühmt, als er nachher wurde; und ich erinnere mich, daß Mrs. Cibber einmal in meiner Gegenwart Händeln fragte, was er von ihm hielte. Seine mit einem Fluch eingeleitete Antwort war: „Er versteht ebenso viel vom Kontrapunkt als mein Koch Waltz!"
Bei aller Rauhigkeit seiner Ausdrücke aber und bei aller seiner Fertigkeit im Fluchen, welches damals mehr als itzt Mode war, verdient Händel doch das Lob eines redlichen und wahrhaftig frommen Mannes. In den letzten Jahren seines Lebens besuchte er winters und sommers sowohl in London als in Tunbridge täglich zweimal die Kirche.

Bei der Krönung Seiner Majestät, Georgs des Zweiten, im Jahr 1727 wurde ihm der Text zu den Motetten von den Bischöfen zugesandt. Darüber ward er verdrießlich und aufgebracht, weil er glaubte, man halte ihn für unwissend in der Heiligen Schrift. „Ich habe meine Bibel fleißig genug gelesen“, sagte er, „und werde mir die Sprüche selbst aussuchen.“ Und wirklich traf er auch in den Worten: „Mein Herz dichtet ein feines Lied“ eine sehr kluge Wahl und wurde dadurch zu den herrlichsten Gedanken veranlaßt. Man sang diese Motette bei der Krönung, während der Huldigung der Pairs.

Den Wert der Zeit kannte er zu gut, um sie mit unnützen Dingen oder in gedankenloser Gesellschaft zu verschwenden, so vornehm diese auch sein mochte. Verliebt in seine Kunst und emsig in ihrer Ausbildung und Ausübung, führte er ein so arbeitsames und sitzendes Leben, daß er sich selten Zeit ließ, in Gesellschaften zu gehen oder an öffentlichen Lustbarkeiten teilzunehmen. Als ich im Jahr 1744 zuerst nach London kam, fehlte er selten bei dem Konzert, welches zum Besten abgelebter Tonkünstler und ihrer Familien gegeben wurde; auch sah ich ihn damals oft in Schauspielen, in der Oper und in der St. Martinskirche, wenn der sel. Kelway die Orgel spielte. Aber seine nähern Bekannten versichern, daß er in den letzten Jahren selten die Häuser der Großen besuchte, außer wenn er der königlichen Familie zu St. James oder Leicester-House aufwartete, und daß er fast nirgends sichtbar war als in der Kirche und bei der Aufführung seiner Oratorien.

Ich selbst sah Händeln teils in seinem Hause in der Brookstraße und im Carleton-House, wo er seine Oratorien probierte, teils auch bei Mistreß Cibber und der Frasi, die damals meine Schülerin war, und so lernte ich seinen Privatcharakter und seine Laune ziemlich genau kennen. Er hielt sehr viel auf Mrs. Cibber, deren Stimme und Betragen ihn über ihren Mangel musikalischer Kenntnis zufriedengestellt hatte. Sonntagsabend fand er gewöhnlich den Schauspieler Quin in ihrem Hause, der, seiner natürlichen Rauhigkeit ungeachtet, ein großer Liebhaber der Musik war. Mrs. Cibber bat Händeln gleich das erstemal, als Quin da war, sich ans Klavier zu setzen, und ich erinnere mich, daß er die Ouvertüre zum „Siroe“ spielte und uns alle durch die außerordentliche Nettigkeit entzückte, womit er die Gique am Schluß derselben spielte. Als Händel weggegangen war, wurde Quin von Mrs. Cibber gefragt, ob er nicht glaube, Händel habe eine allerliebste Hand. — „Eine Hand, Madame?“ versetzte er, „Sie irren, es ist ein Fuß!“ — „Nun gut denn“, sagte sie. „hat er nicht einen schönen Finger?“ — „Zähen, Madame, bei meiner Treu!“ — Und freilich war seine Hand damals so fett und rund, daß die Knöchel daran, die gewöhnlich hervorstehen, wie bei Kindern eingedrückt und tief im Fleisch einliegend waren. Demungeachtet war sein Anschlag so sanft und sein Ton so gemäßigt, daß seine Finger an die Tasten anzuwachsen schienen. Sie waren so gebogen und dicht aneinander, wenn er spielte, daß man keine Bewegung und kaum die Finger selbst wahrnehmen konnte.

Zur Frasi brachte er einmal, im Jahr 1748, sein Duett im „Judas Makkabäus“ „From these dread Scenes“ in der Tasche mit. Sie hatte bei der ersten Aufführung dieses Stück, 1746, nicht mitgesungen. Unterdes, daß er ihr und mir am Klavier das Tempo angab und ihr die erste Stimme vorsang, brummte ich leise die zweite über seiner Schulter. Dies gefiel ihm, und er sagte, ich sollte nur lauter singen. Zum Unglück aber verfehlte ich eine Stelle, und Händel wurde nach seiner Gewohnheit böse, ein Umstand, der für einen jungen Tonkünstler sehr abschreckend war. — Zuletzt aber kam ich doch wieder zu mir und unterstand mich, zu sagen, daß ich glaubte, es sei etwas verschrieben. Händel sah nach, fand, daß ich recht hatte, und sogleich sagte er mit der größten Höflichkeit und Freundlichkeit zu mir: „Um Vergebung also! — — Ich bin ein närrischer Kerl — — Master Schmitt hat schuld.“ [64]

Als die Frasi ihm sagte, sie wolle nun recht studieren und den Generalbaß lernen, um sich selbst akkompagnieren zu können, sagte Händel, der wohl wußte, daß Fleiß und Mühe nicht die Sache dieser angenehmen Sängerin war: „Oho! Was haben wir da nicht zu hoffen!“

Händel trug eine sehr große weiße Perücke [65], und wenn in den Oratorien alles gut ging, hatte dieselbe allemal eine gewisse Bewegung, einen gewissen Schwung, woraus man sah, daß er zufrieden war. War das nicht, so wußten genaue Beobachter schon gewiß, daß er böse war.

Beim Schluß einer Arie war die Stimme, mit welcher er „Chorus!“ zu rufen pflegte, wirklich sehr fürchterlich, und bei den Proben seiner Oratorien im Carleton-House war er immer sehr böse, wenn der Prinz und die Prinzessin von Wallis nicht zur rechten Zeit kamen. Und doch hatte der Prinz so viel Achtung für ihn, daß er zugab, Händel habe recht gehabt, sich zu beschweren, und einmal hinzusetzte: „Es ist wirklich nicht erlaubt, daß wir die armen Leute hier so lange von ihren Lektionen und andern Arbeiten abgehalten haben." Wenn aber die Hofdamen oder die Kammerfrauen während der Musik plauderten, so pflegte unser neuere Timotheus nicht nur zu fluchen, sondern sie gar bei Namen aufzurufen. Dann aber sagte gemeiniglich die Prinzessin von Wallis mit ihrer gewohnten Sanftmut und Freundlichkeit: „Stille! Stille! Händel ist böse!"

Er hatte die Gewohnheit, so laut für sich selbst zu reden, daß man, auch ohne ihm ganz nahe zu sein, die Worte seiner Selbstgespräche vernehmen könnte. Auf vieles Bitten hatte er einen jungen Knaben zu sich ins Haus genommen, der ihm nicht nur als äußerst aufgelegt zur Musik, sondern auch seines sittsamen Betragens und Fleißes wegen empfohlen war, der aber hernach verdorben wurde und davonlief, ohne daß man lange Zeit wußte, wo er geblieben war. Händel ging damals einmal im Park, und wie er glaubte, allein spazieren, und sagte laut zu sich selbst: „Der Teufel! Seinen Vater hat er angeführt — aber mich hat er nicht angeführt — es ist ein verwünschter Schurke — ein Taugenichts!"

Händels gewöhnliche Miene war etwas finster und sauersehend; wenn er aber einmal lächelte, so war es wie die Sonne, die aus einer schwarzen Wolke hervorbricht. Aus seinen Zügen strahlten dann auf einmal Verstand, Witz und gute Laune mit einer Stärke hervor, die ich nicht leicht bei sonst jemand bemerkt habe.

Man hat von ihm gesagt, er sei außer seinem Fache unwissend und einfältig gewesen. Wenn ich aber das gleich nicht zugebe, so würde man doch auch in dem Falle, wenn dieser Vorwurf ebenso begründet wäre, als er hart ist, so viel zugestehen, daß derjenige, der eine schwere Kunst so vollkommen besitzt, wie er tat, auch natürlicherweise ganz und gar von dieser Kunst besessen wird, und nur dies hatte das Publikum ein Recht zu erwarten, und mehr maßte er auch sich selbst nicht an. Lebensart und Kenntnis der feinen Welt können uns und andren nur in müßigen Stunden ein Vergnügen machen. Händel aber war mit dem Studium und der Ausübung seiner Kunst so beschäftigt, so ganz darein vertieft, daß er für andere Vergnügungen, und selbst für den freundschaftlichen Umgang, nur wenig Zeit übrig hatte. Auch wäre der Ruhm und die Achtung, die er sich dadurch erworben hatte, sehr vorübergehend und bloß auf seine Zeit und seine Bekannten eingeschränkt gewesen. Den Ruhm hingegen, den er sich durch stillen und emsigen Kunstfleiß erwarb,

— nec Jovis ira, nec ignes,
Nec poterit ferrum, nec edax abolere vetustas.[30]

Und vermutlich wird sein Name, wie der Name vieler seiner Brüder, noch weit länger leben als seine Werke. Die größten Gelehrten können uns von dem Privatleben und den musikalischen Arbeiten eines Orpheus, Amphion, Linus, Olympus, Terpander und Timotheus keine genaue Nachricht geben, aber jeder Schulknabe weiß, daß sie große Tonkünstler, daß sie Lieblinge ihres Zeitalters und viele Jahre nachher noch Lieblinge der Nachwelt gewesen sind.

Ungeachtet Händel nicht das mindeste von Niederträchtigkeit und Geiz, sondern vielmehr die ihnen entgegenstehenden Tugenden, Milde und Großmut, an sich hatte; ungeachtet seiner ehemaligen Widerwärtigkeiten, mächtiger Feinde und öfterer Krankheiten, die zuweilen selbst seinen Verstand angriffen, hinterließ er dennoch an die zwanzigtausend Pfund, die er, tausend Pfund für die musikalische Versorgungsanstalt ausgenommen, meistens seinen Verwandten in Deutschland vermachte.

Seine Beerdigung war nicht öffentlich, wie Rameaus Leichenbegängnis in Frankreich und Jomellis in Italien war. Sie geschah den 20sten April 1759 in der Westmünsterabtei, und der Dechant Dr. Pearce verrichtete dabei mit dem Chor die gewöhnlichen Feierlichkeiten. Allgemeinere und mehr nationale Beweise der Hochachtung und Verehrung blieben unsrer Zeit vorbehalten, nachdem alle Feindschaft, Eifersucht und Mißgunst aufgehört und Zeit, Prüfung und Nachdenken seinen Werken neue Reize und neue Vorzüge erteilt hat. Und diese Beweise sind neulich auf eine so edle, prächtig und ehrenvolle Art dargelegt worden, daß man Mühe haben wird, in der alten und neuen Geschichte ein glänzenderes und freigebigeres Beispiel von Dankbarkeit gegen einen verstorbenen Künstler in irgendeinem andern Lande aufzufinden.

Händels musikalischer Charakter

Daß Händel an Stärke und Kühnheit der musikalischen Schreibart, an Reichtum der Harmonie, an Verflechtung der Stimmen ineinander jedem Komponisten, der je in dieser Rücksicht sich auszeichnete, überlegen war, ist ausgemacht genug. Und solange noch Fugen, gelehrte Setzart und volle Partituren mehr geschätzt werden, als man sie itzt zu schätzen pflegt, war er durchaus ohnegleichen.

Ich weiß wohl, daß man gesagt hat, Händel sei nicht der erste und originale Erfinder verschiedner Musikgattungen gewesen, durch die er sich einen so großen Namen erworben habe. Man sollte aber den Sinn des Worts Originalität billig erst genauer bestimmen, ehe man es von dem Produkt irgendeines Künstlers braucht. Alle Erfindungen sind in ihrer Entstehung roh und unförmlich; und Shakespeare war nicht der erste Schauspieldichter noch Corelli der erste Verfasser von Violinsolos, Sonaten und Konzerten, wenngleich ihre Werke die besten ihres Zeitalters waren. Ebenso wenig war Milton Erfinder des Heldengedichts. Nachdem Tonleiter, Harmonie und Kadenz der Musik einmal festgesetzt sind, kann freilich kein Komponist eine *Gattung* von Komposition erfinden, die völlig und durch und durch *neu* wäre, sowenig als der Dichter Sprache, Sprachgebrauch und Phraseologie für sich selbst erschaffen kann. Alles, was der größte und kühnste musikalische Erfinder vermag, ist, sich die besten Gedanken, Verbindungen und Wirkungen seiner Vorgänger zunutze zu machen, sie auf eine neue Art zu stellen und anzubringen und aus seinem eignen Genie alles hinzuzutun, was er nur Großes, Angenehmes, Heitres, Rührendes oder in irgendeiner Art Gefälliges daraus schöpfen kann. Dies tat Händel in dem reichsten und vorzüglichsten Maße. Ihm war, in seinen mittlern und besten Jahren, alle Verfeinerung und Vollkommenheit seiner Zeit eigen. Er verband den Tiefsinn und die gelehrte Kunst der Deutschen mit italienischer Anmut und Leichtigkeit, und er muß jenseits der Alpen in Kirchen, Schauplätzen und Musiksälen auf die besten damaligen Arbeiten und Meister jeder Art sehr aufmerksam gewesen sein.

Freilich gab es damals schon Kantaten von Carissimi, Alessandro Scarlatti, Gasparim und Marcello; es gab Duette von Steffani und Clari; es gab Vokalchöre, ohne Begleitung der

Instrumente, von Palestrina und von den Engländern Tallis, Bird und Purcell; und mit Instrumenten von Carissimi und Paolo Colonna; es gab Violinsonaten und Konzerte von Corelli und Geminiani[31], aber dennoch läßt sich's mit der größten Wahrheit versichern, daß Händel jede musikalische Schreibart, die er wählte, mit großen Schönheiten bereicherte, wie sich in einem größern Werke gar leicht durch Beispiele zeigen ließe. Hier wage ich es nur, es als einen Artikel meines musikalischen Glaubensbekenntnisses zu behaupten, daß sein Gesang oder seine Melodie weit besser war als irgendeine in den übrigens schönen Kantaten, die Carissimi erfunden zu haben scheint; daß er in seinen Singestimmen mehr Natur hat und daß in seinen Bässen mehr Bewegung ist als in denen von Alessandro Scarlatti; daß er mehr Stärke und Originalität hat als Gasparini und Marcello; daß seine Kammerduetten wenigstens ebenso gut sind als die von Steffani und Clari, die sich jedoch in keiner andern Setzart berühmt machten. Und wenn gleich der sel. Dr. Boyce zu sagen pflegte, Händel habe in seinen Chören mit Instrumenten dem Colonna sehr viel zu danken, so scheint es doch unstrittig gewiß zu sein, daß dergleichen Chöre Händeln selbst unendlich mehr zu danken hatten, als er dem Colonna oder als sie je allen bisherigen Komponisten zu danken gehabt haben. Auch bin ich des Glaubens, daß die besten von seinen italienischen Opernarien in Abwechslung der Schreibart und Erfindsamkeit der Begleitung die Arien aller vorigen und gleichzeitigen Komponisten in ganz Europa übertreffen; daß er in seinen Violinsachen mehr Feuer hat als Corelli und mehr Rhythmus als Geminiani; daß er in seinen vollen, meisterhaften und herrlichen Orgelfugen, wozu das Thema jedesmal höchst natürlich und gefällig ist, den Frenscobaldi und selbst Johann Sebastian Bach und andre Deutsche übertroffen hat, die in dieser schweren und mühsamen Setzart am berühmtesten sind; und endlich, daß alle einsichtvollen und unbefangne Tonkünstler jeder Nation, wenn sie seine edlen, majestätischen und oftmals erhabenen vollen Motetten und Chöre in den Oratorien hören oder lesen, willig und entzückt gestehen müssen, daß ihnen nichts Ähnliches unter den Arbeiten der größten Meister vorgekommen ist, die seit der Erfindung des Kontrapunks gelebt haben.

Fußnoten der Originalausgabe

[1] Sie sind von dem sel. Legationsrat Mattheson zu Hamburg 1761, 8. aus dem Englischen übersetzt, auch mit einigen Anmerkungen, besonders über das, was Händels Aufenthalt in Hamburg betrifft, von dem Übersetzer versehen. — Außerdem sind die vornehmsten Händelischen Lebensbeschreibungen: in Matthesons „Grundlage einer Ehrenpforte" (Hamburg 1740, 4.), S. 93 — in Sir John Hawkins „General History of the Science and Practice of Music", Vol. V. p. 262 ff. (fast bis zum Schluß des Bandes, mit Einschaltung der Lebensumstände mehrerer Personen, die mit H. in musikalischer Verbindung standen) — in Hillers „Lebensbeschreibungen berühmter Musikgelehrten und Tonkünstler neuerer Zeit" (Leipzig 1784, 8.), Tg. I, S. 99. — Den Anfang einer umständlichen Biographie hat neulich Herr Kapellmeister Reichardt unter der Aufschrift „G. F. Händels Jugend" (Berlin 1785, 8.) geliefert.

[2] Herr Hiller bemerkt in seiner unlängst gelieferten und oben schon erwähnten Händelischen Lebensbeschreibung S. 112 mit Recht, daß es nicht leicht sei, die Chronologie in Händels Leben in Ordnung zu bringen. Er glaubt daher, man müsse ihn um fünf Jahr früher nach Italien reisen lassen, um den von seinem englischen Biographen angegebenen *sechsjährigen* Aufenthalt daselbst herauszubringen. Allein, dies ist ein offenbarer, auch von Mattheson schon gerügter Irrtum des Engländers, und Händel war gewiß nicht viel über ein Jahr in Italien, nämlich einen großen Teil der beiden Jahre 1709 und 1710. Vergl. „Händels Jugend" von Herrn Reichardt, S. 28 E(schenburg).

[3] Dr. Burney und alle bisherigen Lebensbeschreiber Händels geben 1684 als sein Geburtsjahr an. Bloß in Walthers „Musikalischem Lexikon" finde ich statt dessen 1685 und den 23sten statt des 24sten Februars angegeben. Allein aus dem Kirchenbuche der Lieben Frauenkirche zu Halle und dem mir von dem würdigen Prediger an derselben, Herrn Pockels, mitgeteilten Auszuge daraus ergibt sich itzt der Umstand mit Gewißheit, daß Händel 1685 den 24sten Februar geboren sei. Sein Vater wird daselbst Kammerdiener und Amtschirurgus genannt. E.

[4] Es war, den ausführlichen Lebensbeschreibungen zufolge, nicht sowohl die Macht dieser überwiegenden Neigung als die Vorstellung des Herzogs von Weißenfels, die Händels Vater endlich vermochten, seinen Sohn ganz der Musik zu widmen. E.

[5] Friedrich Wilhelm Zachau, geb. 1663, gest. 1721. S. von ihm in Walthers „Musikalischen Lexikon" und Hawkins „History of Music", Vol. IV, p. 234. E.

[6] Der Graf von Marchmont machte sie auf seinen Reisen, die er

als Lord Polwarth durch Deutschland tat, als eine große Seltenheit ausfündig und gab sie Herrn Weidemann, der ihm Stunden auf der Flöte gab. Einer meiner Freunde, der mir diese Anekdote mitgeteilt hat, besorgte eine Abschrift dieser jugendlichen Komposition, die sich gegenwärtig in der Sammlung Sr. Majestät des Königs befindet und die Weidemann einmal Händeln zeigte, der sich darüber zu freuen schien und lachend sagte: „Ich schrieb damals wie der Teufel, am meisten für die Hoboe, die mein Lieblingsinstrument war." Dieser Umstand und das Glück, für einen so trefflichen Spieler, als San Martini war, zu schreiben, war wohl die Ursache, warum Händel in seinen jüngern Jahren so häufig Gelegenheit nahm, für dies Instrument zu setzen.

[7] Ich lasse hier einige von Dr. Burney noch ausgezogene Stellen weg, weil sie bloß Telemann selbst betreffen. Übrigens erinnere ich mich, diesen verdienstvollen, ehrwürdigen Komponisten von seiner frühen Bekanntschaft mit Händel und seiner Achtung gegen dessen Verdienste oft mit Vergnügen angehört zu haben. E.

[8] S. Matthesons „Grundlage einer Ehrenpforte" (Hamburg 1740, 4), S. 352 f.

[9] Manche Unrichtigkeiten dieser Art hat Mattheson in seiner oben schon angeführten Übersetzung dieser „Memoirs of the Life of Handel" nach seiner Art, d. i. nicht allzu säuberlich, gerügt und berichtigt. E.

[10] Nicht Sir Cyril Wich, wie im Original steht, denn dieser war ein Sohn und Nachfolger jenes englischen Gesandten im Niedersächsischen Kreise, dessen Mattheson gleichfalls in seiner in der „Ehrenpforte" befindlichen Lebensbeschreibung, S. 200, erwähnt. E.

[11] Dies scheint ihm bei seinen Landsleuten gelungen zu sein, da ihm verschiedne theoretische Musikschriften zugeeignet sind, unter andern Herrn Marpurgs „Handbuch bei dem Generalbaß und der Komposition", Berlin 1762, 4.

[12] Das vollständigste Verzeichnis von Matthesons Schriften findet man nach einer von ihm selbst aufgesetzten Anzeige derselben, am Schluß seiner größtenteils aus der „Ehrenpforte" ausgezogenen Lebensbeschreibung, in den „Nachrichten von Niedersächsischen berühmten Leuten und Familien" (Hamburg 1768, 69, 2 Bände, 8.), Bd. II, S. 93. E.

[13] Aber doch seiner ganzen schriftstellerischen Denkungsart sehr gemäß und analog. Gleich in der Vorrede findet man die sonderbare, ganz eigentümliche und oft sehr launige Schreibart wieder, die Matthesons Schriften durchgängig bezeichnet und sie selbst der Aufmerksamkeit des Sprachforschers nicht unwürdig macht. E.

[14] Vergl. des Verf. „Tagebuch einer musikalischen Reise" in der Übers., Bd. III, S. 179.

[15] M. tut zwar, als ob er diese Lebensbeschreibung nicht selbst ausgesetzt habe, sondern seine Geschichte durch einen dritten Mann erzählen lasse, aber seine Denkart und Schreibart ist zu kenntlich und scheint auch hier überall hervor. Und gekrönt hat er diese Biographie und seinen Selbstruhm in derselben mit folgendem Schlußmotto aus dem Plinius: „Est hom ingeniosus, acutus, acer, et qui plurimum in scribendo et salis habet et sellis, nec candoris minus." E.

[16] Dies war, wie man aus einer andern von Matthesons Schriften sieht, das Haus des englischen Residenten, wo er, wie es scheint, Händeln vor seiner Abreise aus Hamburg dadurch verdrängte, daß er nicht nur Sekretär des Gesandten und Hofmeister seines Sohns, sondern auch dessen Musikmeister wurde.

[17] „Ich weiß gewiß", sagt Mattheson, „wenn er dieses liest, er wird im Herzen lachen, denn äußerlich lacht er wenig. Insonderheit, falls er sich des Taubenkrämers erinnert, der mit uns damals auf der Post nach Lübeck fuhr, imgleichen des Pastetenbäckers Sohns, der uns beim Spielen die Bälge in der hiesigen Marien-Magdalenen-Kirche treten mußte. Und hundert dergleichen Vorfälle schweben mir noch in Gedanken."

[18] Diese lehnte er vielmehr, wie er sagt, *auf Einraten seiner höhern Neigung* selbst von sich ab. E.

[19] Am Schluß des übersetzten Händelischen Lebens, S. 156, hat M. diese Stelle des gedachten Briefes abermals abdrucken lassen und setzt hinzu: „Auch die geringsten Briefe malen schon einigermaßen ihre Schreiber ab, nach Zeit und Ort." Horaz sagt gar recht:

„Coclum non animum mutant, qui trans mare currunt." E.

[20] To how minute an origin we owe, Young Ammon, Caesar, and the great Nassau!" Welch einem geringen Anfange verdanken wir die Größe eines Cäsars und des großen Prinzen von Nassau!

[21] Vielmehr länger als ein Jahr hernach. Denn schon im August 1703 reisten sie zusammen nach Lübeck, und diese Oper wurde erst den 5ten Dezember 1704 aufgeführt. E.

[22] Ihr ganzer Titel ist: „Der in Kronen erlangte Glückswechsel oder Almira, Königin von Kastilien". Ein Epilog dazu, „Der Genius von Europa", war von Kayser gesetzt. Der Verf. — Diese Anzeige nahm Dr. Burney vermutlich aus Matthesons „Musikalischem Patrioten", in welchem S. 177 ff. ein Verzeichnis der Hamburgischen Opern befindlich ist. Ich besitze eine von dem sel. Herrn Syndikus Klefeker gemachte Sammlung derselben, in deren geschriebenem Verzeichnisse gleichfalls Händel als Komponist der „Almira" genannt wird. Dagegen legt der Vorbericht des Text-

buches selbst die Musik Keysern bei, der darin nur wenig von der Musik und ihrem italienischen Texte von Ruggiero Fideli beibehalten habe. Im Jahr 1706 wurde sie verändert aufgeführt, und die damalige Komposition war, einstimmiger Angabe nach, von Kayser. Vermutlich war also doch wohl die frühere von Händel. E.

[23] Der eigentliche Titel war „Die durch Blut und Mord erlangte Liebe, oder Nero".

[24] Matthesons erste Oper, „Die Plejaden", wurde zu Hamburg 1699 aufgeführt; „Porsena", die zweite, 1702, „Viktor, Herzog von der Normandie", wovon Schieferdecker den ersten, Mattheson den zweiten und Bronner den dritten verfertigte, in eben dem Jahre, und „Kleopatra", die vierte, welche die Schlägerei zwischen H. und M. veranlaßte, im Jahr 1704.

[25] Vielmehr, wie in seiner obengedachten Lebensbeschreibung gesagt wird, nur über vierzig Jahr, denn hernach ging er mit dem Charakter eines Legationsrates in Großfürstlich-Holsteinische Dienste und blieb darin bis an seinen Tod. E.

[26] Ich habe hier die Worte des Originals etwas umändern müssen, weil darin gesagt wurde, M. habe diesen allerdings höchst läppischen Einfall in der Trauermusik auf sich selbst angebracht, die er in seinen letzten Jahren verfertigte, und zwar bei den Worten aus der Offenb. Joh. IV, 3: „Und ein Regenbogen war um den Stuhl." — Allein ich bin bei der Aufführung jener Trauermusik in der Hamburgischen großen Michaeliskirche, zu deren Orgelbau er 44000 Mark geschenkt hatte, den 25sten April 1764 selbst zugegen gewesen und habe noch itzt den von M. selbst dazu verfertigten Text in Händen, worin aber weder jener Spruch noch überall das Wort *Regenbogen* vorkommt. Sondern jene aberwitzige Erfindung wurde von M. in der Komposition einer Arie angebracht, die in der bald weiter zu erwähnenden Passionsmusik von Brakes vorkömmt und deren Poesie gleichfalls, wie fast dies ganze Oratorium hindurch, voll solcher kindischer Concetti ist. Die Arie fängt nämlich an:

> Dem Himmel gleicht sein buntgestriemter Rücken,
> Den Regenbogen ohne Zahl
> Als lauter Gnadenzeichen schmücken.

Übrigens war auch jene Trauermusik, oder vielmehr das *fröhliche Sterbelied,* womit er sich selbst *harmonisch und poetisch im 83. Jahre seines Alters zu Grabe sang,* sowohl harmonisch als poetisch ein Beweis von der Geschmacklosigkeit des Mannes und von der großen Unfruchtbarkeit seines Geistes an wahrer und meisterhafter Erfindung. Die Form der Poesie ist, so Gott will, dramatisch, und man kann sich davon schon aus dem lateinischen Titel auf der Kehrseite des Deutschen einigen Begriff machen. Er heißt: „Matthesoni Melos Exsequiale, per voces; Sanctissimi, Sanctorum, Sancti lobi, S. Pauli, S. Bernhardi, Sanctorum omnium, er ipsius Theotimi, decantatum.“ E.

[27] Beide Opern gehören eigentlich zusammen, und in der letztern ist die Fabel der erstern fortgeführt, in deren Vorbericht auch gesagt wird, daß man wegen zu großer Länge der Musik das Ganze auf diese Art in zwei Teile abgesondert habe. E.

[28] Ich erhielt in Hamburg im Jahr 1773 eine geschriebene Sammlung Kantaten von den vorzüglichsten Komponisten zu Anfange des itzigen Jahrhunderts, unter welchen zwei von Händel sind, die ich sonst nirgends gesehen habe, und vermutlich wurden diese von ihm daselbst vor seiner Ankunft in England oder seiner Abreise nach Italien verfertigt. Die eine von diesen Kantaten hat eine lebhafte Begleitung für ein obligates Klavier. Am Schluß ist eine kurze Arie, welche den Keim oder das Thema einer sehr beliebten Klaviersuite zu enthalten scheint, die im zweiten Teile seiner „Pieces de Clavecin“, S. 5, gedruckt ist; gerade der Satz, womit er das letzte Konzert endigt, das er je öffentlich spielte. Es ist um so wahrscheinlicher, daß er diese Kantate in seiner frühen Jugend gesetzt habe, weil er sich darin einige kleine Freiheiten herausgenommen hat, die man in seinen spätern Arbeiten nicht findet.

[29] Mattheson sagt sowohl in der „Ehrenpforte“ als in einer Note zu der von ihm übersetzten Lebensbeschreibung, S. 37, er habe diese Reise frei, in Gesellschaft eines Herrn von Binitz, getan. — Vorher hatte er ein gleiches Anerbieten von dem Bruder des Großherzogs von Toskana ausgeschlagen. E.

[30] Man brachte sie auch im Jahr 1718 italienisch auf das Hamburgische Theater. E.

[31] Die Originalpartitur dieses Stücks befindet sich in der Sammlung Seiner Majestät. Im Jahr 1770 kaufte ich zu Rom unter andern geschriebenen Kompositionen alter Meister sechs Kantaten „A voca sola, del Georgio Federico Hendel, detto il Sassone“, die er vermutlich in dieser Stadt während seines dortigen Aufenthalts ums Jahr 1709 verfertigte. Aus der gelben Farbe der Dinte vermute ich, daß auch die Abschrift schon sehr alt ist. Einige davon habe ich in irgendeiner andern Sammlung gefunden.

[32] Spectator, No. 29.

[33] Man findet dies Epigramm On the Feuds about Handel and Bononcini in Swifts Miscellanies (Lond. 1728, 3 Vols. gr. 8vo) Vol. III, p. 174.

Strange! all this Difference should be
Twixt Tweedle-Dum and Tweedle-Dee!
d. i.
Hilf! Himmel! welche Zänkerei
Um Dudeldum und Dudeldei! E.

[34] Auch bei uns Deutschen war es zu Anfange des itzigen Jahrhunderts sehr gewöhnlich, daß man die Rezitative der Opern deutsch und die Arien italienisch sang, wie auch der Verf. in seiner Note anführt und sich dabei auf Riccobonis Zeugnis beruft. In den Textbüchern der Hamburgischen, Wolfenbüttelischen und andrer Opern liegt noch der Beweis davon am Tage, und noch in einem 1743 in Hamburg aufgeführten Singspiel finde ich diese Widersinnigkeit, die wohl öfter durch Notbehelf und durch den Wunsch, ausländische Kompositionen auf die deutsche Bühne zu bringen, als durch Vorliebe für die italienische Sprache und ihr musikalisches Verdienst mag veranlaßt sein. E.

[35] Diese Oper wurde unter dem Titel „Zenobia" von Mattheson ins Deutsche übersetzt und im Jahr 1721 nach Händels Musik in Hamburg aufgeführt. — Dr. Burney macht zu dieser Anmerkung einen sehr umständlichen Zusatz, den ich lieber ins Kurze ziehe, weil ich den deutschen Leser dabei auf ihm minder fremde Bücher verweisen kann. Zuerst erwähnt er des in Matthesons „Ehrenpforte" gedachten und in England wenig bekannten Umstandes, daß Händel ums Jahr 1717 in Hannover gewesen und des nachmaligen Königs Georgs des Zweiten, damaligen Kron- und Kurprinzens, Kapellmeister geworden sei. Hiedurch läßt sich einigermaßen die Lücke Händelischer Opern zwischen 1715 und 1720 ausfüllen. Ferner gedenkt M. einiger von H. aus Hannover und England erhaltenen Briefe, von einer von dem letztern verfertigten deutschen Passion von Brokes, die er im Jahr 1719 in einer sehr enge geschriebenen Partitur aus England nach Hamburg gesandt habe. Ich setze hinzu, daß dies Oratorium den Titel hatte: „Der für die Sünden der Welt gemarterte und sterbende Jesus", und daß es außerdem auch von Kayser, Telemann und Mattheson in Musik gesetzt sei. Ich habe die Händelische Partitur davon in Händen, die in mehrerer Rücksicht alle Aufmerksamkeit verdient und worin der Komponist, dem hier mehr als jemals *marinisierenden* Dichter an Geschmack und Genie so sichtbar überlegen ist. Dr. Burney gedenkt darauf der von Mattheson gleichfalls angeführten Oper „Oriana" (deutsch und italienisch), die zu Hamburg 1717 aufgeführt wurde und einer „Judith", 1730, von denen in England nichts bekannt sei. Die letztere war kein Oratorium, wie Hr. B. glaubt, sondern gleichfalls eine Oper, und diese Judith ist nicht die biblische, sondern eine Gemahlin Ludwigs des Frommen. Die Arien sind fast alle italienisch, und die deutschen Rezitative von Telemann gesetzt. Es scheint ein bloßes Pasticcio zu sein. Außerdem nennt der Verf. hier noch die mit Händels Musik auch späterhin zu Hamburg aufgeführten Opern und setzt hinzu, daß der Ruhm dieses großen Mannes sich vorzüglich in dieser Stadt immer erhalten habe, wovon er am Schluß

seines Zusatzes auch noch das Zeugnis des sel. Syndikus Schuback aus einem Briefe anführt, womit derselbe sein Oratorium „Die Jünger zu Emaus" an ihn begleitet und worin er sein emsiges vierzigjähriges Studium der Händelischen Werke als seinen besten Unterricht rühmt. — Wider Matthesons Klagen über Händels Mangel an Bereitwilligkeit, ihm ungeachtet der an ihn gerichteten Dedikationen seine Lebensumstände einzusenden, erinnert Dr. Burney folgendes: „M. scheint die damaligen musikalischen Vorfälle in England ebenso wenig gekannt zu haben als die damalige Lage des armen Händels, welcher angefeindet, verfolgt, verarmt und durch Kummer und Verdruß an Geist und Körper geschwächt, sowenig imstande war, der Gönner seines alten Bekannten und Mitwerbers zu werden, daß er vielmehr selbst der Gönner sehr bedurfte. Auch war er vielleicht noch weniger imstande, eine Rücksicht auf seine vorigen Lebensumstände anzustellen, denn da er von Natur viel Selbstgefühl hatte und seine Talente sehr gut kannte, auch gegen den Wert des Ruhms nicht unempfindlich war, so war dies im geringsten kein zur Selbstprüfung günstiger Zeitpunkt. Nur vornehmlich in Stunden des Glücks, des Wohlstandes oder der Eitelkeit kann es einem viel Vergnügen machen, an sich selbst zu denken oder von sich selbst zu reden, und da Händel itzt eben unglücklich, unbemittelt und zu stolz war, um eitel zu sein, so konnte er die Bitte, sein eigner Biograph zu werden, nicht leicht gewähren." — Mattheson hingegen war, wie der Verf. weiter zeigt und aus seinen Schriften überall ersichtlich ist, zur Eitelkeit und zum Selbstlobe mehr als zugeneigt und scheint andre allemal ungern zu loben, daher dies Lob desto zuverlässiger und unverdächtiger ist. Lobsprüche dieser Art erteilt er auch Händeln in mehrern seiner Werke, und mit allem Recht setzt Dr. Burney hinzu, daß es nicht leicht einen deutschen Schriftsteller über die Musik gibt, der nicht Händels Namen und Verdienste mit Ehrerbietung erwähnt. Zum Beweise davon führt er den H. betreffenden Artikel in Walthers „Musikalischem Lexikon" an, Quantzens eigne Lebensbeschreibung in den Marpurgischen „Beiträgen", Scheibens „Kritischen Musikus", Marpurgs „Abhandlung von der Fuge", die „Kritischen Briefe über die Tonkunst" und Hillers „Wöchentliche Nachrichten, die Musik betreffend". — Eine so gute Bekanntschaft mit unsern musikalischen Schriften muß jeder Liebhaber mit Vergnügen an einem Schriftsteller wahrnehmen, der allgemeiner Geschichtschreiber der Musik ist und von dem wir uns daher eine desto richtigere Würdigung des deutschen Musikzustandes versprechen dürfen. E.

[36] Während dieses glücklichen Zeitpunkts lieferte Händel nach seinem „Radamisto" und „Muzio Scävola" die Opern „Otto"

„Floridante", „Flavio", „Julius Cäsar", „Tamerlan", „Rodelinde", „Scipio" „Alexander", „Richard der Erste", „Admet", „Siroe", „Ptolemäus", „Lotharius", „Parthenope" und „Porus".

[37] S. „Tagebuch einer musikalischen Reise", T. III, S. 140 der deutschen Übers.

[38] Arbuthnots Miscellanies, Vol. I, p. 213—216.

[39] Im Englischen steht D-rs and D-ls.

[40] Außerdem, daß Händel die Subskribenten der königlichen Akademie dadurch beleidigte, daß er sich weigerte, für Senesino, den großen Liebling der Nation, zu setzen oder ihn auch nur singen zu lassen, verdarb er es auch dadurch gar sehr mit ihnen, daß er nicht nur den Preis bis auf eine Guinee erhöhte, sondern ihnen auch nicht den Gebrauch ihrer Logen im Opernhause auf dem Heumarkt erlauben wollte, als er daselbst im Sommer 1732 seine „Esther" aufführte.

[41] Quadrio rechnet den Senesino unter die Sänger, die zwischen den Jahren 1690 und 1700 anfingen, sich hervorzutun. Ich finde indes seinen Namen nicht unter den spielenden Personen in mehr als funfzig italienischen Opernbüchern oder musikalischen Schauspielen, auch selbst in keiner mir vorgekommenen Schrift über die Musik, früher als im Jahr 1719, wo er die erste Sängerrolle in einer von Lotti für den polnischen Hof zu Dresden komponierten Oper sang, und eben in Dresden wurde er von Händel für die königliche Akademie in England angenommen. Sonderbare und unerwartete Veränderungen im menschlichen Leben haben oft schon Verwundrung veranlaßt, nirgend aber sind sie wohl so auffallend als in der musikalischen Welt. Wer hätte denken sollen, daß Händel selbst oder seine Freunde jemals nötig haben würde, einen Senesino herabzuwürdigen und zu Boden zu schreiben, dessen Stimme, Spiel, Geschmack und Talente bisher die Stützen seines Ruhms und Glücks gewesen waren? Aber so lehrt uns auch die Geschichte, daß oft mancher große Herr von der Entweichung und Rachsucht eines abgedankten Generals nicht wenig Verdruß gehabt hat.

[42] Montagnana.

[43] Segatti, erste Sängerin in der Oper, welche der Adel in Lincoln's Inn-Fields errichtet hatte, bis zur zweiten Ankunft der Cuzzoni.

[44] Porpora.

[45] Arrigoni, der Lautenist.

[46] Quantz erzählt in seiner Lebensbeschreibung, daß Senesino eine Streitigkeit mit Heinichen, königl. polnischen Kapellmeister, im J. 1719 hatte, über welchen die ganze Gesellschaft auseinanderging und wodurch er veranlaßt wurde, nach England zu gehen.

[47] Carestini, Conti, genannt Gizziello, und Caffarelli waren alle große Sänger in einer neuen Manier des Vortrages, die Händeln

nicht sonderlich gefiel. Die Arie „Verdi prati", die man bei jeder Aufführung der Oper „Alcina" immer mehr als einmal zu hören verlangte, wurde Händeln anfänglich von Carestini zurückgeschickt, weil er sie nicht zu singen wisse. Voller Wut ging er zu ihm, und in einem Tone, worin wenige Komponisten außer Händel jemals einen ersten Sänger anredeten, fuhr er ihn mit den Worten an: „Du Hund, muß ich nicht besser wissen als du, was du singen kannst? Willst du die Arien nicht singen, die ich dir geben, so bezahle ich dir keinen Stüver!" — Unstreitig war sein Regiment über die Sänger etwas zu despotisch. Denn da sich die Cuzzoni trotzig weigerte, seine herrliche Arie „Falsa Imagine" im „Otto" zu singen, sagte er zu ihr, er wisse wohl, sie sei ein wahrer Teufel, er wolle ihr aber schon zeigen, daß er Beelzebub, der Oberste der Teufel sei. Und gleich faßte er sie um den Leib und schwur, wenn sie nicht den Augenblick seinem Befehl gehorchen würde, so wolle er sie zum Fenster hinauswerfen.

[48] Es bedarf wohl nur für wenige Leser der Anmerkung, daß bei den Franzosen und Engländern die frühesten geistlichen Schauspiele mysteres und mysteries und die allegorischen von ähnlicher Art moralités und moralities heißen. E.

[49] S. Quadrio in seiner „Storia d'ogni Poesia", T. V, p. 495. — Das Wort Oratorio entstand durch die frühzeitige Einführung einer künstlichern Art von Musik, als der canto fermo oder Choralgesang bei der Messe war, die selbständig aus vier Stimmen bestand, in dem Oratorium oder der Betkapelle des San Filippo Neri zu Rom, der im Jahr 1595 starb.

[50] Man sehe von diesem Oratorium noch unten des Verf. Nachricht vom dritten Teil der vierten Händelischen Gedächtnisfeier. — Hier bemerkt der Verf. nur noch eine Irrung in Händels einzelner Lebensbeschreibung, wo gesagt wird, Lully habe die Chöre zu Racines „Esther" und „Athalia" in Musik gesetzt. Er starb zwei Jahr früher, als die erste aufgeführt wurde.

[51] Rameaus „Livre de Pieces de Clavecin en Concerts" erschien erst im Jahr 1741.

[52] Der so beliebte Satz am Schluß seines zweiten Orgelkonzerts hieß lange die Menuet im Oratorium „Esther", weil man sie zuerst in dem Konzert gehört hatte, welches er zwischen den Teilen dieses Oratoriums spielte.

[53] Man nannte diese Musik ein Oratorium, aus dem Textbuch aber, welches mir Hr. Belchier, einer von den wenigen noch lebenden Freunden Händels, mitgeteilt hat, ergibt sich, daß dabei geistliche und weltliche Sachen, englische und italienische Rezitative ohne den mindesten Zusammenhang der Worte oder der Musik untereinander gemischt waren.

[54] Vom Jahr 1740 an, in welchem er die Oper ganz aufgab, bis 1751

verfertigte er funfzehn originale Oratorien und legte einen englischen Text unter die Musik einer Serenata oder eines allegorischen Schauspiels „Il Trionfo del Tempo", welche er zu Rom 1709 auf italienische Worte gesetzt hatte. Von diesen Oratorien waren der „Messias", „Simson" und „Judas Makkabäus" diejenigen, bei deren Aufführung das Haus immer gedrängt voll war. Wenn aber gleich die übrigen weniger beliebt und nicht immer so besucht waren, so ist doch keines darunter, welches eine geschmackvolle und hübsche Sängerin wie Mistreß Sheridan oder Mrs. Bates nicht anziehen und interessant machen könnte.

[55] Strong in new arms, lo! Giant Handel stands
Like bold Briareus, with his hundred hands;
To stir, to rouse, to shake the soul he comes,
And Jove's own thunders follow Mars's drums.
Arrest him, empress; or you sleep no more! — —
She heard; — and drove him to the Hibernian shore.

Als Händel auf seiner Reise nach Irland durch Chester kam, war ich in der öffentlichen Schule dieser Stadt und erinnere mich noch sehr gut, daß ich ihn in dem Kaffeehause bei einer Pfeife Tabak und Kaffee sitzen sah. Weil ich äußerst neugierig auf einen so außerordentlichen Mann war, so ging ich ihm, solange er in Chester blieb, überall nach, und er wurde dort durch widrigen Wind einige Tage aufgehalten, da er willens war, sich zu Parkgate einzuschiffen. Während dieser Zeit wandte er sich an den Organisten, Herrn Baker, meinen ersten Musikmeister, und erkundigte sich, ob es bei der Kathedralkirche Choristen gäbe, die gleich vom Blatte wegsingen könnten, weil er einige in Eil abgeschriebne Stimmen zu den Chören probieren wollte, die er in Irland aufzuführen willens war. Herr Baker schlug ihm einige von den besten damaligen Sängern in Chester vor, unter andern auch einen Buchdrucker Janson, der eine gute Baßstimme hatte und einer von den besten Chorsängern war. Damals war Harry Alcock, ein guter Spieler, der erste Violinist in Chester, welches damals ein sehr musikalischer Ort war. Denn außer öffentlichen Musiken hielt auch der Herr Präbendar Prescott ein wöchentliches Konzert, worin achtzehn oder zwanzig Musiker mitspielten, die zum Teil Liebhaber, zum Teil Tonkünstler von Profession waren. Es wurde zu dieser Privatprobe im „Goldenen Falken", wo Händel abgetreten war, eine gewisse Zeit bestimmt, leider aber fehlte der arme Janson nach wiederholten Versuchen im Chor des „Messias": „Und durch seine Wunden sind wir geheilet" so arg, daß Händel ihn aufs derbste anfuhr, in vier bis fünf Sprachen fluchte und zuletzt im gebrochnen Englisch ausrief: „Du Schuft du, sagtest du nicht, du könntest vom Blatte wegsingen?" — „Ja,

Herr Kapellmeister", sagte Janson, „das kann ich auch, aber nicht gleich das erstemal."

[56] An einem Abend während Händels Aufenthalt in Dublin hatte Dubourg eine Solostimme zu einer Arie zu spielen und eine Kadenz ad libitum zu machen. Er irrte in verschiedenen Tonarten eine Zeitlang umher und schien wirklich etwas ins Wilde hinein zu geraten und den Hauptton zu vergessen. Endlich aber fing er an, den Triller zu schlagen, der diese lange Kadenz schließen sollte, und Händel rief zur großen Belustigung der Zuhörer, die darüber desto mehr klatschten, laut genug, um überall im Schauspielhause gehört zu werden: „Willkommen zu Hause, Herr Dubourg!"

[57] Sacred Oratorio.

[58] Die letzte Zeit von Händels eignen Konzerten und von seinem ganzen Leben war überaus vorteilhaft für ihn. Einer von meinen Freunden, der gemeiniglich bei der Aufführung jedes Oratoriums in diesem Winter zugegen war und ihn abends, wenn es zu Ende war, als Einnehmer der Einlaßgelder zu besuchen pflegte, versichert mich, daß ihn das Geld, welches er an einem Abend zu ihm trug, ob es gleich Gold- und Silbergeld war, ebenso leicht hätte niederwerfen und ihm ein Fieber zuziehen können, als die Kupfermünzen dem Maler Correggio tat, wenn er es ebenso weit zu tragen gehabt hätte.

[59] Im Jahr 1749 war es bei der Aufführung der „Theodora" so anhaltend leer, daß er froh war, wenn einige Musiker, die nicht dabei zu spielen hatten, Billette nehmen wollten oder freien Einlaß bei ihm suchten. Zwei solche Herren, die noch am Leben sind, wandten sich nach diesem Mißgeschick der „Theodora" an Händel um freien Einlaß zu seinem „Messias", und er schrie ihnen zu: „Gehorsamer Diener, Ihr Herren! Ihr seid verzweifelt lecker! In die ‚Theodora' wolltet Ihr nicht kommen! — Da war Platz genug zum Tanzen, als die aufgeführt wurde." — Zuweilen aber habe ich ihn doch, ebenso drollig als philosophisch, seine Freunde zufrieden sprechen hören, wenn sie vorher, ehe der Vorhang aufgezogen wurde, sich beklagten, daß das Haus so leer wäre: „Das macht nichts", sagte er, „desto besser wird die Musik klingen!"

[60] Um diese Zeit wurde ein witziger Einfall des Lord Chesterfield von einem noch lebenden angesehenen Manne ausgebracht, der einmal ins Oratorium in Coventgarden gehen wollte und dem Lord begegnete, der schon wieder herauskam. „Wieso, Mylord", sagte er, „sind Sie umsonst gegangen? Ist diesen Abend kein Oratorium?" — „O ja", antwortete der Lord, „sie spielen schon, aber ich mochte nicht da bleiben, um den König nicht in seiner Einsamkeit zu stören."

[61] Alles ist Finsternis; keine Sonne! kein Mond! usf.

[62] Der verstorbene Anführer des königlichen Orchester, Herr Brown, pflegte mir allerlei von Händels Liebe zum Essen und Trinken und von seiner Heftigkeit zu erzählen. Von jener führte er einen Umstand an, den man zufälligerweise in seinem eignen Hause entdeckte, wo Brown in der Oratorienzeit mit andern vorzüglichen Musikern bei ihm zum Mittagessen war. Während der Mahlzeit rief Händel oft: „Oh! Mir fällt was ein!" Und dann wünschten seine Gäste, daß er dem Publikum nicht aus Höflichkeit gegen sie seine schätzbaren musikalischen Ideen vorenthalten möchte, und baten ihn, in sein Zimmer zu gehen und sie aufzuschreiben. Dies tat er indes so oft, daß zuletzt einer von denen, die ihm am wenigsten trauten, die unartige Neugierde hatte, durch das Schlüsselloch ins nächste Zimmer zu gucken, wo er sah, daß diese Gedanken bloß auf einen frischen Anker Burgunderwein verwendet wurden, den er, wie man hernach hörte, von seinem Freunde, dem verstorbnen Lord Radner, geschenkt bekommen hatte, indes daß seine Gäste mit edlerm und geistigerm Portwein bewirtet wurden.

Eine andre Anekdote, die mir Brown erzählte, war folgende: Als der sel. Felton, ein Geistlicher, fand, daß seine ersten Orchesterkonzerte gut aufgenommen wurden, eröffnete er eine Unterzeichnung für eine zweite Sammlung und bat Brown, er möchte Händeln um die Erlaubnis bitten, seinen Namen unter die Subskribenten zu setzen. Brown, der den Winter vorher bei H. sehr beliebt gewesen war, als er das Orchester bei seinen Oratorien angeführt hatte, erinnerte sich noch, wie höflich er ihn an die Tür begleitet und wie besorgt er ihn gewarnt hatte, wenn er bei den Proben von der Wärme des Zimmers erhitzt war, sich ja nach Hause tragen zu lassen, zweifelte gar nicht, daß er das leicht von ihm erhalten würde. Da er aber einmal des Morgens beim Rasieren Feltons Anliegen so fein als möglich anzubringen suchte und ihm sagte, er sei ein Geistlicher, der einige Konzerte auf Subskription drucken lassen wollte und gar sehr die Ehre wünschte, seinen Namen voran setzen und ihm ein Exemplar überreichen zu dürfen, schob Händel des Barbiers Hand auf die Seite, fuhr auf und schrie mit noch eingeseiftem Gesicht: „Daß Sie des Teufels würden! — Ein Pfaff will Konzerte machen? Warum macht er keine Predigten?" — Kurz, weil ihn Brown so wütend und die Schermesser in der Nähe sah, ging er geschwinde davon, um nicht noch barbarischer von ihm behandelt zu werden. — Überhaupt verachtete er alle englische Komponisten der damaligen Zeit, von Dr. Green bis zu Harry Burgess hinunter und alle Orgelspieler obendrein. Denn als er schon viele Jahre in England gewesen war, pflegte er zu sagen: „Als ich hierherkam, fand ich unter den Engländern viele gute Spieler und keine Komponisten, und itzt gibt es lauter Komponisten und keine Spieler."

[63] Dr. Green erhielt daselbst 1730 die Doktorwürde. Als Händel eben erst nach England gekommen war, hatte Green freilich aus großer Bewunderung seiner Art zu spielen sich's buchstäblich gefallen lassen, sein Bälgetreter zu werden, wenn er die Orgel der St. Paulskirche spielte, um sich dadurch im Pedaltreten desto geübter zu machen. Händel pflegte sich nach der Vesperpredigt oft mit dem jungen Green in der Kirche einzuschließen, zog sich im Sommer zuweilen bis aufs Hemd aus und spielte dann bis abends um acht oder neun Uhr. Ehe Dr. Green Chorist zu St. Paul wurde, lernte er bei dem sel. King singen und war hernach als Lehrling bei Brind, dem Organisten der Kirche. Vermutlich war er dies noch zu der Zeit, worauf Händel anspielte, oder doch wenigstens noch sehr jung und Gehülfe dieses Organisten, dessen Nachfolger er hernach wurde.

[64] „I pec your barton — I am a very odd tog — maishter Schmitt is to plame" — So sehen alle von dem Verf. angeführten Reden Händels aus, um seinen harten unenglischen Akzent zu charakterisieren. E.

[65] Man sehe über diese Perücke Hrn. Prof. Lichtenbergs launige und mir sehr einleuchtende Bemerkung bei Gelegenheit des zweiten Blatts von Hogarths „Rake's Progress" in der zweiten Auflage des „Göttingischen Taschenkalenders" für 1785.

Anmerkungen des Herausgebers

1 In der Anmerkung führt Burney die früheren Lebensbeschreibungen an, außer der Nachricht von den Lebensumständen, die Hiller 1770 übersetzte. In unserer Sammlung fehlt lediglich die Lebensbeschreibung Händels in John Hawkins' „A General History of the Science and the Practice of Music" (London 1776) sowie Burneys eigene ausführliche Händel-Besprechung in seiner „A General History of Music", Bd. IV, London 1789, die damals noch nicht erschienen war.

2 Händel kam mit 25 Jahren nach England (Ende des Jahres 1710). Er war seit Frühjahr 1707 in Italien und nicht nur zwei Jahre, wie Eschenburg in seiner Fußnote meint.

3 Trotz aller Bemühungen Eschenburgs ist der Tag falsch; der Geburtstag war der 23. Februar 1685. Immerhin hat Eschenburg das bei Burney falsch angegebene Jahr korrigiert.

4 Zachow ist im Jahre 1712 gestorben; bei Eschenburg vielleicht Druckfehler.

5 Es handelt sich um 6 Oboen-Triosonaten, die erhalten sind. Auch Reichardt weist auf sie hin.

6 Es ist Attilio Ariosti (1666 bis etwa 1740) gemeint. Der ganze Berliner Aufenthalt Händels erscheint, wie schon mehrmals erwähnt, sehr zweifelhaft.

7 Dies Eingeständnis Burneys ist bezeichnend für seine zurückhaltende und vorsichtige Art der Darstellung, die dem Abriß sehr zugute kommt. Andererseits hat Eschenburg, wie er selbst hervorhebt, von sich aus einiges ausgelassen bzw. korrigiert, um die Arbeit noch brauchbarer zu machen.

8 Mit seiner Fußnote 13 versucht Eschenburg eine kleine Ehrenrettung seines Landsmannes.

9 Dieser Satz ist auch noch ein Zitat von Mattheson.

10 Ganz so lange kann es nicht gewesen sein, da Händel höchstens vier Jahre in Hamburg war.

11 Dieser erste im Auszug erhaltene Brief Händels ist datiert mit 18. März 1704.

12 Die in der Fußnote 28 von Burney genannte Kantate könnte evtl. „La bella pastorella" sein, Händels einzige italienische Kantate mit konzertierendem Cembalo.

13 Die englische Fassung von „Acis und Galatea", die auf den Worten des bedeutenden englischen Dichters John Gay (1685—1732) beruhte, wurde schon 1718 erstmalig in Cannons aufgeführt.

14 Die Premiere von „Rinaldo" war am 24. Februar 1711.

15 John Addison (1672—1719) und Richard Steele (1672—1729) waren mit ihren Zeitschriften „The Tatler" und „The Spectator" die bedeutendsten englischen Essayisten, die zu den Zeiterscheinungen meist in scharfer Kritik Stellung nahmen.

16 Das Sinngedicht stammt, trotz des Quellennachweises durch Eschenburg, nicht von Swift, sondern von John Byrom und wurde im Mai 1725 bekannt.

17 Mit Attilio ist hier und im folgenden der italienische Komponist Attilio Ariosti gemeint, mit dem schon der junge Händel in Berlin zusammengetroffen sein soll.

18 Es ist erstaunlich, was Eschenburg hier noch zur Erläuterung und Ergänzung von Burney, dem er dabei selbst volle Gerechtigkeit zuteil werden läßt, zu sagen weiß; er zeigt die deutsche Musikphilologie bereits auf der vollen Höhe der Zeit.

19 Dr. John Arbuthnot (1667—1735) war einer der bedeutendsten Musikkenner und literarischen Förderer Händels in seiner Londoner Zeit; im Hauptberuf Arzt.

20 Burney und Eschenburg erweisen sich hier wiederum als hervorragende Experten der früheren Musikgeschichte.

21 Burney sagt selbst, daß Händel die Oratorien stets in seinen alten

Theaterräumen aufführte, was ja genügend andeutet, daß es sich keineswegs um gottesdienstliche Werke oder solche „im Dienste der Kirche" handelte. Zudem übersieht Burney (und Eschenburg) hier merkwürdigerweise, daß doch zumindest Werke wie „Hercules", „Semele", „Die Wahl des Herakles" und „Triumph von Zeit und Wahrheit" überhaupt nichts mit dem „Dienst der Kirche" zu tun haben. Hier zeigt sich eine, auch in der Zentenarfeier von 1784 dokumentierte, Verengung der Händel-Auffassung, die sich im 19. Jahrhundert auf weite Strecken durchsetzte.

22 Hier taucht wieder die unrichtige Meinung auf, Händel habe vor der Dubliner „Messias"-Aufführung dies Werk schon in London vorgeführt.

23 Der große Zusammenbruch Händels war schon im Herbst 1737 erfolgt.

24 Händel traf am 18. November 1741 in Dublin ein und kehrte im August 1742 nach London zurück. Die Uraufführung des „Messias" erfolgte am 13. April 1742 in Dublin.

25 Es handelt sich um die Alt-Arie „He was despised and rejected" („Er ward verachtet").

26 Siehe Anmerkung 24.

27 Es handelt sich um das Oratorium „Samson", dessen Premiere am 18. Februar 1743 in London erfolgte; die Londoner Premiere des „Messias" erfolgte am 23. März 1743.

28 Diese Angabe läßt sich nicht belegen; das Duett und der folgende Chor befinden sich schon in dem Autograph vom Jahre 1746.

29 Dennoch ist Händel am Sonnabend, dem 14. April 1759, früh gegen 8 Uhr verstorben. Einige Londoner Zeitungen hatten ihn schon am 12. April sterben lassen; der Freitag (kurz vor Mitternacht) wurde wohl gern bezeugt, weil es ein Karfreitag war, an dem Händel angeblich gern sterben wollte.

30 Zitat nach Ovid: „... Weder Zeus' Zorn, noch Feuer, noch Eisen noch das nagende Alter könnten ihn zerstören."

31 Kurze Hinweise zu den hier genannten Komponisten:
Giacomo *Carissimi* (1605—1674), italienischer (römischer) Komponist, erster Meister des Oratoriums.
Alessandro *Scarlatti* (1660—1725), italienischer Komponist, vor allem in Rom und Neapel wirkend, Meister der neapolitanischen Oper.
Agostino *Steffani* (1654—1728), italienischer Komponist von Opern und Kantaten, u. a. in München und Hannover wirkend, dort Händels Förderer.
Francesco *Gasparini* (1668—1727), italienischer Opern- und Kirchenkomponist, vor allem in Rom wirkend.
Giovanni Carlo Marie *Clari* (1677—1754), italienischer Komponist

von Kirchenmusik und Kammerduetten bzw. -terzetten, vor allem in Bologna und Pisa wirkend.
Giovanni Paolo *Colonna* (1637—1695), italienischer Kirchenkomponist, vor allem in Rom und Bologna wirkend.
Francesco *Geminiani* (etwa 1680—1762), italienischer Komponist, wirkte seit 1714 vor allem in London, zuletzt in Dublin. Bedeutender Violinvirtuose, -lehrer und Komponist.
William *Byrd* (etwa 1543—1632) war ein führender englischer Orgel-, Klavier- und Madrigalkomponist.
Thomas *Tallis* (1505—1585) schrieb vor allem Motetten.

ERNST LUDWIG GERBER

Historisch-biographisches Lexikon der Tonkünstler,

welches Nachrichten von dem Leben und den Werken musikalischer Schriftsteller, berühmter Kompónisten, Sänger, Meistern auf Instrumenten, Dilettanten, Orgel- und Instrumentenmachern enthält. 2 Bände, Leipzig 1790—1792

(Leipzig 1790, Spalte 568—574)

Händel (Georg Friedrich)

geb. zu Halle im Magdeburgischen am 24ten Febr. 1685[1], legte daselbst beim Organisten Zachau, von seinem 7ten bis 14ten Jahre, nicht nur den Grund zu einem großen Organisten, sondern auch zum Komponisten. Im Jahr 1703 kam er nach Hamburg und setzte das. 1704 seine erste Oper Almira betitelt, welcher bis 1708 noch drei andere folgten, versahe zugleich viele Scholaren und setzte überdies noch unzehlig viele Klavierstücke, Lieder und Kantaten. Nun ging er nach Italien, setzte zu Florenz seine erste italienische Oper Rodrigo, dann zu Venedig 1709 seine Agrippina, welche daselbst 27 Abende nacheinander aufgeführet wurde, dann zu Rom die Serenata Il Trionfo del Tempo und endlich zu Neapel Acis und Galathea.[2] Im J. 1710 verließ er Italien wieder und kam nach Hannover. Hier ernannte ihn der Churfürst zu seinem Kapellmeister, an die Stelle des würdigen Steffani.

Am Ende dieses Jahres setzte er mit der Bewilligung seines Hofs, seine Reise wieder fort und kam zum erstenmal nach England. Hier setzte er in Zeit von 14 Tagen die Oper Rinaldo, welche lange Zeit ein Lieblingsstück der engl. Nation geblieben ist, und kehrte nach Verlauf eines Jahres wiederum nach Hannover zurück. Zu Ausgange des 1712ten Jahres erhielt er zum zweitenmal die Erlaubnis von seinem Hofe, dahin zu gehen. Aber diesmal beschäftigte ihn das engl. Publikum so sehr, daß er Hannover ganz und gar vergaß, bis im J. 1714 der Churf. sein voriger Herr, als König Georg der Erste, den engl. Thron bestieg. Seine eigenen Verdienste sowohl als seine Gönner, wurden nun so sehr seine Fürsprecher, daß er nicht nur bald zu Gnaden angenommen wurde, sondern auch einen Gehalt von 400 Pf. Sterling jährlich vom Könige erhielt. Von dieser Zeit an arbeitete er ununterbrochen für das Theater und für die Conzerts; in welchen letztern er zugleich als Organist durch sein Spiel den ersten und größten Virtuosen machte.

In seinen letzten Lebensjahren, 1751, wurde er blind. Aber auch da verließ ihn sein Feuer noch nicht, und er spielete nicht nur seine Orgelkonzerte vor wie nach öffentlich; sondern er komponierte auch noch: indem er seine Gedanken Hr. Smith in die Feder sagte. Sechs Tage vor seinem Tode führte er noch eines seiner Oratorien selbst auf und starb darauf am 13. April 1759.[3]

Händels Figur war groß und etwas untersetzt und stammig, und sein Gesicht war voller Feuer und Würde. Nach einem Gemälde von Tischbein scheinen seine Züge in der kleinen Oktavplatte, welche Mattheson seinen Nachrichten von Händels Leben vorgesetzt hat, am getreuesten und richtigsten gefaßt zu sein. Er hinterließ 20000 Pf. Sterl. seinen Anverwandten in Deutschland, wovon er 1000 Pf. für die Versorgungsanstalt zu London ausgesetzt hatte.

Ich habe um desto kürzer in dieser Lebensgeschichte sein können, da ich sie gegenwärtig zum zwälften Male dem Drucke übergebe. So finden wir sie 1) in Walthers musikalischen Lexikon unter dem Artikel Hendel: 2) in Matthesons musikalischen Ehrenpforte, unter dessen Namen: 3) in dem Gentleman's Magazine vom Jahr 1760, englisch: 4) in der Lebensbeschreibung Händels nebst einem Verzeichnisse seiner Ausübungswerke, so Mattheson 1761 zu Hamburg in 8. herausgegeben hat, mit dessen Bildnisse: 5) in der Übersetzung seines Lebens aus dem Englischen nach dem Gentleman's Magazine, welche Hr. Kapellm. Hiller in 4ten Bande seiner Nachrichten die Musik betreffend, eingerückt hat: 6) in Hawkins History of Music im 5ten Bande, S. 262: 7) in Hillers Lebensbeschreibungen berühmter Musikgelehrter: 8) in Doktor Burneys 1784 zu London herausgegebenen Nachricht von Händels Gedächtnisfeier, in engl. Sprache: 9) in Händels Jugend, so der Hr. Kapelldirektor Reichardt 1785 zu Berlin herausgegeben hat: 10) in Burneys englischer Geschichte der Musik; und endlich 11) das vollständigste und lehrreichste Werk dieser Art, das Hr. Prof. Eschenburg seinen deutschen Landsleuten in der Übersetzung der Burneyschen Nachricht von Händels Lebensumständen und der ihm angestellten Gedächtnisfeier, nebst dem vollständigsten Verzeichnisse seiner Werke, 1785 mit seinen Anmerkungen und mit der Abbildung des Händelschen Denkmals in der Westmünster Abtei, in fr. 4., geschenket hat.[4]

Dieses Denkmal ist daselbst in Marmor errichtet und nimmt einen ganzen Bogen der Kirche ein. Im Hintergrunde befindet sich eine Orgel, an deren Fuße mehrere musikalische Instrumente liegen. Über der Orgel spielt ein Engel, in einer Wolke schwebend, auf einer Harfe, unter welchen Händel in Lebensgröße an die Orgel angelehnt, in einer aufmerksamen und horchenden Stellung, mit einem Notenblatte und Feder in

der Hand, stehet, als wollte er die Engelsmusik niederschreiben.[5]
Mit diesen ewigen Denkmale ihrer Achtung gegen den Schöpfer ihres Geschmacks noch nicht zufrieden, suchte die englische Nation im Jahre 1784, mit der Einwilligung ihres Königs, sein Andenken noch auf eine viel feierlichere und rührendere Weise, als sie es durch Stein und Marmor hätte bewerkstelligen können, zu erneuern. Sie feierte sein Jubiläum im nemlichen Jahre durch viertägige Aufführung seiner Werke, und zwar der geistlichen, in der Westmünster Abtei bei seinem Grabe, und der Cammer- und Theatralischen Werke im Pantheon, durch ein Orchester von 500 Tonkünstlern, an dessen Spitze zwei Deutsche, die Mara[6] als Sängerin und Cramer[7] als Konzertmeister bei den Instrumenten, standen. Diejenigen, welche bei diesem Jubiläo umsonst mit gespielet hatten, erhielten eine Denkmünze, auf deren einer Seite das Bildnis Händels und auf dem Revers, musikalische Trophäen in einem Kreis von Eichenlaub, mit der Unterschrift: sub ausp. Georg III. sich befanden.[8] In dem folgenden 1785. Jahre, wurde diese Feier mit einiger Abänderung der Händelschen Kompositionen, von einem Orchester von 607, im Jahr 1786 von 422 und 1787 gar von 800 Tonkünstlern wiederholt.
In diesem nemlichen Jahre, hat man auch zu Dublin, auf gleiche feierliche Art, sein Andenken zu erneuern gesucht. Auch in Deutschland hat man in diesem Jahre angefangen, die noch nie erhörte prachtvolle Würkung eines solchen Orchesters kennenzulernen. So wurde zu Berlin unter des Kapellmeisters Hiller Direktion, Händels Messias, von mehr als 300 Personen aufgeführet.[9] Und dann zu Leipzig, von 120 Tonkünstlern.[10] S. hiervon den Artikel Hiller. Noch mehr: Seit 1786 werden seine sämtlichen Werke unter der Aufsicht des Dokt. Arnolds, mit neuen musikalischen Typen zu London mit seinem Bildnisse auf Subskription gedruckt.[11] Orlandus Lassus war das Wunder seiner Zeit. Heinrich Schütz war allgemein geehrt: man nannte ihn in Deutschland nur den Vater der Musik. Aber dieses seine Werke liegen tot im musikalischen Archive zu Dresden, indes jenes seine, mit den meisterhaftesten Vignetten ausgemalt, zu München modern.[12] Noch in unsern Zeiten mußte der verderbliche siebenjährige Krieg Hrn. Breitkopf an der Ausgabe der Hassischen Werke hindern. Nur allein die Engländer sind eines solchen Unternehmens fähig, und

noch nie hat eine Nation Künstler so zu belohnen gewußt als sie!
Dies ist das chronolgische Verzeichniß seiner Werke nach Burneys Angabe: I Opern. Almira: Nero 1705: Florindo: Daphne 1708: all diese deutsch in Hamburg: il trionfo del Tempo: Acige e Galatea: Rodrigo, Agrippina: die drei ersten zu Rom, die letzte zu Venedig, aber alle vom Jahr 1709 italienisch: Rinaldo 1711: Theseus, und Pastor Fido 1712: Amadis 1715: alle zu Hamburg deutsch. Ferner zu London italienisch: Muzio Scevola 1731: Ottone 1722: Giulio Cesare und Floridante 1723: Flavio und Tamerlano 1724: Rodelinda 1725: Alessandro und Scipione 1726: Ricardo I. 1727: Tolomeo und Siroe 1728: Lotario 1729: Parthenope 1730: Poro 1731: Orlando und Sosarme 1732: Ariane und Ezio 1733: Ariodante 1734: Alcina 1735: Arminio, Atalanta und Giustion 1736: Berenice und Faramondo 1737: Serse 1738: Imeneo und Deidamia 1740: Während dieser Zeit sind noch zu Hamburg von seiner Komposition deutsch aufgeführet worden: Admet 1727: Alessandro Severo, Pasticcio 1737: Parnasso in Festa 1740: dies sind zusammen 45 Opern.[13]
Seine Oratorien, welche ihm so vielen Ruhm erworben haben, sind folgende, alle in englischer Sprache, doch hat man auch zu mehreren, als zum Messias, zum Saul und dem Judas Makk. deutsche Texte: Esther 1720: Deborah und Athalia 1733: Acis und Galathea 1721: Alexanders Fest 1735: Ode auf die heil. Cecilia 1736: Israel in Egypten 1738: Allegro und Penseroso 1739: Saul 1740: Messias 1741: Simson 1742: Semele, Belsazar und Susanna 1743: Herkules 1744: Gelegentliches Oratorium 1745: Joseph und Judas Makkabäus 1746: Josua und Alexander Balus 1747: Salomon 1749: Theodora 1750: Jephta 1751: Hierzu kommen noch 3 italienische Oratorien, sind zusammen 26 an der Zahl.
Außer diesen hat man noch zu London an größeren und kleineren Werken für den Gesang folgende: Motetten 8 Bände: Kantaten 4 Bände: Te Deums und Jubilate 3 Bände: Opernarien 2 Bände: Laudate: Sammlung von Arien und Chören: Motetten und Duette: Kantaten: Hamburger Kantaten 1703—1709: Kantaten zu Rom verfertiget 1709—1710. Und endlich für Instrumente: IV Sonaten für 2 Oboen und Baß von 1694: Concerti Grossi: Wassermusik: Feuerwerksmusik 1748: Sonaten für 2 Violinen und Baß 2 Sammlungen. Klaviersuiten

2 Teile gestochen 1720: Orgelfugen: Orgelkonzerte 3 Teile. Ohne das, was sich noch hin und wieder in der Liebhaber Händen befindet.

Neues historisch-biographisches Lexikon der Tonkünstler

von Ernst Ludwig Gerber, Fürstlich Schwarzburg-Sonderhausischem Hof-Sekretair zu Sondershausen. Erster Theil, Berlin 1812, A—D, S. 464—466

Händel (Georg Friedrich)

...Zur leichteren Übersicht seiner Talente und Vorzüge, mag hier noch Burneys Vergleichung desselben mit dem würdigen Purcell stehen. Um seinem Landsmanne nicht zu viel zu vergeben, bemerkt er hier nur: „Händel exzellierte bloß in der Kunst und Pracht seiner Chöre, in dem harmonischen Gewebe seiner Orgelfugen, in dem großen Stil, worin er für die Orgel setzte und sie auch selbst spielte, in der Erhabenheit seiner großen Konzerte und des Gebrauchs der Oboe, in dem Geistreichen seiner Instrumental-Begleitungen und Chöre und in dem allgemein Gefälligen seiner Singmelodien.“[14] Wenn er nun aber mit all diesen Vorzügen auch alle jene gerühmte Kunst des Purcells in sich vereinigte; so war ihm ja wohl, als einem Deutschen, hie und da ein kleiner Anstoß in der Accentuierung englischer Worte nachzusehen.[15] In seinen ital. Werken soll er weniger darin gefehlt haben. Ausführlicher und unterhaltender bearbeitet kann übrigens der Wißbegierige Händels mus. Charakter in Burneys Nachricht von Händels Gedächnisfeier S. XLVII. der deutschen Ausgabe finden.

Im J. 1790 wurde zu London diese Gedächnisfeier abermal mit der Aufführung seines Messias und anderer seiner Werke erneuert. Der Anführer dieses kolossalischen Orchesters, welches diesmal auf 1000 Sänger und Spieler geschätzt wurde, war der berühmte Dr. Burney. Bei der Anzeige der Musik rief der seel. Schubart in seiner Chronik aus: „Da scheint sich der Himmel zu zerreißen und der Hörer am Kristallmeere zu stehen, wo die himmlischen Harfenspieler unter serapischen Gesängen Preis und Jubel Gott und dem Lamme bringen. Keinem unter allen Tonkünstlern der Welt ist noch die Ehre widerfahren, die unserm Händel widerfuhr. Im Leben bewundert und belohnt und nach dem Tode wie ein Heiliger verehrt. — Also gleichsam ein kanonisierter Tonmeister."[16] Im folgenden Jahre wurde daselbst die 6te Gedächtnisfeier gehalten, wobei die Musik unter Cramers[17] Anführung, aus 8 bis 900 Tonkünstlern bestand. Jeder Ripienist oder Chorsänger davon erhält für viermalige Aufführung allezeit 3 Guineen. Diesmal wurde aber geklagt, daß in den Chören die Bassisten und Tenoristen die Melodien gänzlich überschrieen und verdunkelt hätten. Seitdem scheint der Krieg, der schon so manche Harmonie in Mißtöne verwandelt und so manchen Gesang zum Schweigen gebracht hat, auch die fernere jährliche Feier dieses edlen und ehrenvollen Nationalfestes unterbrochen zu haben.

Anmerkungen des Herausgebers

1 Das Jahr stimmt, aber nicht der Tag. Gerber stützt sich auf Eschenburgs Forschungen.

2 Die beiden letztgenannten Werke liegen vor „Agrippina"; das th bei Galatea erscheint damals wie heute häufig, obwohl es etymologisch falsch ist.

3 Das richtige Datum ist der 14. April 1759. Auf Grund vorzeitiger Londoner Pressemeldungen gab es auch darüber lange Unklarheiten.

4 Diese Liste ist ziemlich vollständig. Die kurzen Beschreibungen von Dreyhaupt und Adlung erwähnt Gerber nicht, dürfte erstere auch kaum gekannt haben. Es fehlen John Mainwaring (1760), dessen Übersetzung durch Mattheson unter 4) angegeben ist, ferner „The life of George Frederick Handel" in Critical Review 1784, Vol. 58, S. 240 sowie ein Hinweis auf die zahlreichen Händel-Stellen in Reichardts „Musikalischem Kunstmagazin" (1782). Außerdem waren verschiedene Besprechungen der Biographie von Mainwaring in Londoner Zeitungen und Zeitschriften des Jahres 1760 (mit Auszügen daraus) und Vorankündigungen der Händel-Ehrungen 1784 erschienen.

5 Hier ist das Denkmal, gegenüber der phantasievollen Darstellung bei Herder (s. u.), exakt beschrieben.

6 Gertrud Elisabeth Mara, geb. Schmehling (1749—1833), berühmte Sängerin, seit 1771 in Berlin wirkend.

7 Wilhelm Cramer (1745—1799), Schüler von Jan Stamic und Christian Cannabich, war 1757 bis 1772 in der Mannheimer Kapelle tätig; dann wurde er königl. Kapellmeister in London, führte dort bei den Händelfesten 1784 und 1787 die Violinen an.

8 Die Gedenkmünze ist bei Eschenburg, a. a. O., S. 102, abgebildet. Es heißt dort genau: MDCCLXXXIV COMM. G. F. Handel, und: Sub AUSP, G. III.

9 Diese Aufführung fand am 19. Mai 1786 im Dom statt.

10 Diese Aufführung fand am 11. Mai 1787 in der Paulinerkirche statt.

11 Samuel Arnold (1790—1802) begann im Jahre 1789 seine 36bändige (unvollständige) Händel-Ausgabe.

12 Die Wiederentdeckung von Heinrich Schütz erfolgte seit Carl von Winterfelds Hinweisen in seinem Band „Johannes Gabrieli" (1834); von Orlando di Lasso erscheint erst seit 1955 eine Gesamtausgabe bei Bärenreiter (Wolfgang Boetticher).

13 Gerber führt die Werke in verschiedener Sprache an; er hatte gegenüber Walther u. a. neue Informationen. Es fehlen „Silla" (1713) und „Radamisto" (1720). Die Jahreszahlen stimmen meist, jedoch nicht bei „Muzio Scevola" (1721), „Floridante" (1721), „Flavio" (1723) und „Ezio" (1732). „Admeto" gehört natürlich in die erste Liste, da er 1727 zunächst in London aufgeführt wurde.

14 Diese Worte Burneys stehen im 3. Band seiner „General History of Music" (1776 ff.) bei Behandlung Purcells (S. 521).

15 Das bezieht sich wohl auf die Kritik Dr. John Browns an Händel; Eschenburg hatte dessen ästhetische Schrift im Jahre 1769 übersetzt (vgl. oben).

16 Christian Friedrich Daniel Schubart (1739—1891) war seit 1781 (nach seiner Haftentlassung vom Hohenasperg) in Stuttgart Hofmusikdirektor und Redakteur der „Vaterlandschronik"; vgl. C. F. D. Schubart's, des Patrioten, gesammelte Schriften und Schicksale, Stuttgart 1840, Bd. 8, S. 229 (s. auch den folgenden Beitrag).

17 Vgl. Anmerkung 7.

CHRISTIAN FRIEDRICH DANIEL SCHUBART

Händel

(Aus: Ideen zu einer Ästhetik der Tonkunst, um 1790, Wien 1806)

Händel

Wieder ein Riese! Er war auf der Universität Halle geboren[1] und zeigte von Jugend auf ein außerordentliches musikalisches Genie. Der erstgedachte große Bach war von Kindheit an sein vertrautester Freund.[2] — Händel spielte die Orgel und das Klavier vortrefflich und machte sich dadurch schon in seiner Jugend weit und breit bekannt. In seinem dreizehnten Jahre setzte er schon eine Oper in Hamburg.[3] Er reiste darauf nach Italien und schrieb daselbst Opern und andere Stücke, die ungewöhnlichen Beifall fanden. Auch besiegte er da den großen Scarlatti im Klavier[4] und hatte noch nicht 24 Jahre erreicht, so war sein Ruhm in Europa allgemein.[5] Einige reisende Engländer nahmen ihn mit sich nach London, und hier war es, wo er endlich den Drehkreis fand, der weit genug für seinen Genius war. Er wurde daselbst königlicher Kapellmeister und spielte über funfzig Jahre lang eine Rolle, dergleichen wohl kein Musiker jemals in England gespielt hat. Er wurde von den Briten fast angebetet und erwarb sich ein sehr großes Vermögen. In Westmünster unter den größten Männern der Nation hat er jetzt sein Grab. Kein Musiker ist aber auch je in den Geist der Briten so tief eingedrungen wie dieser. Zuerst studierte er die englischen Dichter mit dem größten Eifer, dann setzte er einige ihrer besten Stücke in Musik, „Alexanders Fest“ von Dryden hat seinen Ruhm auf immer befestigt. Dieses Stück wird alle Jahre noch in London am Cäciliatage mit immer wachsendem Beifall aufgeführt. Es ist einfach, erhaben und reich an Geniezügen. Händel hat den Geist des genialischen Dryden so ganz erreicht, daß es seitdem kein Musiker wieder wagte, diese Meisterpoesie in Musik zu setzen.

Ramler hat einen deutschen Text unter diese Komposition verfertigt, wodurch der Deutsche in den Stand gesetzt wird, selbst über den Ausdruck zu urteilen. Auch die Kantate „Cäcilia“ von Pope[6] hat Händel komponiert, und fast mit gleichem Glücke. Pope reichte dem Tonsetzer nicht so reichen Stoff zu großen Gedanken dar wie Dryden, daher konnte auch Händel hier sein Genie nicht so äußern. Doch ist auch dieses Stück von den Engländern sehr gut aufgenommen worden und wird noch heute öfters in London aufgeführt. Händel hat sehr viele Opern verfertigt — in welscher und englischer Sprache[7], wobei sein Beifall bis ans Ende stieg. Der Geist seiner Opern hat etwas ganz Eigentümliches. Diejenigen, so er in Welschland setzte, sind bis auf einige Mienen deutscher Eigenheit ganz welsch. Die in England verfertigten haben sehr viel vom eigentümlichen Charakter dieser Nation angenommen. Händel wählte zum Beispiel oft ein allgemein beliebtes *Volkslied* und brachte es mit Verschönerungen und künstlichen Abwechslungen aufs Theater.[8] Diesem Kunstgriff hat er die enthusiastische Verehrung zu danken, womit ihn die Briten bis ans Ende seiner Laufbahn belohnten; und noch jetzt behaupten sie, Händel übertreffe alle Musiker, die jemals gelebt haben ... Auch die *Kirchenstücke*[9], welche Händel in London verfertigte, sind bis auf diese Stunde von keinem anderen verdrängt worden.

Händel war ein vortrefflicher Kontrapunktist, doch opferte er niemals das Genie der *Kunst* auf, wie man bei einigen seiner Landsleute mit Recht verwirft. Auch seine Kammerstücke, sonderlich die *Orgelsonaten*[10] und *Fugen*, werden sich erhalten, solange noch wahrer musikalischer Geschmack in der Welt sein wird. Händel war ein Mann von ungewöhnlicher Lebenskraft; einer der stärksten Esser in London und nie in seinem Leben krank.[11] — Mit einem solchen Körper konnte ein solcher Geist Taten tun! — Händel war z. B. fähig, stundenlang mit der größten Force auf der Koppel zu spielen, ohne sich über Müdigkeit zu beklagen. Seine Faust war so weitgriffig wie Bach seine; daher sind einige Sätze in seinen Orgelstücken so schwer herauszubringen. Auch die Theorie anderer Instrumente verstand Händel vollkommen. Kurz, er ist eines der ausgebildetsten Genies, die jemals gelebt haben.

Anmerkungen des Herausgebers

1 Eine etwas freie Angabe, die aber die Bedeutung dieser Universität unterstreicht.
2 Das ist natürlich ein arges Mißverständnis; vielleicht ist damit Telemann gemeint.
3 Wiederum eine schlimme Verwirrung in den Lebensdaten, die auf die englischen Quellen von 1760 zurückzuführen ist.
4 Wie Zuverlässigere berichten, tat er das nur auf der Orgel.
5 Hier ist wohl an den Erfolg der Oper „Agrippina" (1709) gedacht.

6 Auch dieser Text ist nicht von Alexander Pope, sondern von John Dryden.

7 Bekanntlich hat Händel (abgesehen von den vier Hamburger Opern) nur Opern auf „welschen“ (italienischen) Text vertont, sofern man nicht einige Pasticci und Bearbeitungen dazurechnet. Aber Schubart scheint unter den Begriff Oper auch die Oratorien mit einzubeziehen.

8 Hier denkt Schubart sicherlich an Stücke wie die „Pifa“ aus dem „Messias“ oder „Seht, er kommt mit Preis gekrönt“ aus „Judas Maccabäus“.

9 Hier sind vor allem die Anthems (Chandos Anthems und Krönungs-Anthems) gemeint.

10 Händel hat keine Orgel*sonaten* geschrieben; wahrscheinlich sind die Orgel*konzerte* gemeint.

11 Das ist übertrieben; seit Mitte der dreißiger Jahre ist Händel öfter körperlich und, wie es hieß, auch seelisch zusammengebrochen.

WILLIAM COXE (vermutlich)

Anekdoten über Georg Friedrich Händel

(Aus: Anecdotes of George Frederick Handel and John Christopher Smith. London 1799. Aus dem Englischen von Barbara Fleischhauer)

Lange Zeit galt es als feststehend, daß im allgemeinen die Kinder von Eltern in fortgeschrittenem Alter sowohl in ihrer körperlichen als auch in ihrer geistigen Konstitution schwächlich sind und offensichtlich die Kraftlosigkeit des Stammes demonstrieren, von dem sie kommen; aber Georg Friedrich Händel, der Held unserer Memoiren, bietet einen überzeugenden Beweis, daß solche Schlußfolgerungen nicht den Tatsachen entsprechen. Denn obwohl der Vater, als sein Sohn geboren wurde, bereits einundsechzig Jahre alt war, setzte dieser die Welt in Erstaunen durch seine frühzeitige Vollkommenheit, seine kräftige Konstitution und ein sich ständig weiterbildendes Talent.
Händel wurde am 24. Februar 1686[1] zu Halle, einer Stadt im Herzogtum Magdeburg in Obersachsen, geboren, wo sein Vater als Arzt lebte. Er entsprang einer zweiten Ehe. Sein Vater bestimmte ihn zum Juristen, aber Händel zeigte schon in seiner frühen Kindheit eine ausgesprochene Leidenschaft für die Musik. Es ereignet sich immer wieder, daß sich sehr früh, sehr entschieden und verheißungsvoll die Neigung zu einer bestimmten Wissenschaft kundtut. Pope sagte von sich:

Er stamelte in Versen, und die Verse kamen.

Händel, der allerdings nie eine besonders schöne Stimme besaß, konnte ebenso frühzeitig singen, wie er sprechen konnte, und zeigte eine solche Leidenschaft für die Musik, daß sein besorgter Vater alle Musikinstrumente aus seiner Reichweite räumte in der Hoffnung, ihn damit abzulenken von dem, was ihm als eine gefährliche Liebe erschien. Aber der Knabe ersann eine List, um in den Besitz eines Clavichords zu kommen, das er in einer Dachkammer versteckte; und des Nachts, wenn man annahm, daß er schlafe, war der junge Enthusiast am Werke. Die Phantasie mag sich ihn vorstellen, wie er liebevoll die Saiten seiner Leier rührte — jener Leier, die ganz Europa mit ihrer Gewalt in Bann schlagen sollte.
Es ist das Vorrecht des Genies, daß es unbeirrbar festhält an einem einmal gefaßten Entschluß, daß es allem Widerstand Trotz bietet, Gefahren nicht achtet und sich erhebt über alle Hindernisse; wird eine solche Veranlagung tyrannisch behindert, geht es an den Lebensnerv, und Schwermut und Misanthropie sind das Ergebnis; wenn sie aber gepflegt, gehegt und unterstützt wird und genährt mit schönem Erfolge, zeigt sich

die schönste und reichste Entfaltung menschlicher Fähigkeiten. Eine solche Disposition war für Händel charakteristisch; und sein unbeugsamer Wille wird deutlich bei einer unbedeutenden Begebenheit, die sich in seinem siebenten Lebensjahr ereignete. Händel bat seinen Vater, der beschlossen hatte, einen seiner Söhne, Kammerdiener bei dem Herzog von Sachsen-Weißenfels[2], zu besuchen, inständig, daß er ihn auf der Reise begleiten dürfe; aber seine Bitte wurde entschieden zurückgewiesen. Der Vater fuhr in einer Kutsche davon, als er aber einige Meilen weit gekommen war, entdeckte er zu seiner Überraschung den Sohn, der mit einer Kraft, die für sein Alter ungewöhnlich war, den Weg zu Fuß bewältigt und den Wagen eingeholt hatte, dessen Geschwindigkeit infolge der schlechten Straßen beeinträchtigt worden war. Nach einer Strafpredigt wurde ihm erlaubt, im Wagen Platz zu nehmen, und so ging sein Wunsch, den Bruder zu besuchen, in Erfüllung.

Am Hofe des Herzogs konnte Händel nicht so streng von seinem Vater beaufsichtigt werden wie zu Hause. Er nutzte alle Möglichkeiten, seinen Neigungen nachzugehen, und sann darauf, bei Gelegenheit auf der Orgel in der Kapelle des Herzogs zum Abschluß eines Gottesdienstes zu spielen. Als der Herzog eines Morgens die Orgel in einer ungewöhnlichen Art gespielt hörte, fragte er seinen Diener, wer da am Werke sei. Dieser antwortete, es sei sein Bruder, und nachdem er sogleich dessen wunderbare Begabung und Begeisterung für die Musik und des Vaters Widerstand dagegen geschildert hatte, ließ der Herzog beide holen. Nach verschiedenen Erkundigungen war der Herzog so begeistert von dem Geist und Talent des Knaben, daß er sich zum Anwalt der Natur machte: er bezeichnete es als ein Verbrechen gegen die Menschheit und gegen die Nachwelt, sie eines solchen Genies zu berauben, und zuletzt überzeugte er den Vater, seine Skrupel beiseite zu schieben und dem Sohn zu erlauben, daß er in jener Kunst ausgebildet würde, für die er eine so ernsthafte Neigung bekundet habe. Eine ergreifendere Szene kann man sich kaum vorstellen als diese: Händel, den Argumenten seines Anwaltes lauschend, und schließlich dessen Sieg über die hartnäckigen Vorurteile des Vaters. Der Herzog nahm so viel Anteil an seinem Fortkommen, daß er ihm bei der Abreise ein Geschenk machte und ihm seine Unterstützung zusagte, falls er seine Studien ernsthaft betreibe.

Nach Halle zurückgekehrt, übergab der Vater ihn dem Unterricht von Wilhelm Zachau, Organist an der Stadtkirche, einem Mann von hoher Kenntnis und scharfem Urteilsvermögen. Zachau machte seinen Schüler mit aller Sorgfalt mit den Gesetzen der Harmonik bekannt, und indem er ihm die unterschiedlichen Stile des italienischen und deutschen Tonsatzes erklärte, legte er den Grundstein zu jenem Ruhme, der einen so wichtigen Platz in den Annalen der Musik einnehmen sollte. Händel machte so erstaunliche Fortschritte, daß er, noch ehe er sein siebentes Lebensjahr vollendet hatte, in der Lage war, seinen Lehrer an der Orgel zu vertreten; und im neunten Lebensjahr begann er mit dem Studium der Komposition. In diesen frühen Jahren soll er in jeder Woche, über drei Jahre hinweg, eine geistliche Kantate oder Kirchenmusik für Singstimmen mit Instrumentalbegleitung komponiert haben. [1][3]
Nachdem er alle Möglichkeiten der Entwicklung in Halle ausgeschöpft hatte, wurde er begierig, seine Kenntnisse zu erweitern und Beifall an einem bedeutenderen Schauplatz zu erringen. Seine Wahl fiel auf Berlin als dem Ort, wo die Oper, unter der Schirmherrschaft von Friedrich I., sich in blühendem Zustand befand und sich der Mitwirkung der berühmtesten italienischen Musiker rühmen konnte, unter denen Buononcini und Attilio nicht die unbedeutendsten waren. Händels Ruhm war ihm vorausgeeilt, aber diese beiden Musiker behandelten ihn bloß als ein Kind, dessen Fähigkeiten weit übertrieben worden waren. In der Absicht, Händels wirkliche Gaben zu prüfen, komponierte Buononcini eine Kantate im chromatischen Stil, in die er die kompliziertesten Wendungen einbaute, die einen erfahrenen Meister in Verlegenheit gebracht hätten. Händel jedoch exekutierte diese schwierige Komposition wie ein Kinderspiel; er spielte sie vom Blatt mit einem solchen Grad an Genauigkeit und Ausdruck, wie man es von einem erfahrenen Musiker nach wiederholter Übung kaum hätte erwarten können.

Aber dieser Beweis kongenialer Fähigkeit erfüllte Buononcini nicht mit dem Gefühl der Freundschaft oder veranlaßte ihn etwa zu irgendwelchen Zeichen der Freundlichkeit; im Gegenteil, er behandelte Händel weiterhin mit solcher Zurückhaltung, daß es schien, der Grundstein für die spätere Feindschaft sei zu diesem Zeitpunkt gelegt worden. Im Gegensatz dazu bewies ihm Attilio eine sichtbare Freundlichkeit, Ausdruck

eines großzügigen und ehrenhaften Charakters. Er bat ihn immer wieder an sein Cembalo, war eifrig bemüht, seine Kompositionskenntnisse zu befördern und seine Fertigkeit in der Exekution zu unterstützen.
Stolz darauf, ein so vielversprechendes Genie zu fördern, lud Friedrich I. ihn wiederholt zu Hofe, machte ihm großzügige Geschenke und beschloß endlich, ihn auf seine Kosten nach Italien zu schicken. Dieses Anerbieten wollte Händel selbstverständlich gern annehmen, aber sein Vater, der voraussah, daß dies bestimmte Verbindlichkeiten für seinen Sohn mit sich bringen würde, erhob Einspruch. Gemäß dem Gebot des Vaters verließ Händel Berlin, unwillig, sich damit der weiteren Förderung entziehen zu müssen.[4]
Obwohl Händel die Motive einsah, die seinen Vater bestimmt hatten, das Anerbieten Friedrichs I. auszuschlagen, so hatte doch die schmeichelhafte Aufnahme, die er bei seinen beiden Exkursionen von Zuhause erfahren hatte, seinen Blick geöffnet für die glänzendsten Aussichten auf Ansehen und Gewinn. Als sein Vater starb, veranlaßte ihn die Verminderung der Einkünfte seiner Mutter, sich nach Hamburg zu begeben, wo die Oper, nächst der von Berlin, in hohem Ansehen stand.
Nach seinem Eintreffen erhielt er eine Anstellung an der Oper, nicht als Anführer des Orchesters am Cembalo, sondern als zweiter Ripieno-Violinist. So außergewöhnlich ein solcher Schritt freiwilliger Selbsterniedrigung erscheinen mag, er geschah in der Absicht — eines großen Geistes unwürdig und nur durch seine Jugend zu entschuldigen —, die ihn Einfältigkeit vortäuschen oder, genauer, eine geringe Stellung einnehmen hieß, um sich an der Überraschung zu ergötzen, die eine unerwartete Schaustellung seiner Fähigkeiten auslösen würde. Eine solche Gelegenheit ergab sich bald. Reinhard Keiser, der Anführer des Orchesters, war mit Schulden überhäuft und sah sich gezwungen, die Stadt zu verlassen; und zum allgemeinen Erstaunen nahm der bisher unbeachtete Violinspieler seinen Platz am Cembalo ein und überzeugte bald seine Zuhörer und das Orchester, daß sie keinen Grund hatten, dies zu beklagen, sondern den Wechsel begrüßen mußten.
Es ist ein Bericht überkommen von einem Wettstreit um diesen vielbeneideten Vorrang und von einem Versuch, Händel meuchlings zu ermorden, der ausging von den folgenden Vor-

gängen: Mattheson, nachmals Sekretär des englischen Residenten, der verschiedene Bücher über Musik geschrieben hat, wirkte zu dieser Zeit als erster Sänger und gelegentlich auch als Komponist. Er hatte die Musik zu der Oper „Cleopatra" gesetzt, in der er selbst den Antonius darstellte. Da aber seine Rolle ziemlich früh in dem Stück zu Ende ging, hatte er es sich zur Gewohnheit gemacht, anschließend den Platz am Cembalo einzunehmen und das Orchester beim weiteren Verlauf der Oper zu leiten. Keiser hatte dies zugelassen, aber Händel war nicht so fügsam. Er bestand auf seinem Platz, und Mattheson, voller Wut, versetzte ihm, als sie nach der Oper die Treppe hinuntergingen, einen Schlag. Sofort zogen sie ihre Waffen, aber Matthesons Degen stieß glücklicherweise gegen einen Knopf am Rock seines Feindes, und dies setzte dem Kampf ein Ende. Sie hatten bis dahin auf vertrautem Fuße gestanden, auf den sie auch bald wieder zurückfanden; und sie freuten sich über den glücklichen Ausgang des gefährlichen Zwischenfalls, der von einem so geringfügigen Anlaß ausgegangen war.

Zur Ergänzung der Einnahmen aus seiner Anstellung hatte Händel eine Anzahl Schüler, so daß er von seiner Mutter keine Hilfe mehr in Anspruch nehmen mußte; er schickte den ersten Wechsel, den sie ihm übersandte, zusammen mit einem Betrag aus seinen eigenen Ersparnissen wieder zurück. Vor seinem Duell mit Mattheson war er mit diesem nach Lübeck gereist, wo eine Organistenstelle frei geworden war. Sie fuhren in einem Reisewagen, voller jugendlicher Unbeschwertheit, wobei sie extemporierte Duetts sangen und sich mit allen erdenklichen Scherzen unterhielten, denen die Schalkhaftigkeit Händels eine besondere Würze verlieh. Nachdem sie erfahren hatten, daß die Stelle verbunden war mit der Bedingung, eine dem Organisten vom Magistrat ausgesuchte Frau zu ehelichen, nahmen beide Abstand und reisten zusammen nach Hamburg zurück.[5]

In Hamburg komponierte Händel seine erste italienische Oper „Almira" (1704). Sie wurde mit großem und schmeichelhaftem Beifall aufgenommen und ging dreißigmal hintereinander über die Bühne. Im nächsten Jahre schuf er „Nero", und in den beiden darauffolgenden „Florindo" und „Dafne", die alle außerordentlich erfolgreich waren. Er war aber zu der Zeit mit Schülern und Cembalo-Lektionen so engagiert,

daß er dem Publikum nicht so viele Opern schenken konnte, wie sein Genius vermocht hätte.[6]
Zu diesem Zeitpunkt kam der Prinz von Toskana, ein Bruder des Großherzogs, nach Hamburg und erregte Händels Aufmerksamkeit, indem er eine beachtliche Menge von italienischer Musik mitbrachte, wobei er mit patriotischem Enthusiasmus auf dem Vorrang seiner Landsleute bestand. Er bedauerte, daß Händel noch nie das Land gesehen habe, in dem alle Arten von Musik zur höchsten Perfektion gebracht seien, und bot ihm seine Unterstützung an, wenn er ihn nach Florenz begleiten wolle. Obwohl Händel sich schon lange gewünscht hatte, nach Italien zu gehen, lehnte er dieses Anerbieten höflich ab, aus einem edlen Bedürfnis nach Unabhängigkeit, das ihn nie verließ, auch in den schwierigsten Situationen seines Lebens. Aber sein Besuch war nur aufgeschoben.
Nachdem er eine hinreichende Summe erspart hatte, verließ er Hamburg im Jahre 1708[7] und begab sich nach Florenz, wo er eine so schmeichelhafte Aufnahme erfuhr, wie sie nur erwartet werden konnte dank des Ansehens der erlauchten Persönlichkeit, die ihn eingeführt hatte. In Florenz komponierte er die Oper „Rodrigo", für die ihm der Großherzog einhundert Zechinen schenkte und ein silbernes Service.
Von Florenz ging die Reise nach Venedig, wo er inkognito zum Karneval eintraf und von Scarlatti entdeckt wurde, der, als Händel maskiert auf dem Cembalo spielte, ausrief, dies müsse der berühmte Sachse sein oder der Teufel.
(1709) Er wurde bald beauftragt, die Oper „Agrippina" zu setzen, und er vollendete sie innerhalb von drei Wochen zum Erstaunen von Venedig. Als Autor eines so exzellenten und unvergleichlichen Werkes wurde er abgöttisch verehrt. „Agrippina" wurde an einem Theater herausgebracht, das längere Zeit geschlossen gewesen, aber nunmehr jeden Abend überfüllt war; und alle Solisten der anderen Theater boten an, in der Oper von „Il caro Sassone" mitzuwirken. Das Publikum kannte keine Grenzen, seine Bewunderung zum Ausdruck zu bringen. Vittoria, eine vorzügliche Schauspielerin und Sängerin, die Geliebte des Großherzogs von Toskana, die bereits in Florenz eine große Zuneigung zu Händel gefaßt hatte, kam nach Venedig und übernahm die Hauptrolle in der neuen Oper. Seine Jugend und Anmut, verbunden mit seinem Ruhm als Musiker, hatte in ihrem Herzen einen Eindruck eingegraben,

aber Händel war zu klug, um seine Zuneigung zu zeigen, die beiden zum Verderben geworden wäre.[8]
Von Venedig wandte er sich nach Rom, wohin ihm sein glänzender Ruhm vorauseilte, der ihm sogleich die Gönnerschaft von Kardinal Ottoboni einbrachte, für den er verschiedene Stücke in einem so meisterhaften Stil komponierte, daß er damit die berühmtesten Musiker in Erstaunen und zugleich in Verwirrung versetzte. Er bestand musikalische Wettstreite mit bedeutenden Musikern, beispielsweise mit Dominico Scarlatti, der die Ehre hatte, auf einigen Gebieten den Lorbeer mit ihm zu teilen; denn obgleich Händel die absolute Überlegenheit auf dem Gebiete der Oper zuerkannt wurde, blieb der Wettkampf am Cembalo unentschieden. Händel war auch am Hofe der Kardinale Pamfilio und Colonna geladen.[9] Für Kardinal Pamfilio, der die Gabe besaß, extempore Gedichte zu verfassen, komponierte Händel extempore Musikstücke, unter diesen „Il Trionfo del Tempo" und ein Poem zum Preise der Musik, in dem Pamfilio ihn mit Orpheus verglich.
Von Rom aus wandte er sich nach Neapel, wo er nicht weniger der Gegenstand von Hochachtung und Bewunderung war. Auf die Bitte von Donna Laura, einer spanischen Prinzessin, komponierte er „Acige e Galatea". [2] Dann unternahm er eine zweite Reise nach Florenz, Rom und Venedig, und schließlich verließ er Italien wieder, wo sein Ruhm einen Glanz erreicht hatte, der seine höchsten Erwartungen überflügelte. Er wurde, im Hinblick auf sein Heimatland, „Il Sassone" genannt; und wäre er in Italien geblieben, hätte dieser Name sicher seinen Familiennamen verdrängt. Obwohl er in der Zeit viele Werke geschrieben hatte, sind jetzt nur noch wenige von ihnen erhalten, ausgenommen diejenigen, auf die wir hier Bezug genommen haben.[10]
Nach seiner Rückkehr nach Deutschland (1710) besuchte er Hannover. Steffani, ein gelehrter und vortrefflicher Komponist, den er in Venedig kennengelernt hatte und der ein Favorit des kurfürstlichen Hofes war, empfahl ihn der Aufmerksamkeit von Prinzessin Sophia und ihres Enkels, des Kurprinzen, späteren George II.; Baron Kilmanseg, dem er in Italien begegnet war, brachte ihn vor den Kurfürsten, späteren George I., der, begeistert von Händels Gaben, ihm vorschlug, in seine Dienste zu treten mit einem Salär von fünfzehnhundert Kronen jährlich. Dieses großzügige Angebot nahm Händel an, aber unter

der Bedingung, daß ihm erlaubt sein möge, England zu besuchen, wohin er von verschiedenen Personen hohen Standes eingeladen war, die er in Italien und in Hannover kennengelernt hatte. Der Kurfürst gab hierzu seine Zustimmung, und etwas später ernannte er ihn, bewogen durch die freundschaftlichen Empfehlungen von Steffani, zu seinem Kapellmeister. Auf dem Wege nach England besuchte Händel seine Heimatstadt, wo er seine Dankbarkeit gegenüber der Mutter, die blind und krank war, erwies und seine Verwandten und Freunde besuchte, unter denen auch Zachau nicht vergessen wurde. In Düsseldorf erfuhr er eine schmeichelhafte Aufnahme beim Kurfürsten, der ihn mit einem silbernen Tafelservice beschenkte und ihn bat, seinen Hof bald wieder zu besuchen.

In England (1710), bemerkt Dr. Burney, war seine Aufnahme ebenso schmeichelhaft für ihn selbst, wie sie der Nation würdig war, die zu diesem Zeitpunkt nicht weniger Erfolg in Kriegen wie in der Entwicklung der friedlichen Künste hatte. Zu dem Geist, der Poesie, der Literatur und den Wissenschaften, die diese Periode unserer Geschichte auszeichnen, fügte Händel all die Lieblichkeiten einer ausdrucksvollen und gelehrten Musik hinzu, die er als erster hierher brachte, einpflanzte und zu einem blühenden Zustand gedeihen ließ. Die Ungeduld der Öffentlichkeit war so groß, daß Händel sogleich daranging, die Musik zur Oper „Rinaldo“ zu setzen, die in unvergleichlicher Eile geschrieben und vollendet wurde. Aaron Hill, der Besitzer der Oper, entwarf einen Plan nach Tassos „Gierusaleme Liberata“, und Rossi, ein italienischer Poet, schrieb das Drama. In seiner Vorrede preist Rossi Händels musikalisches Genie mit den höchsten Lobeserhebungen und bezeichnet ihn als den Orpheus des Jahrhunderts. Er bemerkt, daß Händel ihm mit knapper Not erlaubt hätte, die Worte niederzuschreiben, und daß dieser, zu seinem höchsten Erstaunen, das Ganze innerhalb von zwei Wochen in Musik gesetzt habe. Die Hauptpartie war für Nicolini geschrieben, dessen anmutige und ausdrucksvolle Darstellungskunst von Steele im „Tatler“ [3] gepriesen worden ist. „Rinaldo“ wurde mit dem größten Beifall aufgenommen, nicht nur bei der ersten Aufführung, sondern auch bei den drei folgenden Wiederholungen, und Walsh, der Musikverleger, soll fünfzehnhundert Pfund am Druck der Noten verdient haben.

Nachdem er sich in England etwa zwölf Monate aufgehalten hatte, eine Zeit, in der seine Geschicklichkeit am Instrument nicht weniger als seine Kompositionskunst bewundert worden war, ließ sich Händel von Königin Anna beurlauben, die ihm verschiedene wertvolle Abschiedsgeschenke zuschickte mit dem Ausdruck des Bedauerns über seinen Weggang und des Wunsches, daß er bald zurückkehren möge, was er ehrerbietig zusagte für einen Zeitpunkt, sobald ihm der Kurfürst hierzu die Erlaubnis gäbe.
In Hannover komponierte Händel zwölf Kammerduetts und eine Reihe anderer kleinerer Werke; und bald erhielt er die Erlaubnis, nach England zurückzukehren, unter der Zusicherung, daß er nicht lange vom kurfürstlichen Hofe fernbleiben würde. Seine Rückkehr nach London wurde von der musikalischen Welt als ein nationales Ereignis gefeiert, und es wurde alles getan, seinen Aufenthalt angenehm und dauerhaft zu gestalten. Bald ergab sich ein bedeutender Anlaß, sein großes Genie zu beweisen. Er wurde beauftragt, das große Jubilate und Te Deum anläßlich des Friedensschlusses von Utrecht zu komponieren. In diesem Werk übertraf er sich selbst mit all den wunderbaren Zeichen von Erhabenheit und Verstand, für die er berühmt war. Er komponierte für die Oper außerdem „Teseo" und „Il Pastor Fido", und beide wurden gut aufgenommen. Die Königin war so bezaubert von seinen Schöpfungen, daß sie ihm eine jährliche Rente von zweihundert Pfund aussetzte, und der Adel wetteiferte untereinander in Beweisen der Wertschätzung für einen so hervorragenden Musiker, der, in einem solchen Maße belohnt, hofiert und begünstigt, sein Versprechen vergaß, nach Deutschland zurückzukehren.
Im Jahre 1714 starb Königin Anna. Der Regierungsantritt seines großzügigen Patrons, der als George I. auf dem Thron folgte, wäre unter anderen Umständen Anlaß für Triumphgesänge gewesen; aber statt in der ersten Reihe der Gratulanten zu erscheinen, wagte Händel nicht, sich bei Hofe zu zeigen. Aus dieser Verlegenheit wurde er glücklich erlöst durch die Vermittlung des Barons Kilmanseg[11], Oberstallmeisters Georgs I. als Kurfürst von Hannover. Als dieser erfuhr, daß Seine Majestät beabsichtigten, eine Lustfahrt auf der Themse zu unternehmen, benachrichtigte er Händel hiervon; dieser schuf unverzüglich jene großartige Komposition, die unter dem

Namen „Wassermusik“ bekannt ist. Er stellte ein Orchester zusammen und folgte dem Schiff, und indem er seine Gelegenheit nutzte, entzückte er die königliche Gesellschaft mit Melodien von einzigartiger Wirkung und Anmut. Der König erkundigte sich, wer der Schöpfer dieser zauberhaften Musik sei, Baron Kilmanseg nannte Händels Namen, schilderte dessen Reue und bat, der König möge ihm seine Gnade wiederschenken. Diese respektvoll vorgetragene Bitte um Vergebung und Erneuerung seiner Gnade besänftigte den Souverän. Bald danach wurde Geminiani befohlen, im königlichen Kabinett zwölf Soloarien zu singen, die er gerade komponiert hatte; in der Sorge, daß ihre volle Wirkung durch eine schlechte Begleitung verlorengehen würde, äußerte er den Wunsch, daß Händel erlaubt werden möge, ihn am Cembalo zu begleiten. Diese Bitte wurde dem König von Baron Kilmanseg vorgetragen und freundschaftlich unterstützt. Händel wurde in Gnaden wieder aufgenommen, und der König erhöhte die Rente, die ihm Königin Anna gewährt hatte, um fünfhundert Pfund jährlich.

Im Verlauf des Sommers verbrachte Händel mehrere Monate in Barn Elms in Surrey bei Mr. Andrews und im Winter in dessen Stadthaus. Er wurde auch (1715) auf die Besitzungen des Grafen von Burlington eingeladen, wo er „Amadige oder Amadis von Gallien“ komponierte, die einzige Oper von ihm, die nach ihrem Erscheinen (am 15. Mai) über fünf Jahre am King's Theatre auf dem Plan stand. Er lebte drei Jahre lang bei Lord Burlington; in dieser Zeit kam er in Verbindung mit Pope, Gay und Arbuthnot. Pope fehlte nicht allein jede Kenntnis von der Musik, sondern er erlebte auch keinerlei Genuß beim „Zusammenklang süßer Töne“. Er hörte das Spiel Händels mit völliger Gleichgültigkeit, wenn nicht Ungeduld. Gay wurde durch Musik erfreut, ohne diese zu verstehen, aber er vergaß sie, sobald die Töne verklungen waren. Arbuthnot im Gegensatz dazu, der ein Musikkenner und obendrein Komponist war, erkannte die Größe Händels und hatte eine große Hochachtung vor ihm, die er später unter den schwierigsten Umständen bewies.

Vom Grafen von Burlington wandte sich Händel nach Cannons, um sich beim Herzog von Chandos niederzulassen, wo er zwei Jahre als Komponist für dessen Kapelle verweilte. Dort schuf er zahllose Anthems und andere Kirchen-

musiken und außerdem die englische Serenata „Acis und Galathea".
Während des letzten Jahres (1720) seines Aufenthaltes zu Cannons beschloß der höchste Adel und die Gentry, eine Musikakademie zu gründen. Der König war ihr Schirmherr und subskribierte eintausend Pfund; die gesamte Subskription belief sich auf fünfzigtausend Pfund. In den Antrag, Händel möge die Leitung übernehmen, willigte dieser ein; und nachdem er nach Dresden gereist war, um Sänger zu beschaffen, kehrte er mit Senesino und verschiedenen anderen Künstlern zurück und bereitete die Eröffnung des Opernhauses mit außergewöhnlichem Glanze vor. Als erstes schuf er für die Akademie die Oper „Radamisto", deren großer Erfolg seine Gaben als Komponist abermals bestätigte und bewies, daß er es vortrefflich verstand, jeden der ausgesuchten Sänger mit einer passenden Arie zu bedenken.[12] „Radamisto" hatte in London solchen Erfolg, wie ihn „Agrippina" in Venedig gehabt hatte, und eine enttäuschte Menschenmenge ging allabendlich wieder nach Hause, weil sie keinen Platz bekommen hatte. Der große Erfolg befreite Händel jedoch nicht von der Rivalität Buononcinis und Attilios. Diese waren von den früheren Direktoren der Oper nach England eingeladen worden, und da sie Komponisten von bekannter Vortrefflichkeit waren, weigerten sich ihre Bewunderer, Händel den Vorrang zuzugestehen. Daraus entstand jener musikalische Streit, den Swift verspottet hat als einen Disput

Zwischen Dideldum und Dideldei[13];

im folgenden Winter führte dieser zu einer Krise. Es wurde von den Freunden der drei Rivalen ausgemacht, daß ein jeder von ihnen einen Akt der Oper „Mutius Scaevola" und eine Ouvertüre komponieren solle. Buononcini setzte den ersten Akt, Attilio den zweiten und Händel den dritten. Der Lorbeer wurde Händel zuerkannt, er war der siegreiche Komponist, die Akademie war aufs neue fest begründet, und die Oper wurde neun Jahre lang mit Erfolg aufgeführt.
In dieser Zeit komponierte er fünfzehn Opern, die alle von außerordentlicher Vortrefflichkeit und höchst erfolgreich waren. Aber entweder infolge der Mißwirtschaft in den pekuniären Angelegenheiten des Hauses oder überhaupt infolge der Unmöglichkeit, ein Opernhaus in London ohne beständige

Unterstützung zu unterhalten, gestaltete sich die finanzielle Lage so unglücklich, daß die ganze aus der Subskription stammende Summe in dieser kurzen und glanzvollen Periode aufgebraucht wurde und die Akademie sich auflöste. Das sind die wahren Zusammenhänge für das Ende dieses großartigen Unternehmens, das zu Unrecht Händels Launenhaftigkeit zugeschrieben wurde. Es stimmt, der Komponist besaß nicht die Gemütsart, den Sängern mit großem Respekt zu begegnen, er betrachtete sie, vielleicht zu sehr, als Instrumente, welche die Musik zum Klingen brachten, deren hervorragender Autor er war. Er besaß das Ungestüm und die Unbeugsamkeit des Genies. Senesino aber, trunken vom allgemeinen Applaus, der sein Talent belohnte, wollte sich den Wünschen dieses Mannes nicht unterordnen. Es gab heftige Auseinandersetzungen zwischen Händel und Senesino vor der Auflösung der Akademie, aber es ist nicht wahr, daß ihre unversöhnliche Antipathie die Ursache hierfür gewesen wäre. Senesino sang in Opern, die von Händel komponiert waren und unter seiner Leitung aufgeführt wurden, noch zwei Jahre nach dieser Auflösung.

Wenn Händel kaum geneigt war, sich den Kapricen der männlichen Darsteller zu fügen, so war er keinesfalls bereit, die Ruhestörungen zu dulden, die von den Streitereien um den Vorrang der Sängerinnen ausgingen; und dies ganz besonders, wenn er sah, daß seine Absichten durch ihre Launen durchkreuzt wurden oder wenn sie nicht gewillt waren, sich den Anordnungen zu beugen, die er zu geben für nötig befunden hatte. Sein Zorn bei solchen Gelegenheiten kannte keine Grenzen. Als die Cuzzoni sich weigerte, eine Arie zu singen, die er für sie komponiert hatte, rief er voller Wut, er wisse schon, daß in ihr der Teufel stecke, aber er wolle ihr beibringen, mit wem sie es zu tun habe, nämlich mit ihm, und er sei Beelzebub, der König der Teufel; und indem er sie um die Taille faßte, drohte er, sie aus dem Fenster zu werfen, falls sie auf ihrer Weigerung beharre. Der Stolz und Hochmut der Cuzzoni und der Faustina war so unmäßig, daß keine von beiden singen wollte, solange die andere anwesend war, und Personen von höchstem Rang beugten sich ihrer Anmaßung, indem sie sich der einen oder anderen Partei zugesellten und sich ihrer unwürdigen Herablassung unterstellten. Aber ihre Auseinandersetzungen mit Händel hatten kaum Anteil an der

Auflösung der Akademie, denn die Cuzzoni sang noch zu diesem Zeitpunkt für Händel zusammen mit Senesino.
Gegen Ende der letzten Saison der Akademie (1728) zerstreuten sich die Sänger, und ein ganzes Jahr lang gab es keine italienische Oper in London. In dieser Zwischenzeit ging Händel, der beschlossen hatte, zusammen mit Heidegger Opern auf eigene Kosten herauszubringen, nach Italien, um Künstler zu besorgen. Er kehrte 1729 mit einer ansehnlichen Anzahl zurück und eröffnete das Haus (29. Dezember) mit der Oper „Lotario", die zusammen mit „Parthenope" hinreichend Anziehungskraft für die Saison bildete. Im folgenden Jahr sang Senesino für ihn in verschiedenen Opern und trat so lange bei ihm auf, bis Händels Streit mit ihm und der Cuzzoni so maßlos wurde, daß sie nicht länger beieinander bleiben konnten.
Der Unwillen verschiedener hochgestellter Persönlichkeiten wurde wachgerufen, die Verdacht geschöpft hatten, daß sie um ihre Subskriptionsgelder betrogen worden seien, und Anstoß nahmen, daß der Eintrittspreis auf eine Guinee erhöht worden war, wenn Oratorien aufgeführt wurden. Diese unglückliche Maßnahme gab Anlaß zur Gründung einer rivalisierenden Oper im Theater in Lincoln's Inn-Fields, die von vielen Personen von Ansehen unterstützt wurde und zu der einige von den Sängern und Instrumentalisten, die Händel engagiert hatte, überwechselten. Senesino beschwerte sich, daß Händel nicht mehr für ihn in seinem gewohnten Stil komponiere, er verließ unter diesem Vorwand das Theater, und die Cuzzoni folgte ihm.
Händel war jedoch nicht einzuschüchtern. Carestini, Strada, die Familie Negri, Durastani und Scalzi blieben bei ihm, und er besaß jene mächtige Kraftquelle, die niemals versiegte: seine eigenen unvergleichlichen Fähigkeiten. Ich habe nicht vor, die Entwicklung des Kampfes zu beschreiben, der Händels Finanzen ruinierte, seine Gesundheit untergrub und sogar seinen Verstand verwirrte. Er focht wie ein Mann, ging von Haymarket nach Lincoln's Inn-Fields und von da nach Covent-Garden, wobei er seine Schauspieler wechselte und sogar seinen musikalischen Stil veränderte. Aber die Bosheit der Gegenpartei war so groß, daß, obwohl seine Opern höchst bewundernswerte Kompositionen waren und die seiner Widersacher ihnen an Wert weit nachstanden, die allgemeine Stimmung sich gegen ihn wandte.

In dieser schwierigen Situation, die fast elf Jahre andauerte, zeigte er große Überlegenheit und Geisteskraft. Er ließ sich nicht herab, sich durch unwürdige Konzessionen die Gewogenheit der Gegenpartei zu erkaufen oder seine Ausgaben zu reduzieren, indem er weniger gute Schauspieler engagiert oder die Gehälter derjenigen herabgesetzt hätte, die er beschäftigte. Im Gegenteil, seine Truppe war zu allen Zeiten gleich stark, wohl ausgewählt und großzügig honoriert. Aber in einem so langanhaltenden Kampf, unter derart kostspieligen Bemühungen ausgetragen und von einem so unglücklichen Ergebnis, mußten Körper und Geist Schaden nehmen. Es zeigten sich bei Händel im Verlauf der Auseinandersetzungen verschiedentlich Zeichen von geistiger Zerrüttung, und schließlich verlor er die Herrschaft über seinen rechten Arm durch einen Schlaganfall. Da er unter diesem Mißgeschick sehr litt, ging er unverzüglich nach Tunbridge und von da nach Aix-la-Chapelle.
In den Tagen des Glücks hatte er eine ansehnliche Geldsumme zurückgelegt, aber am Ende seiner standhaften Opposition hatte er zehntausend Pfund eingebüßt, das Produkt seiner Bemühungen seit der Jugendzeit, und bald war er mit Schulden derart überhäuft, daß er täglich in Gefahr stand, wegen der ausstehenden Gehälter für seine Schauspieler in Haft genommen zu werden. Diesen hatte er jedoch Schuldscheine ausgeschrieben, die er später treulich auf Heller und Pfennig einwechselte. Es ist nicht der am wenigsten bestaunenswerte Zug in seinem Charakter, daß diese Fähigkeit, in jeder Situation einen Ausweg zu finden, und die Vortrefflichkeit seiner Ideen ihn in der ganzen Zeit nicht verließ. Sobald er von der schweren Erkrankung genesen war (1737), jedoch immer noch belastet mit gelegentlichen Anfällen von Geistesstörung, erwies er seine Gaben in vollem Umfang in der Oper „Faramond" und in der Komposition des Trauer-Anthems für seine großherzige Patronin, Königin Caroline, das seinen besten Kompositionen in Pathos und Erhabenheit gleichzusetzen ist.
Noch hatten seine Feinde keinen Grund zu frohlocken. Obwohl Händel den Kampf aufgab, hatten sie keinen Sieg erfochten, obwohl er arm geworden war, wären sie nicht reich geworden. Es ist leicht einzusehen, daß ohne die gehörigen Subskriptionen, ohne erhabene Fähigkeiten der Komponisten,

hervorragende Größe der Sänger und besonderen Aufwand eine Oper in London niemals am Leben erhalten werden kann. Wenn alle Gönner und die besten Sänger sich in den Dienst der einen Seite stellten und die besten Komponisten in den der anderen, ist vorauszusehen, daß beide Unternehmen fehlschlagen müssen. Das Publikum stand immer auf Händels Seite, aber das Publikum ohne die höheren Klassen der Gesellschaft ist nicht ausreichend vertraut mit der italienischen Oper, um dem Unternehmen den nötigen Profit zu bringen. Die Schönheit der italienischen Musik ganz zu verstehen, setzt ein hohes Maß an Kunstverständnis und die Kenntnis der italienischen Sprache voraus. Wenige besitzen diese Voraussetzungen. Die Sprache der Natur ist jedem zugänglich, im Ausdruck und in der Aktion, aber die Anmut des Ausdrucks und der Aktion kann von den Zuhörern nicht verstanden werden, wenn der Sinn verdunkelt ist durch eine unbekannte Sprache und eine ungewohnte Musik.

Händel konnte sich über Geringschätzung nicht beklagen. Obwohl Farinelli und der Adel zu dieser Zeit seine Widersacher waren, obwohl er keinen berühmten Sänger außer der Strada hatte und unter noch anderen Mißständen wirkte, wurde sein „Alexanderfest" (19. Februar 1736) einem außerordentlich zahlreichen Publikum zu Gehör gebracht. Dreizehnhundert Personen waren im Theater zu Covent-Garden versammelt, und der Gewinn der Aufführung belief sich auf vierhundertfünfzig Pfund. Seine Benefizvorstellung im Haymarket Theatre im folgenden Monat (28. März 1738) war gleichfalls gut besucht, das ganze Haus war überfüllt. Er hatte das Ansehen eines Mannes bewahrt, der während seines ganzen Lebens niemals Zugeständnisse gemacht hatte. Seine Büste, meisterlich gestaltet von Roubillac, wurde von Mr. Jonathan Tyers in Vauxhall Gardens aufgestellt (1738), und die Öffentlichkeit stimmte dem Kompliment zu, das damit seinem Genie gezollt wurde.

Es muß festgestellt werden, daß verschiedene von Händels Opern, die in der Zwischenzeit herauskamen, trotz seiner Beliebtheit kaum die Unkosten deckten; aber dabei ist zu bedenken, daß der wichtigste und vermögendste Teil der Subskribenten zur Gegenpartei gehörte und daß die Menge der rivalisierenden Komponisten, die ihre Ansprüche auf die Unterstützung durch das Publikum geltend machten, wenn sie

auch nicht die Palme davontragen konnten, doch seine Einkünfte schmälerten.
Schließlich (1741) stellte Händel die Komposition von Opern ein. Er hatte bereits neunundvierzig Opern[14] für die englischen Bühnen geschaffen; alle so ausgezeichnet und so unendlich mannigfaltig, wie dies nur sein musikalisches Genie hervorzubringen imstande war. Seine letzte Oper war „Deidamia", die, obwohl sie Schönheit in Fülle barg, mit Zurückhaltung aufgenommen und nur dreimal aufgeführt wurde. Die schmeichelhafte Aufnahme, die Händel bei seinem Besuch in Oxford erfuhr, wo ihm die Würde eines Doktors der Musik verliehen werden sollte, was er jedoch ablehnte, veranlaßte ihn, eine Reise nach Irland zu unternehmen. Er wurde in Dublin mit großer Begeisterung empfangen, was nicht nur ihm, sondern auch dem Kunstsinn der Nation zur Ehre gereichte. Sein „Messias", der in London sehr zurückhaltend aufgenommen worden war [4][15], wurde hier mit all dem Enthusiasmus umjubelt, der einem Werk von so ungewöhnlicher Größe zukommt. Er blieb etwa neun Monate in Irland und nutzte jede Gelegenheit, Gesundheit, Ruhm und Gewinn zu mehren. In der Öffentlichkeit war während seiner Abwesenheit die Aufgeschlossenheit für seine Verdienste gewachsen. Arbuthnot war immer sein Freund geblieben und hatte Pamphlete zu seinem Preise geschrieben, auch während die Gegenpartei sich im vollen Angriff befand; Pope, der mit seinem Lobpreis zurückhaltender war, legte seine Huldigung jetzt in der „Dunciade" nieder, und Händel hatte nicht länger gegen Vorurteile zu kämpfen oder sich mit der Boshaftigkeit einer hartnäckigen Opposition herumzuschlagen.
Von dieser Zeit an muß Händel als Komponist von Oratorien angesehen werden; es wird hier am Platze sein, eine kurze Darstellung ihrer Entstehung und Entwicklung zu geben. Sein erstes Oratorium war „Esther", komponiert 1720 für den Herzog von Chandos zu Cannons; es wurde für die Öffentlichkeit jedoch erst elf Jahre später von den Zöglingen der königlichen Kapelle aufgeführt. Die Chöre wurden in der Manier der Alten gesungen, und die Sänger waren zwischen der Bühne und dem Orchester aufgestellt. Die Instrumentalisten waren hauptsächlich Herren der Philharmonic Society. Diese ausgezeichnete Aufführung wurde als so mustergültig anerkannt, daß sie im Haus „Zu Krone und Anker" wieder-

holt wurde. Dieser Erfolg erfüllte Händel mit neuen Hoffnungen. „Esther" wurde abermals 1733 im Haymarket aufgeführt, zehnmal, und im Zusammenhang mit Händels Konzerten auf der Orgel, die damals neu für die Öffentlichkeit waren, wurde das Werk außerordentlich erfolgreich. Als nächstes schuf er „Deborah" und für seine Reise nach Oxford im gleichen Jahre „Athalia". Im darauffolgenden Jahre führte er erneut „Acis und Galathea" auf und komponierte „Alexanders Fest", „Israel in Ägypten", „L'Allegro es il Penseroso", „Saul" und den „Messias".

Nach seiner Rückkehr von Irland behielt er Jahr für Jahr den gleichen Kompositionsstil bei und hatte damit im allgemeinen den größten Erfolg. Gelegentlich jedoch stellten sich auch Mißerfolge ein, die den früheren Feindschaften zuzuschreiben sind. Seine Verdienste und Standhaftigkeit wurden uneingeschränkt glänzend belohnt, er erhielt die öffentliche Gunst und Unterstützung zurück bis zum Ende seines Lebens und wurde nicht allein in den Stand gesetzt, sich von allen Schulden zu befreien, sondern ein Vermögen von zwanzigtausend Pfund anzusammeln.

Einige Jahre vor seinem Tode (1751) wurde er vom schwarzen Star befallen, der, wie er richtig voraussah, ihn schließlich des Augenlichtes gänzlich beraubte; dennoch unterzog er sich einer Operation. Seine Gemütsverfassung war in diesem Kummer sehr schlecht, aber nachdem er sich damit abgefunden hatte, daß das Übel unheilbar sei, ergab er sich mit Gelassenheit. Unfähig, die Oratorien ohne fremde Hilfe zu leiten, wandte er sich an seinen Schüler und langjährigen Freund Mr. Smith, und mit dessen Unterstützung wurden sie weiter aufgeführt.

Es war ein höchst ergreifendes Schauspiel, den ehrwürdigen Musiker zu sehen, dessen Werke die Ohren eines unzählbaren Publikums entzückt hatten, wie er von der Hand eines Freundes auf die Bühne geleitet wurde und zur Begrüßung eine Verbeugung gegen seine entzückten Zuhörer machte.

Nachdem Händel erblindet war und nicht länger die Oratorienaufführungen leiten konnte, konzertierte er zwischen den Akten auf der Orgel. Zuerst stützte er sich dabei auf sein Gedächtnis, aber nachdem die Ausführung mühsam für ihn wurde, nahm er Zuflucht zu den unerschöpflichen Quellen seiner reichen und fruchtbaren Phantasie. Er übergab dem Orchester lediglich diejenigen Partien seiner vorgesehenen Komposition, die

von ihm begleitet werden sollten, und verließ sich im übrigen auf die Macht seiner Invention und auf den Impuls des Augenblicks bei jenen bezaubernden Passagen, die alle Aufmerksamkeit auf sich zogen und seine Zuhörer entzückten.
Es ist seltsam und zugleich schmerzlich für einen denkenden Geist, einen Vergleich zwischen Homer, Milton und Händel zu ziehen; sie alle drei wurden des Lichtes beraubt, und jeder von ihnen zeigte seine Fähigkeiten unter dieser schweren Heimsuchung einer bewundernden Welt. Die einzigartigen und vorzüglichen Gaben Miltons, die er in seinem „Paradise Lost" bewies, wurden von der Nachwelt höher geschätzt als von den Zeitgenossen. Homers gewaltiges Werk wurde erst nach und nach entschlüsselt, aber der griechische Barde sang seine „Iliade" und „Odyssee" umgeben vom Lobpreis seiner bewundernden Landsleute. Händel, zwar ein Fremder, jedoch ausgestattet mit Gaben von besonderer Erhabenheit und reichen, herrlichen Melodien, hörte das Echo seines Ruhmes in den stürmischen Lobeshymnen.
Zuletzt war seine Natur erschöpft; er zeigte verschiedene Symptome des Verfalls, sein Appetit verließ ihn, und er sah ohne Furcht den Tod herannahen. Aber seine erstaunlichen Gaben begleiteten ihn bis an das Ende seines Lebens; sein letztes öffentliches Auftreten (6. April 1759) fand nur eine Woche vor seinem Tode statt (14. April), und dieses Ereignis trat ein, wie er es oft als ernsten Wunsch geäußert hatte, am Karfreitag. Er wurde in der Westminsterabtei beigesetzt, der Trauergottesdienst wurde von Dr. Pearche, Bischof von Rochester, zelebriert, und auf seine eigenen Kosten wurde ein Denkmal zu seiner Erinnerung errichtet nach der Büste von Roubillac. Seine Gestalt ist vor der Orgel stehend und der Leier eines Engels lauschend dargestellt. Auf einer Schriftrolle sind seine eigenen herrlichen Noten wiedergegeben, die er zu jenen großen Worten gesetzt hat, welche die Summe der christlichen Hoffnung beinhalten: „Ich weiß, daß mein Erlöser lebt."
Georg Friedrich Händel war dreiundsiebzig Jahre alt, als er starb.[16] Er besaß eine ansehnliche Gestalt und einen beträchtlichen Umfang, der im fortgeschrittenen Alter noch zunahm; seine Beleibtheit gab Anlaß zu Quins[17] geschmacklosem, aber treffendem Ausspruch, seine Hände seien Füße und seine Finger Zehen. Von seiner sitzenden Lebensweise waren ihm

die Gelenke steif geworden, was in Verbindung mit seinem starken Gewicht und der Schlaffheit seines Körpers seinen Gang linkisch und unbeholfen machte. Sein Benehmen jedoch war offen, männlich und liebenswürdig, Ausdruck all der Größe und Güte, welche die hervorstechenden Züge seines Charakters bildeten. Er war von höchst reizbarem Temperament und duldete keinen Widerspruch, war aber auch nicht rachsüchtig; eifersüchtig bedacht war er allerdings auf seinen musikalischen Rang und beharrte hartnäckig auf allen Punkten, die seine Berufsehre betrafen.

Er war allem abhold, was seine Freiheit beschränkte. Als er während seines Aufenthaltes in Spa Kenntnis erhielt, daß der König von Preußen erwartet würde und beabsichtigte, sich von Händels musikalischen Fähigkeiten eine Probe geben zu lassen, verließ er zum großen Verdruß des Monarchen den Ort wenige Tage vor dessen Eintreffen, nicht gewillt, sich einem Anliegen auszusetzen, das er nicht bereit wäre zu erfüllen, oder einem Befehl, dem er sich nicht würde widersetzen können.

In England war er gut aufgenommen und wärmstens unterstützt worden. Aber seine generelle Ablehnung gegen Subskriptions-Unternehmen und die entschiedene Unbeugsamkeit seines Charakters verhinderten die Annäherung einiger Freunde und stieß andere zurück. Erfüllt von selbstbewußtem Stolze, war er nicht geneigt, sein Fortkommen irgend etwas anderem als seinen eigenen Gaben zu danken, und diese triumphierten schließlich auch über alle seine Gegner.

Seine Hauptschwäche war eine sträfliche Leidenschaft für die Genüsse des Tisches, aber diese Leidenschaft wurde bei weitem aufgewogen durch eine eifrige Beachtung aller religiösen Pflichten und moralischen Gebote. Er besaß einen glänzenden Verstand und ausgedehnte Kenntnisse. Außer dem Deutschen, seiner Muttersprache, war er vertraut mit dem Englischen und beherrschte Latein, Französisch und Italienisch; er hatte Geschmack an der Malerei gefunden, den er während seines Aufenthaltes in Italien vervollkommnete, und er fand großes Vergnügen daran, Kunstwerke zu betrachten. Seine größte Freude jedoch erwuchs ihm aus seiner eigenen Kunst, und er erlebte die höchste Befriedigung seiner religiösen Gefühle, wenn er auf der Orgel der St.-Paul-Kathedrale spielte. Er erklärte in Unterhaltungen öfter, welch hohes Glück es ihm bereite, Worte der Heiligen Schrift in Musik zu setzen, und welches Maß an Erbauung er erlebe bei der Betrachtung der erhabenen Gedanken, die in der Heiligen Schrift enthalten sind.

Aus dem gleichen Motiv besuchte er regelmäßig den Gottesdienst in seiner Pfarrkirche nahe Hannover Square, wo seine andächtige fromme Haltung, sein Ernst in Stimme und Geste, womit er sein Glaubensbekenntnis sprach, seine Sünden bekannte und den Schöpfer um Vergebung bat, außerordentlich ergreifend waren.

Händel besaß nur einen kleinen Kreis enger Freunde, und als die Freunde aus früheren Zeiten starben, war er nicht darauf bedacht, neue zu suchen. Er war nicht verheiratet, aber dies rührte nicht von einem persönlichen Mangel her oder, wie Sir John Hawkins fälschlich annimmt, von der Unfähigkeit zu gesellschaftlicher Bindung. Vielmehr entsprach es seiner Neigung zur Unabhängigkeit, die vor jeder Herabsetzung zurückschreckte und jede Einschränkung fürchtete. Als er noch jung war, hatten sich zwei seiner Schülerinnen, Damen von ansehnlichem Vermögen, so in ihn verliebt, daß jede begierig war, eine eheliche Verbindung mit ihm einzugehen. Von der ersten wird erzählt, daß sie ein Opfer ihrer Liebe wurde. Händel wäre bereit gewesen, sie zu heiraten, aber sein Stolz wurde verletzt durch die plumpe Erklärung ihrer Mutter, daß sie niemals ihre Zustimmung geben würde zur Heirat ihrer Tochter mit einem Fiedler; aufgebracht durch diese Äußerung, brach Händel alle Beziehungen ab. Nach dem Tode der Mutter erneuerte der Vater die Bekanntschaft und ließ ihn wissen, daß alle Hindernisse aus dem Wege geräumt seien. Händel aber erwiderte, daß es nun zu spät sei; die junge Dame verfiel einer Krankheit, die bald zu ihrem Tode führte. Der zweite Antrag stammte von einer Dame, die als eine hervorragende Schönheit beschrieben wird. Ihre Hand hätte er erhalten, wenn er seinen Beruf aufgegeben hätte. Diese Bedingung wies er empört zurück und brach glücklicherweise die Beziehung ab, die eine Vernichtung seiner herrlichen Gaben bedeutet hätte.

Händels religiöse Haltung war keine äußerliche Schaustellung, sondern sie erwies sich in der schönsten Frucht jeder Religiosität: in der Wohltätigkeit und Nächstenliebe. Diese edle Gesinnung bestimmte ihn nicht allein in den Tagen des Wohlergehens, sondern ebensosehr, als er am Rande des Ruins stand. Er führte „Acis und Galathea" (1740) zum Besten des

Musikfonds auf, im folgenden Jahr auch sein Epithalamium, genannt „Parnasso in Festa", und er bewies weiterhin seinen Großmut durch ein Legat von eintausend Pfund. Nicht weniger freigebig bedachte er das Waisenhaus, seine Stiftungen zu dessen Gunsten waren die wichtigste Stütze für diese angesehene Einrichtung. Er stiftete für die Kapelle eine Orgel und veranstaltete jährlich eine Benefizvorstellung, woraus im Verlaufe einiger Jahre siebentausend Pfund hervorgingen. Außerdem übergab er dem Leiter die Originalpartitur seines „Messias". Seine Mildtätigkeit war nicht beschränkt auf öffentliche Schenkungen, sondern er war jederzeit großzügig in Beweisen seiner Freundschaft, Zuneigung und Dankbarkeit. Die Witwe seines Lehrers Zachau, die arm und alt war, erhielt von ihm verschiedene Geldsendungen, und auch ihr Sohn hätte die Früchte seiner Großmut genießen können, aber er war der Liederlichkeit und Trunksucht unrettbar verfallen. Den Hauptteil seines Vermögens hinterließ Händel seinen Verwandten. Seine sämtlichen musikalischen Werke vermachte er Mr. Smith.

Es gibt nichts Schöneres und Beglückenderes für das betrachtende Auge, als ein großes Talent in seinen Bemühungen um Wohltätigkeit und Menschenliebe zu beobachten. Mason[18] hat sehr schön diese Wirkung auf das Gemüt geschildert:

> Menschlichkeit, dein ehrwürdiger Klang soll grüßen das Ohr
> Volltönend, süß und klar.
> Und wie mitten unter den reinsten Tönen, die strömen
> Aus Flöte oder Leier
> Der tiefe Baß seine männliche Melodie erklingen läßt,
> Lenkend den wohltönenden Chor:
> Sollst du, Menschlichkeit, anführen
> Die edlen Neigungen in diesem guten Gesang
> Und dem Konzert der Geister die schönste Harmonie geben.

Der literarischen Welt schuldete er wenig Dank. Arbuthnot war allerdings sein Freund. Pope, ungeachtet seiner allgemeinen Höflichkeit, behandelte ihn verächtlich, und Swift verspottete ihn; aber diejenige Gönnerschaft, die ihn als erste mit ihrer Gunst beglückte und ihm Ehre brachte, war die Unterstützung, die ihm von dem erlauchten Hause Brunwick[19]

gespendet wurde. George I. hatte ihm eine Rente von jährlich zweihundert Pfund ausgesetzt, die noch hinzukam zu derjenigen, die ihm Königin Anna verliehen hatte; George II. fügte einen Betrag von gleicher Höhe hinzu dafür, daß Händel die Kinder des Königshauses unterrichtete. Diese großzügigen Legate bildeten seinen Lebensunterhalt in den Tagen des Unglücks. Die Gewohnheit, seine Ausgaben zu beschränken, begleitete ihn sein ganzes Leben. Häufig leitete er jene Konzerte, die in der Königlichen Bibliothek abgehalten wurden, und er war streng darauf bedacht, daß Dekorum und Aufmerksamkeit gewahrt wurden, wiewohl die Aufführenden und das Auditorium Persönlichkeiten von höchstem Ansehen waren. Der König, der Prinz und die Prinzessin von Wales waren zu allen Zeiten von seiner Musik begeistert und besuchten seine Oratorien, auch als sich sonst wenig Zuhörer einfanden, so daß Lord Chesterfield den Besuch eines Oratoriums bösartig „ein Eindringen in die Privatgemächer Seiner Majestät" nannte.
Sein eigener Tod beraubte ihn der Gönnerschaft, die von der Großzügigkeit des gegenwärtigen Souveräns zu erwarten gewesen wäre. Aber es darf bei der Lebensbeschreibung Händels nicht übergangen werden, daß, obwohl diese Gratifikationen zurückgezogen wurden, der britische Monarch bei der Gedächtnisfeier für Händel präsidierte, der glänzendsten Feier, die je zum Ruhme eines Verstorbenen abgehalten wurde.
In der gleichen Kirche, in der seine Gebeine beigesetzt sind, wurden jene Anthems, die er zur Trauerfeier für die Königin Caroline komponiert hatte, zusammen mit seinen berühmtesten Kompositionen zur Feier seines Gedächtnisses mit aller Sorgfalt ausgewählt. Sie wurden mit der höchsten Meisterschaft sowohl der Instrumente als auch der Singstimmen dargeboten. Es war eine Ruhmestat für die Kunst, für die Nation und für den Souverän.
Das Genie und die Fähigkeiten Händels waren unbeschreiblich, und Pope sagte richtig von ihm:

> Stark in neuen Waffen steht der Riese Händel
> Wie der Held Briareus mit hundert Händen.

Keine Gattung musikalischer Komposition vernachlässigte er. Die wunderbare Kraft seiner Ausführung war ebenso erstaunlich wie die prächtigen Früchte seines Geistes. Die Orgel machte er zu seinem Instrument, und Scarlatti erklärte, daß er keine Vorstellung von ihrer Gewalt gehabt habe, ehe er Händel hörte. Akenside[20] bemerkt bei der Schilderung von Shakespeares Charakter:

Verschiedene Geister
Neigen verschiedenen Dingen zu — der eine sucht
Allein die Weite, die wunderbare, wilde,
Der andere sehnet sich nach Harmonie und Anmut
Und höchster Schönheit. So auch, wenn der Blitz entflieht
Dem Himmelsgewölbe und Donner die Erde erschüttert;
Wenn schreckliche Wirbelwinde die heulenden Lüfte zerreißen,
Und der Ozean grollt wütend aus den tiefsten Gründen,
Dem Himmel seine ungeheuren Sturzwellen entgegenschleudernd;
Inmitten des mächtigen Aufruhrs, während unten
Die Menschheit zittert, schaut Shakespeare umher.
Von einem hohen Felsenkliffe, und freut sich
An dem Kampf der Elemente.
(Pleasures of Imagination. Book III)

Dem Vergleich mit Shakespeare im Bereich der Poesie, mit Michelangelo auf dem Gebiete der Bildhauerei und Malerei hält Händel stand in der Schwesterkunst; ihm gebührt die Krone auf dem Gebiete der Musik. Der Ruhm Händels ist an keine Grenze gebunden, er ist von jener universalen Ausdehnung, die ihn als großen Musiker der Natur kennzeichnet. Obgleich er nicht in der Lage war, das Englisch mit aller Korrektheit auszusprechen, erfaßte er doch dessen Wesen und seine Wirkungen. In den Anthems und in den Oratorien nach der Heiligen Schrift waren die Worte prinzipiell von ihm selbst ausgewählt, und die Weihe der Töne, wenn dieser Ausdruck erlaubt ist, steht in Übereinklang mit der Würde, der schlichten Frömmigkeit und Größe der heiligen Worte. Ein englisches Auditorium kann seine Fähigkeiten in den englischen Kompositionen beurteilen, und in der Schönheit des Ausdrucks und der Erhabenheit des Geistes hatte er hier die größten Erfolge; denn welches Drama unter all seiner italienischen Musik kann verglichen werden mit „Acis und Galathea" von Gay,

„L'Allegro ed il Penseroso" von Milton, Drydens unvergleichlicher „Cäcilienode" und Händels größtem Meisterwerk, dem „Messias"?

Worten wird im Verhältnis zur Musik eine untergeordnete Stellung zugeschrieben, sie werden lediglich als Vehikel von Tönen betrachtet, die Töne aber sollen den Gedanken entsprechen.

Die Seele zum Himmel aufsteigen lassen mit einem Tanz — ist ebenso absurd wie eine Trauermusik auf einen lustigen Text zu komponieren. Wenn der Ton und der Sinn in glückliche Übereinstimmung miteinander gebracht sind, dann enthüllt die Artikulation, das oberste Prinzip in der Musik, wie wenn Licht auf ein Bild fällt, alle Schönheit des Gegenstandes ebenso wie die Vortrefflichkeit der Ausführung.

Die Vorurteile der Mode und der Mangel an Sopranstimmen in unserem Lande haben leider sehr oft eine unangemessene Aufführung von Händels Musik verursacht. Miss Linley[21] bedeutete für Händel, was Garrick[22] für Shakespeare war, und wer sich ihrer bezaubernden Stimme erinnern kann, hat auch die volle Größe von Händels Musik erlebt. Ein neues Licht war über seine Komposition gebreitet, und alle, die bei seiner Gedächtnisfeier in der Westminsterabtei anwesend waren, jenem großen Frühling der Harmonie, hörte seine Musik in ihrer Herrlichkeit.

Händels Anspruch auf seinen Ruhm zu erklären, wäre eine ungeheuer umfangreiche Aufgabe; dazu müßten aus jedem seiner Werke, den vokalen ebenso wie den instrumentalen, eine Reihe von Passagen ausgewählt werden. Es gab wenige Komponisten, die mehr Werke schufen, keiner jedoch schuf gewaltigere. Händel vereinigte in seiner Musik alles, er war in jeder Beziehung unübertrefflich, Gebieter aller Leidenschaften. Jeder Zuhörer fühlt es; in der Sprache jener Poesie, an der er seine Kunst so glücklich bewies, hieß es:

„Die lauschende Menge bewundert den erhabenen Klang."

Von solcher Art ist die Kraft und die Wirkung seiner Werke — aber die höchste Würde beansprucht er wegen seiner moralischen und religiösen Größe. Seine Feder wurde niemals herabgewürdigt in den Dienst eines verweichlichten oder verführerischen Kompositionsstils; dies verdient das höchste Maß an Lob. Sein Werk ist erhaben, ergreifend, beseelt und weihevoll ohne düstere Bigotterie — zum Lobpreis Gottes.

Fußnoten der Originalausgabe

[1] Lange Zeit haben die Bewunderer Händels ernsthafte Nachforschungen angestellt, irgendeine Spur dieser frühen Arbeiten zu entdecken. In Mr. Smiths Musiksammlung, die sich jetzt im Besitz seiner Schwiegertochter, Lady Rivers, befindet, gibt es ein Manuskript, datiert 1698 und bezeichnet mit den Initialen G. F. H. Es war offenbar ein Notizbuch, das Händel in seinem vierzehnten Lebensjahr benutzte. Der größte Teil zeigt seine eigene Handschrift, die charakterisiert ist durch die besondere Manier, die Viertelnoten zu schreiben.
Es enthält verschiedene Arien, Chöre, Capriccios, Fugen und andere Musikstücke von zeitgenössischen Musikern, wie Zachau, Alberti, Froberger, Krieger, Kerll, Ebner, Strunck. Offenbar handelt es sich um Übungen, aus eigenem Interesse unternommen, oder ihm von seinem Lehrer aufgegebene Arbeiten. Die Komposition ist ungewöhnlich gelehrt und zeigt im Keim viele seiner späteren Schöpfungen.
Sir John Hawkins schreibt, daß Händel im Alter von neun Jahren Motetten für die Kirche komponiert und über drei Jahre hinweg jede Woche eine solche geschrieben habe. Dr. Burney bemerkt, daß Händel, als er erst zehn Jahre alt war, eine Reihe von Triosonaten komponiert habe. Es scheint, daß sie veröffentlicht wurden. Er fügt hinzu, daß „Lord Marchmont sie auf seinen Reisen sammelte und daß sie sich jetzt in der königlichen Sammlung befinden". Die gewöhnlichen Übungen Händels, bemerkt Sir John Hawkins, waren Kompositionen und Fuge über Airs oder Themen, die ihm von Zeit zu Zeit von seinem Lehrer gegeben wurden. Er ergänzt, dies sei die gewöhnliche Übung für einen jungen Musikstudenten und zugleich der Prüfstein für den Lehrer.

[2] Dies unterschied sich absolut von der Serenata von Gay, die in England so bekannt ist. Die italienischen Namen von Händels Opern werden in seiner Lebensbeschreibung beibehalten, um sie von seinen englischen Kompositionen zu unterscheiden.

[3] Nr. 115.

[4] Dr. Burney hat den löblichen Versuch unternommen, diese Tatsache zu widerlegen, und es ist ihm gelungen, sie zumindest in Zweifel zu ziehen.

Anmerkungen des Herausgebers

1 Das richtige Datum ist der 23. Februar 1685. Es ist unerfindlich (vielleicht Druckfehler), daß hier das Jahr 1686 erscheint; sonst wurde oft fälschlicherweise 1684 angegeben.

2 Es handelte sich um den Sohn aus erster Ehe, also Georg Friedrich Händels Halbbruder.

3 Das in dieser Fußnote von Coxe Dargelegte ist schon bei Burney bzw. bei Hawkins zu finden. Die Mitteilungen können als einigermaßen authentisch gelten.

4 Der Berliner Aufenthalt muß, wenn überhaupt, 1696/97 stattgefunden haben; Vater Händel starb am 11. Februar 1697. Das Ganze ist anekdotisch ausgeschmückt, stärker noch als bei früheren Biographen.

5 Diese Geschichte wird hier sehr allgemein erzählt. Bekanntlich handelte es sich um die Stelle des berühmten Organisten der Marienkirche Dietrich Buxtehude, der den Nachfolger zugleich als Schwiegersohn haben wollte.

6 Auch hier wird nicht deutlich, daß Händel schon Ende des Jahres 1706 oder Anfang 1707, also vor Aufführung der zwei letztgenannten Opern, Hamburg verlassen hatte.

7 Ende 1706 bzw. Anfang 1707.

8 Vgl. die früheren Anmerkungen zu diesen Überlegungen. Vittoria Tarquini sang nicht die Hauptrolle in „Agrippina", sondern Margherita Durastanti.

9 Es handelt sich um die Kardinäle Carlo Colonna und Benedetto Panfili.

10 Aus Händels italienischer Zeit sind (außer den genannten Werken) zumindest etwa 100 Kantaten erhalten.

11 Die „richtige" Schreibweise dieses Namens ist wohl Johann Adolf Baron Kielmannsegg.

12 Bei der ersten Aufführung des „Radamisto" sang übrigens nicht Senesino die Partie des Titelhelden, sondern Margherita Durastanti.

13 Das Gedicht eines John Byrom dazu heißt (in etwas freier Übersetzung):

„Man sagt, verglichen mit Bononcini
hab' Mynheer Händel Melodie nie;
und andre sagen, daß der dem Händel
kaum lösen könne sein Schuhbändel:
Als ob ein Unterschied groß sei'
von Dideldum und Dideldei!"

14 Auf diese Zahl kommt man höchstens, wenn man einige Umarbeitungen (so von „Rinaldo" und „Radamisto") sowie die Pasticci dazurechnet.

15 Es ist hier erneut zu betonen, daß Händel den „Messias" erst im Jahre 1743, nach der Dubliner Uraufführung im April 1742, in London herausgebracht hat.

16 Vierundsiebzig Jahre alt wurde Händel; Coxe hatte (s. o.) ein falsches Geburtsjahr angenommen.

17 Dr. W. C. Quin aus Dublin.
18 William Mason (1724—1794), englischer Schriftsteller und Musikliebhaber.
19 Es handelt sich um das Herzoghaus Brunswick; Herzog Anton Ulrich hatte in Salzthal ein Hoftheater bauen lassen, auf dem auch Händelsche Opern aufgeführt wurden.
20 Mark Akenside (1721—1770), bedeutender englischer Arzt, veröffentlichte 1744 die Gedichtsammlung „The Pleasures of Imagination".
21 Miss Linley: Sicherlich ist die älteste Tochter Elisabeth Anne (1754—1792) des bedeutenden Gesangslehrers und Komponisten Thomas Linley (1733—1795) gemeint, der noch mehrere andere musikalisch hochbegabte Söhne und Töchter hatte. Elisabeth Anne heiratete den englischen Dramatiker und Politiker Richard Brinsley Sheridan.
22 David Garrick (1717—1779) entdeckte Shakespeares Werke neu für die englische Aufklärung und war einer der bedeutendsten Schauspieler seiner Zeit.

JOHANN GOTTFRIED HERDER

Händel

(Aus: „Adrastea“, Sechstes Stück, Dritter Band, 2. Stück), 1802

Georg Friedrich Händel war ein Deutscher, 1684 zu Halle geboren.[1] In seiner zartesten Kindheit meldeten sich schon seine großen Anlagen zur Tonkunst, die nach geringer Unterweisung auf Klavier und Orgel sich dergestalt auszeichneten, daß er in Weißenfels, wohin bald sein Vater ging[2], sodann in Halle, Hamburg, Berlin[3] bemerkt und als Kind schon bewundert wurde. Er bildete sich unter Zachau, Buononcini, Agnello.[4] Kaum fünfzehn Jahre alt, ward er in Hamburg Direktor des Orchesters der Oper[5] und komponierte eine „Almeria" eine „Florinde"[6], ging nach Italien, wo in Florenz, Venedig, Rom, Neapel Stücke von ihm mit Beifall geboten wurden und die berühmte Sängerin Vittoria sich in ihn verliebte.[7] Er kam zurück, trat zu Hamburg in kurfürstliche Dienste[8], ging über Düsseldorf, Holland nach England, wo er im glänzendsten Zeitraum der Königin Anna mit einer Bewunderung empfangen ward, die ihn stolz und, wie die Briten sagen, oft hart und eigensinnig machte. Er hatte das Glück, für den Utrechter Frieden das Te Deum zu komponieren, gewann die Gunst des Adels, bald auch des Königs, schrieb prächtige Opern und war eine Zeitlang der Gott der musikalischen Bühne. Die Streitigkeiten der Parteien, die sich zwischen ihm und Buononcini, nachher mit Senesino, dann mit Porpora und Farinelli erhoben, über die man auch Swifts Sarkasmen kennt, brachten ihn nicht nur aus der Gunst der Großen, sondern auch um einen Teil seines Vermögens und seiner Gesundheit. Diese stellte ihm Aachen wieder her, und Drydens „Alexanders Fest", das er nach seiner Rückkunft gab[9], schaffte ihm nicht nur die Gunst der Nation wieder (1736), sondern ward auch ein Grundstein seines *bleibenden Ruhmes*: denn seine Opern und Sonaten sind verhallet. Sein „Alexanderfest" dauret.

Den zweiten Grundstein legten die Oratorios, die er in Gang brachte, weil er sie, wie sein Lebensbeschreiber sagt, „dem angebornen Ernst der Engländer sehr angemessen erachtete".[10] Sie sollten als *dramatische Gespräche in Opernpracht* aufgeführt werden; dies ward aber, weil ihr Inhalt biblische Geschichte war, *verboten.*[11] Ein glückliches Verbot, auch für die Kunst; denn nachhinkend der Oper hätte die Kantate ihren eigentümlichen Charakter nie gewonnen, und schwerlich erschienen wäre sodann Händels „Messias". Dies große Stück, auf einfachen biblischen Worten beruhend, ist wert zu dauern,

solange eine Saite gerührt, ein Instrument angehaucht wird. Kalt ward es zuerst in London, wärmer 1741 in Dublin empfangen[12]; seit 1743 ist es in London und überall die andaurende Trommete von Händels Ruhm geworden und geblieben.
Seit 1751 war Händel blind und blieb es nach schmerzlichen Operationen; 1759 starb er, acht Tage nach der Aufführung seines letzten Oratoriums[13], bei welcher er noch gegenwärtig war. In der Westminster-Abtei ward er begraben, wo ihm auf sein Verlangen und *auf seine selbsteigenen Kosten* ein Denkmal errichtet wurde. Die großmütige Nation, die den Fremden so hold ist, vergaß auch hier bei einem Manne, der fünfzig Jahre in ihr gelebt und ihrer Tonkunst unleugbar den ihr angemessensten Schwung gegeben hatte, sie vergaß auch auf Händels, des Deutschen (German's), nicht. In Schlafrock und Pantoffeln sitzt er nachlässig da, die Lyra in seiner Hand, unter ihm die Flöte; glücklicherweise Shakespeare gegenüber.[14]

Händels Charakter war in Tugenden und Fehlern Charakter der Tonkünstler. „Besaß er Stolz", sagt sein britischer Biograph[15], „so war sein Stolz einförmig; er war nicht heute ein Tyrann und morgen ein Sklave, nicht hier ein Tadler und dort ein Schmeichler. Seine Unabhängigkeit behauptete er in Umständen, in welchen andre sich eine Ehre daraus würden gemacht haben, untertänig zu sein. Er war freigebig, selbst in seiner Armut; als er reich ward, bedachte er seine alten Freunde. Schon als Knabe schickte er seiner Mutter oft Geld zu, da sie sich verbunden achtete, ihn zu unterstützen; an die Witwe seines alten Lehrmeisters Zachau, als er hörte, daß sie Mangel litt, sandte er auch einmal Geschenke. Den größten Teil seines ansehnlichen Vermögens hinterließ er seiner Schwester Tochter; seine musikalischen Schriften vermachte er Herrn Smith, von welchem die Oratorios stets fortgesetzt werden. „Und so ruhe, gewaltiger Mann, der mit seinen Tönen einen Cherub vom Himmel hätte *herabzwingen* mögen! Ruhe auf deinem britischen Grabe in Schlafrock und Pantoffeln aus; die Lyra aber in deiner Hand, die Flöte und jedes deiner Instrumente verhalle nie in dem nordischen Europa."

Anmerkungen des Herausgebers

1 Auch bei Herder stimmt das Geburtsdatum nicht, da er sich auf die englischen Quellen stützt.

2 Bekanntlich hat Vater Händel nur gelegentlich Reisen nach Weißenfels unternommen und seinen Sohn (einmal ?) mitgenommen.

3 Auch hier hat Herder einiges mißverstanden: Händel war (wenn überhaupt) 1796/97 in Berlin und kam erst 1703 nach Hamburg.

4 Mit Agnello ist wohl Attilio Ariosti gemeint, dessen Anwesenheit in Berlin erst ab 1697 bezeugt ist; Bononcini kam erst 1702 dorthin.

5 Weder das Alter (Händel war schon achtzehn Jahre) noch die Funktion stimmen.

6 Gemeint sind die Opern „Almira" und „Florindo" (letztere nicht erhalten); die falschen Namen rühren von Herders englischer Quelle her.

7 Diese Liebschaft ist anekdotisch.

8 Herder verwechselt hier Hamburg mit Hannover.

9 Die Kur in Aachen erfolgte erst im Jahre 1737 (also nach dem „Alexanderfest").

10 Das Zitat stammt (nach der Übersetzung von Hiller) aus „Gentlemen's Magazine", London 1760 (s. o.).

11 Händel hat anscheinend selbst auf eine szenische Aufführung keinen allzu großen Wert gelegt.

12 Die Uraufführung des „Messias" erfolgte in Dublin im Frühjahr 1742, die erste Londoner Aufführung am 23. März 1743.

13 Es war eine Aufführung des „Messias", der aber nicht Händels letztes Oratorium ist; Herder folgt hier wieder Hiller bzw. der englischen Quelle.

14 Das ist schön und poetisch gesagt, stimmt aber nur halb. Händel *steht* im Hausgewand, die Lyra schwebt, von einem Engel gespielt, über ihm; eine Flöte ist nicht sichtbar. Dagegen sind ihm von Roubiliac Orgel, Violine und Trompete zugeordnet worden. Die Inschrift lautet:

> „George Frederick Handel Esqr.
> born February XXIII, MD CLXXXIV.
> died April XIV. MDCCLIX"

Darüber ist eine Tafel angebracht, die von den Festlichkeiten des Jahres 1784 berichtet; von dem „Deutschen" Händel keine Spur. Schließlich: Shakespeare liegt nicht in Westminster begraben.

15 Diese Stelle stammt aus dem „Universal Magazine" vom Jahre 1760 (Vol. XXVI, 358), wo am Schluß selbständige, nicht bei Mattheson erscheinende Betrachtungen stehen.

Personenregister

Addison, Joseph (1672—1719). 66, 77, 118, 167, 208 f., 213
Akenside, Mark (1721—1770). 293
Alexander, König von Mazedonien (356—323 v. u. Z.). 42, 197
Andrew. 280
Anna Stuart, Königin von England (1665—1714). 80—82, 106, 150 f., 168, 207, 210 f., 213, 279 f., 292, 301
Arbuthnot, John (1667—1735). 83, 151, 169, 216, 220, 230, 280, 286, 291
Ariosti, Attilio (1666—1740). 51 f., 85 f., 144, 151, 162, 169, 175, 182 f., 198, 212, 214 f., 273, 281, 301
Arne, Thomas Augustine (1710—1778). 224
Arrigoni, Carlo. 219 f.

Bach, Johann Sebastian (1685—1750). 103, 236, 265, 266
Balducci, Francesco. 223
Bartolozzi. 186
Belchier. 230
Berenstadt, Gaetano. 212
Bernacchi, Antonio (1685—1756). 90, 152, 171
Bernardi, Francesco (gen. Senesino) (um 1680 bis um 1750). 85 f., 88 f., 151 f., 169—171, 216, 218—222, 225, 281—283, 301
Bertolli (Bertoldi, Bartoldi), Francesca (seit 1729 in Händels Opera-Company). 90, 153, 171, 219 f.
Binitz, von. 29
Bird (Byrd), William (1543 od. 1544—1623). 236
du Bos, Jean Baptiste (1670—1742). 107
Boschi, Giuseppe (1710 erstmals in London). 212, 216, 221
Boyce, William (1710—1779). 236
Breitkopf, Johann Gottlieb Immanuel (1719—1794). 257
Brockes, Barthold Heinrich (1680—1747). 30
Bononcini (Buononcini), Giovanni Battista (1670—1747). 51 f., 85 f., 144, 151 f., 162, 169 f., 175, 182 f., 198, 212, 214 f., 230, 273, 281, 301
Burlington, Richard, Earl of (1695—1753). 83, 119, 151, 169, 211, 213, 230, 280
Burney, Charles (1726—1814). 195, 256, 258 f., 278
Buxtehude, Dietrich (1637—1707). 27 f.

Caffarelli (eigentl. Gaetano Majorano) (1703—1783). 221
Carissimi, Giacomo (1605—1674). 235 f.
Caroline, Königin von England (1683—1737). 106, 150, 168, 211, 284, 292
Cäsar, Gajus Julius (100—44 v. u. Z.). 42, 74, 197
Cavalieri, Emilio de (um 1550—1602). 222
Celeste, s. Gismondi
Chesterfield, Lord Philip Dormer Stanhope (1694—1773). 292
Cibber, Susanna Maria (1714—1766). 226, 230—232
Cipriani. 186
Clari, Giovanni Carlo Marie (1677—1754). 235 f.
Colonna, Carlo (um 1728 Kardinal). 72, 90, 148, 166, 189, 277
Colonna, Giovanni Paolo (1637—1695). 236
Conradi, C. (gest. um 1720). 55—57
Conti, Gioacchino (nach seinem Lehrer genannt D. Gizzi Gizziello) (1714—1761). 218, 220 f., 224
Corelli, Arcangelo (1653—1713). 65, 69 f., 147, 165 f., 188, 207, 235 f.
Coxe, William (1747—1828). 269
Cramer, Wilhelm (1745—1799). 257, 259
Cuzzoni, Francesca (1700—1770). 88 f., 152, 170, 215 f., 218, 220 f., 282 f.

Dante Allighieri (1265—1321). 211
Demosthenes (384—322 v. u. Z.). 121
Dryden, John (1631—1700). 229, 265, 294, 301
Dubourg, Matthew (führte Werke Händels seit 1719 auf). 226
Durastanti, Margherita (1720 an der Royal Academie of Music). 85, 151, 169, 209, 212, 220, 283

Ecceles, John (um 1650—1737). 33
Erasmus Desiderius, gen. von Rotterdam (1466—1536). 147
Eschenburg, Johann Joachim (1743—1820). 195, 256
Euklid (um 300 v. u. Z.), 217

Fabri, Annibale Pio. 90, 152, 171
Farinelli (eigentl. Carlo Broschi) (1705—1782). 90, 93, 153, 171, 221, 285, 301
Faustina, s. Hasse
Festing, Michael Christian (gest. 1752). 224
Frasi, Giulia (sang 1743 erstmals in einer Händel-Aufführung). 232
Friedrich I., König von Preußen (1657—1713). 51—54, 144, 162, 182 f., 199, 273 f., 289
Fuß, Johann Joseph (1660—1741). 103

Garrick, David (1717—1779). 294
Gasparini, Francesco (1668—1727). 68, 71, 165, 187, 207, 235
Gates, Bernard (1685—1773). 223
Gay, John (1685—1732). 207, 280, 293
Geminiani, Francesco Saverio (um 1680—1762). 64, 122, 236, 280
Georg I., König von England (1660—1727). 33, 82 f., 148—152, 159, 167—170, 207 f., 210—212, 254, 277—280, 292, 301
Georg II., König von Großbritannien (1683—1760). 31, 228, 231, 277, 292
Georg III., König von England. 191, 257
Gerber, Ernst Ludwig (1746—1819). 253, 259
Gismondi, Celeste (gest. 1735). 219 f.
Gluck, Christoph Willibald (1714—1787). 230
Graun, Carl Heinrich (1703 oder 1704—1759). 103, 173
Graupner, Johann Christoph (1683—1760). 61, 103
Greber, L. 103
Greene, Maurice (1718—1755 Organist in London). 217, 220, 230
Grimaldi, Nicola (gen. Nicolini) (1673—1732). 79, 150, 168, 209, 278
Grünewald, Gottfried (1675—1739). 61, 103

Händel, Georg (Vater) (1622—1697). 45—47, 49—51, 53—55, 143 f., 161—163, 181—183, 197—199, 202, 204, 271—274, 301
Händel, Dorothea geb. Taust (Mutter) (1651—1730). 45, 51, 53—55, 63, 76, 143—146, 149, 162—164, 167, 183, 199, 274 f., 278, 302
Hasse, Faustina, geb. Bordoni (1700—1781). 88, 152, 170, 215 f., 221 f., 282
Hasse, Johann Adolf (1699—1783). 91 f., 103, 175, 222
Hawkins, John (1719—1789). 256, 290
Heidegger, John James (1659—1759). 34, 90 f., 152 f., 171, 283
Heinichen, Johann David (1683—1729). 103
Herder, Johann Gottfried (1744—1803). 299
Hill, Aaron (1685—1750). 78 f., 150, 208, 278
Hiller, Johann Adam (1728—1804). 159, 256 f.
Holcombe, Henry. 220
Homer (7. Jh. v. u. Z.). 197, 228, 288
Hudemann, L. F. 103

Johnson, Samuel (1709—17984). 217 f., 229
Jommelli, Nicolò (1714—1774). 112, 234

Kauffmann, Angelica (1741—1807). 186
Keiser, Reinhard (1674—1739). 30, 57 f., 60—62, 145, 163, 183 f., 186, 274 f.
Kelway, Joseph (um 1702—1782). 231

Kielmannsegg(e), Johann Adolf, Baron. 75, 82, 148—151, 167 f., 210, 277, 279 f.
Kuhnau, Johann (1660—1722). 27, 200, 207
Kun(t)zen, Johann Paul (1696—1757). 28

Lasso, Orlando di (um 1532—1594). 257
Laura (Donna). 73, 148, 166, 191, 277
Leo, Leonardo (1694—1744). 209
Leopold II., Großherzog von Toskana (1747—1792). 164, 276
Linley, Thomas (auch Tommasino gen.) (1756—1778). 294
Livius, Titus (59 v. u. Z. bis 17 u. Z.). 74
Locke, John (1632—1704). 197
Longinus (gest. 273 u. Z.) 121
Lotti, Antonio (1667—1740). 68, 71, 165, 187, 207
Lully, Jean-Baptiste (1632—1687). 65, 96
Luther, Martin (1483—1546). 43

Mainwaring, John (1735—1807). 39
Mara, Gertrud Elisabeth geb. Schmeling (1749—1833). 257
Marcello, Benedetto (1686—1739). 235
Margarita (Margherita), s. Durastanti
Marlborough, Herzog (1650—1722). 76
Mason, William (1725—1797). 291
Mattheson, Johann (1681—1764). 25, 30, 39 f., 55—57, 103, 163, 174 f., 184, 190 f., 199—207, 256, 275
Mauro, Ortensio, 80, 150, 168
Medici, Giovanni Gaston de (seit 1723 Großherzog von Toskana). 62, 146 f., 164 f., 185 f., 276
Michelangelo Buonarroti (1475—1564). 293
Middlesex, Charles Sackville, Earl of. 94, 154, 172
Milton, John (1608—1674). 228, 235, 288, 294
Montagnana, Antonio (geb. um 1700). 218, 220, 225
Morus, Sir Thomas (1478—1535). 147

Negri, Maria Caterina, 220, 283
Negri, Rosa (seit 1733 in Händels Opera-Company). 220, 283
Newton, Isaac (1643—1727). 197, 229
Nicolini, s. Grimaldi

Ottoboni, Pietro (1667—1740). 69, 71, 147 f., 165, 188 f., 207, 277

Palestrina, Giovanni Pierluigi de (um 1525—1594). 111, 236
Palmerini, Giovanni Battista. 216
Panfili (Pamphili), Benedetto (1652—1730). 72, 148, 166, 189, 277
Pascal, Blaise (1623—1662). 46, 50

Pearse, Bischof v. Rochester (1690—1774). 100, 234, 288
Pepusch, Johann Christoph (1667—1752). 217, 220
Pergolesi, Giovanni Battista (1710—1736). 111
Plas, José (um 1772 in Stuttgart). 71
Plas, Juan. 71
Plas, Manuel. 71
del Pò, Graf. 224
Pope, Alexander (1688—1744). 79, 83 f., 98, 119 f., 151, 154, 169, 225, 230, 265, 271, 280, 286, 291 f.
Porpora, Nicola Antonio (1686—1768). 90 f., 153, 171, 175, 219 f., 301
Purcell, Henry (1659—1695). 210, 236, 259

Quadrio, Francesco Saverio. 200
Quin, James, 231 f., 288

Racine, Jean Baptiste (1639—1699). 96
Raffael (Raffaelo Santi) (1483—1520). 212
Rameau, Jean-Philippe (1683—1764). 66, 234
Ramler, Karl Wilhelm (1725—1798). 265
Reichardt, Johann Friedrich (1752—1814). 179, 256
Riccoboni, Ludovico (1674—1753). 200
Rich, Christopher (gest. 1714). 91, 93, 153, 171
Riemschneider, Johann Gottfried. 34
Robinson, Anastasia (um 1695—1755). 209
Romanus, 200
Rossi, Francesco (geb. 1627). 78, 150, 208, 278
Roubilac, Louis-François (1695—1762). 285, 288
Rousseau, Jean-Jacques (1712—1778). 65, 114

Sbülens, Mlle. 28, 204
Scalzi, Carlo. 220, 283
Scarlatti, Giuseppe Dominico (1685—1757). 64, 68, 71 f., 147 f., 165 f., 187, 189 f., 207, 265, 276 f., 293
Scarlatti, Pietro Allesandro (1660—1725). 71, 187, 235 f.
Schief(f)erdecker, Johann Christian (1679—1732). 28, 61
Schubart, Christian Friedrich Daniel (1739—1791). 259, 263
Schütz, Heinrich (1585—1672). 257
Segatti, Maria. 219 f.
Senesino, s. Bernardi
Shakespeare. William (1564—1616). 235, 293, 302
Smith, John Christopher (Vater) (1683—1763). 155, 173 f., 227 f., 255, 287
Smith, John Christopher (Sohn) (1712—1795). 155, 269, 291, 302
Stanley, Charles John (1713—1786). 155, 174, 227

Steele, Robert (1672—1729). 278
Steffani, Agostino (1654—1728). 74 f., 122 f., 148 f., 167, 207, 235 f., 255, 277 f.
Strada (del Pò), Anna, 90, 152, 171, 218, 220, 224 f., 285
Swift, Jonathan (1667—1745). 212, 230, 281, 291, 301

Tacitus, Publicus Cornelius (um 55—120 u. Z.). 74, 99, 103
Tallis, Thomas (um 1505—1585). 236
Tarquini, Vittoria. 67, 69, 147, 165, 187, 216, 301
Tartini, Giuseppe (1692—1770). 114, 117
Tasso, Torquato (1544—1595). 208, 278
Taylor, Ritter, 155, 173
Telemann, Georg Philipp (1681—1767). 30, 199—201
Tischbein, Johann Friedrich August (1750—1812). 256
Tischbein, Johann Heinrich d. Ä. (1722—1789). 256
Toskana, Großherzog von, s. Medici
Tyers, Jonathan (gest. 1767). 285

Valentini, Giuseppe (um 1680—1746). 209
Vergil (Virgil), Publicus Vergilus Maro (70—19 v. u. Z.). 197
Vinci, Leonardo (1690—1730). 111, 222
Vittoria, s. Tarquini
Vossius, Isaac (1618—1689). 65

Wales, Prinz, von. 233, 292
Walther, Johann Gottfried (1684—1748). 256
Wedderkopp, Magnus von. 27
Weidemann. 198
Wych, Cyrill, Ritter (seit 1713 englischer Gesandter in Hamburg). 55
Wych, John (seit 1702 engl. Gesandter in Hamburg). 56, 201, 206

Zachow (Zachau), Friedrich Wilhelm (1663—1712). 27, 49, 54 f., 76, 143, 149, 161 f., 167, 182, 198, 255, 273, 278, 291, 301 f.

Inhalt

Vorwort 5

Johann Mattheson: Händel, 1740 25

John Mainwaring: Georg Friederich Händels Lebensbeschreibung, 1761 39

Aus dem Gentleman's Magazine vom Jahre 1760: Nachrichten von den Lebensumständen George Friedrich Händels, Esqu. . . 141

Johann Adam Hiller: Händel (George Friedrich), 1784 159

Johann Friedrich Reichardt: George Friederich Händels Jugend, 1785 179

Charles Burney: Dr. Karl Burney's Nachricht von Georg Friedrich Händel's Lebensumständen, 1785 195

Ernst Ludwig Gerber: Händel, 1790, 1812 253

Christian Friedrich Daniel Schubart: Händel (um 1790), 1806 . 263

William Coxe: Anekdoten über Georg Friedrich Händel, 1799 . . 269

Johann Gottfried Herder: Händel, 1802 299

Personenregister 305